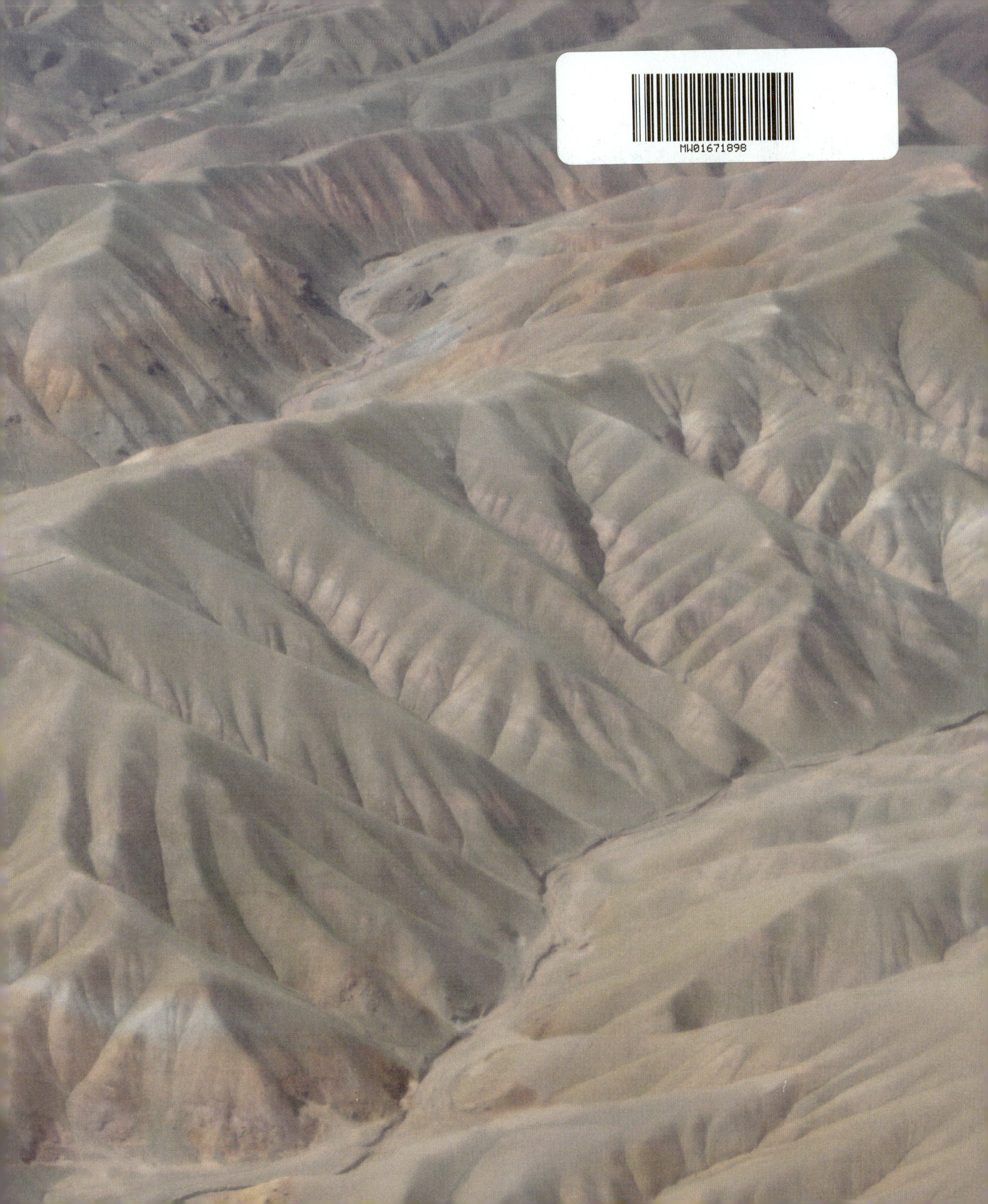

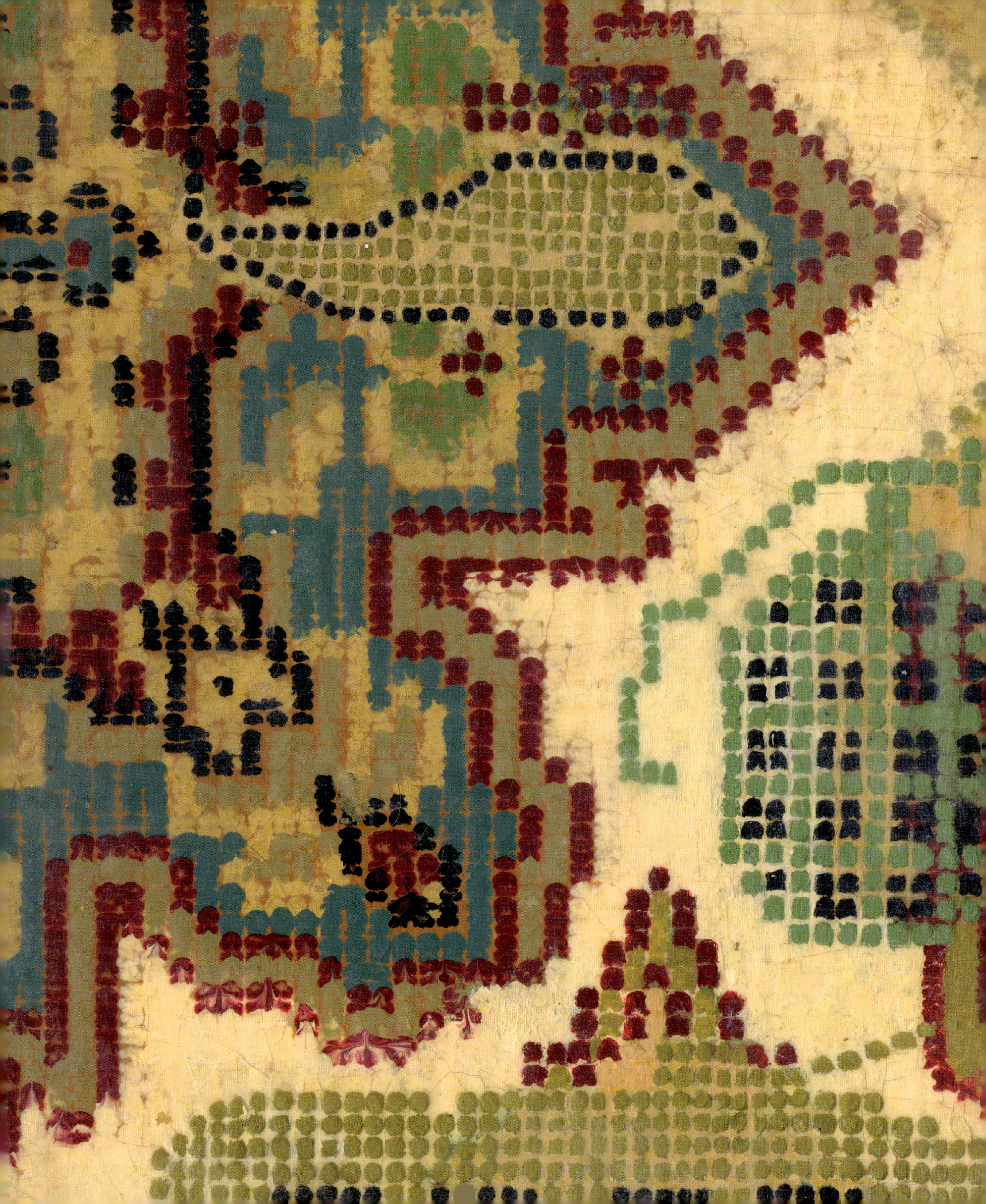

FRANCIS ALŸS

REEL-UNREEL

پیچاندن نپیچاندن

اهداء به مردم کابل

Concept
Francis Alÿs

Edited by / A cura di
Andrea Viliani

Design and Cover / Progetto grafico e copertina
Cristina Paoli · Periferia

Translation / Traduzioni
Johanna Bishop
Valentina Palombi
Barbara Kopeć-Umiastowska
Stefano Salpietro

Editing of English texts / Redazione testi inglesi
Louise Sørensen

This book is published in conjunction with the exhibition /
Questo volume è pubblicato in occasione della mostra
Francis Alÿs: REEL-UNREEL (Afghan Projects, 2010-14)
coproduced by / coprodotta da
Museo Madre, Napoli 14.06 – 22.09.14
Centre for Contemporary Art Ujazdowski Castle, Warsaw 10.10.14 – 11.01.15

An editorial realization / una realizzazione editoriale Mondadori Electa S.p.A., Milano

www.madrenapoli.it
www. csw.art.pl
www.electaweb.com

This volume was printed
for Mondadori Electa S.p.A.
by Elcograf S.p.A.
Via Mondadori, 15 – Verona in 2014

Questo volume è stato stampato
per conto di Mondadori Electa S.p.A.
presso lo stabilimento Elcograf S.p.A.
via Mondadori, 15 - Verona, nell'anno 2014

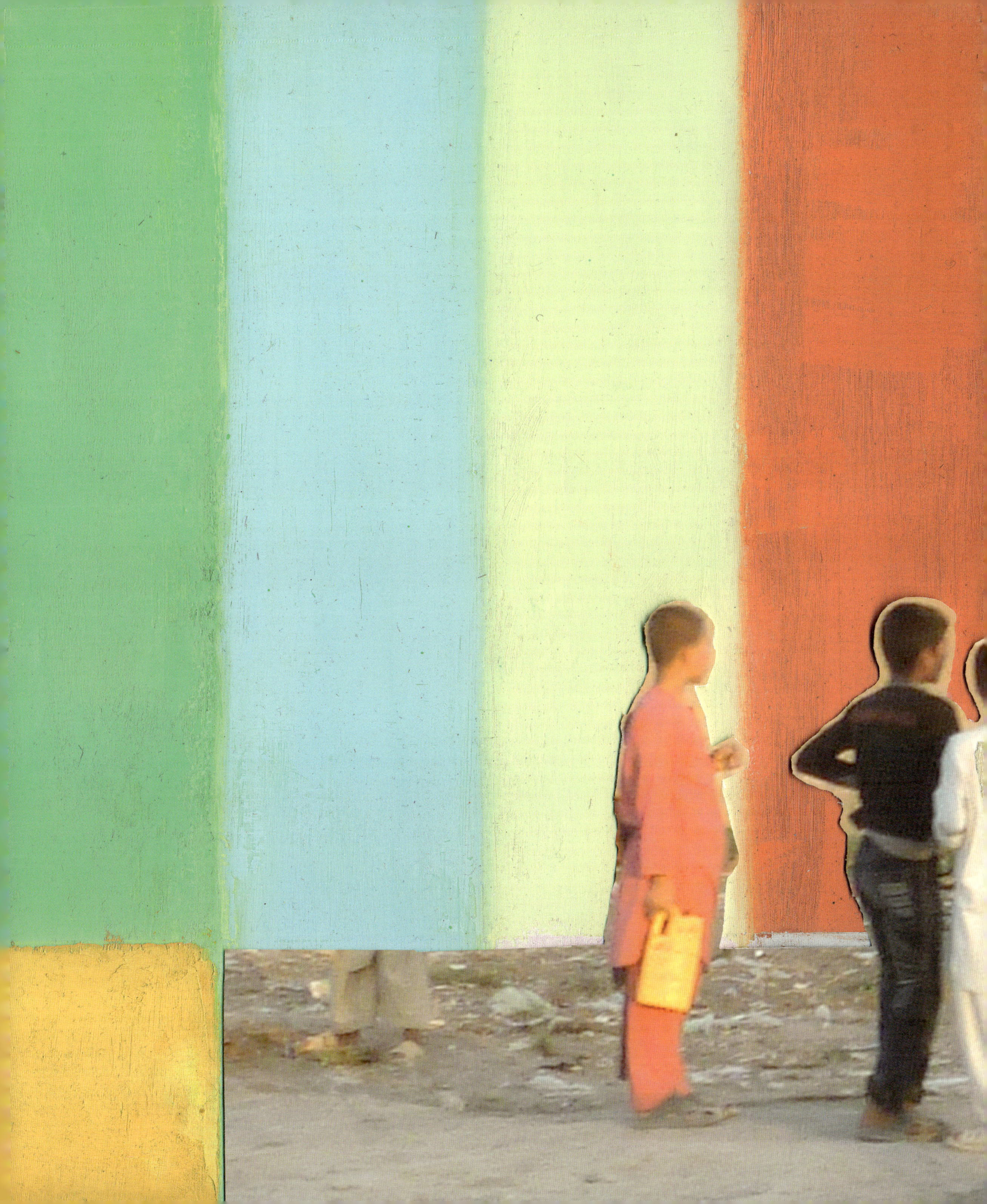

1943,

I think about Morandi painting on top of a hill surrounded by fascism,

I think about Picabia finding inspiration in soft porn magazines on the Côte d'Azur,

I think about Marinetti returning sick from the Russian Front,

I think about Duchamp playing chess in his New York apartment,

I think about Ronald Searle P.O.W. in the Kwai jungle,

I think about Ensor sitting at home in bombarded Ostend,

I think about Otto Dix watching his works being destroyed by the Nazis,

I think about Beckmann under siege in Amsterdam,

I think about Dali, Ernst and Breton re-united in their New York exiles,

I think about Magritte painting Fantômas stepping over Paris,

I think about Mondrian painting *Broadway BoogieWoogie*,

I think about Derain much courted by the Nazis in Paris,

I think about Tatlin observing bird flights from his garden in Moscow,

I think about Beuys flying his Stuka dive-bomber over Crimea,

I think about de Chirico copying himself in a corner of his studio,

I think about Matisse "painting with scissors" on the French Riviera,

I think about Soutine dying from an ulcer in Paris while escaping Gestapo,

I think about Grosz repudiating his past from his new home in Long Island,

I think about Lee Miller photographing English women driving tractors,

I think about Kandinsky in the suburbs of Paris ceasing to write,

I think about Paul Nash once again War Artist for the British Army,

I think about Leni Riefenstahl filming *Tiefland* with extras from concentration camps,

I think about Schlemmer forbidden to paint and dying in an hospital of Baden-Baden,

I think about Picasso making a sculpture out of a bicycle in occupied Paris,

I think about Hannah Höch painting the *Totentanz* triptych in Nazi Germany,

I think about Camille Claudel dying forgotten in the asylum of Montdevergues,

I think about Siqueiros publishing *In War, Art of War* from his Cuban exile,

I think about Emil Nolde painting "unpainted pictures" in Seebüll,

I think about Schwitters learning from Norway that his *Merzbau* had been destroyed,

I think about Cartier-Bresson escaping from a German labor camp,

I think about Blinky Palermo born in the rubbles of Leipzig,

1943,

penso a Morandi che dipinge in cima a una collina accerchiata dai fascisti,
penso a Picabia che si ispira alle riviste porno in Costa Azzurra,
penso a Marinetti che ritorna malato dal fronte russo,
penso a Duchamp che gioca a scacchi nel suo appartamento di New York,
penso a Ronald Searle prigioniero di guerra nella giungla lungo il fiume Kwai
penso a Ensor seduto, a casa, in una Ostenda bombardata,
penso a Otto Dix che guarda le proprie opere mentre vengono distrutte dai nazisti,
penso a Beckmann sotto assedio ad Amsterdam,
penso a Dalí, Ernst e Breton di nuovo riuniti nell'esilio newyorchese,
penso a Magritte che ritrae Fantomas con un piede su Parigi,
penso a Mondrian che dipinge *Broadway Boogie Woogie*,
penso a Derain che fu molto corteggiato dai nazisti a Parigi,
penso a Tatlin mentre osserva il volo degli uccelli dal suo giardino di Mosca,
penso a Beuys che sorvola la Crimea al comando di uno Stuka,
penso a de Chirico che ritrae se stesso in un angolo del suo studio,
penso a Matisse che "dipinge con le forbici" sulla riviera francese,
penso a Soutine che mentre cerca di sottrarsi alla Gestapo muore d'ulcera a Parigi,
penso a Grosz che rinnega il passato dalla sua nuova casa a Long Island,
penso a Lee Miller che fotografa donne inglesi alla guida di un trattore,
penso a Kandinskij che smette di scrivere nella periferia parigina,
penso a Paul Nash ancora una volta artista di guerra per l'esercito britannico,
penso a Leni Riefensthal che gira *Tiefland* con comparse prese dai campi di concentramento,
penso a Schlemmer, al divieto di dipingere e alla sua morte in un ospedale di Baden-Baden,
penso a Picasso che nella Parigi occupata realizza una scultura con parti di una bicicletta,
penso a Hannah Höch che dipinge il trittico *Totentanz* nella Germania nazista,
penso a Camille Claudel che muore in solitudine nel manicomio di Montdevergues,
penso a Siqueiros che pubblica *In guerra, Arte della guerra* nell'esilio cubano,
penso a Emil Nolde che dipinge "immagini non dipinte" a Seebüll,
penso a Schwitters che dalla Norvegia viene a sapere che il suo *Merzbau* è stato distrutto,
penso a Cartier-Bresson che scappa da un campo di lavoro tedesco,
penso a Blinky Palermo nato fra le macerie di Lipsia,

The first casualty when war comes is truth / *Quando comincia una guerra, la prima vittima è la verità*.
Senator Hiram Johnson, 1917

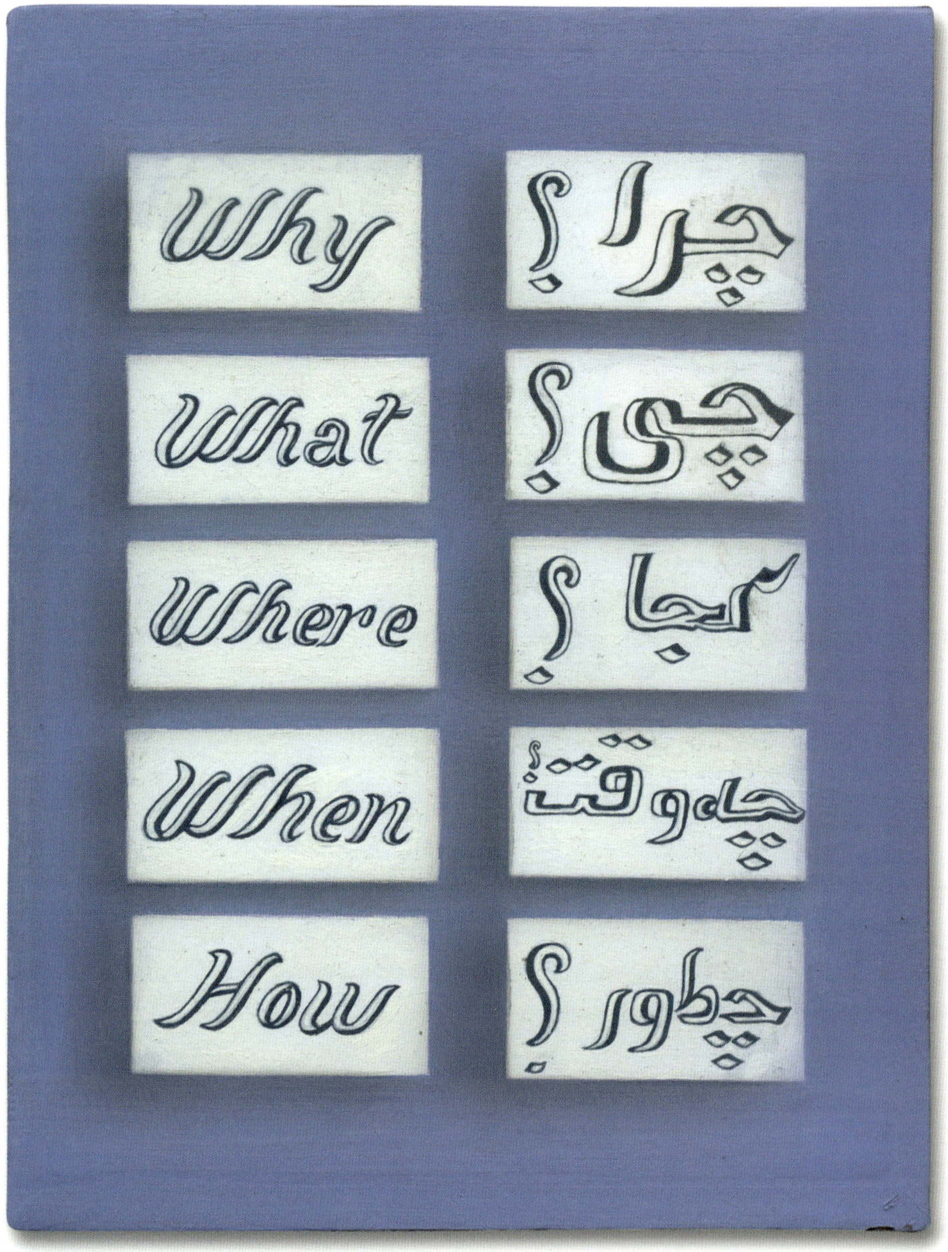

Untitled, 2011, oil on canvas on wood / olio su tela su legno, 19 × 15.5 × 1.5 cm

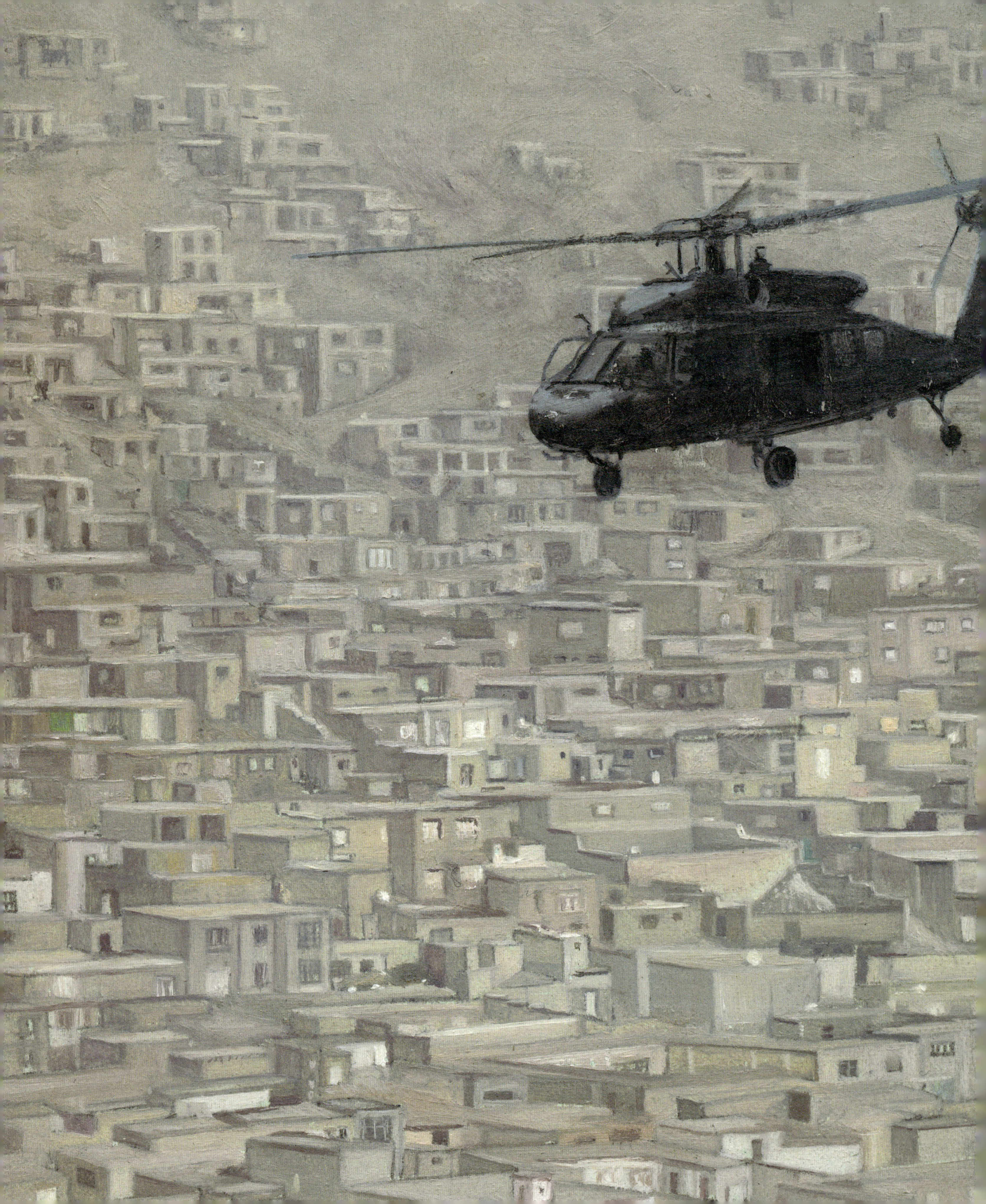

ANDREA VILIANI & FABIO CAVALLUCCI

DIRECTORS' FOREWORD

This publication accompanies the exhibitions *Francis Alÿs: REEL-UNREEL (Afghan Projects, 2010-14)*, organized by Fondazione Donnaregina per le arti contemporanee/Museo d'arte contemporanea Donnaregina-Madre in Naples and by the Centre for Contemporary Art Ujazdowski Castle in Warsaw. The exhibitions—the artist's most extensive solo show in Italy, alongside the one held at MAXXI in Rome in 2004, and his first in Poland—bring together all of the works made by Alÿs in various locations around Afghanistan, from 2010 to 2014.

Always springing from a performative impulse, Francis Alÿs's works often take the form of explorations, of "walks" through places that become the subject of a complex study and the framework for an open-ended creative process, both narrative and documentary. Poised between the real and the imaginary, these journeys lead from the physical into the metaphorical, working to discern and reinvent, along the way, the linguistic and cultural codes of each world that the artist explores, starting with his earliest street actions in Mexico City, where he moved in 1986. Ever since, Alÿs has pursued a line of research characterized by an extreme synthesis of form that intentionally clashes with the contexts of emergency, oppression, and marginalization which he often investigates. Driven by a sensibility that is both political and poetic, the artist's works are like individual, often minimal episodes within a single discourse, where reality is checked, subverted and rewritten by the surreality of acts bordering on the absurd and paradoxical, like trying to move a mountain or enter the eye of a tornado. In their transitory, precarious, incomplete nature, which transcends any obvious meaning, these works are metaphors, allegories, parables on the role of art as a catalyst for the alternative realities and simple possibilities, both imaginary and revolutionary, which are unleashed by

INTRODUZIONE DEI DIRETTORI

Questa pubblicazione accompagna la mostra *Francis Alÿs. REEL-UNREEL (Afghan Projects, 2010-14)*, organizzata dalla Fondazione Donnaregina per le arti contemporanee/Museo d'arte contemporanea Donnaregina-Madre di Napoli e dal Centre for Contemporary Art Ujazdowski Castle di Varsavia. Questa mostra, la più estesa mostra personale dell'artista in Italia, insieme a quella al MAXXI di Roma nel 2004, e la prima in Polonia, raccoglie l'insieme dei lavori prodotti da Alÿs in vari luoghi dell'Afghanistan, dal 2010 al 2014.

Costantemente basate su una pulsione performativa, le opere di Francis Alÿs prendono spesso la forma di esplorazioni, di "passeggiate" in luoghi che divengono oggetto di un'articolata ricerca e matrice di un processo creativo aperto, al contempo narrativo e documentario. Sospesi tra reale e immaginario, gli attraversamenti di Alÿs da fisici diventano metaforici, tesi ad intercettare e reinventare, sul proprio cammino, i codici linguistici e culturali delle realtà con cui l'artista via via esplora, sin dalle prime azioni di strada realizzate a Città del Messico, in cui Alÿs ha scelto di vivere, dal 1986. E' da allora che Alÿs conduce una ricerca caratterizzata da un'estrema sintesi formale che volutamente stride con quei contesti di urgenza, oppressione, emarginazione che spesso indaga. Animate da una sensibilità quindi al contempo politica e poetica, le opere dell'artista sono come i singoli, spesso minimi, episodi di un unico discorso in cui la realtà è messa in scacco, sovvertita e riscritta dalla surrealtà di gesti al limite dell'assurdo e del paradosso, come tentare di spostare una montagna o penetrare nell'occhio di un tornado. Nella loro transitorietà, precarietà, incompletezza, al di là di ogni senso comune, queste opere sono metafore, allegorie, parabole, sul ruolo dell'arte quale catalizzatore di realtà alternative e mere possibilità, al contempo immaginarie e rivoluzionarie, che scaturiscano dall'immaginazione e che riscattino e reincantino la realtà come la conosciamo. Con

the imagination and redeem and re-enchant reality as we know it. This is the spirit in which Alÿs travelled through Afghanistan, and, over the years, made the works brought together by the two shows in Naples and Warsaw, starting with the video *REEL-UNREEL*.

Produced in 2011 for dOCUMENTA (13), *REEL-UNREEL* is the fulcrum of this double exhibition. It also stands as the emblematic culmination of Alÿs's artistic practice, due to its radical reinvention of the medium that is adopted—in this case, film—its performative framework, and the way it weds critical engagement to aesthetic experience. The title refers to the action presented in the video (two boys unrolling and rerolling a reel of film in the streets of the ancient Afghan capital, Kabul), as well as the film itself which unwinds and rewinds in the projector, with the assonance between the terms "reel" and "real" / "unreel" and "unreal" hinting at the West's (and hence the artist's) partial, thus "unreal" knowledge of contemporary Afghanistan. Inspired by the classic street game of hoop trundling, once widespread in Europe and still commonly played by children in Afghanistan, the act of rolling a hoop (or wheel) is an exercise in dexterity, the aim being to keep it rolling along upright for as long as possible, with the aid of a stick. In Alÿs's version, the hoop is replaced by a film reel: a group of curious children follows the spool as it unrolls through the streets of Kabul, passing through the historic downtown neighborhoods, the bazaar area, the banks of the river with their heaps of refuse and of goods for sale, the rubble of buildings destroyed by the war or simply abandoned, up to the hills looking down on the city, which in recent decades have become a magnet for massive internal migration, with a chaotic tangle of shacks and makeshift shelters springing up on the slopes that ring the center. The boy unrolling the reel traces a path that is immediately contradicted by another boy of the same age who follows at a distance, intent on rerolling the film onto another spool, as if it were in a film projector. The entire city of Kabul is thus transformed into an improvised film set, and the act of playing is turned into the projection of a three-dimensional film that becomes covered in dust and debris, carrying with it, in the material traces on the reel, the manifold memory of a community

questo spirito Alÿs ha viaggiato in Afghanistan, realizzando negli anni le opere che le due mostre a Napoli e Varsavia raccolgono, a partire dal video *REEL-UNREEL*.

Prodotto nel 2011 in occasione di dOCUMENTA (13), *REEL-UNREEL* rappresenta non solo il fulcro di questa doppia mostra ma anche il culmine emblematico della pratica artistica di Alÿs: sia per la sua radicale reinvenzione e riproposta del medium adottato, in questo caso il cinema, sia per la sua matrice performativa sia, infine, per la sua unione fra impegno critico ed esperienza estetica. Il titolo fa riferimento all'azione presentata nel video (due ragazzi che "arrotolano e srotolano" per la strade dell'antica capitale dell'Afghanistan, Kabul, due bobine di pellicola cinematografica), così come alla pellicola stessa che "si svolge e riavvolge" nel proiettore cinematografico, anche se in italiano e polacco si perde l'assonanza fra i termini *reel* e *real* ("reale") / *unreel* e *unreal* ("irreale"), adottata dall'artista per indicare le conoscenza parziale, o appunto irreale, da parte dell'Occidente, e inevitabilmente anche sua, della realtà dell'Afghanistan contemporaneo. Ispirato al classico gioco da strada del cerchio o della ruota, un tempo diffuso anche in Europa e ancora comune tra i ragazzi in Afghanistan, il gesto di far rotolare un cerchio (o una ruota) è un esercizio di destrezza, consistente nel farlo rotolare per il maggior tempo possibile, senza che cada, con l'aiuto di un pezzo di legno. Nella versione di Alÿs il cerchio è rimpiazzato da una bobina cinematografica: un gruppo di ragazzi segue incuriosito lo srotolamento della bobina lungo le strade di Kabul, attraverso il centro storico, l'area del bazar, le banchine lungo fiume con i loro cumuli di spazzatura e di merci, le macerie di edifici distrutti dalla guerra o semplicemente abbandonatati, fino alle colline che guardano dall'alto la città, negli ultimi decenni divenuta meta di una massiccia emigrazione interna che ha generato sulle colline intorno al centro un babelico intrico di baracche e case di fortuna. Il ragazzo che srotola la pellicola traccia un percorso, immediatamente contraddetto da un suo coetaneo, che lo segue a distanza, intento a riavvolgere la pellicola ad un'altra bobina, come avviene in un proiettore cinematografico. L'intera città di Kabul è, in questo modo, trasformata in un set cinematografico improvvisato, così come il gesto stesso del giocare diviene la proiezione di un film tridimensionale che, coprendosi di

suspended between past and future, drama and play, recollection and oblivion, disintegration and reconstruction. Like other works by the artist, *REEL-UNREEL* alludes to a dichotomy—on the one hand, the act of unrolling, and on the other, the act of rerolling—which through its playful subversion of every rule of urban life (ignoring checkpoints and norms of behavior), tells an alternative story of the city of Kabul. This story underscores the contrast between the real image of contemporary Afghanistan and the unreal one, "reeled and unreeled" for Western media consumption in accordance with the external journalistic, political and economic agendas that for centuries have shaped our knowledge of this country, which has never been truly understood by the West. Like all of Alÿs's works, *REEL-UNREEL* is based on a seemingly pointless performative action, such as the one shown in the film (a game in which children temporarily take over the streets of their city), unfolding into a deeper and more pervasive, albeit suspended and elusive, relationship with the reality it depicts.

REEL-UNREEL is the springboard for a multitude of other works—paintings, drawings, collages, postcards, notes, documents, and a series of "ephemeral objects"—that make up what the artist calls his "Afghan Projects"; together, they form a sort of storyboard, or archive, whose documentary and narrative structure resembles a travel journal of images and annotations, recording thoughts and memories, ideas and recollections, encounters and inspirations, insights and plans. While the video *REEL-UNREEL* presents an intimate, personal vision of Afghanistan, the paintings in the show—like the *Color Bar* series—point to the difficulty of portraying and sharing that vision. These seemingly abstract works, primarily made in the artist's studio in Mexico City between his trips to Afghanistan from 2010 to 2014, refer to the electronically produced pattern used to adjust color and brightness on analogue and digital TV screens, which video engineers also employ to test their broadcasts. Alÿs's versions of color bars spring from an opposite impulse: not to regulate, but to challenge both the media depiction of contemporary Afghanistan (which the West has turned into a sort of fiction) and even the depiction of it that the artist is attempting to present. The

polvere e detriti, reca con sé, nell'impressione materica della pellicola, la molteplice memoria di una comunità sospesa fra passato e futuro, dramma e gioco, memoria e oblio, disintegrazione e ricostruzione. Analogamente ad altre opere dell'artista, *REEL-UNREEL* allude a una dicotomia, da una parte il gesto di srotolare e dall'altro quello di arrotolare, che corrisponde, nel gioioso sovvertimento di ogni regola urbana (check-point ignorati, regole di comportamento disattese), alla creazione di una narrazione alternativa della città di Kabul che fa saltare il contrasto fra l'immagine reale e quella irreale dell'Afghanistan contemporaneo, "arrotolato e srotolato" ad uso e consumo dei media occidentali secondo agende giornalistiche, politiche e socio-economiche che dall'esterno hanno da secoli storicamente influenzato, e continuano a influenzare ancora oggi, la nostra conoscenza di questo paese, mai veramente compreso dagli occidentali. Come tutti i lavori di Alÿs, anche *REEL-UNREEL* trova quindi il suo punto fondante su un'azione performativa apparentemente inutile, quale quella rappresentata nel film (un gioco di ragazzi che prendono temporaneamente possesso delle strade della loro città), per svolgersi in un più approfondito e pervasivo, quanto sospeso e sfuggente, rapporto con la realtà che rappresenta.

Da *REEL-UNREEL* hanno origine una pluralità di altre opere – pitture, disegni, collage, cartoline, appunti, documenti e una serie di "oggetti effimeri" – che costituiscono quelli che l'artista definisce i "Progetti afgani", configurati nel loro insieme come uno *storyboard*, o un archivio, la cui struttura documentaria e narrativa ricorda un diario di viaggio realizzato per immagini e annotazioni, nel quale sono appuntati pensieri e memorie, idee e ricordi, incontri e suggestioni, interpretazioni e progetti. Se il video *REEL-UNREEL* restituisce una visione intima e personale dell'Afghanistan, la serie di pitture in mostra – come le serie dei *Color Bar* – evoca la difficoltà di rappresentare quella stessa visione e di condividerla. Queste opere, all'apparenza astratte, prevalentemente realizzate nel suo studio a Città del Messico, fra un viaggio e l'altro dell'artista in Afghanistan fra il 2010 e il 2014, rimandano al repertorio di barre colorate prodotte elettronicamente per correggere colori e luminosità sugli schermi televisivi analogici e digitali, e quindi

bars are superimposed on sketches that Alÿs has previously painted or drawn underneath, as if to obscure or even erase the images that try to rise up from the depths of each work, creating a critical distance between the artist and the memory of his own experiences and evoking the impossibility of responding to them, of merging them into a complete, unified, objective image.

Alÿs himself is the protagonist of two of his best-known works—the only ones in the show not made in Afghanistan, presented as a continued exploration of the Afghan experience. Pushing a block of ice through the streets of Mexico City for nine hours until it melts away to nothing, in *Paradox of Praxis 1 (Sometimes Making Something Leads to Nothing)*, 1997, is an entropic sculptural act in which the gradual evaporation symbolizes the absurdity of any search for meaning, yet the need to continue that search; and the precarious nature, in the context where the action is carried out, of a social construction and modernization process that in Mexico, as in many other Latin American countries, has never been fully achieved, though it seems within arm's reach. In *The Green Line*, 2004, the artist instead went on a two-day walk along the short-lived border that divided the city of Jerusalem according to the cease-fire agreement signed on November 30, 1948 by Moshe Dayan, commander of Israeli forces in the region, and Abdullah el-Tell, representing the Arab Legion and other forces in the city. Leaving behind a green trail formed by drops of paint falling from a hole in a jar that he carried, Alÿs created a performative painting that spread through the environment, much like the sculptural act presented in the previous video: as the subtitle of this work says, summing up the artist's entire approach, *Sometimes doing something poetic can become political and sometimes doing something political can become poetic.* The connection between these two works and the "Afghan Projects," which are the focus of this double exhibition, shows the consistency and coherence of this political and poetic modus operandi, which highlights the most ordinary actions and reinvents the very rules of the mediums he adopts: while in the two videos *Paradox of Praxis 1* and *The Green Line*, the artist found his own way of "coming to terms"

usate dai tecnici video per testare i programmi trasmessi in televisione. Le versioni delle barre colorate di Alÿs nascono con una volontà opposta, quella non di regolare ma di rimettere in questione sia la rappresentazione con cui i media ci raccontano l'Afghanistan contemporaneo (divenuto una vera e propria "fiction" occidentale), sia la rappresentazione stessa che l'artista sta tentando di offrircene. Le barre si sovrappongono infatti sui bozzetti sottostanti, disegnati o dipinti precedentemente da Alÿs, quasi a bloccare e talvolta ad annullare le immagini che tentano di affiorare dal fondo di ognuno di questi dipinti e disegni, creando una distanza critica tra l'autore e la memoria delle sue stesse esperienze ed evocando l'incapacità di reagire ad esse, di sintetizzarle in un'immagine compiuta, unitaria, oggettiva.

Alÿs stesso è protagonista di due tra le sue opere più celebri – le uniche non prodotte in Afghanistan e presenti in mostra come atto di continuità e approfondimento nei confronti dell'esperienza afghana: l'atto di spingere per le strade di Città del Messico un cubo di ghiaccio per nove ore, fino a vederlo sciogliersi completamente – *Paradox of Praxis 1 (Sometimes Making Something Leads to Nothing)*, 1997 – corrisponde a un entropico gesto scultoreo che simboleggia, nella sua progressiva vaporizzazione, l'inanità della ricerca di un significato ma la necessità di continuare a ricercarlo, e quindi l'aleatorietà, nel contesto in cui l'azione è eseguita, di quel processo di costruzione sociale e modernizzazione che in Messico, come in molti paesi dell'America Latina, non si è mai compiutamente realizzato, pur sembrando a portata di mano; in *The Green Line*, 2004, l'artista invece, nel corso di una passeggiata durata due giorni, marca i labili confini con cui la città di Gerusalemme fu suddivisa in base all'accordo per il cessate il fuoco firmato il 30 novembre 1948 fra Moshe Dayan, comandante delle forze israeliane nella regione di Gerusalemme, e Abdullah al Tal, rappresentante della Lega Araba e di altre forze nella stessa. Lasciando dietro di sé la traccia di una linea verde formata dalle gocce di pittura cadute da un buco nel barattolo che l'artista reca con sé, Alÿs da manifestazione a una pittura performativa dispersa nell'ambiente analoga al gesto scultoreo presentato nel video precedente: come recita il sottotitolo di quest'opera, che riassume in sé l'intera poetica dell'artista, *Sometimes doing*

with painting and sculpture, by gradually melding them with the social and political context in which he worked, in the video *REEL-UNREEL*, the hub of the "Afghan Projects," the artist comes to terms in a similar fashion with the medium of film, dissolving and merging it with his own experience in Afghanistan. All of the works in this show thus challenge, in different ways, the specific nature of the medium through which they are expressed (be it sculpture, painting, drawing or film), leaving it up to the viewer's interpretation to complete them, and presenting us with a multifaceted vision that makes his works a kaleidoscope where true headlines and imaginary reinventions, attempts and failures, politics and poetry all coexist. The seemingly surreal phrase on which *REEL-UNREEL* closes, after evoking the Taliban's destruction of thousands of film reels from the Afghan Film Archive, thus takes on new meaning. When at the end of the video, the reel that the boys are unrolling and rerolling finally breaks, putting an end to their game, these words appear, summing up and bearing witness to the civil yet playful, identity-forging yet visionary role of this work, and perhaps of every artwork, in every time: "Cinema: everything else is imaginary."

We would like to thank Francis Alÿs for sharing this experience with us through his research and his works, to which this publication is dedicated. Our thanks also go to Ajmal Maiwandi and to the artist's studio, particularly Raul Ortega, for their invaluable coordination. In addition, we thank Bellatrix Hubert, Todd Bradway, Julia Joern, Louise Sørensen, and Jules Thomson at David Zwirner, New-York/London, for their extraordinary support for the show and the publication, as well as Peter Kilchmann. Thanks to all the authors—Ajmal, Amanullah, Carolyn, Ewa, Mariam, Mario, Michael, Robert, and to Cristina Paoli, for their critical contribution, their testimonies, the sum of words and images through which this experience can now be shared with everyone who reads the book. Last but not least, special thanks—our own, along with Carolyn Christov-Bakarviev and the staff of dOCUMENTA (13) and AKTC-Aga Khan Trust for Culture in Kabul, and on behalf of the artist—to all his travelling companions, collaborators and friends in Afghanistan, in memory of the evening at

something poetic can become political and sometimes doing something political can become poetic ("Talvolta fare qualcosa di poetico può divenire un fatto politico, e talvolta fare qualcosa di politico può divenire un fatto poetico"). La relazione fra questi due lavori e i "Progetti afghani", a cui questa doppia mostra è dedicata, fa emergere la coerenza e la consistenza di questa logica politico-poetica, che conferisce risalto alle azioni più banali e reinventa i codici stessi dei mezzi espressivi che adotta: se nei due video *Paradox of Praxis 1* e *The Green Line* l'artista veniva a suo modo "a patti con" i mezzi della pittura e della scultura, attraverso una loro graduale fusione nel contesto socio-politico in cui interveniva, analogamente nel video *REEL-UNREEL*, fulcro dei "Progetti afgani", l'artista viene ora a patti con il mezzo filmico, dissolvendolo e identificandolo con la sua stessa esperienza in Afghanistan. Tutte le opere in questa mostra sfidano, quindi, ognuna a loro modo, la specificità del medium con cui si esprimono (sia esso scultura, pittura, disegno o film), lasciando all'interpretazione dello spettatore la possibilità aperta di completarle, posti come siamo di fronte a una realtà di cui Alÿs evoca tutte le sfaccettature, trasformando le sue opere in un caleidoscopio in cui convivono realtà della cronaca e reinvenzione immaginaria, tentativo e fallimento, politica e poesia. Acquista allora un senso la frase apparentemente surreale con cui si chiude *REEL-UNREEL*, dopo aver evocato la distruzione perpetrata dai Talebani di migliaia di bobine filmiche nel piazzale antistante agli archivi dell'Afghan Film: quando alla fine del video la pellicola arrotolata e srotolata dai ragazzi si spezza, sancendo la fine del loro gioco, compare questa frase, compendio e testimonianza del ruolo civile ma al contempo ludico, identitario e insieme visionario, di quest'opera, come forse di ogni opera d'arte, in ogni tempo: *Cinema: everything else is imaginary* ("Cinema: tutto il resto è immaginario").

Desideriamo ringraziare Francis Alÿs per aver condiviso con noi quest'esperienza, attraverso le sue ricerche e le sue opere, a cui questa pubblicazione è dedicata. Ringraziamo inoltre Ajmal Maiwandi, e lo studio dell'artista, in particolare Raul Ortega, per l'indispensabile coordinamento. Ringraziamo anche Bellatrix Hubert, Todd Bradway, Julia Joern, Louise Sørensen e Jules Thomson alla galleria David Zwirner, New-York/London, per il loro straordinario

Cinema Behzad in Kabul, which was reopened on June 19, 2012 for the first projection of *REEL-UNREEL*, with all his protagonists and their families in attendance. Our deepest thanks go to all of them.

Andrea Viliani
Director
Fondazione Donnaregina per le arti contemporanee /
Museo d'arte contemporanea Donnaregina-Madre, Naples

Fabio Cavallucci
Director
Centre for Contemporary Art Ujazdowski Castle, Warsaw

supporto alla mostra e alla pubblicazione, come Peter Kilchmann. Un ringraziamento va a tutti gli autori – Ajmal, Amanullah, Carolyn, Ewa, Mariam, Mario, Michael, Robert, e a Cristina Paoli, per il loro contributo critico, le loro testimonianze, la sintesi di parole e immagini con cui questa esperienza può essere, ora, condivisa con tutti i lettori di questo libro. Un ringraziamento particolare infine, insieme a Carolyn Christov-Bakarviev e allo staff di dOCUMENTA (13) e dell'AKTC-Aga Khan Trust for Culture a Kabul, va infine, da parte dell'artista, e ci uniamo a lui, a tutti i suoi compagni di viaggio, collaboratori e amici in Afghanistan, nel ricordo della serata al Cinema Behzad di Kabul, riaperto la sera del 19 giugno 2012 in occasione della prima proiezione di *REEL-UNREEL*, in compagnia di tutti i suoi protagonisti e delle loro famiglie. A tutti loro va il nostro ringraziamento più grande.

Andrea Viliani
Direttore
Fondazione Donnaregina per le arti contemporanee /
Museo d'arte contemporanea Donnaregina-Madre, Napoli

Fabio Cavallucci
Direttore
Centre for Contemporary Art Ujazdowski Castle, Varsavia

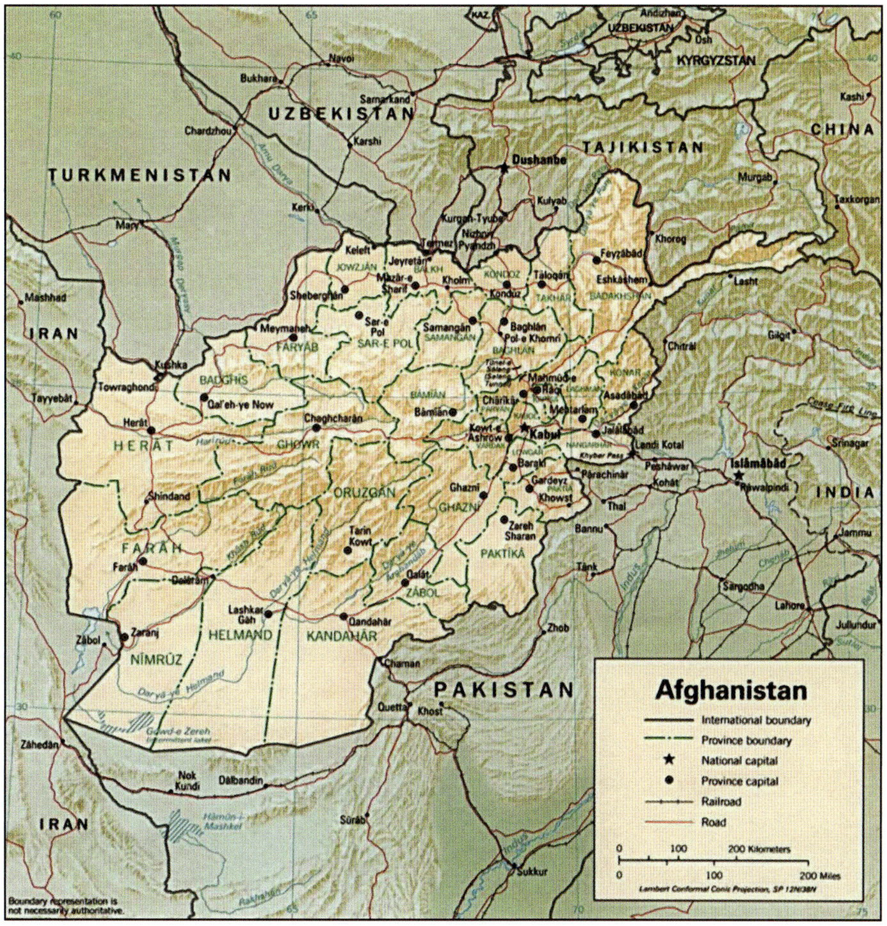
Afghanistan
International boundary
Province boundary
National capital
Province capital
Railroad
Road
0 100 200 Kilometers
0 100 200 Miles
Lambert Conformal Conic Projection, SP 12N/38N
Boundary representation is not necessarily authoritative.
UZBEKISTAN
TURKMENISTAN
TAJIKISTAN
KYRGYZSTAN
CHINA
IRAN
PAKISTAN
INDIA
Kabul
Dushanbe
Islāmābād
Herāt
Farāh
Zaranj
Lashkar Gāh
Qandahār
Chaman
Quetta
Ghazni
Bāmīān
Mazār-e Sharīf
Sheberghān
Meymaneh
Jalālābād
Asadābād
Peshāwar
Mashhad
Zāhedān
Bukhara
Samarkand
Karshi
Chardzhou
Mary
Kushka
Termez
Feyzābād
Tāloqān
Kondūz
Baghlān
Pol-e Khomrī
Chaghcharān
Shīndand
Delārām
Qalāt
Tarīn Kowt
Zareh Sharan
Gardeyz
Khowst
Sukkur
Lahore
Rāwalpindi
HERĀT
FARĀH
NĪMRŪZ
HELMAND
KANDAHĀR
ORUZGĀN
GHAZNĪ
ZĀBOL
PAKTĪKĀ
GHOWR
BADGHĪS
FĀRYĀB
SAR-E POL
SAMANGĀN
BADAKHSHĀN

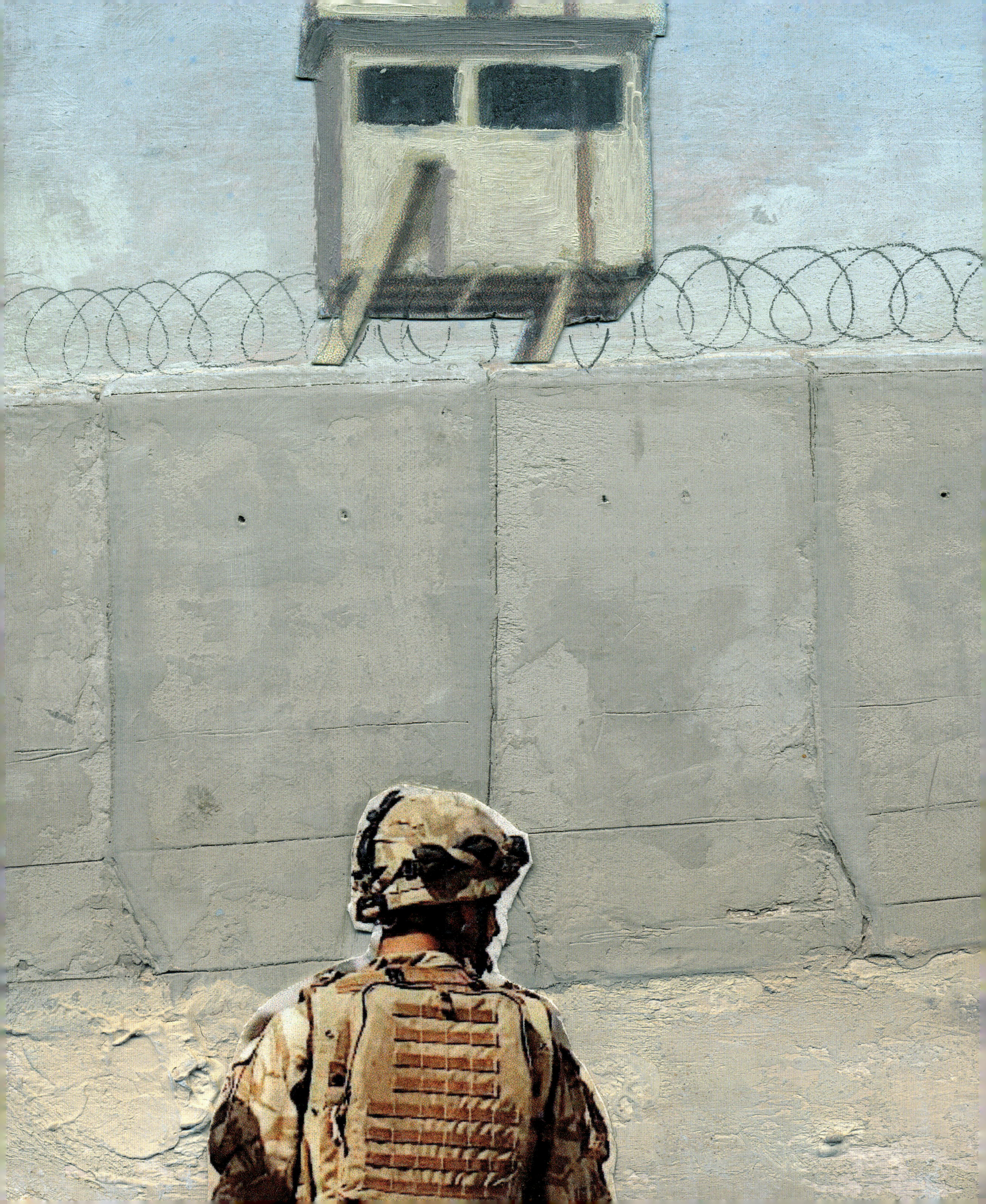

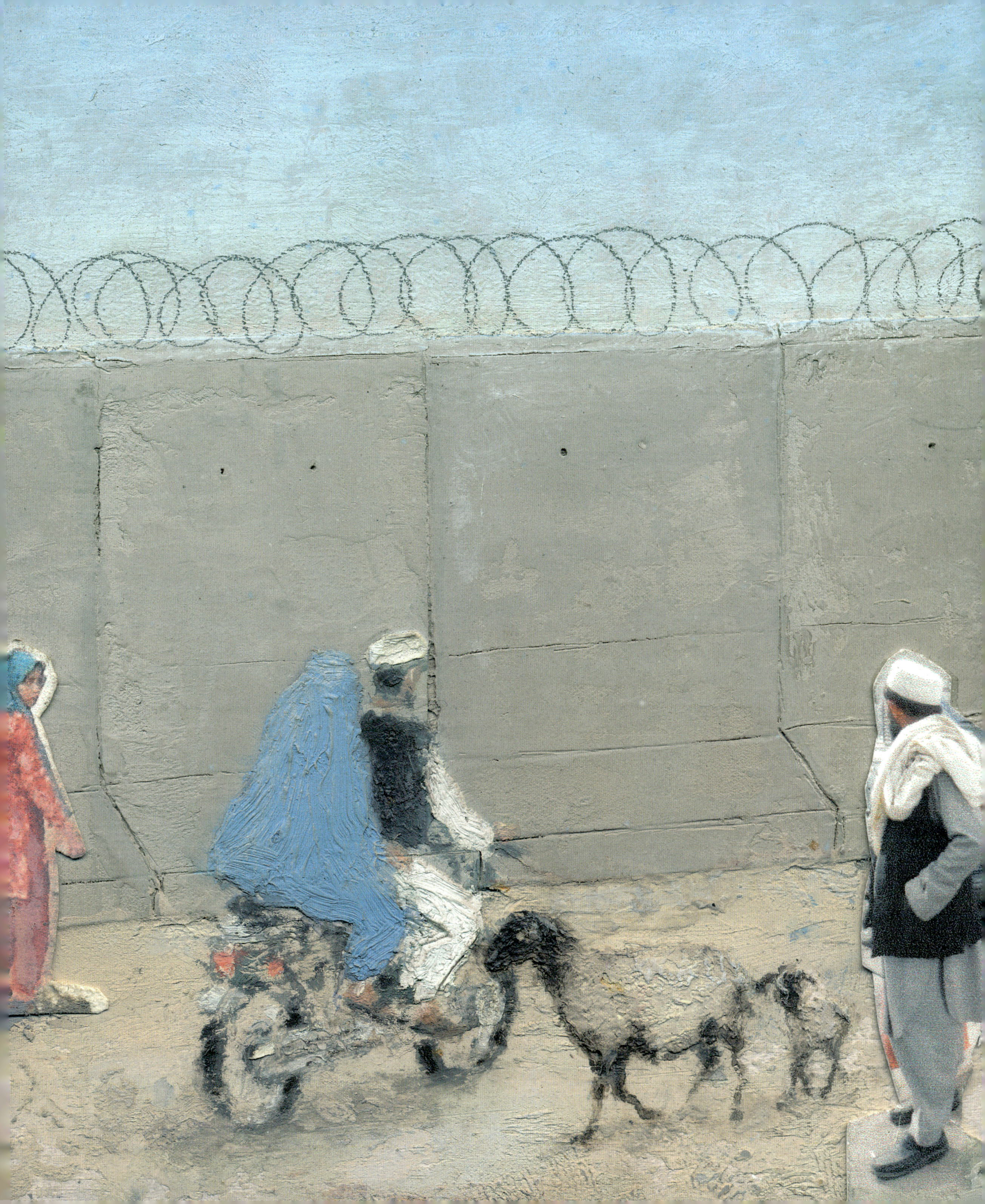

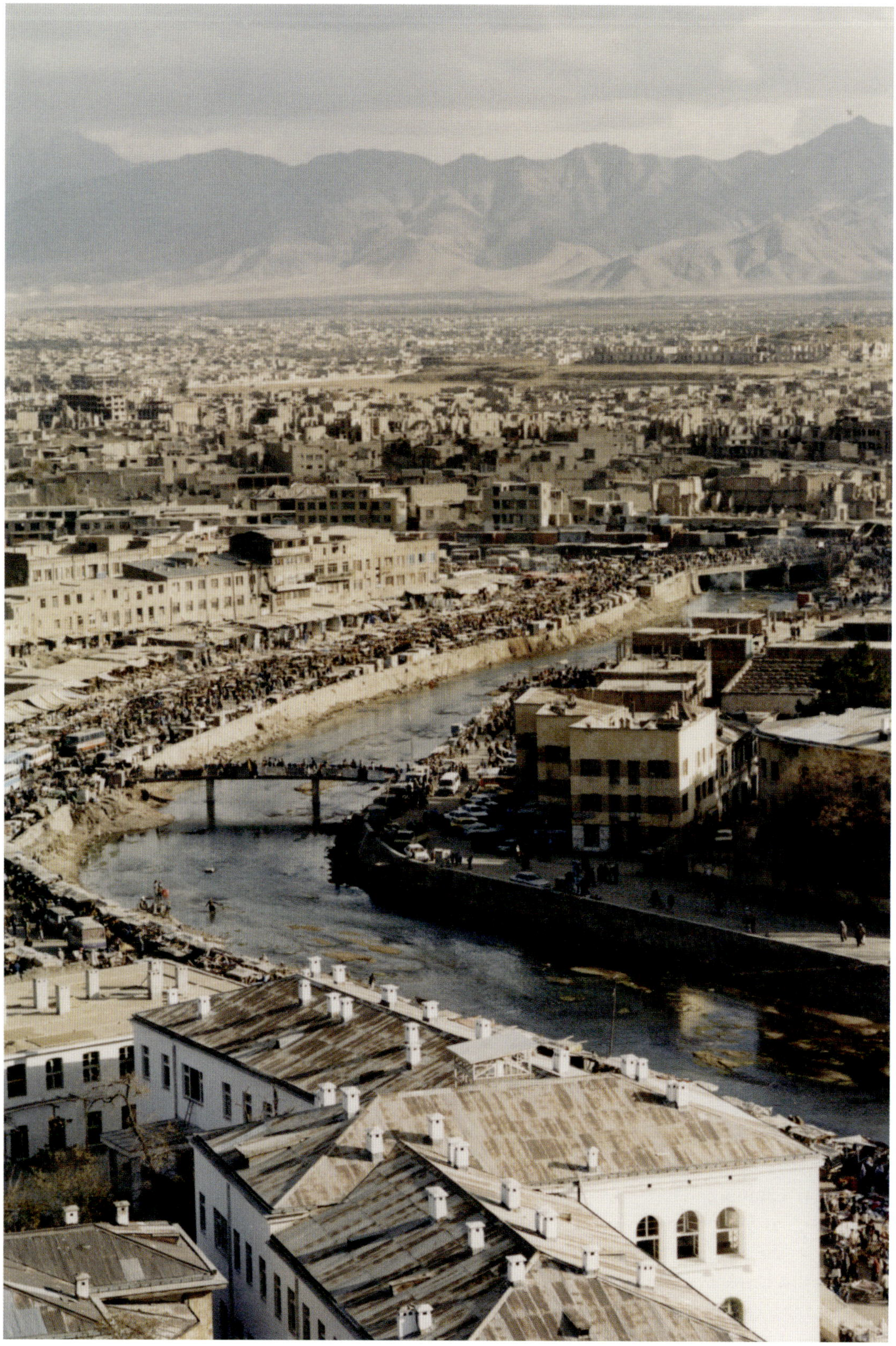

Kabul Downtown / Il centro di Kabul, 1997. Photo / Foto Ajmal Maiwandi

AJMAL MAIWANDI

AFGHANISTAN: LOST IN TRANSITION

The story of Afghanistan remains unwritten and is formed loosely by a variety of different histories—of the individual, the tribe, and its leaders; of the land and its politics; of Islam and an ever present idea of the nation—transferred orally and amplified from various perspectives, both local and external, with multiple intentions over generations.

This story focuses on the individual as indivisible from the family, of family within the wider network of community, of the community in the nexus of ethnicity, and so forth, extending in an uninterrupted chain of affinity to the collective ideologies of a fledgling nation immersed in regional and global politics. These histories and the identities born of these stories are formed by a person's life in relation and in response to the circumstances, political or otherwise, of their times. Individual roles coalesce into group identities, whether tribal, social, or economic. Myths are born and heroes are created, aggrandized, and embellished through repetition and reinterpretation, providing archetypal ideas that can embody the hopes and desires of generations.

Given that formal state systems are absent, notions of virtue, honor, and bravery form the basis of a tribal social code and, supplemented by the morals of Islamic teachings, guide interactions between people. Customs are the practical daily manifestations of these codes and become the glue for social cohesion and interaction. Traditions are formed and eventually congeal into cultural manifestations specific to the place and its people—encapsulating their beliefs, practices, and aspirations into physical manifestations.

It is difficult to write of the culture of Afghanistan without delving first into its history. At the turn of the twentieth century, the country stood on the brink of perceived nationhood. The re-structuring of the region and the forceful imposition of modern national boundaries during the Russian and British imperial expansions and, later, with the

AFGHANISTAN: PERDUTO NELLA TRANSIZIONE

Quella dell'Afghanistan è una storia ancora da scrivere, formata da un insieme complesso di storie differenti – dell'individuo, della tribù e dei suoi capi; del paese e delle sue vicende politiche; dell'Islam e di un'idea di nazione sempre viva – tramandata oralmente di generazione in generazione e amplificata con una molteplicità di intenti e secondo varie prospettive, locali e non.

Questa storia è incentrata su un individuo inseparabile dalla famiglia, sulla famiglia in quanto parte di una comunità più vasta, sulla comunità in rapporto all'etnicità e così via, fino a giungere, attraverso una catena ininterrotta di affinità, alle ideologie collettive di una nazione giovane alle prese con la politica regionale e globale. Queste storie e le identità nate da queste storie sono formate dalla vita delle persone in rapporto e in risposta alle circostanze, di natura politica e non, dell'epoca in cui vivono. I ruoli individuali si fondono in identità di gruppo, tribali, sociali o economiche. Sono nati così miti ed eroi che, abbelliti e magnificati attraverso la ripetizione e la reinterpretazione, forniscono quelle idee archetipiche che possono incarnare le speranze e i desideri di intere generazioni.

Data l'assenza di sistemi statali formali, le nozioni di virtù, onore e coraggio, che sono alla base dei codici tribali, guidano, insieme agli insegnamenti della morale islamica, l'interazione tra le persone. I costumi sono la manifestazione pratica quotidiana di questi codici e agiscono da collante dell'interazione e della coesione sociale. Si sono formate così delle tradizioni, col tempo cristallizzatesi in manifestazioni culturali caratteristiche di un luogo e dei suoi abitanti, in quanto espressione fisica delle loro credenze, delle loro pratiche e delle loro aspirazioni.

Non è facile scrivere della cultura dell'Afghanistan senza scavare nel suo passato. Alla svolta del XX secolo, il paese era sul punto di acquisire una coscienza nazionale. La

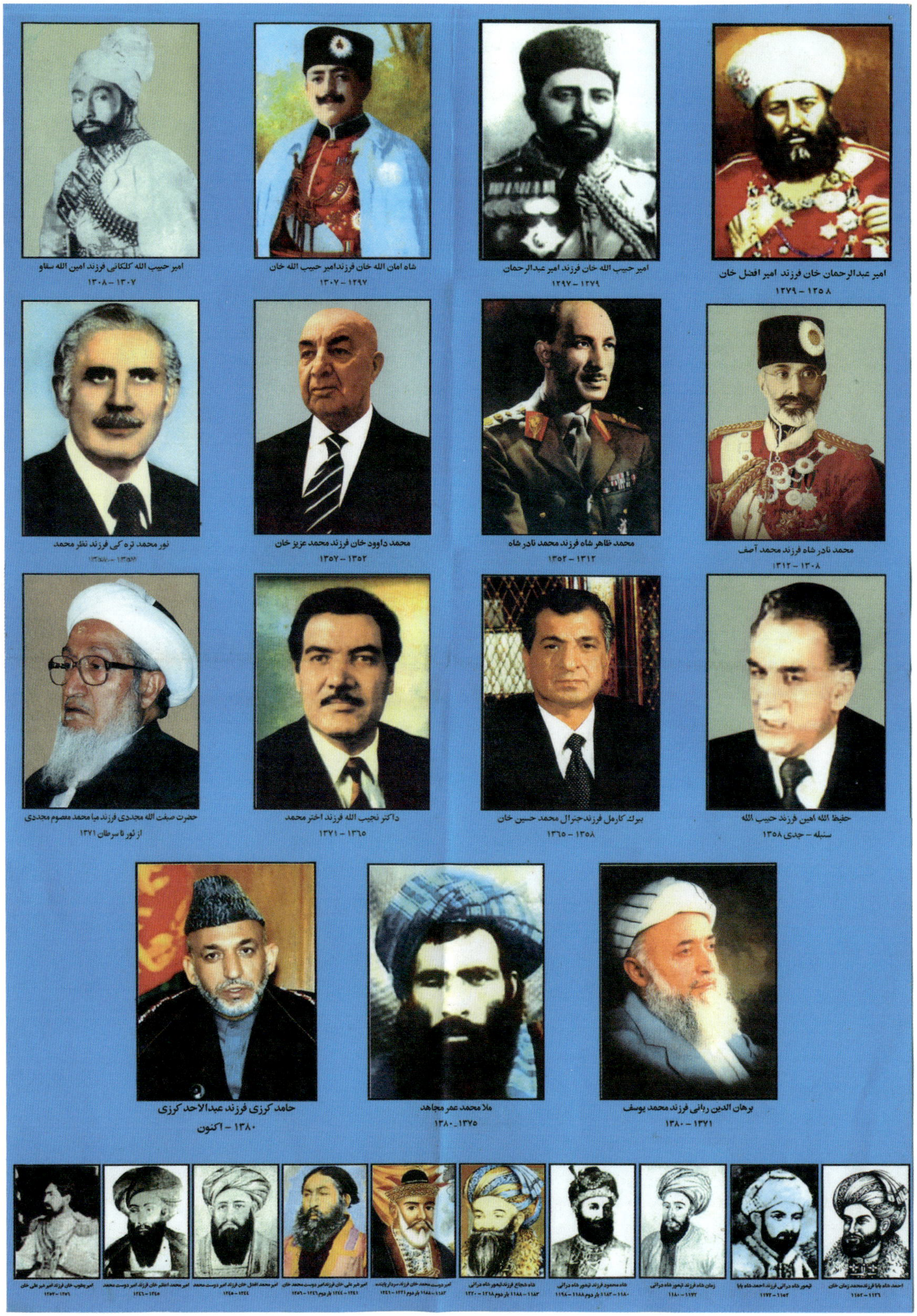

Poster of Afghan leaders / Manifesto con leader afghani, Kabul, 2012

formation of Pakistan after the end of the Second World War in 1947—a period which spanned more than two-and-a-half centuries of intrigue and conflict—resulted in the arbitrary delineation and encapsulation of a nation that comprised many different peoples and cultures. Reports and articles by British authors during the Anglo-Afghan wars in the nineteenth century depicted the Afghans alternately as duplicitous and ruthless savages on the one hand and, on the other hand, as a proud and hospitable race of people living in arduous conditions in an inhospitable terrain. In 1895, Rudyard Kipling ends his poem "The Young British Soldier" with:

> When you're wounded and left on Afghanistan's plains,
> And the women come out to cut up what remains,
> Jest roll to your rifle and blow out your brains
> An' go to your Gawd like a soldier...

Afghanistan was conceived by external powers as a "buffer-state" between rival empires. The Afghan monarch Amir Abdur Rahman Khan, who ascended to the throne with British and Russian consent in 1880, inherited a divided and unruly nation with an alternating legacy of calculated subservience and stiff, unabated resistance. In one of his first steps to establish control over the country, Abdur Rahman Khan set out simultaneously to homogenize non-Pashtun areas and to divide the opposition to his rule by repatriating large groups of Pashtuns from Kandahar in the south to regions in the north including Kunduz and Baghlan. He also initiated a military campaign and forcefully converted non-believers in Kafiristan (land of unbelievers) in the east of Afghanistan to Islam, after which the area became known as Nuristan (land of light).

The Afghanistan of the early twentieth century, under the rule of the descendants of Amir Abdur Rahman Khan, included: the agrarian mountain nation of the east and the south (Pashtuns); the steppe (horse) tribes of the north (Uzbek and Turkoman); the Tajik peoples of the mountainous northeast; the descendants of Genghis Khan in the central highlands (Hazaras); the nomadic Pashtun tribes of the Kuchis, who traverse the lowlands from Jalalabad to the

ristrutturazione della regione e l'imposizione di confini nazionali durante l'espansionismo imperiale russo e britannico e, più tardi, la formazione del Pakistan nel 1947, dopo la fine della Seconda guerra mondiale – un periodo che coincise con più di due secoli e mezzo di intrighi e conflitti – diedero luogo alla creazione sulla carta, arbitraria, di una nazione che comprendeva molti popoli e culture diversi. I resoconti e gli articoli redatti da autori britannici durante le guerre anglo-afgane del XIX secolo descrivono alternativamente gli afgani come un popolo di selvaggi infidi e feroci, da un lato, e come una nazione di persone coraggiose e ospitali che vivono in difficili condizioni in un territorio inospitale, dall'altro. Nel 1895, Rudyard Kipling conclude la poesia "Il giovane soldato inglese" con queste parole:

> Quando sei ferito e abbandonato sulle piane
> [dell'Afghanistan,
> E arrivano le donne a tagliare quel che resta,
> Prendi il fucile e fatti saltare la testa
> E vai dal tuo Dio da soldato...

L'Afghanistan era considerato dalle potenze straniere un "paese-cuscinetto" tra imperi rivali. Il re Amir Abdur Rahman Khan, asceso al trono nel 1880, con l'assenso della Gran Bretagna e della Russia, aveva ereditato una nazione divisa e turbolenta in cui tradizionalmente un calcolato servilismo si alternava a un'ostinata, inflessibile resistenza. Con una delle prime misure adottate per stabilire il suo controllo sul paese, Abdur Rahman Khan si propose simultaneamente di omogenizzare le aree non-pashtun e di dividere l'opposizione al suo governo rimpatriando folti gruppi di pashtun dalla città meridionale di Kandahar alle regioni settentrionali, tra cui quelle di Kunduz e Baghlan. Il sovrano diede inoltre inizio a una campagna militare e convertì con la forza all'Islam gli infedeli di una regione orientale del paese, il Kafiristan (terra degli infedeli) che da allora assunse il nome di Nuristan (terra della luce).

All'inizio del XX secolo, durante il regno dei discendenti di Amir Abdur Rahman Khan, l'Afghanistan riuniva le regioni montuose e agricole dell'est e del sud (pashtun); le tribù (nomadi) della steppa (uzbeki e turcomanni); i popoli

central highlands in Bamiyan to the Oxus river plains of the north in search of pasture for their herds; and a part of the desert Baluch nation in the southwest. Historically, it included lands that contained in part or in whole at least twelve major civilizations, including the Achaemenids (c. 550 – 330 BC), Alexander of Macedonia (c. 330 – 327 BC), the Greco-Bactrian Kingdom (c. 250 – 125 BC), the Khushan Empire (c. 20 – 280 AD), the Ghaznivid Empire (c. 970 – 1187), the Timurids (c. 1370 – 1506), and the Mughals (c. 1504 – 1707), to name a few.

Although previously occupied by Zoroastrians, Buddhists, Jewish tribes, Hindus, Sikhs, and Christians, by the middle of the eighth century, the vast majority of the inhabitants in the region had been forcefully converted to Islam. At the eastern fringes of Islam and with a rich legacy of pre-Islamic beliefs, Afghanistan is a unique mixture of the Islamic faith and pre-Islamic traditions. The occult, worship of local saints and deities, and mystical Sufism flourished and remained for generations. Even though homogeneously Islamic in faith, with a recent leaning towards Wahhabi and Salafi beliefs, the culture and social practices of the nation remain distinct and diverse.

This diversity and multiplicity—of ethnicity, of language, of customs, of geography, of beliefs— which have become one of the defining features of the country, are also often the main source and the target of its conflicts. The ontological heterogeneity of Afghanistan has regularly been exploited by its leaders and external aggressors alike for political gain and military advantage, sowing a legacy of divisiveness.

After the reign of Amir Abdur Rahman Khan, his heirs attempted national conformity by setting in motion institutional reforms and social and cultural modernization programs. Over a thirty-year period, his son Habibullah Khan (1901 – 1919) and then his grandson Amanullah Khan (1919 – 1929) became patrons of extensive building projects modeled after neo-European architecture and attempted to revise social customs and to modernize the judicial system. Inspired by several visits to Europe and Turkey—where he became friendly with Kemal Atatürk—Amanullah Khan attempted to model reforms in Afghanistan on the social,

tagiki della regione montuosa a nord-est; i discendenti di Genghis Khan degli altopiani centrali (hazara); le tribù nomadi pashtun kuchi, che attraversano la pianura da Jalalabad all'altopiano centrale di Bamiyan fino alla valle del fiume Oxus al nord, in cerca di pascoli per i loro greggi e una parte della nazione baluch che viveva nel deserto a sud-est. Dal punto di vista storico, il paese comprendeva in tutto o in parte territori che avevano ospitato almeno dodici grandi civiltà, tra cui quelle degli Achemenidi (550 ca. - 330 a.C.), di Alessandro il Macedone (330 ca. - 327 a.C.), del Regno greco-battriano (250 ca. - 125 a.C.), dell'impero Khushan (20 ca. - 280 d.C.), dell'impero ghaznavide (970 ca. - 1187) e dei Timuridi (1370 ca. - 1506) e dei Moghul (1504 ca. - 1707), per menzionarne solo alcune.

Benché in precedenza la regione ospitasse zoroastriani, buddisti, ebrei, indù, sikh e cristiani, verso la metà dell'VIII secolo la maggior parte dei suoi abitanti fu costretta a convertirsi all'Islam. Ai confini orientali dell'Islam e con una ricca eredità di credenze preislamiche, l'Afghanistan è un crogiolo unico di fede islamica e tradizioni preislamiche. La devozione clandestina a santi e divinità locali e la mistica sufista fiorirono e perdurarono per generazioni. Anche se dal punto di vista religioso la nazione è uniformemente islamica, con una recente tendenza al wahabismo e al salafismo, le pratiche sociali e culturali della sua popolazione rimangono ben distinte e diverse.

Questa diversità e molteplicità – etnica, linguistica, di costumi, geografica e religiosa – che è diventata una delle caratteristiche distintive del paese, spesso è anche la principale fonte dei conflitti che lo lacerano. L'ontologica eterogeneità dell'Afghanistan è stata regolarmente sfruttata sia dai suoi leader sia dai suoi aggressori esterni per acquisire vantaggi politici e militari, spargendo il seme della divisione.

Dopo il regno di Amir Abdur Rahman Khan, i suoi eredi sfidarono il conformismo nazionale attuando riforme istituzionali e programmi sociali e culturali di modernizzazione. Nell'arco di un trentennio, suo figlio Habibullah Khan (1901-1919) e poi suo nipote Amanullah Khan (1919-1929) patrocinarono grandi progetti edilizi concepiti sul modello della nuova architettura europea, tentando di riformare i costumi sociali e di modernizzare il sistema giudiziario.

economic, and cultural revolution occurring at the time in Turkey. He encouraged European dress for men and women of the court and the civil service, and instigated the removal of veils for women. The scandal of the time was that he convinced his wife, Queen Soraya, to shed her use of the veil in public in order to promote his agenda.

Initially, some progress was made and a segment of society embraced the reforms, but there were severe undercurrents of resentment and, eventually, armed resistance to Amanullah Khan's modernization programs. The deeply conservative and religious Afghans, led by influential Mullahs and instigated by dissenters and rivals within the monarchy, perceived his modernization programs as an affront to their cultural identity, customs, and religious beliefs. Amanullah was ousted and replaced by Nadir Shah (1929-1933), who immediately and systematically purged the supporters of his predecessor, leading to extensive concessions to the Mullahs and halting most modernization

Ispirato dalle visite compiute in Europa e in Turchia – dove divenne amico di Kemal Atatürk – Amanullah Khan cercò di riformare il paese sul modello della rivoluzione sociale, economica e culturale allora in corso in Turchia. Incoraggiò gli uomini e le donne della corte e dell'amministrazione a vestirsi all'europea e tentò di far abolire l'obbligo del velo per le donne. All'epoca fece scandalo la rivelazione che il sovrano, per promuovere la sua agenda, aveva convinto sua moglie Soraya a dismettere l'uso del velo in pubblico.

Inizialmente, si registrò un qualche progresso e un segmento della società aderì alle riforme ma molti nutrivano segretamente un profondo risentimento che alla fine sfociò nella resistenza armata contro i programmi di modernizzazione di Amanullah Khan. Gli afgani più religiosi e conservatori, guidati da influenti mullah e istigati da dissenzienti e rivali del sovrano nei ranghi della monarchia, vedevano nei suoi programmi di modernizzazione un affronto alla loro identità culturale, ai loro costumi e alla loro fede religiosa.

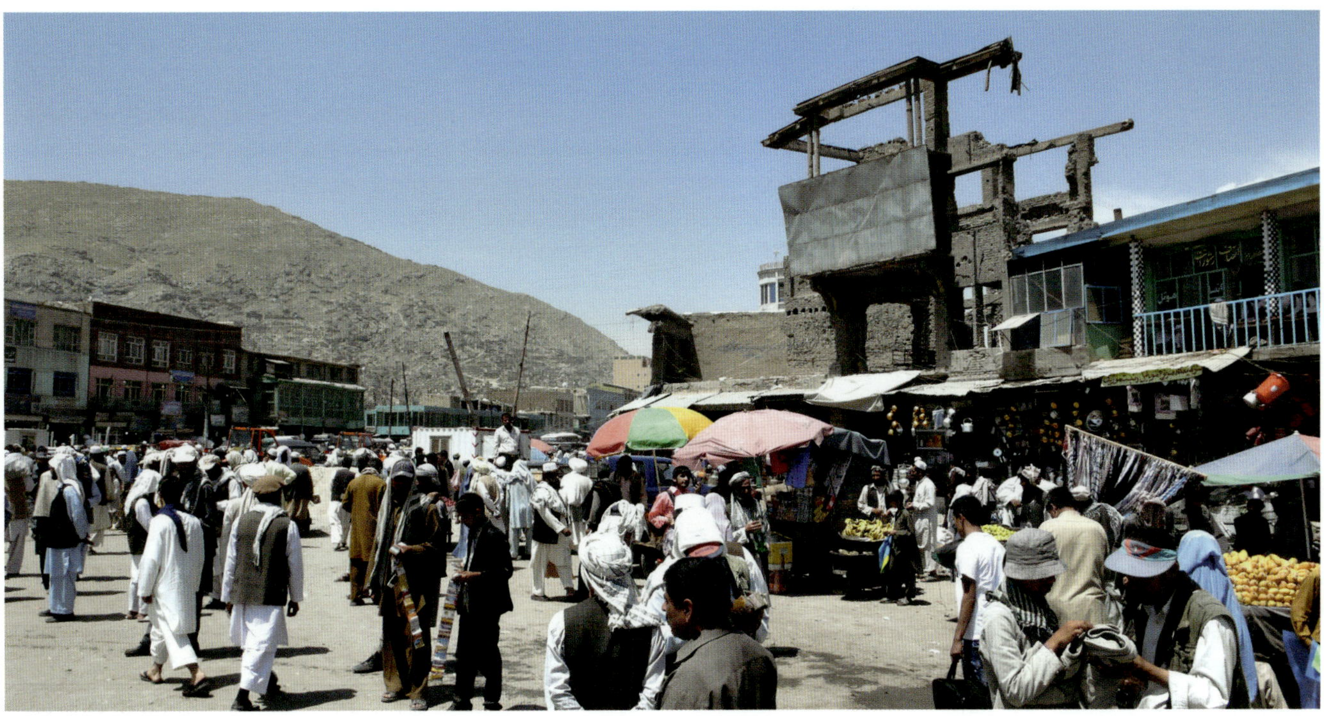

Kabul, 2010. Photo / Foto Francis Alÿs

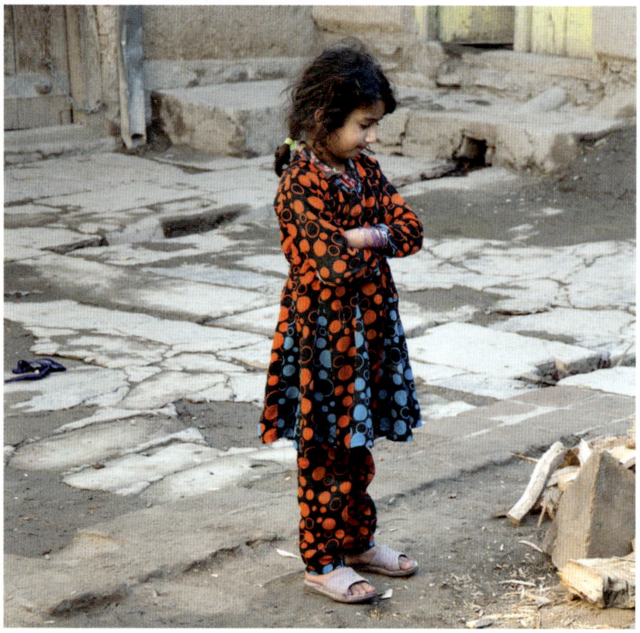

Kabul, 2012. Photo / Foto Francis Alÿs

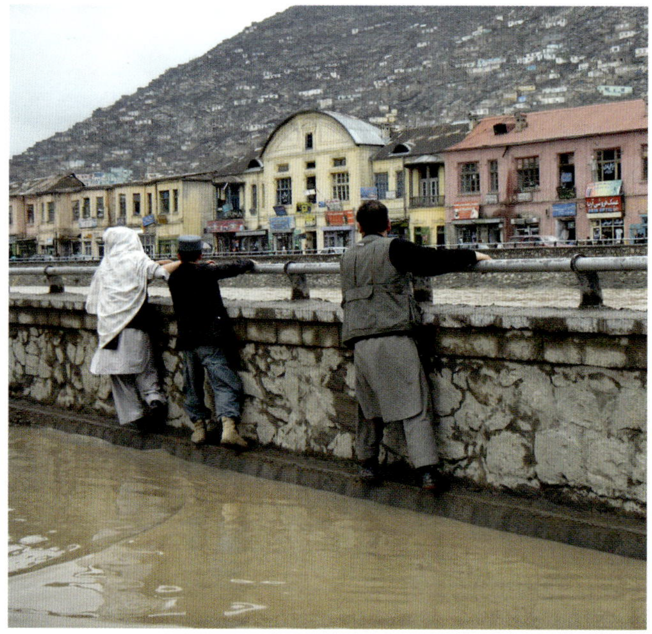

Kabul, 2012. Photo / Foto Ajmal Maiwandi

projects, particularly those focusing on social and cultural transformation.

The modern history of Afghanistan, though, is one of constant intrigue and revolution. Nadir Shah was soon assassinated by a sympathizer of Amanullah Khan, leaving his young son Zahir Shah to rule the country when he came of age. Zahir Shah was in power until 1973, when his cousin and Prime Minister at the time, Daud Khan, staged a bloodless coup and established Afghanistan as a republic. Supported by groups that later became the vanguard of the two main communist political parties (Khalq and Parcham), Daud Khan led the country during the nascent period of the rise of socialism and religious extremism, leading to the invasion of Afghanistan by the then Soviet Union.

During the thirty-four year rule of Zahir Shah, the last king of Afghanistan, which coincided with the height of the Cold War, Afghanistan remained largely peaceful and neutral in international affairs, courting investment both from the East and West. It was during this period that both the United States and the Soviet Union opted to increase their

Amanullah fu deposto e sostituito da Nadir Shah (1929-1933), che epurò all'istante e sistematicamente i sostenitori del suo predecessore, fece ampie concessioni ai mullah e bloccò i progetti di modernizzazione, in particolare quelli miranti alla trasformazione sociale e culturale.

La storia dell'Afghanistan moderno, tuttavia, è una successione ininterrotta di intrighi e rivoluzioni. Ben presto Nadir Shah morì assassinato per mano di un simpatizzante di Amanullah Khan, lasciando al giovane figlio Zahir Shah il compito di governare il paese, una volta raggiunta la maggiore età. Zahir Shah regnò sull'Afghanistan fino al 1973, quando suo cugino, l'allora Primo ministro Daud Khan mise in atto un colpo di stato incruento instaurando un regime repubblicano. Sostenuto da gruppi che in seguito divennero l'avanguardia dei due maggiori partiti comunisti (Khalq e Parcham), Daud Khan guidò il paese nel primo periodo dell'ascesa del socialismo e dell'estremismo religioso, che sfociò nell'invasione dell'Afghanistan da parte dell'Unione sovietica.

Durante i trentaquattro anni del regno di Zahir Shah, l'ultimo re dell'Afghanistan, che coincisero con l'acme della

influence through social and development projects rather than through direct interference in Afghanistan's internal politics. Investments by the United States were designed to instigate social and cultural transformation. The mutually duplicitous relationship between the West and Afghanistan had taken a turn for the better and, at the pinnacle of adulation during the "golden years" of the 1960s, the country became a sanctuary for enchanted Western tourists seeking adventure and narcotics on the "hippie trail" leading from Europe to India and Nepal.

In support of external aid, the government of Afghanistan also invested its own resources in development projects. In the early 1950s, using surpluses in State reserves, the government hired the giant American firm Morrison Knudsen, responsible for constructing the Hoover Dam in the 1930s, to prepare feasibility studies for a large-scale intervention in the southern province of Helmand, which eventually resulted in the establishment of the Helmand Valley Authority, loosely structured after a similar structure established in Tennessee in 1933 after the Great Depression. The outward aim of the project was to facilitate economic development by reforming and regularizing agricultural land holdings along the Helmand and Arghandab Rivers and to provide extensive irrigation in order to ensure that the area could be used for large-scale food production. The project was also intended to facilitate social and cultural change, resulting in the creation of a modern social utopia. According to Morrison Knudsen, the project would enable the creation of a "Little America in Afghanistan."

This project would provide an important precedent for the growing tendency of world powers to shape others in their own image—as exemplified by the jingoism of the Vietnam era and its most memorable slogan, "winning hearts and minds" or, put more provocatively in Stanley Kubrick's film, *Full Metal Jacket*, "inside every gook there is an American trying to get out." Social, economic, and cultural transformation could replace war and conflict as an ideological tool to reshape the world in one's own image. It is unclear whether these programs focused on the dissemination of shared values or on the promotion of a

Guerra fredda, l'Afghanistan visse perlopiù in pace, adottando una posizione di neutralità nei conflitti internazionali e cercando di attrarre investimenti sia dall'Est sia dall'Ovest. Fu nel corso di questo periodo che gli Stati Uniti e l'Unione sovietica decisero di accrescere la loro influenza per mezzo di progetti sociali e di sviluppo, invece che con intromissioni dirette nella politica interna del paese. Gli investimenti statunitensi puntavano a incentivare la trasformazione sociale e culturale. Il rapporto di mutua duplicità tra l'Occidente e l'Afghanistan andava per il meglio e al culmine dell'idillio, durante i "dorati" anni sessanta, il paese divenne una tappa obbligata per i turisti occidentali che percorrevano la "pista degli hippie" che dall'Europa portava all'India e al Nepal, in cerca di avventure e paradisi artificiali.

Per supportare gli aiuti stranieri anche il governo afgano investì le proprie risorse in progetti di sviluppo. Nei primi anni cinquanta, impiegando le eccedenze delle riserve statali, il governo incaricò la società americana Morrison Knudsen, che aveva partecipato alla progettazione dell'Hoover Dam negli anni trenta, di elaborare studi di fattibilità per un grande intervento nella provincia meridionale di Helmand, che alla fine diede luogo all'istituzione dell'Autorità della valle dell'Helmand, strutturata sul modello di quella creata in Tennessee nel 1933, dopo la Grande depressione. Lo scopo dichiarato del progetto era facilitare lo sviluppo economico attraverso la riforma e la regolazione delle proprietà agricole lungo le rive dell'Helmand e dell'Arghandab e di permettere l'irrigazione di vaste aree agricole, in modo da rendere quell'area utilizzabile per la produzione alimentare su grande scala. Il progetto era destinato anche a facilitare gli scambi sociali e culturali nella prospettiva della creazione di una società ideale moderna. Secondo Morrison Knudsen, esso avrebbe consentito di creare una "Piccola America in Afghanistan".

Questo progetto inaugurò la crescente tendenza delle potenze mondiali a cercare di plasmare gli altri paesi a propria immagine e somiglianza – esemplificata dallo sciovinismo dell'epoca della Guerra del Vietnam e dal suo più memorabile slogan, "conquistare i cuori e le menti" o, come afferma provocatoriamente Stanley Kubrick nel film *Full Metal Jacket*, "dentro a ogni muso giallo c'è uno che sogna di diventare americano". La trasformazione sociale, economica

homogeneous world culture based on capital, consumption, and the desire to accumulate wealth.

As a final move, the project attempted to resettle thousands of nomadic Pashtun (Kuchis) families on small land holdings in Helmand, turning them into sedentary farmers. It was the largest pre-Soviet war attempt at social engineering in Afghanistan. The other, more effective and larger, project was led by the West and Arab States in the early 1980s when they transformed Afghan farmers and war refugees into organized and trained Jihadist groups that became a credible armed resistance to the Soviet invasion.

Alarmed by the dysfunctional socialist government in Kabul, the former Soviet Union invaded Afghanistan late in 1979. Earlier in the same year, the US Ambassador to Afghanistan, Adolph Dubs, was kidnapped and killed in Kabul, aggravating Afghan-American relations and leading to cutbacks in US financial aid to the country. The socialist Afghan government had lost credibility and public support through its negligence, incompetence, and violent in-fighting, leaving the country open to outside intervention. War soon engulfed the country, implicated regional states, and further polarized the world. Afghanistan has since been immersed in what seems to be an endless cycle of violence, retribution, and forceful transformation.

In the immediate aftermath of the Soviet withdrawal in 1989 and the fall of the Soviet-backed regime in 1992, the various mujahideen (soldiers of God) groups who had staged a decade-long armed resistance to the occupation, descended upon major cities—including Kabul—and waged a violent struggle for power. By the end of 1995, large sections of urban centers across the country lay in ruins and tens of thousands of Afghan civilians were dead. Lawless and dystopian, this period between the collapse of the Soviet-backed regime and the rise of the Taliban witnessed perhaps the most gruesome acts of war in the history of modern Afghanistan. Ethnic, ideological, and religious differences formed the backbone of the fight for power, which was fuelled by regional and international sponsors who aligned their interest with their proxies in Afghanistan or vice versa.

e culturale era un buon sostituto della guerra e del conflitto, in quanto strumento ideologico atto a plasmare il mondo a propria immagine. Non è chiaro se questi programmi mirassero alla disseminazione di valori condivisi o alla promozione di una cultura mondiale omogenea basata sul capitale, sul consumo e sul desiderio di accumulazione.

Con lo stesso progetto ci si proponeva anche di spingere migliaia di famiglie di pastori pashtun (kuchi) a insediarsi in piccoli appezzamenti di terreno lungo le rive dell'Helmand, trasformandole in famiglie di agricoltori sedentari. Si tratta del principale esperimento di ingegneria sociale attuato in Afghanistan prima della guerra sovietica e sarà superato per ampiezza ed efficacia solo da quello intrapreso all'inizio degli anni ottanta dagli Stati Uniti e dagli Stati arabi che puntava alla trasformazione di contadini afgani e rifugiati di guerra in gruppi jihadisti ben organizzati e addestrati che diventarono una forza di resistenza armata credibile contro l'invasione sovietica.

Allarmata dall'incapacità del governo socialista di Kabul, l'Unione sovietica invase l'Afghanistan alla fine del 1979. Qualche tempo prima, il rapimento e l'assassinio dell'ambasciatore statunitense in Afghanistan, Adolph Dubs, a Kabul aveva determinato un ulteriore peggioramento delle relazioni afgano-americane, nonché pesanti tagli agli aiuti finanziari statunitensi. Il governo socialista afgano aveva perso ogni credibilità e il sostegno dell'opinione pubblica a causa della propria negligenza e incompetenza e delle violente lotte interne, esponendo il paese all'intervento straniero. Ben presto la guerra travolse l'Afghanistan, coinvolgendo altri stati della regione e spaccando ancora più profondamente in due il mondo. Da allora il paese è intrappolato in un succedersi apparentemente infinito di violenze, ritorsioni e trasformazione forzata.

Subito dopo la ritirata dell'esercito sovietico nel 1989 e la caduta del regime nel 1992, i vari gruppi di mujaheddin (soldati di Dio) che da dieci anni conducevano la resistenza armata all'occupazione, scesero nelle principali città – compresa Kabul – e ingaggiarono una lotta spietata per il potere. Alla fine del 1995, larghi settori dei centri urbani del paese erano ridotti in macerie e decine di migliaia di civili afgani erano morti. Senza legge e distopico, il periodo tra la caduta del regime sostenuto dall'Unione sovietica e l'ascesa dei talebani

The insecurity and strife of the period made possible the emergence of the Taliban in 1994. Meeting little resistance from a population exhausted by the turmoil and torture of the civil war, the Taliban captured Kabul in 1996 and reinstated a rudimentary and debatable form of Islamic law. A throwback to the pre-modernization days of the Afghan monarchy, their rule was seen as a reaction not only to the chaos of the civil war but, from a larger perspective, to the social engineering of the previous hundred years. Throughout the twentieth century, social and cultural projects in Afghanistan had placed emphasis on transforming a "backwards" agrarian society—initially through development aid and later through force, ideological capitalism, and rigid socialism—into a modern society capable of coexisting in a global marketplace.

ha probabilmente visto gli atti di violenza più raccapriccianti della storia dell'Afghanistan moderno. Le differenze etniche, ideologiche e religiose hanno fornito le basi della guerra civile, alimentata da sponsor regionali e internazionali che difendevano gli interessi delle loro controparti in Afghanistan o viceversa.

L'insicurezza e l'alta conflittualità del periodo resero possibile l'emergere dei talebani nel 1994. Incontrando una scarsa resistenza da parte di una popolazione spossata dai disordini e dalla piaga della guerra civile, i talebani presero Kabul nel 1996, ristabilendo una forma rudimentale e assai discutibile di legge islamica. Il loro governo, che riportava il paese all'epoca premoderna della monarchia, era visto come una reazione non solo al caos della guerra civile ma anche, in una prospettiva più ampia, agli esperimenti di ingegneria

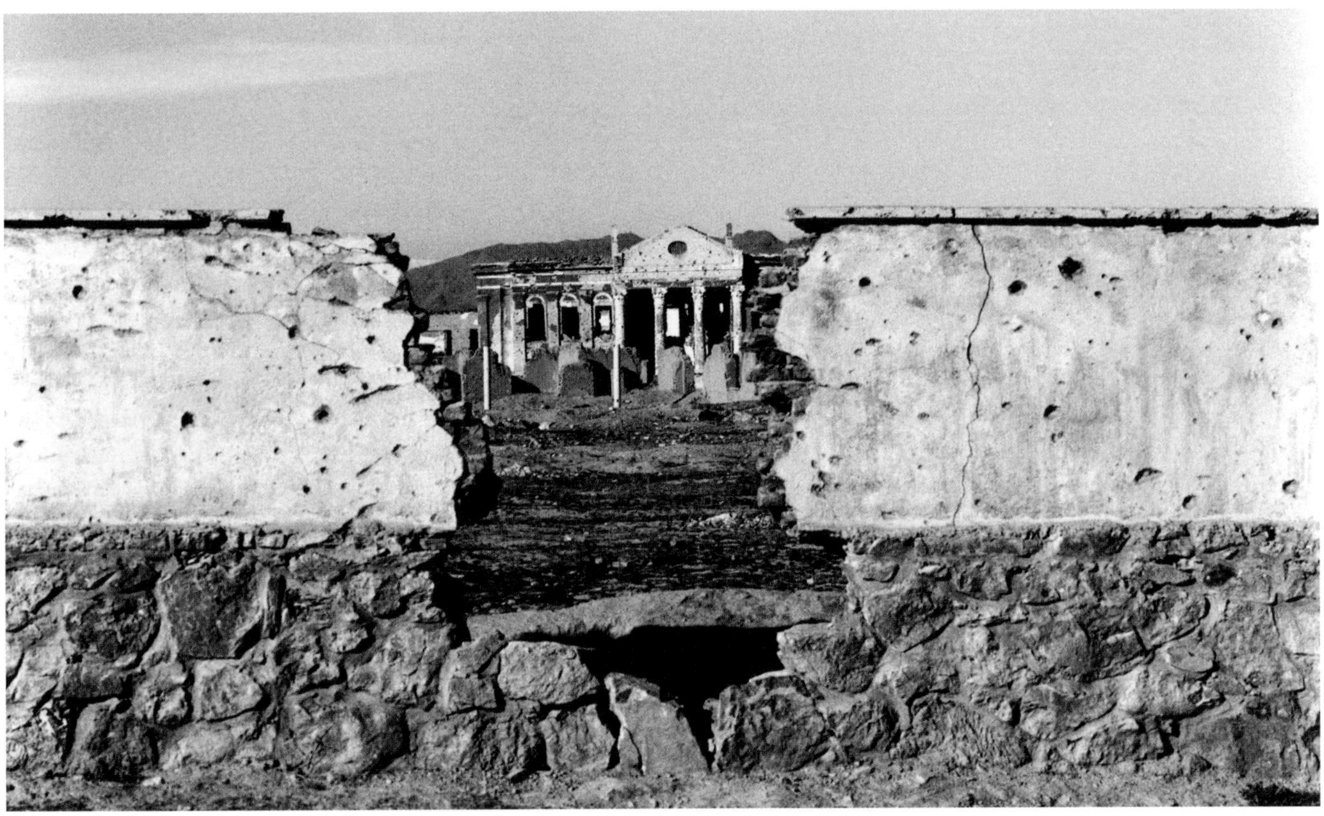

Department of Archaeology / Dipartimento di Archeologia, Kabul, 1997. Photo / Foto Ajmal Maiwandi

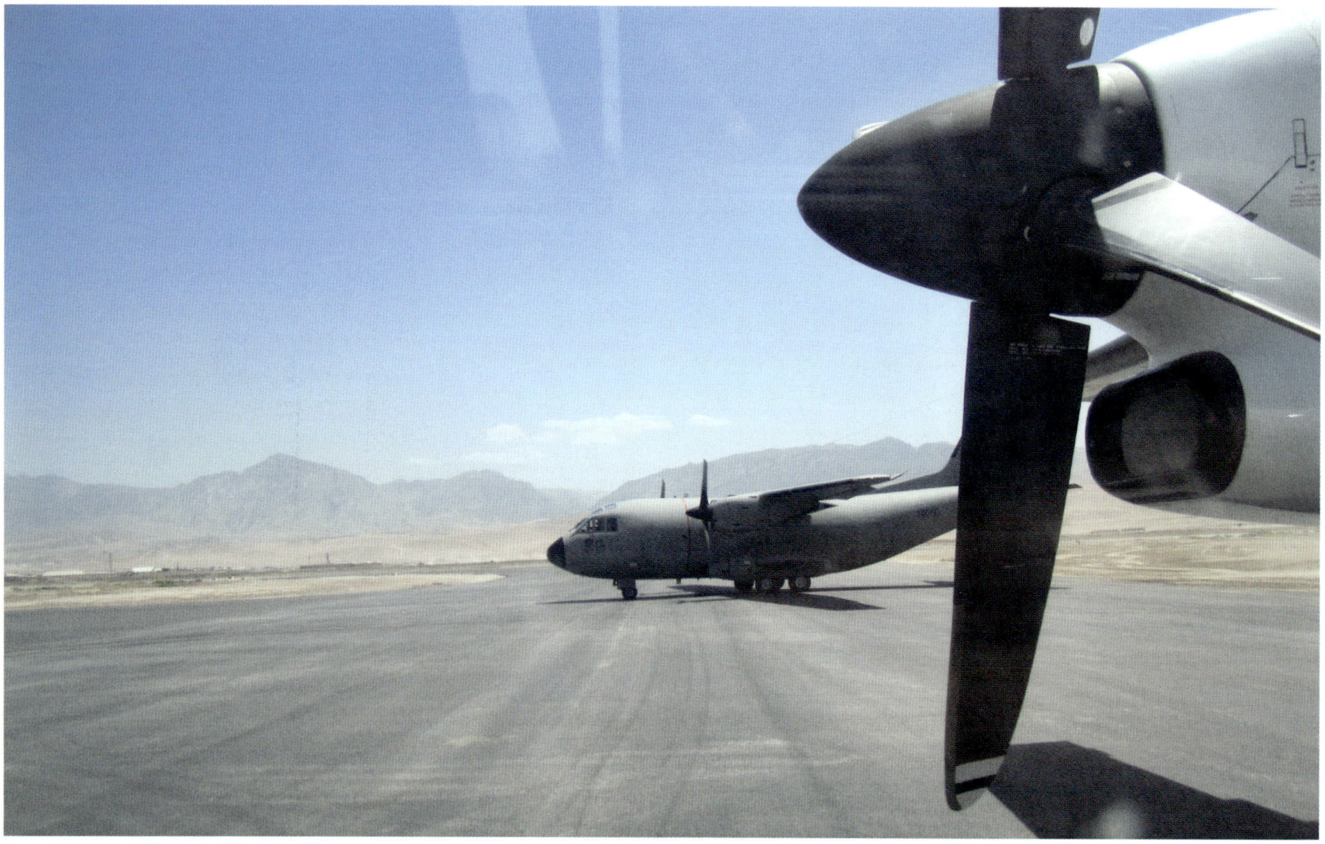

Mazar-e Sharif Airport / Aeroporto di Mazar-e Sharif, 2011. Photo / Foto Arash Boostani

For rural Afghans, who made up ninety percent of the population and were entangled in their day-to-day existence, cultural and social traditions, and deep-seated conservative religious practices, such external projections—no matter how tempting or rewarding—were perceived as a direct affront to their freedoms and their beliefs. Instigated and mobilized by religious leaders, who often sensed a weakening of their own grip and influence, the rural populace revolted time and again, often against the urban educated classes who more readily embraced reform and external ideologies.

The religious extremism of the Taliban was as much a reaction to the brutality of the civil war between mujahideen factions as it was a fundamental negation of the ideological impositions of the previous decades. The result

sociale dei precedenti cento anni. Nel corso del XX secolo, i progetti sociali e culturali attuati in Afghanistan si erano incentrati sulla trasformazione di una società agricola "arretrata" – inizialmente attraverso gli aiuti allo sviluppo e poi attraverso la forza, il capitalismo ideologico e un rigido socialismo – in una società moderna in grado di coesistere in un mercato globale.

Per gli agricoltori afgani, che costituivano il novanta per cento della popolazione ed erano legati all'esistenza quotidiana, alle tradizioni sociali e culturali e a pratiche religiose conservatrici profondamente radicate, questi progetti imposti dall'alto – anche se promettenti e remunerativi – erano un vero e proprio affronto alla loro libertà e alle loro convinzioni. Istigata e mobilitata dai leader religiosi, che

of this ideological struggle has been: the exodus abroad of generation after generation of the country's educated and privileged classes; the polarization—along ethnic and religious lines—of the large segment of society that remained; the widespread bloodshed between rival interests fighting for power and survival; and the resignation of the populace to a life rife with violence and trauma.

More than a century after the second Anglo-Afghan war, descriptions in the West of Afghans resisting the Soviet occupation in the 1980s painted a picture of a heroic, noble, and ancient race of freedom fighters fending off the onslaught of a world power. Within ten years, during the successive mujahideen "governments" and the emergence of the Taliban, these very same groups were depicted as fanatics, extremists, Islamic fundamentalists and, ultimately, terrorists.

In this context of cycles of war and poverty, of enforced ideology and the resulting social convulsions, of instances of progress and years of regression, of religious "extremism" and global "terrorism," no one could possibly have imagined the astonishing series of events that followed the attacks in New York on September 11, 2001. By early October 2001, the war to "liberate" Afghanistan had commenced and, following the rapid debacle of the Taliban regime, a handpicked government was placed at the head of the largest "nation-building" project since the Second World War. By late December, with a newly "appointed" democratic government, Afghanistan was "free" from extremism and "open" for international business, as billions of dollars of aid and investment began pouring into the country.

By the end of 2014, the United States alone will have spent more than 778 billion USD on the war in Afghanistan: 698 billion USD to support the US military presence, fifty-five billion USD for "training and equipping" the Afghan security forces, and twenty-five billion USD (just over three percent of the overall funds available) towards development and aid programs. Development in Afghanistan has been based on the use of military force to achieve social, political, and economic transformation.

Given the tumultuous history described above, the most recent intervention in the political, social, and

spesso sentivano scemare la loro capacità di controllo e la loro influenza, la massa rurale si era ribellata ripetutamente, spesso contro le classi colte urbane che avevano prontamente abbracciato le riforme e le ideologie provenienti dall'estero.

L'estremismo religioso dei talebani era tanto una reazione alla brutalità della guerra civile tra le diverse fazioni di mujaheddin quanto una negazione sostanziale delle imposizioni ideologiche dei decenni precedenti. Questo conflitto ideologico ha provocato l'esodo di intere generazioni di membri delle classi abbienti e istruite all'estero, la polarizzazione – lungo linee etniche o religiose – di un largo segmento del resto della società, grandi massacri perpetrati da gruppi che difendevano interessi contrapposti, in lotta tra loro per il potere e la sopravvivenza e la rassegnazione della popolazione a una vita fatta di traumi e violenza.

Più di un secolo dopo la Seconda guerra anglo-afgana, le descrizioni occidentali degli afgani che negli anni ottanta resistevano all'occupazione sovietica dipingevano un antico popolo di nobili, eroici combattenti per la libertà in lotta con una potenza mondiale. Nel giro di dieci anni, tuttavia, durante i successivi "governi" dei mujaheddin e l'ascesa dei talebani, gli stessi gruppi finirono per essere presentati come bande di fanatici, di estremisti, di fondamentalisti islamici e, in definitiva, di terroristi.

In questo contesto di cicli ricorrenti di guerra e povertà, di ideologie imposte con la forza e rivolte sociali, di periodi di progresso e anni regressione, di "estremismo" religioso e "terrorismo" globale, forse nessuno avrebbe potuto prevedere la stupefacente catena di eventi che seguirono gli attentati perpetrati a New York l'11 settembre 2001. All'inizio di ottobre 2001, ebbe inizio la guerra per "liberare" l'Afghanistan e, in seguito alla rapida caduta del regime dei talebani, un governo accuratamente selezionato fu posto alla testa del più grande progetto di "edificazione nazionale" intrapreso dalla fine della Seconda guerra mondiale. Alla fine di dicembre, dopo l'"elezione" di un nuovo governo democratico, l'Afghanistan era "libero" dall'estremismo e "aperto" al commercio internazionale, mentre miliardi di dollari di aiuti e investimenti cominciavano ad affluire nel paese.

Entro la fine del 2014, i soli Stati Uniti avranno speso più di 778 miliardi di dollari statunitensi in Afghanistan: 698

economic fortunes of Afghanistan takes place on a stage set with old props and familiar actors. The critical compromise of the Bonn Conference in late 2001, which determined the specifics of the post-Taliban transitional period, was the inclusion in the political process of representatives of groups actively engaged in the armed conflict in Afghanistan and responsible for extensive human rights violations. Although their role was to be balanced and eventually superseded by the inclusion of a "technocratic" element of "westernized" Afghans, who would hold key positions in the new political order, what resulted was a corrupt government with loose coalitions of nepotistic groups bound together by ethnicity and the promise of riches and, more recently, by the growing political instability and the threats posed by the insurgency.

Although the intended aim of the "international armed coalition" has been to fight "global terrorism" and foster "democratic values," the brutal force employed in waging the current counterinsurgency war, the rampant corruption, and the slow pace of development have caused deep frustration and widespread resentment within the population. Leading the push to liberate and develop Afghanistan, "westernized" Afghans have become both key political leaders and the foot soldiers of the commercial and development programs aimed at regenerating the country's economy and institutions. Forming a bridge between their adoptive countries and Afghanistan, with which many continue to retain familial and cultural links, these repatriated Afghans represent both the potential and the risks of what lies ahead for the country.

Although few in the political and development establishments would openly argue against donor led agendas such as support for governance, anti-corruption, human rights, or gender equality, Afghans, with a growing awareness of "priorities" on the global stage, write plays and perform roles for the benefit of a western audience, hoping to release donor resources linked to these programs. Afghans have become increasingly cynical and exceedingly efficient at performing to the tune that carries the most opportunities for funding. Even though on the surface and in limited doses there seems to be tangible progress, the true effects and sustainability of investments in non-military

miliardi per finanziare la presenza militare americana, cinquantacinque per "la formazione e l'equipaggiamento" delle forze di sicurezza afgane e venticinque (poco più del tre per cento dell'insieme dei fondi messi a disposizione) per lo sviluppo e i programmi di aiuto. In Afghanistan, gli obiettivi di sviluppo economico, politico e sociale sono stati perseguiti con l'uso della forza militare.

Data la tumultuosa storia appena narrata, il recentissimo intervento nel destino economico, politico e sociale dell'Afghanistan ha luogo in un palcoscenico popolato da vecchi accessori di scena e attori familiari. Il punto critico del compromesso della Conferenza di Bonn svoltasi alla fine del 2001, che definì i dettagli del periodo di transizione successivo al governo dei talebani, risiedeva nell'inclusione nel processo politico di rappresentanti dei gruppi attivamente impegnati nel conflitto armato in Afghanistan e responsabili di ampie violazioni dei diritti umani. Benché il loro ruolo fosse bilanciato e alla fine rimpiazzato dall'inclusione di un elemento "tecnocratico" costituito da afgani "occidentalizzati", che avrebbero detenuto posizioni chiave nel nuovo ordine politico, il risultato di tutto ciò fu un governo corrotto, basato su fragili coalizioni di gruppi nepotistici legati tra loro da vincoli etnici, dalla speranza di accumulare ricchezze e, più recentemente, dalla crescente instabilità politica e dalla minaccia di un'insurrezione.

Benché lo scopo della "coalizione internazionale armata" fosse combattere il "terrorismo globale" e incoraggiare i "valori democratici", la forza bruta impiegata per condurre l'attuale guerra controinsurrezionale, la corruzione dilagante e il lento ritmo dello sviluppo hanno provocato una profonda frustrazione e un diffuso risentimento nella popolazione. Guidando gli sforzi per liberare e sviluppare l'Afghanistan, gli afgani "occidentalizzati" sono diventati leader politici chiave e, allo stesso tempo, il nerbo dei programmi commerciali e di sviluppo miranti a rigenerare l'economia e le istituzioni del paese. Fungendo da ponte tra i loro paesi adottivi e l'Afghanistan, al quale molti sono rimasti legati da vincoli familiari e culturali, questi afgani rimpatriati rappresentano allo stesso tempo le potenzialità e i rischi di ciò che il paese ha di fronte a sé.

Anche se pochi nell'establishment politico e dello sviluppo criticherebbero apertamente i programmi dei

programs can only be discerned in the years to come, as the government is increasingly left to its own devices.

The collision of a rural-based agricultural society in the "deepest, darkest corner" of the "developing world" with the new social and economic order and the fast-paced technologies of the "industrialized world" has engendered a new dimension of superstition and prophesy in the country. The number of mobile phone users in Afghanistan rose from just under one million in 2002 to over eighteen million by 2012. There are more than one million Internet users and approximately thirty-eight percent of the population (11.5 million people) has access to twenty local television stations. These transformations have come at such breakneck speed that it makes much of the technology inaccessible and unintelligible to a vast majority of the public. The post-Taliban era in Afghanistan is a radically altered reality where ordinary aspects of daily life have extraordinary consequences.

In one instance, Afghanistan's largest telecommunication provider was forced to counter a rumor that a deadly

donatori, come quelli miranti a sostenere la governance, l'anticorruzione, i diritti umani o l'uguaglianza di genere, gli afgani, con una crescente consapevolezza delle "priorità" a livello globale, recitano una commedia ad uso e consumo del pubblico occidentale, sperando di veder svincolare le risorse legate a questi programmi. Gli afgani sono diventati sempre più cinici e convincenti nel recitare la parte più consona a ottenere finanziamenti. Anche se apparentemente e in misura limitata sembra esserci stato un progresso tangibile, i veri effetti e la sostenibilità degli investimenti nei programmi non militari saranno verificabili solo negli anni a venire, via via che il governo sarà sempre più costretto a contare solo sulle proprie risorse.

La collisione di una società agricola e rurale situata nel più "remoto e oscuro" angolo del "mondo in via di sviluppo" con il nuovo ordine economico e sociale e con le tecnologie in frenetico sviluppo del "mondo industrializzato" ha generato nuove forme di superstizione e di credenze popolari nel paese. Il numero degli utilizzatori di telefoni mobili è passato da un

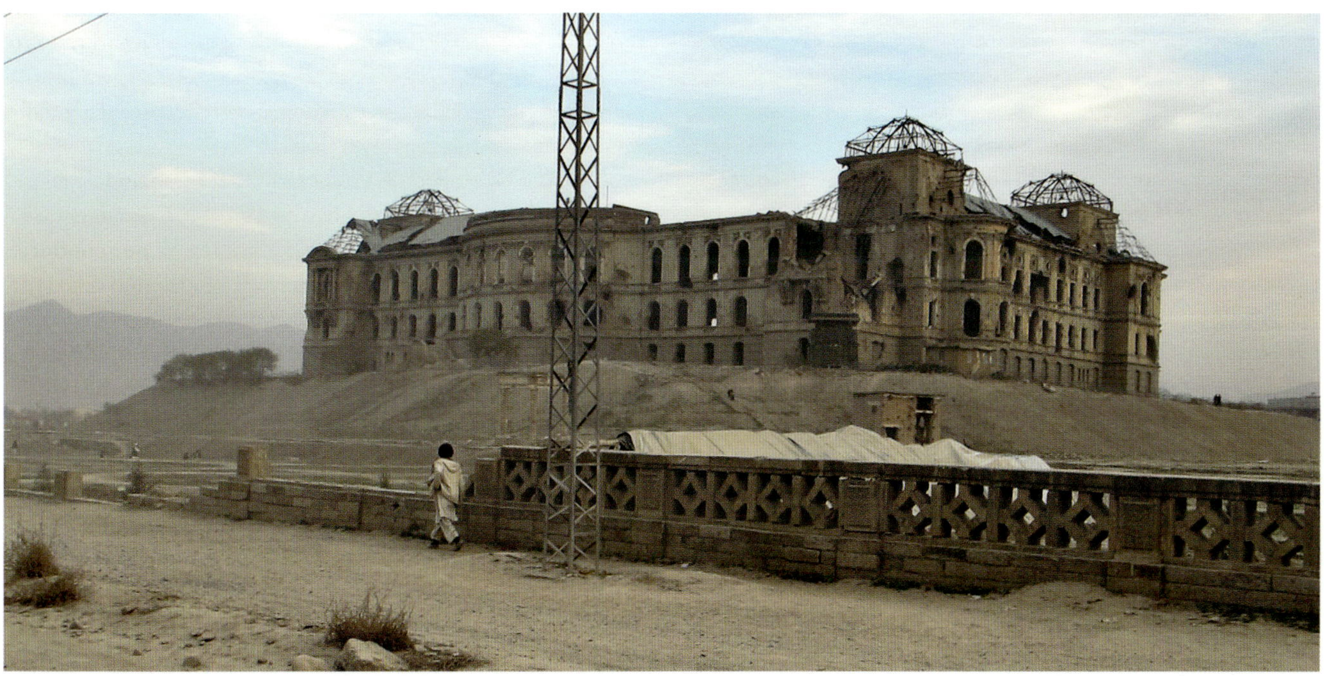

Darul Aman Palace, Kabul, 2011. Photo / Foto Ajmal Maiwandi

virus, which had claimed several lives, was being transmitted to humans through mobile phones. In a widely distributed text message, the phone company wrote: *"Transfer of a deadly virus that kills humans through mobile phones is baseless propaganda. You should continue to use your mobile phones with happy certainty."* The rumor also claimed that the call spreading the virus originated from a "foreign" country—a euphemism for more derogatory references to Pakistan—adding to peoples' deep distrust of the intentions of Afghanistan's neighbors and linking the matter to wider socio-political issues. Many people believed these stories, some going so far as to turn off their phones. By the next day several people claimed that their neighbors and relatives had caught the virus, and the director of a local hospital went so far as to claim that he had admitted several victims of this virus into his ward.

The widespread availability of mobile phones, televisions, and media programming, computers and access to the internet, e-mail, social media, and the worldwide web has transformed—in urban centers—the way people communicate and interact, leading, ultimately, to a fundamental change in attitudes towards social and cultural values. With more than fifty percent of the population under twenty-five years of age, relationships out of wedlock, which are traditionally forbidden and violently punished, have found an outlet over the web. Facebook pages are filled with intimate exchanges and photographs and, in many instances, the medium has been used to match Afghan men and women searching for a better life abroad with willing marriage partners in the West. Ritual interaction within extended families—sometimes numbering dozens of people—has been replaced by the habit of sitting around the television, watching Turkish and Indian soap operas. Mesmerized by TV programs about violent mafia groups or by local versions of American game shows or talent competitions, which are supplemented by adverts for the latest consumer goods, it would seem that many Afghans have finally succumbed to the addictive qualities of a "global" culture. Whereas many social engineering projects of the past failed to gain traction, based on the consistently high ratings of these programs, local media

milione scarso nel 2002 a più di diciotto milioni nel 2012. Gli utilizzatori di Internet sono più di un milione e il trentotto per cento circa della popolazione (11,5 milioni di persone) ha accesso a venti canali televisivi locali. Queste trasformazioni sono state così rapide da rendere molte di queste tecnologie impenetrabili, incomprensibili alla grande maggioranza del pubblico. In Afghanistan, l'epoca che si è aperta con la caduta dei talebani è una realtà radicalmente alterata, dove gli aspetti ordinari della vita quotidiana producono conseguenze inusitate.

La principale azienda di telecomunicazioni del paese, ad esempio, è stata costretta a smentire la voce secondo cui i cellulari trasmettevano agli esseri umani un virus mortale, che aveva già causato diversi decessi. In un comunicato pubblico la compagnia telefonica in questione ha dovuto precisare che la notizia della "trasmissione di un virus letale per gli esseri umani attraverso i cellulari è pura propaganda. Potete continuare a usare i vostri cellulari senza alcun timore". Secondo la stessa voce, inoltre, la chiamata responsabile della diffusione del virus veniva da un paese "straniero" – un eufemismo per indicare il Pakistan – cosa che approfondiva la profonda sfiducia che gli afgani nutrono nei confronti delle intenzioni dei propri vicini e associava la faccenda a problemi socio-politici più vasti. Molti hanno creduto a queste storie, fino a spengere i propri cellulari. Il giorno seguente diverse persone dichiaravano che il virus aveva colpito qualche parente o vicino e il direttore di un ospedale locale arrivava a sostenere di aver accolto nel suo istituto diverse vittime del virus.

La larga disponibilità di cellulari, televisioni, mezzi di comunicazione, programmi, computer, nonché l'accesso a Internet, alla posta elettronica, ai social media e al worldwide web hanno trasformato – nei centri urbani – il modo in cui le persone comunicano e interagiscono, determinando, in definitiva, un decisivo cambiamento del loro atteggiamento verso i valori sociali e culturali. In Afghanistan, dove più del cinquanta per cento della popolazione ha meno di venticinque anni, i rapporti extraconiugali, tradizionalmente proibiti e puniti con pene corporali, hanno trovato un terreno di sfogo sul web. Le pagine di Facebook sono piene di conversazioni e fotografie di carattere intimo e, in molti casi, questo mezzo di comunicazione è stato usato da uomini e donne afgani che aspiravano a una vita migliore all'estero per

has taken the lead in the latest and to date most successful offensive to transform Afghan society.

But the success of the media to provide light relief and distract people from the harsher political and economic realities is far from straightforward. Control over this technology rests in the hands of a few wealthy Afghans and, ultimately, with the local and international security forces. TV programming is open to state censure, and the media and press are heavily controlled (Afghanistan ranks 128 out of the 179 countries surveyed by Reporters Without Borders for press freedom); mobile phones are regularly monitored and service is cut or interrupted at the discretion of the State—as happened during the recent Presidential elections—or jammed by the international military establishment.

Although purporting to herald openness and freedom, technology has also been used to enable a more widespread and less discernible form of control. From at least four military sites within Kabul, large white "barrage" balloons are regularly raised high above the city and have become part of the landscape. On board, video surveillance equipment, radar, and electronic listening devices relay real-time intelligence—tracking vehicle movements, eavesdropping day and night on mobile communications and radio calls from up to ten kilometers away—to forces on the ground. This scene is repeated at the largest international military bases and installations (approximately 100 remaining as of July 2013 of more than 800 sites) across the country. Together with regular surveillance, reconnaissance, and military support provided by attack helicopters and unmanned drones, the skies over Kabul are filled with reminders of the violent and unabated insurgency that threatens any real progress made over the past twelve years.

On the ground, armored motorized convoys with soldiers perched atop vehicles pointing large caliber automatic weapons at pedestrians and civilian traffic alike are often seen in the streets of the city bearing large signs (in English) stating: *"We will shoot to kill any driver and passengers that approach."* Large sections of the center of the city and the streets around them have been barricaded by concrete blast walls and ringed with barbed wire and floodlights. Armed guards sit within check-posts, some

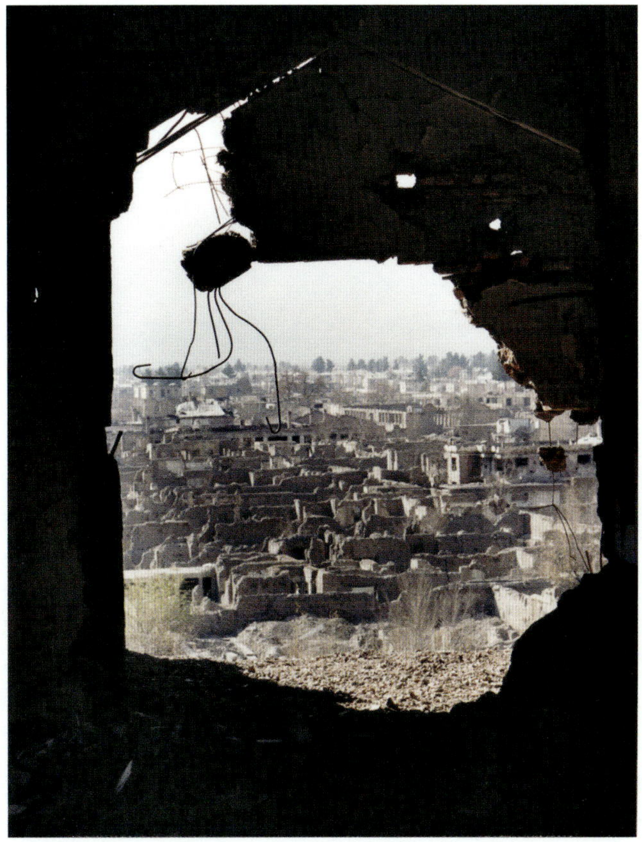

Soviet Cultural Center / Centro Culturale Sovietico, Kabul, 1997. Photo / Foto Ajmal Maiwandi

trovare un partner occidentale disposto a convolare a nozze. L'interazione rituale all'interno delle famiglie allargate – che a volte contano dozzine di persone – è stata sostituita dall'abitudine di sedersi davanti alla televisione per seguire soap opera turche o indiane. Sembra che molti afgani, ipnotizzati dai programmi televisivi che mostrano crimini di gruppi di mafiosi o versioni locali di giochi a premi o di talent show americani, integrate da spot che vantano le ultime merci in arrivo, abbiano finalmente ceduto al potere di assuefazione della cultura "globale". Se tanti progetti di ingegneria sociale del passato non sono riusciti a far presa, i media locali sembrano aver assunto la guida dell'offensiva più recente, e finora più riuscita, volta a trasformare la società afgana, almeno a giudicare dall'alto indice di ascolto di questi programmi.

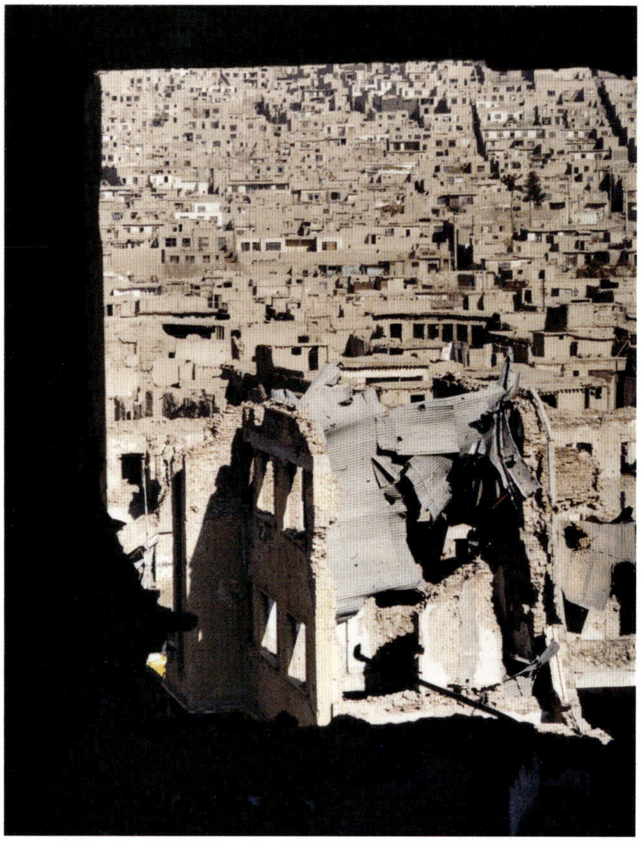

Soviet Cultural Center / Centro Culturale Sovietico, Kabul, 1997.
Photo / Foto Ajmal Maiwandi

raised high above the ground, pointing assault rifles out of the windows of their armored containers. "Killing zones" have been created around militarized compounds and any visual deterrents or barriers, including trees, are cut down in order to prevent would-be attackers from seeking cover. Large sections of Kabul resemble a war zone, bearing a constant reminder of the fears of all who reside here. Afghans in the capital have become increasingly apprehensive and dismayed, many spending much of their time forlorn and hypothesizing about the next disaster, conjecturing about the resurgence of civil war, or simply waiting for the next suicide bombing.

In the boiling pot that has become Afghanistan's largest city and capital, the seat of government and the

Ma il successo dei media nel fornire svago e distrarre le persone dalle dure realtà economiche e politiche non è affatto senza ombre. Il controllo di questa tecnologia è nelle mani di pochi afgani facoltosi e, in definitiva, delle forze di sicurezza locali e internazionali. La programmazione delle televisioni è sottoposta alla censura di Stato e i media e la stampa sono pesantemente controllati (per quanto riguarda la libertà di stampa l'Afghanistan è risultato 128° tra i 179 paesi presi in esame da Reporters Without Borders); i cellulari sono regolarmente intercettati e il servizio viene interrotto a discrezione dello Stato – come è accaduto, ad esempio, durante le recenti elezioni presidenziali – o disturbato dall'establishment militare internazionale.

La tecnologia, che ha la pretesa di portare con sé apertura e libertà, è stata usata anche per esercitare una forma di controllo più diffusa e meno discernibile. Da almeno quattro siti militari di Kabul, si alzano regolarmente sulla città grandi palloni aerostatici bianchi di "sbarramento" che ormai sono diventati parte integrante del paesaggio. Questi palloni sono equipaggiati con un sistema di videosorveglianza, un radar e dispositivi di ascolto elettronico che permettono di accedere alle informazioni in tempo reale – tracciando i movimenti dei veicoli, intercettando giorno e notte comunicazioni mobili e chiamate radio da più di dieci chilometri di distanza – e di trasmetterle alle forze terrestri. Lo stesso accade nelle più grandi basi e installazioni militari internazionali del paese (su più di 800 siti nel luglio 2013 ne erano rimasti circa 100). La regolare sorveglianza, le ricognizioni e il supporto militare fornito da elicotteri d'attacco e droni, hanno riempito il cielo di Kabul di promemoria che ricordano ai suoi abitanti l'insurrezione violenta e indomabile che minaccia ogni reale progresso compiuto negli ultimi vent'anni.

A terra, convogli armati motorizzati con militari appollaiati sui veicoli che tengono armi automatiche di grosso calibro puntate sui pedoni e sul traffico civile appaiono spesso lungo le strade della città con grandi cartelli (scritti in inglese) in cui si afferma. "Colpiremo a morte qualsiasi conducente o passeggero che si avvicinerà al convoglio". Larghi settori del centro della città e le strade che li circondano sono stati barricati con muri di cemento a prova di esplosione e circondati da barriere di filo spinato e riflettori.

headquarters of most international organizations and embassies, those that suffer the most are the civilian population of Kabul. Architecture, urban development, and the transformation of public space have become symbols of power and instruments of violence, brute force, and repression. Large populations of the poor and vulnerable have been dispossessed of land and their homes and, together with migrant communities, have been forced into the fringes of the city. Occupying vast stretches of poorly built hillside homes, which lack basic access and services, they live tenuously from day to day. From the extravagant villas and gated communities of the affluent to the sanitized and securitized districts occupied by the international community to the squalor of the collective spaces of the urban poor, the city has been transformed into a checkerboard of privilege and neglect.

Perhaps nowhere is the disparity between, and clash of, the haves and the have-nots as apparent as in the architecture of the city. As a result of reintegration programs for Afghan refugees living in neighboring countries, the influx of economic migrants, and the displacement of Afghans facing conflict in other regions of the country, the population of Kabul has mushroomed from an estimated 500,000 in 2001 to more than 4.5 million today and is expected to reach eight million in the next decade. The reinvestment and laundering of money generated through the illicit narcotics trade (valued at almost half of Afghanistan's GDP or around three billion USD), profits from contracts to provide services and supplies to the international military, and earnings from private sector business interests have resulted in a large-scale construction boom in commercial and residential development. Massive residential projects and satellite townships are being constructed on state land, often obtained through illegal property deals or outright land grabs. These projects have transformed the once green and sprawling city into a dense web of ad hoc and poorly constructed buildings, which do not adhere to building codes or zoning regulations and disregard social custom and tradition.

Accompanying the physical plunder of the city is a deeper shift in the social and cultural values of the

Guardie armate siedono nei posti di controllo, in alcuni casi sopraelevati, tenendo i loro fucili da assalto puntati oltre la cornice della finestra del container blindato. Intorno ai compound militari sono state istituite delle "killing zones" e ogni deterrente visivo o barriera, alberi compresi, viene abbattuto per evitare che eventuali attentatori si avvicinino senza essere avvistati. Vasti settori di Kabul assomigliano a zone di guerra, eternizzando le paure di quelli che vi abitano. Gli abitanti della capitale sono sempre più apprensivi e turbati e molti passano una larga parte del loro tempo in un profondo abbattimento, a fare congetture sul prossimo disastro, sul ritorno della guerra civile o semplicemente ad attendere il prossimo attacco suicida.

In quel calderone in ebollizione che oggi è la maggiore città e capitale dell'Afghanistan, sede del governo e della maggior parte delle organizzazioni internazionali e delle ambasciate, quelli che soffrono di più sono i civili. L'architettura, lo sviluppo urbano e la trasformazione dello spazio pubblico sono diventati simboli del potere e strumenti di violenza, forza bruta e repressione. Grandi masse di poveri e di indifesi sono state spossessate delle loro terre e delle loro case e costrette a trasferirsi ai margini della città, insieme alle comunità di migranti, in lunghe file di case malamente costruite sui fianchi delle colline, prive di strade d'accesso e di servizi, dove vivono alla giornata. Dalle stravaganti ville e dai centri residenziali fortificati dei ricchi ai quartieri risanati e messi in sicurezza della comunità internazionale allo squallore degli spazi collettivi dei quartieri poveri, la città è stata trasformata in un patchwork di privilegio e abbandono.

Forse in nessun luogo la disparità e il contrasto tra abbienti e non abbienti ha lasciato un segno così profondo sull'architettura. Con i programmi di reintegrazione degli afgani rifugiati che vivono nei paesi vicini, il flusso dei migranti economici e il trasferimento degli afgani che vivono nelle zone di conflitto del paese, la popolazione di Kabul è cresciuta molto rapidamente, dai 500.000 abitanti del 2001 ai 4,5 milioni e oltre attuali e si prevede che nel prossimo decennio arriverà a contare otto milioni di persone. I contratti di prestazione di servizi e fornitura di beni alle forze armate internazionali sono un'eccellente opportunità per chi deve reinvestire e riciclare il denaro proveniente dal traffico

population. When the city was expanding in the 1950s and 1960s, customary laws guided the design and development of residential areas. Houses were laid out in such a manner as to avoid infringing upon their neighbors' right to privacy, light, and ventilation. A certain portion of the land was allotted for gardens and designs were guided by basic principles of orientation and the positioning of the building on the plot. Architectural design responded to climatic conditions, building forms were modest and based in the local vernacular, and construction materials were sourced locally and consisted mostly of stone and brick.

The residential properties being built today reflect the character and reveal the motives of their owners as plainly as did those built half a century earlier. What can be deduced about the affluent of today in Afghanistan from the ostentatious architecture they build is that although they are significantly wealthier, their aspirations reflect an intrinsic shift in the nature of Afghan society. Previous generations regarded themselves as inextricable links in a wider evolution of communal identity—as custodians of transmutable living traditions and building forms—and regarded wealth as something that was not to be flaunted. The owners of luxury houses being built today reflect the critical devolution of Afghanistan's middle and upper classes towards individualism and the conspicuous extravagance of wealth on display. Having shed the bonds of custom and tradition, they aspire to be original in exhibiting their new-found identity and riches. The resulting expressions bear the marks of architecture that is simultaneously generic and yet distinct, devoid of quality and yet viscerally stunning. And although detached from the built traditions, they compliment the self-referential styles of the newly built homes of their neighbors.

As these villas are being built by the affluent across Kabul, there is a constant influx of destitute Afghans from the countryside into the city. It would seem that the long-term objective of the Afghan administration—with the collusion of local business and power-brokers, and investing resources from international donors and those generated by the illicit economy—is to provide incentives for rural communities to relocate to urban areas. Described as the

illecito di narcotici (valutato a quasi la metà del prodotto interno lordo, ossia tre miliardi di dollari statunitensi) e i guadagni derivanti dal settore delle attività private hanno dato luogo a un boom dell'edilizia commerciale e residenziale. Enormi complessi residenziali e città satellite sono in corso di costruzione in terreni demaniali, spesso acquisiti attraverso operazioni immobiliari illegali o con semplici atti di *land grabbing*. Questi progetti hanno trasformato una città un tempo caratterizzata dal verde e dai grandi spazi aperti in una fitta rete di edifici estemporanei e mal costruiti, che non rispettano alcun codice edilizio o piano regolatore e al tempo stesso trascurano del tutto i costumi sociali e le tradizioni.

Il saccheggio materiale della città è accompagnato da un profondo cambiamento dei valori sociali e culturali della popolazione. Negli anni cinquanta e sessanta, quando la città era in via di espansione, i piani di sviluppo delle aree residenziali erano guidati dalle leggi consuetudinarie. Gli edifici erano progettati in modo da non violare il diritto alla privacy, alla luce e alla ventilazione dei vicini. Una parte dei terreni era destinata ai giardini e i progetti erano guidati dai principi fondamentali dell'orientazione e del posizionamento dell'edificio nel lotto. La progettazione architettonica teneva conto delle condizioni climatiche, le forme delle costruzioni erano sobrie e basate sull'architettura tradizionale locale e i materiali da costruzione erano costituiti perlopiù da pietra e mattoni d'origine locale.

Gli immobili residenziali costruiti oggi riflettono il carattere e svelano le aspirazioni dei loro proprietari proprio come quelli edificati mezzo secolo fa. Quel che si deduce dall'architettura vistosa dei nuovi ricchi afgani è che essi sono notevolmente più ricchi e che le loro aspirazioni riflettono un intrinseco cambiamento della natura della società afgana. Le precedenti generazioni si sentivano indissolubilmente legate alla più vasta evoluzione di un'identità comune – custodi di tradizioni di vita e di forme architettoniche trasmutabili – e pensavano che la ricchezza non andasse ostentata. I proprietari delle lussuose dimore edificate ai nostri giorni riflettono l'involuzione critica delle classi medie e alte afgane verso l'individualismo e la vistosa stravaganza della ricchezza messa in mostra. Avendo perduto costumi e tradizioni, ricercano l'originalità esibendo le loro nuove identità e le loro recenti ricchezze. Le risultanti espressioni nascono sotto il

seat of insurrection and conservatism and from where, historically, mass uprisings and revolts against government and foreign invaders have originated, the Afghan countryside is being decimated by war and systematically depopulated. In a significant change of policy since 2008, large-scale investments have been made in "urban development" and infrastructure projects in urban centers across the country.

Given that urbanization is a global trend and theoretically provides better access to services and economic opportunities—which remains, thus far, unsubstantiated in the Afghan context—and based on the construction of massive state-owned housing developments aimed at accommodating thousands of families, it seems reasonable to draw the conclusion that there is an overt policy to support an increase in migration to urban areas in Afghanistan. This in turn would enable authorities to exert better control over the population—a reversion to the objectives of previous social engineering projects aimed at pacifying rural Afghans. The poor quality of urban design in Kabul has maximized the use of the land for construction while providing insufficient infrastructure or services, neglecting the provision of public spaces, and instantly creating urban ghettos rendered unsustainable in the long term.

The past decade has not only witnessed drastic changes in the urban environment, but there have also been significant changes in Afghan cultural practices. Traditions and customs, such as marriages, once a simple and humble practice adjusted to the joint resources available between families, have been transformed into complex rituals dedicated to displaying social status. In an effort to establish large dowries for the bride's family and meet the social prestige required by both families, tens of thousands of dollars are spent in engagement and wedding ceremonies. As social pressure requires parents to be able to marry off their children, middle class families acquire massive debts in the process. In fact, demand for new purpose-built wedding halls is so high that more than eighty percent of new commercial buildings have incorporated facilities for wedding ceremonies into their designs.

As if to substantiate a self-fulfilling prophecy, the resources injected into Afghanistan—a place where few could

segno di un'architettura generica e simultaneamente bizzarra, priva di qualità e tuttavia assolutamente sbalorditiva. E, pur avendo tagliato i ponti con le tradizioni, non ci si dimentica mai di congratularsi con i vicini per lo stile autoreferenziale delle loro nuove case.

Mentre i ricchi di Kabul costruiscono le loro ville, un flusso ininterrotto di afgani indigenti si riversa in città dalla campagna. Sembra quasi che l'obiettivo a lungo termine del governo afgano – con la collusione del mondo degli affari locale, dei grandi intermediatori e di chi investe le risorse provenienti dai donatori internazionali e quelle derivanti dall'economia illecita – sia incentivare le comunità rurali a trasferirsi nelle aree urbane. Descritta come covo dell'insurrezione e del conservatorismo ed epicentro storico delle insurrezioni di massa e delle rivolte contro il governo e gli invasori stranieri, la campagna afgana viene sistematicamente spopolata dalla guerra che ha falcidiato i suoi abitanti. Dal 2008, con un brusco cambiamento di linea politica, sono stati effettuati ingenti investimenti nello "sviluppo urbano" e in progetti infrastrutturali riguardanti i centri urbani di tutto il paese.

Dato che l'urbanizzazione è una tendenza globale e teoricamente dovrebbe facilitare l'accesso ai servizi e alle opportunità economiche – ancora irrilevanti nel contesto afgano – e si basa sulla costruzione di grandi zone residenziali di proprietà dello stato destinate a ospitare migliaia di famiglie, sembra ragionevole trarre la conclusione che in Afghanistan c'è una chiara volontà politica di favorire una crescita della migrazione verso le aree urbane. Ciò consentirebbe alle autorità di esercitare un controllo più stringente sulla popolazione: un rovesciamento degli obiettivi dei vecchi progetti di ingegneria sociale miranti a pacificare la popolazione rurale. Nella pianificazione urbana di Kabul, di scarsa qualità, si è puntato a sfruttare al massimo le aree edificabili, col risultato di non fornire servizi e infrastrutture sufficienti, di non tener conto della necessità di spazi pubblici e di creare ghetti urbani a lungo termine insostenibili.

Il decennio passato ha visto non solo drastici cambiamenti dell'ambiente urbano ma anche significative alterazioni delle pratiche culturali degli afgani. Costumi e tradizioni, come la cerimonia del matrimonio, un tempo semplice e sobria, commisurata alla disponibilità economica delle famiglie,

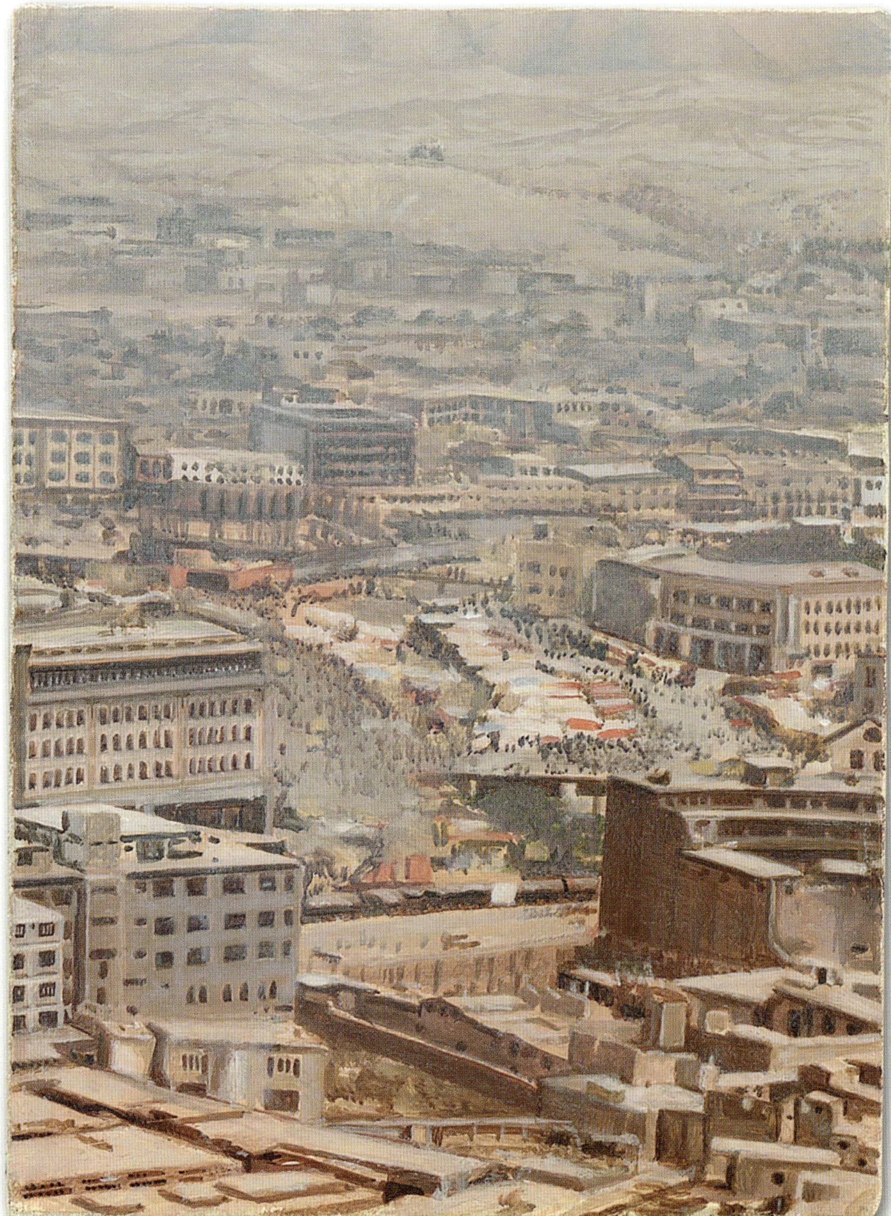

Untitled (Kabul), 2011-2012, oil on canvas on wood / olio su tela su legno, 17.8 × 12.7 × 1.3 cm

afford basic necessities ten years ago— and the subsistence of a "donor" driven economy has transformed Afghans into consumers of imported goods. In addition to the influx of cheaply priced Chinese goods, an increase in purchases of luxury items such as jewelry and expensive vehicles has made Afghanistan a large importer of consumer goods valued at more than 6.2 billion USD in 2012. At the same time the total value of merchandise exported by Afghanistan in the same year was 430 million USD. While the deficit grows and Afghans come to terms with how to sustain their newly acquired living standards, the artificial economy continues to shrink and unemployment increases.

As economic conditions worsen, social tensions will continue to burgeon. In an attempt to express faith, once austere religious practices have become exaggerated and transformed into aggressive manifestations of identity. The day of mourning for the grandson of the prophet Muhammad (known as the Day of Ashura) is traditionally commemorated by Shi'a Muslims through somber mourning rituals and, in some parts of the world, by men flagellating themselves with chains. In Kabul, the Day of Ashura presents a further challenge for inhabitants as cars packed with young mourners roam the streets in high speed convoys confronting and, at times, harassing pedestrians and drivers.

As the forceful projection of a specific cultural or religious identity has heightened social tensions, clear divisions are also beginning to emerge in the physical landscape of the city through the emergence of ethnocentric satellite townships. While the concentration of ethnic groups in small areas of the city occurred naturally in the past, due primarily to socio-geographic circumstances, these new townships are being explicitly planned and constructed with support from political representatives for a specific ethnic group. It remains to be seen whether this type of development will continue in the future and if, as an intentional strategy, they are designed to further segregate Afghanistan's multi-ethnic society. What remains certain, as in past instances, is that a group of Afghan leaders are at their strongest when exploiting the fears and paranoia of their constituencies, isolating them from the mainstream to serve their own personal benefits.

è stata trasformata in un rituale complesso con cui si fa sfoggio del proprio status sociale. Per mettere insieme una ricca dote da offrire alla famiglia della sposa e mostrarsi all'altezza del prestigio sociale di entrambe le famiglie, si spendono decine di migliaia di dollari in fidanzamenti e matrimoni. Dal momento che le convenzioni sociali impongono ai genitori di accasare degnamente i propri figli, i membri delle classi medie si indebitano pesantemente a ogni matrimonio. E, in effetti, la richiesta di sale per la celebrazione di matrimoni è così alta che più dell'ottanta per cento dei nuovi edifici commerciali sono dotati di strutture apposite.

Come previsto, le risorse iniettate in Afghanistan – un paese dove dieci anni fa pochi potevano permettersi di soddisfare i bisogni fondamentali – e la sussistenza di un'economia governata da "donatori" ha trasformato gli afgani in consumatori di beni importati. Oltre all'afflusso di merci cinesi a basso costo, l'aumento degli acquisti di articoli di lusso come gioielli e costose automobili ha fatto dell'Afghanistan un grande importatore di beni di consumo, tanto che nel 2012 il volume delle importazioni di queste merci avrebbe superato 6,2 miliardi di dollari. Nello stesso anno il valore totale delle esportazioni era pari a 430 milioni di dollari statunitensi. Mentre il deficit cresce e gli afgani si rendono conto di non poter più sostenere il livello di vita recentemente acquisito, l'economia artificiale seguita a contrarsi e la disoccupazione cresce.

Se le condizioni economiche peggiorano le tensioni sociali seguiteranno a salire. Nello strenuo tentativo di tener viva la fede, pratiche religiose un tempo austere si sono esasperate, trasformandosi in aggressive manifestazioni identitarie. Il giorno della morte del nipote del profeta Muhammad (noto come il Giorno dell'Ashura) viene tradizionalmente commemorato dagli sciiti con lugubri riti funebri e, in certe parti del mondo, con cortei di flagellanti. A Kabul, il Giorno dell'Ashura è ancora più tetro per gli abitanti della città perché cortei di automobili cariche di giovani in lutto sfrecciano per le strade della città mettendo a dura prova e a volte molestando pedoni e automobilisti.

Se la rappresentazione forzata di una specifica identità religiosa o culturale ha fatto crescere le tensioni sociali, oggi cominciano a manifestarsi nette divisioni anche nel paesaggio fisico della città attraverso la nascita di città satellite

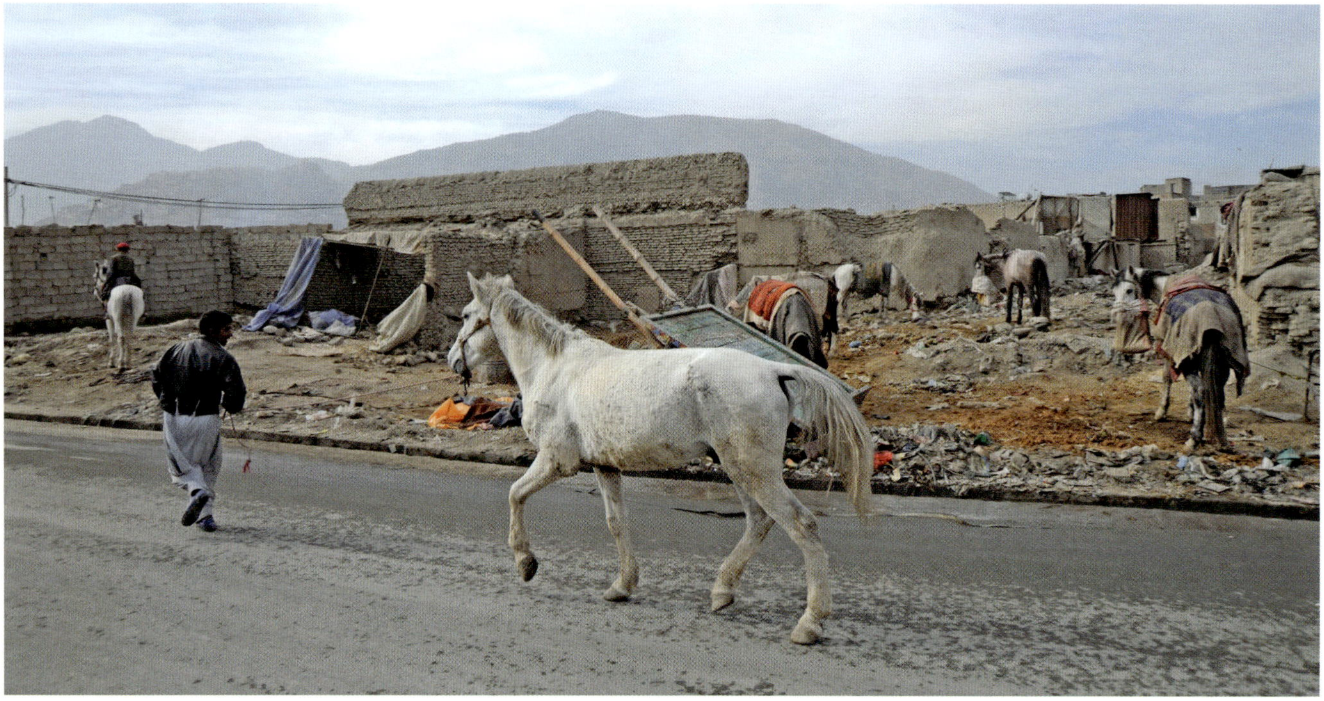

Kabul, 2011. Photo / Foto Francis Alÿs

For the majority of Afghans, dazed and confused by internal and external political intrigue, alienated by the urban environment and the militarization of the city, suffocated by the increased cost of living and unemployment, distrustful of the state and its corrupt institutions (Afghanistan was ranked 174 out of 176 countries surveyed in Transparency International's Annual Corruption Index), under constant threat of violence from insurgents, government forces, and the international military, and clinging to their ever-changing social values and customs, the ordinary aspects of life take on epic proportions. Afghans continue to seek asylum abroad by the tens of thousands and between 2011-12 it was the world's principal country of origin for asylum-seekers, accounting for more than eight percent (72,800 applications) of the world's total applications received.

The main streets of Kabul are overcrowded with pedestrians and itinerant commerce, forcefully occupying the sidewalks, while road closures and traffic blockages

etnocentriche. In passato la concentrazione di gruppi etnici in piccole aree della città era un fenomeno spontaneo, determinato soprattutto da contingenze socio-geografiche. Le nuove città satellite invece sono esplicitamente progettate e costruite per un determinato gruppo etnico col supporto dei suoi rappresentanti politici. Non si sa se questo tipo di agglomerato urbano avrà un seguito nel futuro e se faccia parte di un piano deliberatamente volto ad approfondire le divisioni di una società multietnica come quella afgana. Quel che è certo è che, come si è già visto in passato, certi leader afgani hanno buon gioco quando possono sfruttare le paure e la paranoia del loro elettorato, isolandolo dal resto della società per spingerlo a mettersi al servizio dei loro interessi personali.

Per la maggior parte degli afgani, disorientati e confusi dagli intrighi di politica interna ed estera, avviliti dall'ambiente urbano e dalla militarizzazione della città, strozzati dal crescente costo della vita e dalla disoccupazione, diffidenti nei confronti dello stato e delle sue istituzioni corrotte (l'Afghanistan

allowing military convoys or government officials to pass in their armed convoys add to the chaos. The securitization of public spaces surrounding government buildings and sites occupied by international forces and embassies contributes to the congestion and aggravates the sense of paranoia and fear that prevails. Armed men wearing myriad uniforms and belonging to various security apparatuses—the National Army, the National Police, the National Directorate of Security, the Civil Order Police, the Counternarcotics Police, the Border Police, the Traffic Police, the Special Forces, the VIP Protection Squad, private bodyguards, security guards, and private militia, not to mention the multitude of international forces—occupy the streets and are stationed outside public and private buildings and facilities.

It would seem that the largest and most focused contribution of the "international community" has been to further militarize the country. With more than 343,000 personnel in its police and armed forces and excluding the tens of thousands of illegally armed militias, Afghanistan ranks as the world's sixteenth largest military—ahead of Brazil, France, the United Kingdom, and Germany. With a further 22,000 "local" police (official militia forces), a total of 51,200 international forces from forty-eight countries, more than 100,000 "private" US Defense Department contractors, and thousands of Afghan private security contractors, it is reasonable to calculate that there are more than 600,000 armed forces in the country tenuously supporting the Afghan government. The highest estimates for the number of Taliban forces in Afghanistan put their numbers at 25,000.

Living in a perpetual state of physical and mental duress, Afghans increasingly rely on medication to cope with chronic illnesses. A nation of hypochondriacs, addicted to doctors and medication, many believe in miracle cures provided by hypodermic syringes or multi-colored pharmaceuticals. The rate of addiction to narcotics has skyrocketed in recent years (currently estimated at about 1.5 million users) and addicts can be seen feeding their habits in public parks, abandoned buildings, or along the Kabul River in broad daylight. The cultivation of opium poppy has increased dramatically and climaxed in 2007 with Afghanistan producing almost ninety-two percent of the world's opium supply.

figura al 174° posto tra i 176 paesi menzionati dal Transparency International's Annual Corruption Index), che vivono sotto la costante minaccia della violenza degli insorti, delle forze governative e delle forze militari internazionali, e che si aggrappano a costumi e valori sociali in continuo cambiamento, anche gli aspetti ordinari della vita assumono proporzioni epiche. Gli afgani seguitano a cercare asilo all'estero a decine di migliaia: tra il 2011 e il 2012, l'Afghanistan è stato il paese da cui sono partiti più richiedenti asilo (72.800 richieste, ossia l'8% di quelle presentate in tutto il mondo).

Le principali vie di Kabul sono gremite di pedoni e venditori ambulanti, che occupano con la forza i marciapiedi, mentre le strade sbarrate e i blocchi del traffico, aperti ai convogli militari o ai funzionari governativi e alle loro scorte armate, aggiungono caos al caos. La messa in sicurezza degli spazi pubblici che circondano gli edifici del governo e i siti occupati dalle forze internazionali e dalle ambasciate rendono ancora più congestionato il traffico ed esasperano il clima di paura e paranoia. Uomini armati che indossano una miriade di uniformi diverse e appartengono a diversi apparati di sicurezza – l'Esercito nazionale, la Polizia di Stato, il Consiglio nazionale di sicurezza, le Forze dell'ordine, l'Antinarcotici, la Polizia frontaliera, la Polizia municipale, le Forze speciali, la Squadra per la protezione dei VIP, guardie del corpo private, guardie di sicurezza e milizie private, per non parlare della moltitudine di forze internazionali, occupano le strade e stazionano davanti a edifici e stabilimenti pubblici e privati.

Sembra che il maggiore e più mirato contributo della "comunità internazionale" sia consistito nel militarizzare ulteriormente il paese. Con più di 343.000 membri della polizia e delle forze armate, senza contare le decine di migliaia di uomini delle milizie illegalmente armate, l'Afghanistan è al sedicesimo posto nella classifica dei paesi più militarizzati – davanti al Brasile, alla Francia, al Regno Unito e alla Germania. Se a questa cifra si aggiungono i 22.000 membri della polizia "locale" (forze della milizia ufficiale), i 51.200 militari delle forze internazionali provenienti da quarantotto paesi, più di 100.000 contractor "privati" del US Defense Department e migliaia di contractor della sicurezza privata afgana, è ragionevole pensare che in Afghanistan vi sia un totale di 600.000 uomini armati a sostegno del governo, che

Notwithstanding a corrupt judiciary and police force, there has been a fivefold increase in the total number of people incarcerated in prisons. Addicted, alienated, and under extreme pressure to provide for their families, those Afghans outside the largesse of foreign aid can be spotted in precarious situations in the middle of the roads, stumbling across busy intersections, disoriented and begging for alms.

Life in the capital city can best be described as Mad Max meets Las Vegas—half social regression, half pseudo-modernization on amphetamines. It is an amalgam of an ultra-conservative Islamic society undermined by consumerism, and the simultaneous ruralization and militarization of a dense urban environment, all happening against a backdrop of constantly blinking neon lights. There is at once a powerful pull backwards and an unrelenting push forwards, leaving little room for the middle ground—defined as the natural and progressive transformation of a society from within and guided by its cultural and social identity.

As if to reference post-colonial thought, in a recent sermon, a widely respected religious scholar depicted the current state of social and cultural development in Afghanistan as a "war of cultures." He urged Afghans in attendance and those watching the televised program to find appropriate ways of resisting the cultural invasion of the country, which aimed to corrupt and undermine its customs and traditions. He particularly urged the youth to be mindful of unwittingly copying and mimicking foreign cultural influences and agendas, depicting the struggle as an overt attempt to co-opt younger generations. In this inadvertent paraphrasing of theories by secular Marxist thinkers such as Franz Fanon and intellectuals such as Edward Said, the call by an Islamic scholar for a resistance to cultural colonialism seems to echo the wider notion that cultural and social hegemony is the main objective in the formation of a post-war Afghanistan.

Afghanistan today: a country dependent on foreign financial and military aid, without sustainable economic growth or alternatives; a people living beyond their means and an increase in university graduates without opportunities; continued emigration abroad for the young whose families invest small-fortunes with people-smugglers; a

pure stentano a difendere. Secondo la stima più generosa, le forze armate dei talebani contano 25.000 uomini.

Vivendo in un perpetuo stato di difficoltà fisica e mentale, gli afgani fanno sempre più affidamento sui medicinali. In questa nazione di ipocondriaci, assuefatta a medici e farmaci, molti credono in terapie miracolose somministrate attraverso siringhe ipodermiche o pillole multicolore. Il tasso di persone assuefatte all'uso di narcotici è salito alle stelle negli ultimi anni (attualmente si stima siano 1,5 milioni) e i tossicodipendenti sono un po' ovunque: li si può vedere anche in pieno giorno nei parchi pubblici, negli edifici abbandonati o lungo le rive del fiume Kabul intenti a soddisfare le loro necessità. La coltivazione del papavero da oppio è aumentata vertiginosamente, raggiungendo un picco mai toccato prima nel 2007, quando l'Afghanistan ha prodotto quasi il novantadue per cento dell'offerta mondiale di oppio. Nonostante una magistratura e una polizia corrotte, il numero dei carcerati si è quintuplicato. Tossicodipendenti, alienati e sotto la costante pressione di provvedere ai bisogni delle loro famiglie, gli afgani non toccati dalla generosità degli aiuti stranieri vivono nella precarietà e vagano disorientati lungo le strade, chiedendo la carità agli automobilisti bloccati nel traffico.

La vita nella capitale può essere descritta con le parole con cui Mad Max ha dipinto Las Vegas: metà regressione sociale e metà pseudomodernizzazione a base di anfetamine. È un amalgama di società islamica ultraconservatrice minata dal consumismo e simultaneamente un denso ambiente urbano in via di ruralizzazione e militarizzazione, il tutto sullo sfondo di luci al neon eternamente lampeggianti. C'è una forte tendenza retrograda e allo stesso tempo un'incessante spinta in avanti, che non lasciano spazio a una via intermedia – ossia alla trasformazione spontanea e progressiva della società a partire dal suo interno, lungo le linee guida della sua identità sociale e culturale.

Quanto al pensiero postcoloniale, in un recente sermone un eminente religioso ha descritto lo stato attuale dello sviluppo sociale e culturale in Afghanistan come "una guerra di culture", esortando gli afgani presenti e quelli che lo guardavano alla televisione a cercare il modo più appropriato per resistere all'invasione culturale del paese, mirante a corrompere e a minare i suoi costumi e le sue tradizioni. Egli si è

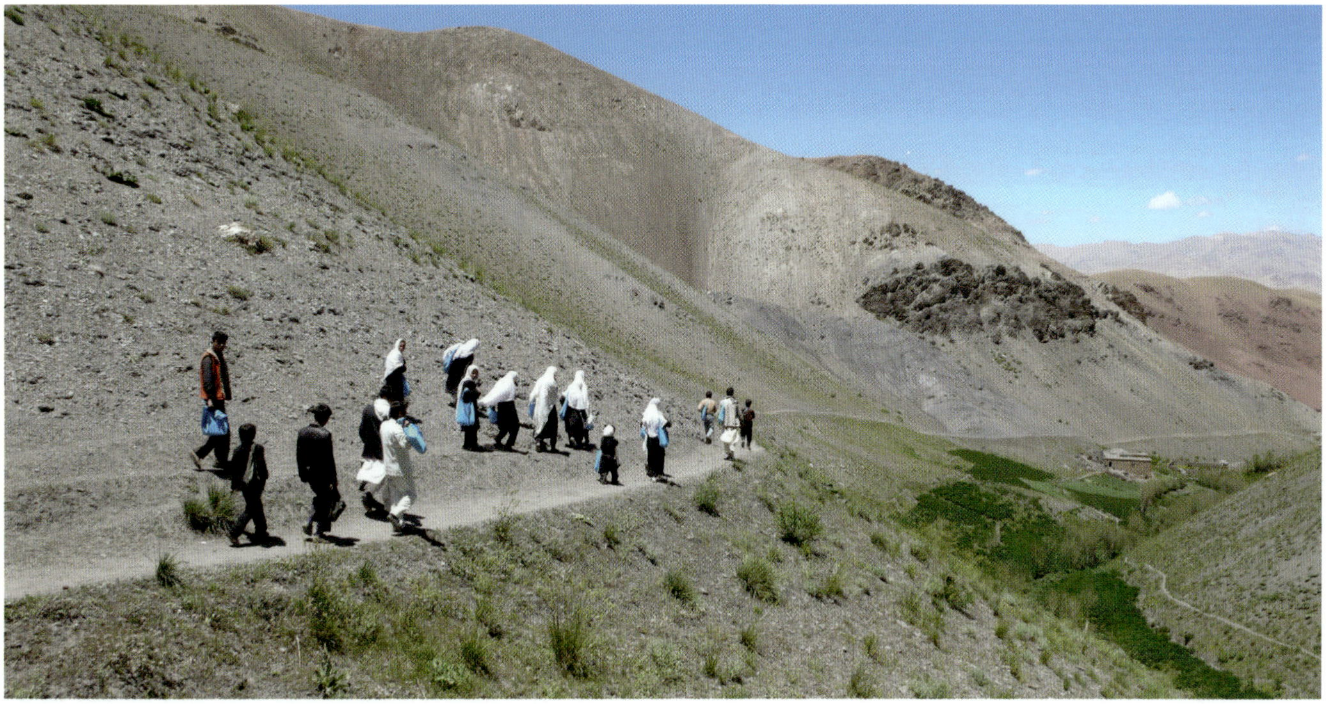

Bamiyan, 2010. Photo / Foto Francis Alÿs

society seeking an identity that can accommodate their cultural values in a seemingly uncompromising world. The stories and myths created over the past forty years are starkly different from Afghanistan's fabled past. They are stories of war without heroes, of sacrifice without long-term benefits, of political transformations led by self-interested and divisive leaders and of generations of Afghans lost in transition. Variously depicted as a distant and exotic land with thousands of years of culture and history, a "graveyard of empires," a sanctuary for global terrorism and, more recently, as a fledgling democracy, Afghans can be forgiven for wondering what narrative awaits in the years ahead.

In contradiction to the brutal realities of the current situation and the seemingly bleak prospects for the years ahead, to portray Afghanistan as a nation lost in transition would seem to ignore the fact that such transitions have come and gone many times before—both at the end of a gun barrel and through self-imposed isolationism.

rivolto in particolare ai giovani, invitandoli a non imitare e a non subire inconsapevolmente idee e influenze culturali straniere, dipingendo l'offensiva in corso come un aperto tentativo di cooptazione delle nuove generazioni. Parafrasando inavvertitamente teorie di pensatori laici e marxisti come Franz Fanon e di intellettuali come Edward Said, l'appello di questo religioso alla resistenza al colonialismo culturale sembra riecheggiare una convinzione più generale, quella secondo cui l'egemonia culturale è la principale posta in gioco nella formazione dell'Afghanistan postbellico.

L'Afghanistan oggi: un paese che dipende dall'aiuto finanziario e militare straniero, privo di una crescita economica sostenibile e di alternative; una popolazione che vive al di sopra dei propri mezzi e che registra un aumento dei laureati a cui non viene offerta nessuna opportunità; un'incessante emigrazione dei giovani all'estero grazie alle piccole fortune che le loro famiglie affidano ai trafficanti di esseri umani; una società alla ricerca di un'identità che possa accogliere i suoi

Characterized by an intuitive and intrinsic nature to persevere, what distinguishes this phase of the Afghan national psyche and is the source of great optimism is that, irrespective of the overwhelming obstacles and against all odds, a large percentage of Afghans stand united in their belief that change can be had through elections and that these elections can lead the way to a better future based on coexistence. For a nation of fatalists bent on living life one day at a time, this is a sign of hope in a yet uncertain future. More than forty-five years of continuous conflict and fragmentation has devastated the country and left its people traumatized. But it has also helped establish a national identity based on shared social and cultural values. Ordinary Afghans no longer look outside the borders for sponsors in neighboring states in order to subvert or repress each other. More than at any other time in history, Afghans from all ethnic groups and religious affiliations are soberly resigned to the fact that their unity and their national destiny are inextricably linked in their shared identity and aspirations. What remains to be seen is whether Afghan politicians, the "international community," and the regional power-brokers can finally agree on a common approach to support these aspirations.

valori culturali in un mondo che apparentemente non scende a compromessi. Le storie e i miti creati negli ultimi quarant'anni sono molto lontani dal favoloso passato del paese. Sono storie di guerra prive di eroi, di sacrificio senza benefici a lungo termine, di trasformazioni politiche guidate da leader interessati e divisivi e di generazioni di afgani perdutesi nella transizione. Descritto nei modi più vari, come una terra remota ed esotica con una storia e una cultura millenarie, come una "tomba degli imperi", come un covo del terrorismo globale e, più recentemente, come una democrazia in erba, è comprensibile che l'Afghanistan cominci a chiedersi come sarà raccontato il paese negli anni a venire.

Chi descrive l'Afghanistan come una nazione perdutasi nel corso della transizione, contraddicendo le brutali realtà della situazione attuale e le fosche prospettive per il futuro, potrebbe dare l'impressione di ignorare il fatto che queste transizioni sono cominciate e finite più di una volta, sia di fronte alla canna di un fucile sia attraverso un isolazionismo autoimposto.

Ciò che distingue questa fase della psiche nazionale afgana, caratterizzata da un'intrinseca e intuitiva inclinazione alla perseveranza, ed è fonte di grande ottimismo, è che incurante degli insormontabili ostacoli e malgrado tutto, un'alta percentuale di afgani è accomunata dalla convinzione che si possa accedere al cambiamento attraverso le elezioni e che le elezioni possano aprire la strada a un futuro basato sulla coesistenza. Per una nazione fatalista e incline a vivere alla giornata, questo è un segnale di speranza in un futuro ancora incerto. Più di quarantacinque anni di incessanti conflitti e di frammentazione hanno devastato il paese e traumatizzato la sua popolazione ma hanno anche concorso a definire un'identità nazionale basata su valori sociali e culturali condivisi. Oggi gli afgani non ripongono più le loro speranze nell'aiuto di sponsor di paesi vicini per rovesciarsi o reprimersi a vicenda. Per la prima volta nella loro storia, gli afgani di tutti i gruppi etnici e di tutte le comunità religiose sono semplicemente rassegnati al fatto che la loro unità e il loro destino nazionale sono indissolubilmente legati alla loro identità e alle loro aspirazioni condivise. Quel che resta da stabilire è se i politici afgani, la "comunità internazionale" e i grandi intermediari regionali riusciranno finalmente a concordare un approccio comune per venire incontro a queste aspirazioni.

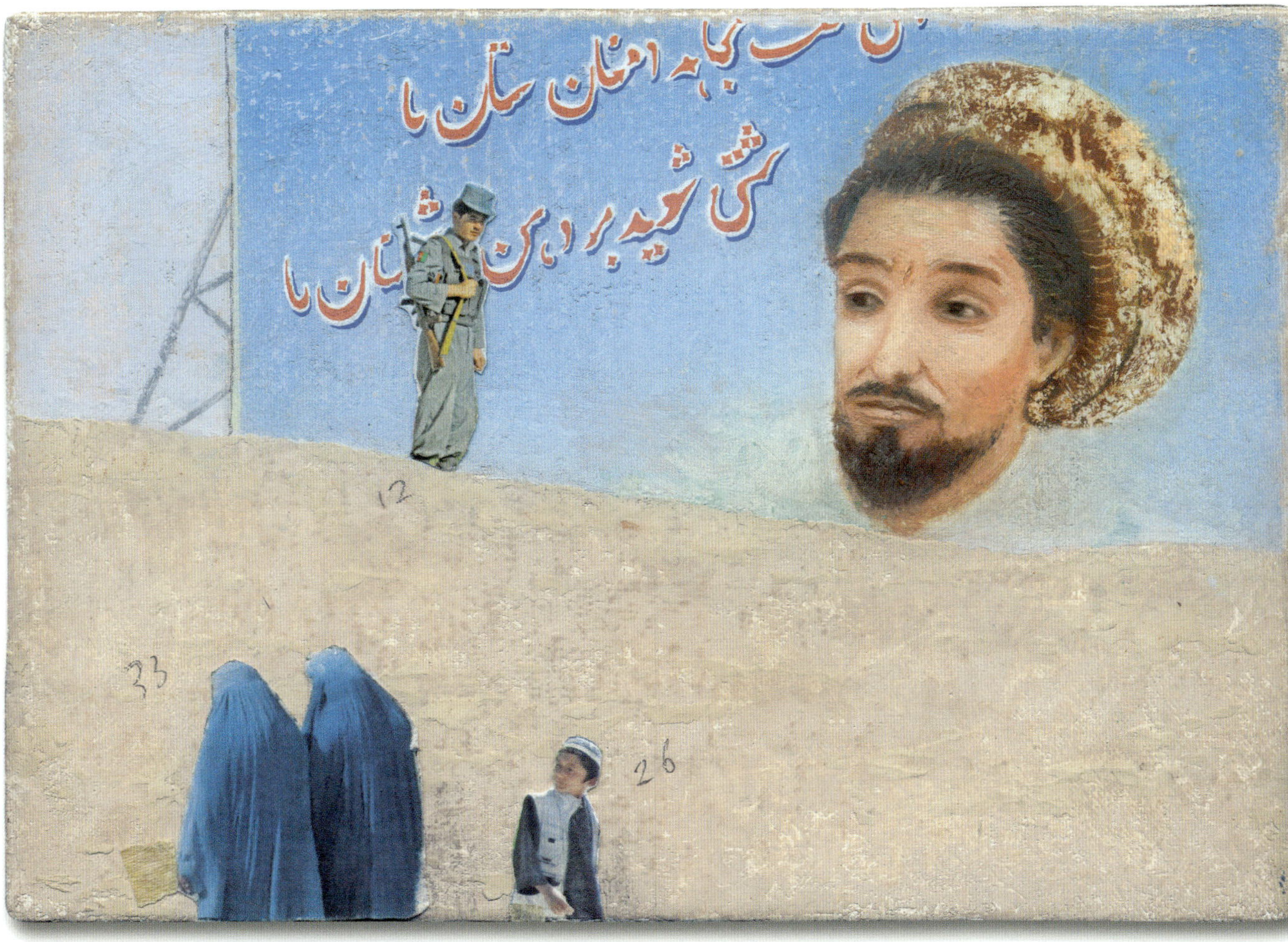

Untitled (Commander Massoud), 2010, oil and collage on canvas on wood / olio e collage su tela su legno, 13 × 18.1 × 1.2 cm

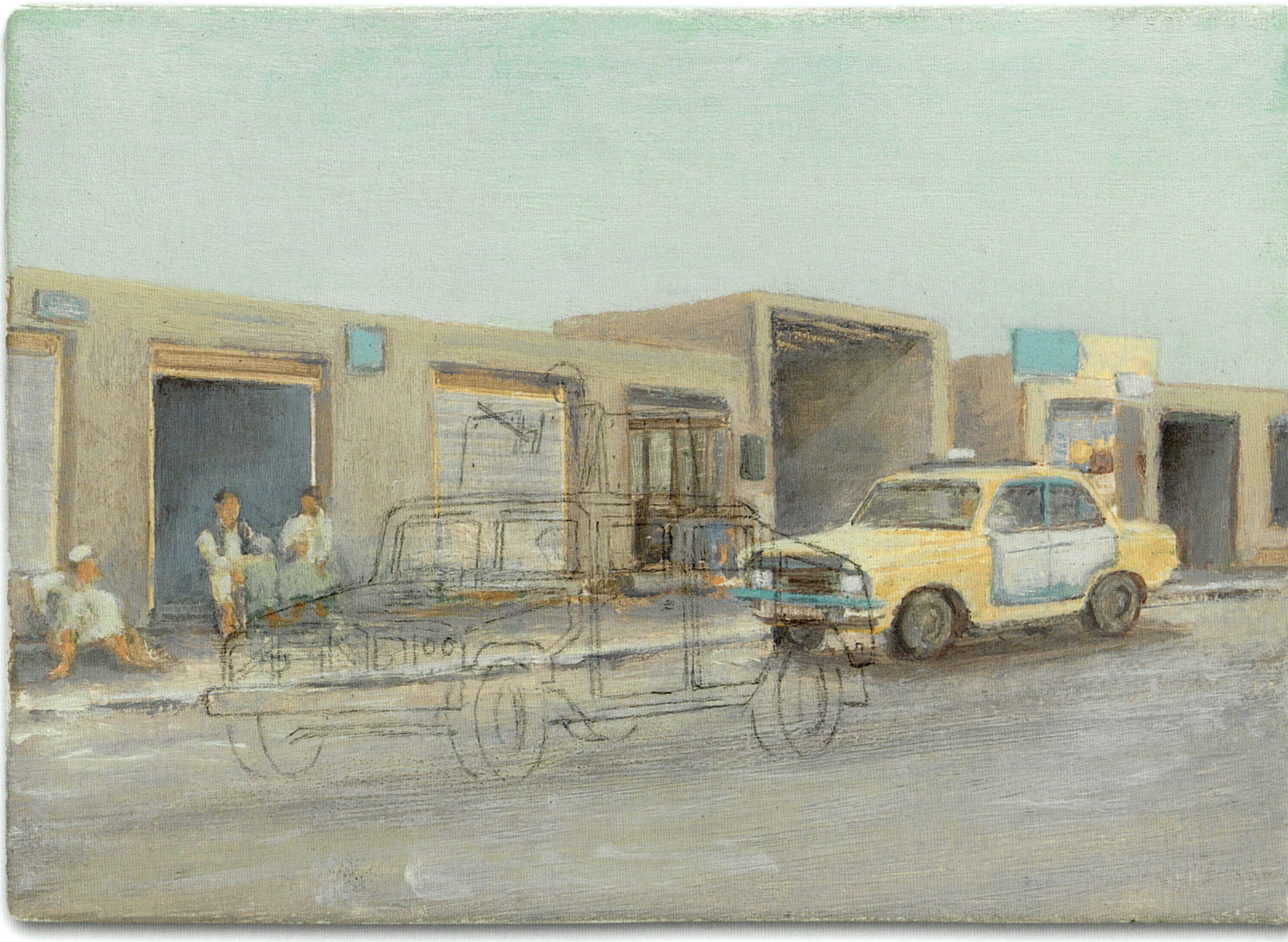

Untitled (Qholm), 2011, oil on canvas on wood / olio su tela su legno, 12.7 × 17.8 × 1.3 cm

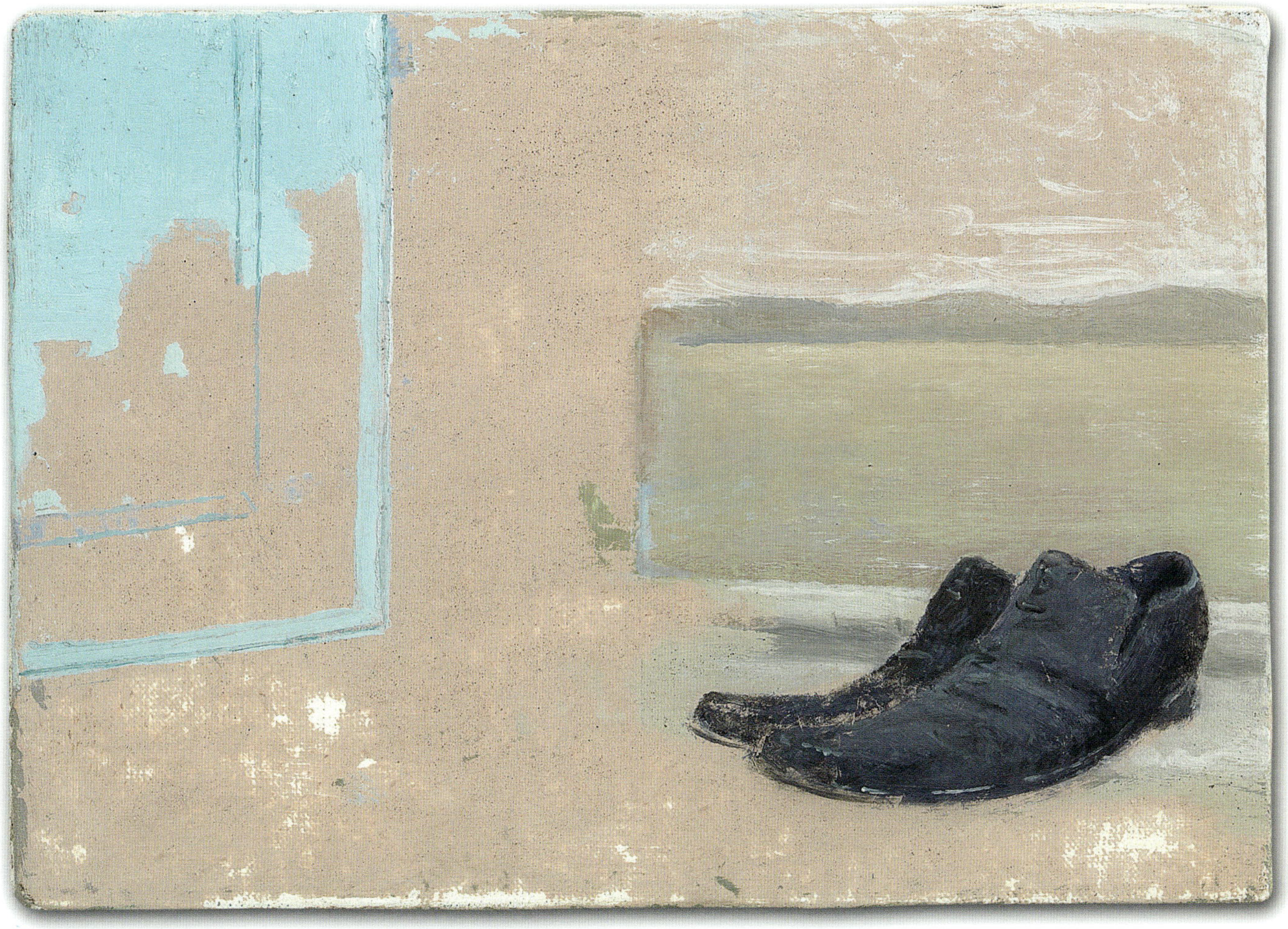

Untitled, 2011, oil on canvas on wood / olio su tela su legno, 12.7 × 17.8 × 1.3 cm

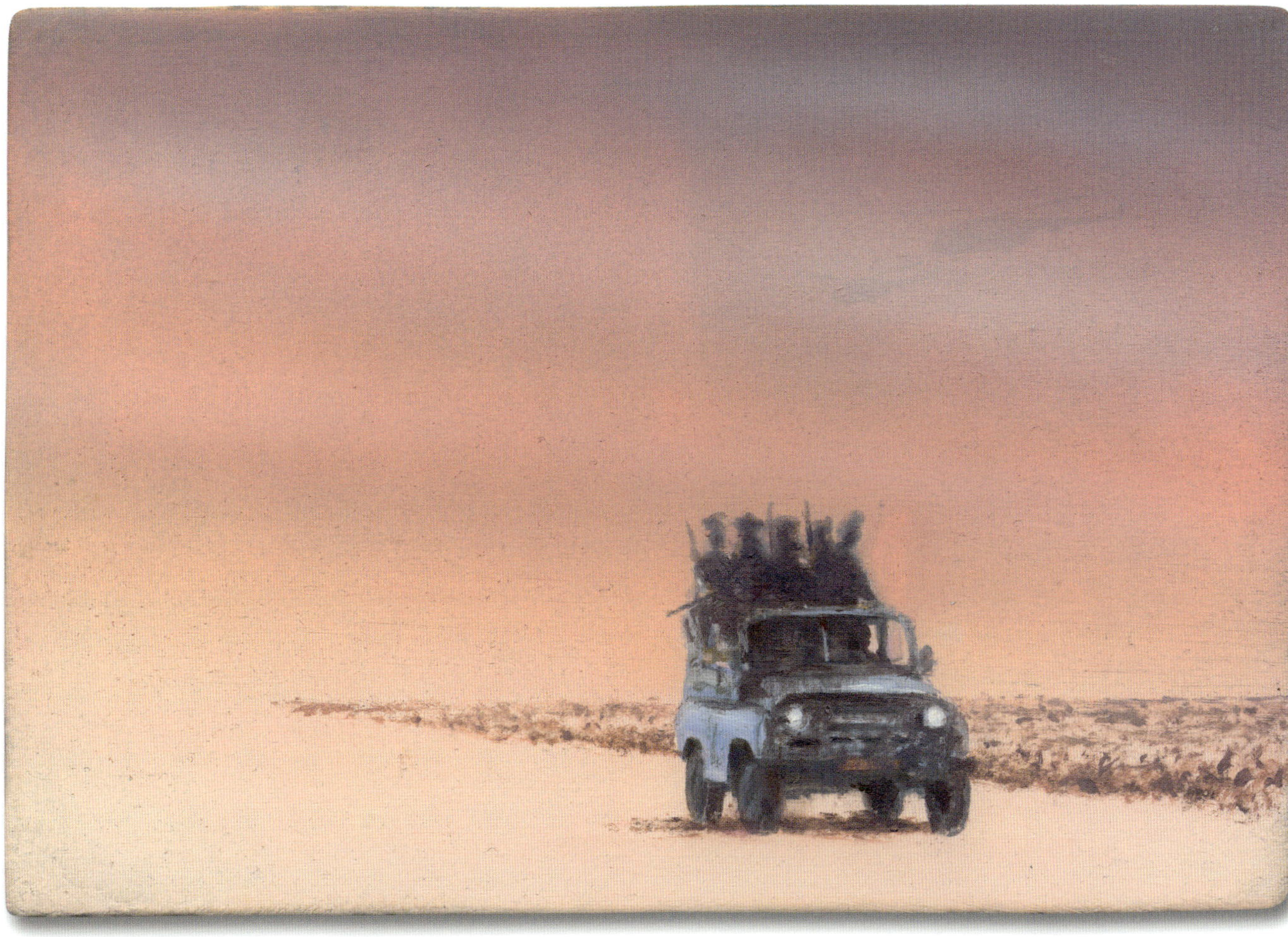

Untitled (Badakhshan), 2011, oil on canvas on wood / *olio su tela su legno*, 13 × 18.1 × 1.2 cm

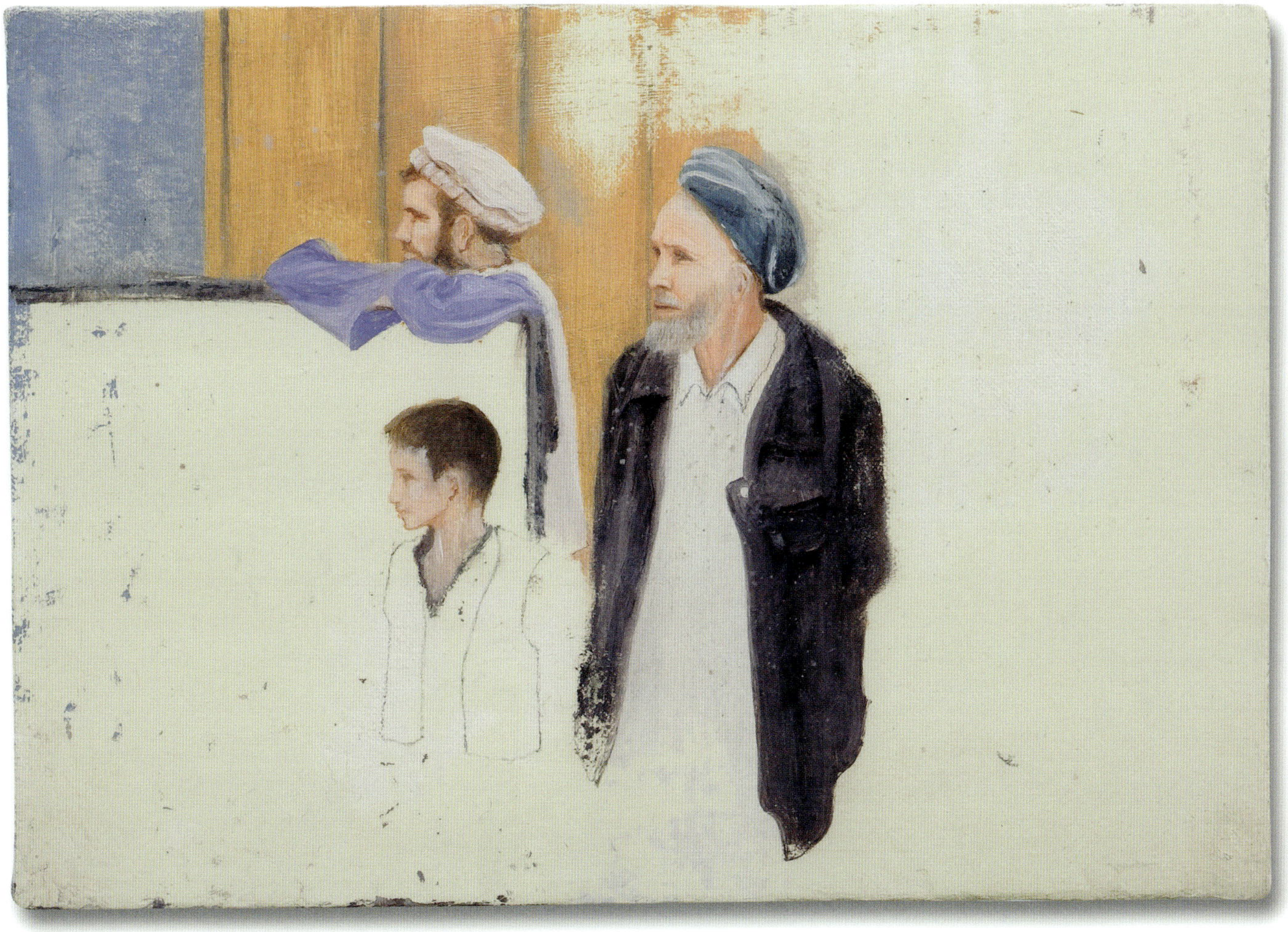

Untitled (Yamgun), 2011, oil on canvas on wood / olio su tela su legno, 12.7 × 17.8 × 1 cm

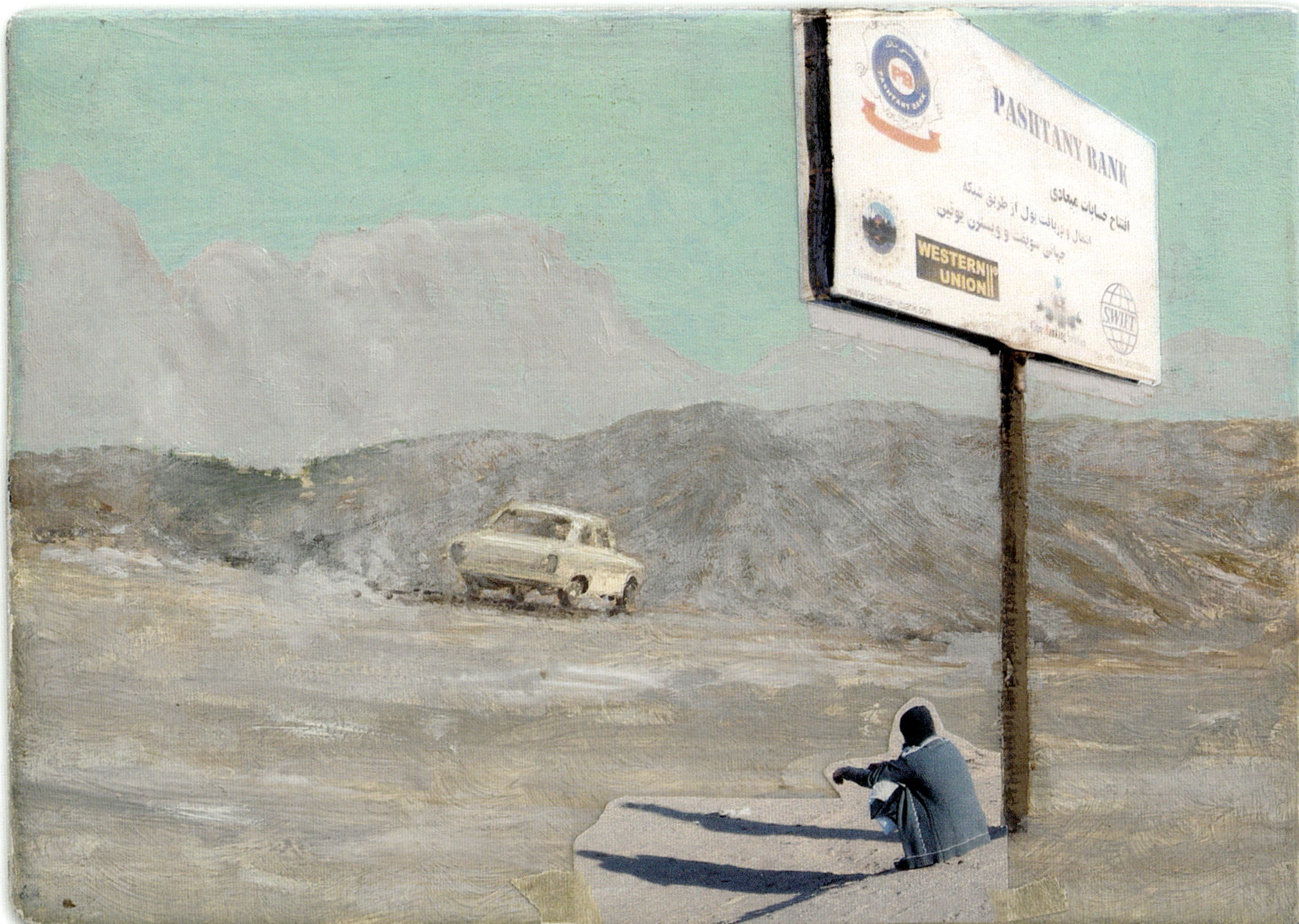

Untitled, 2011-2012, oil and collage on canvas on wood / olio e collage su tela su legno, 12.7 × 17.5 × 1 cm

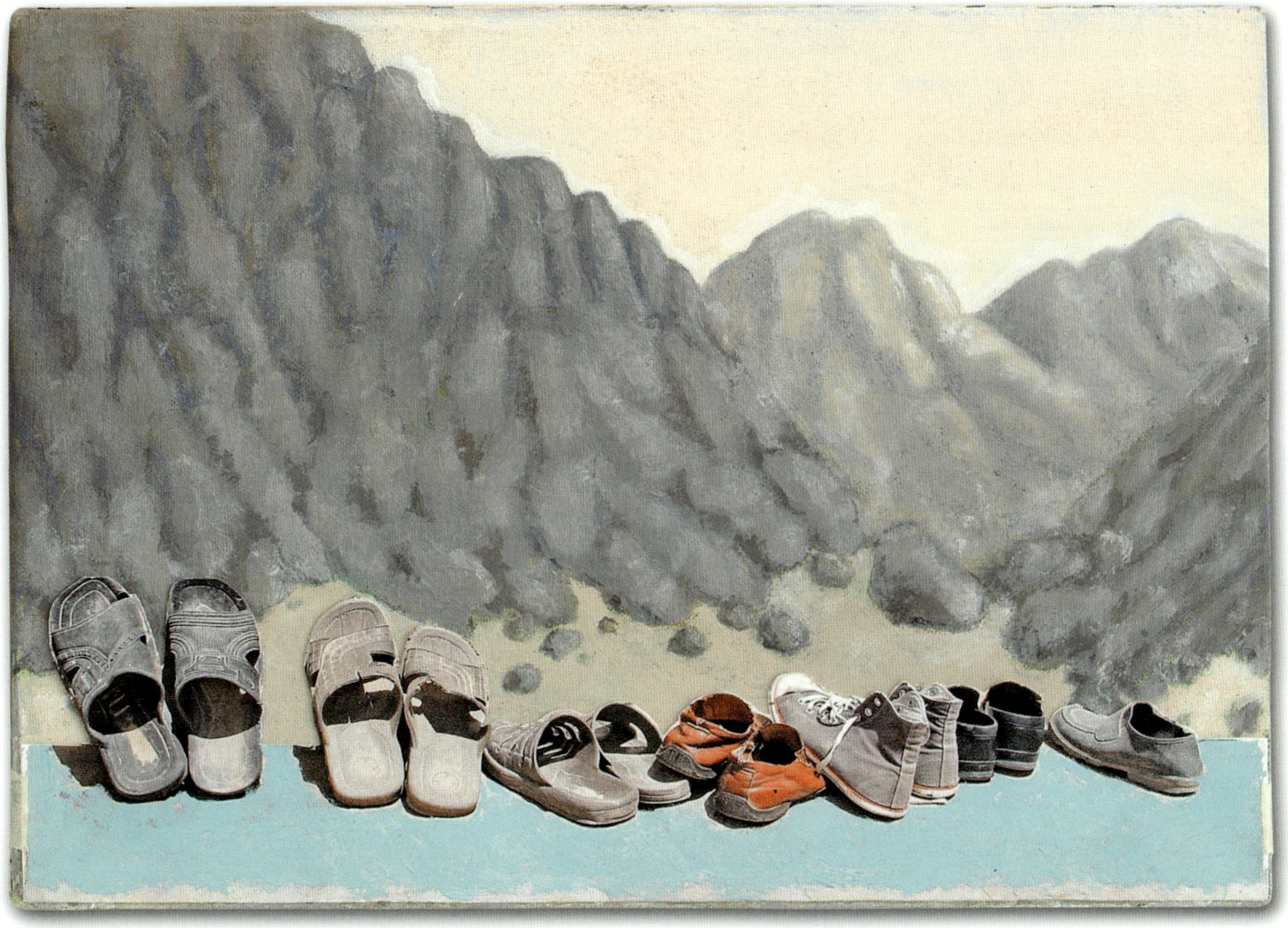

Untitled, 2012, oil and collage on canvas on wood / olio e collage su tela su legno, 12.7 × 17.8 × 1.3 cm

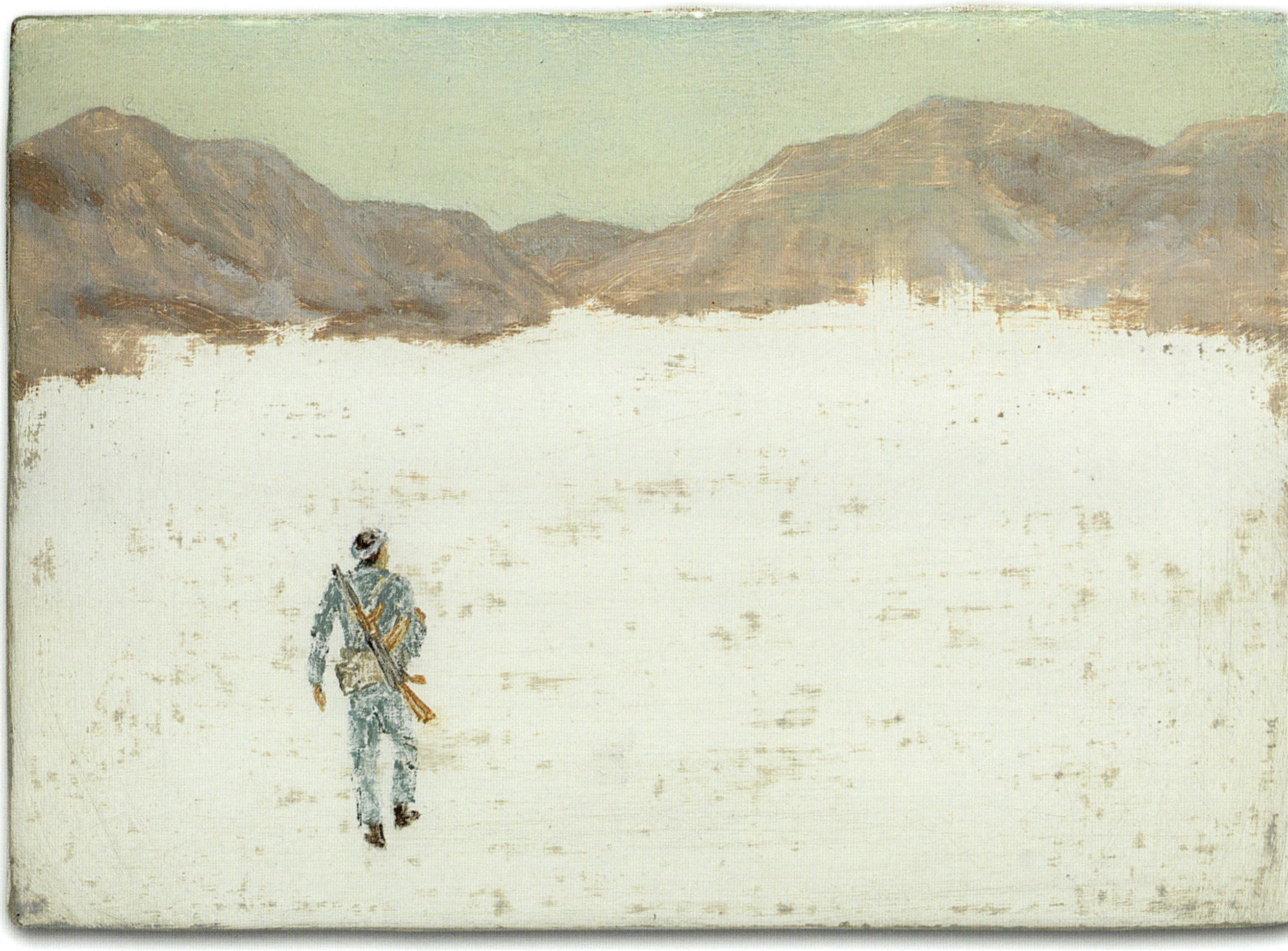

Untitled (Balkh), 2011, oil on canvas on wood / olio su tela su legno, 12.7 × 17.8 × 1.3 cm

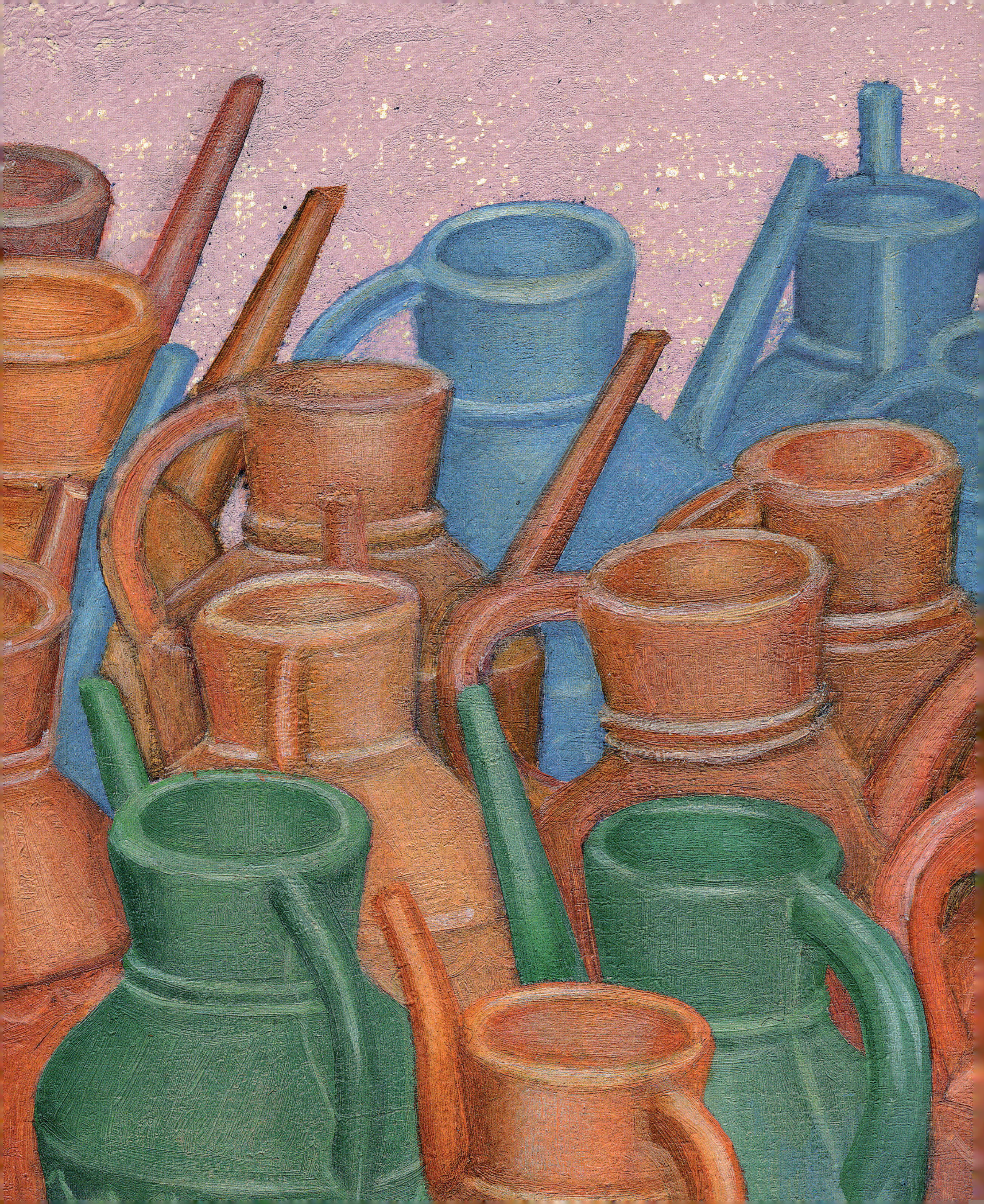

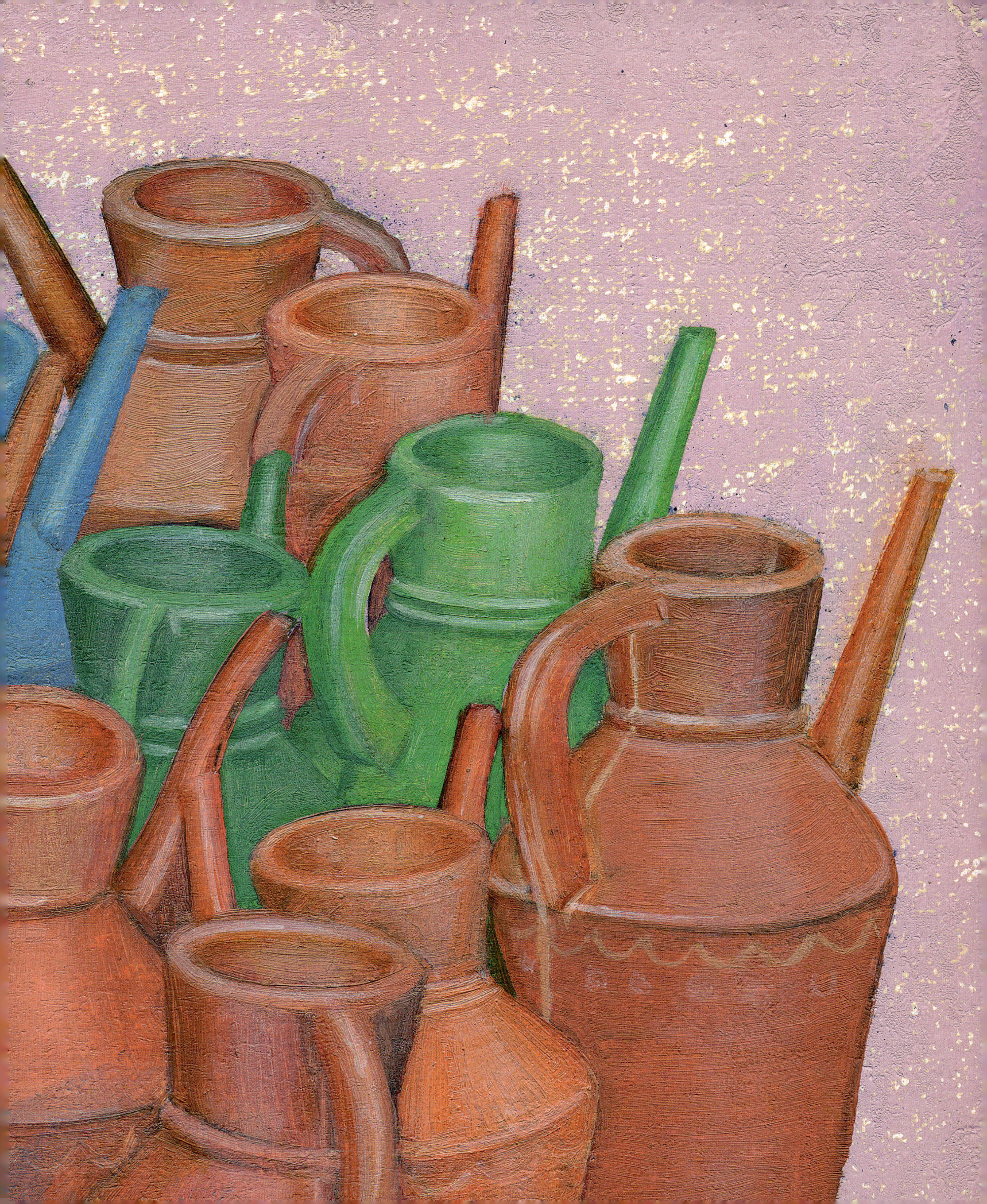

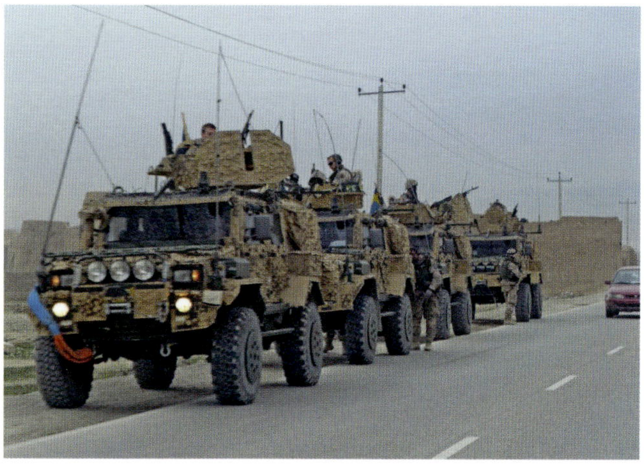

Balkh, 2012. Photo / Foto Francis Alÿs

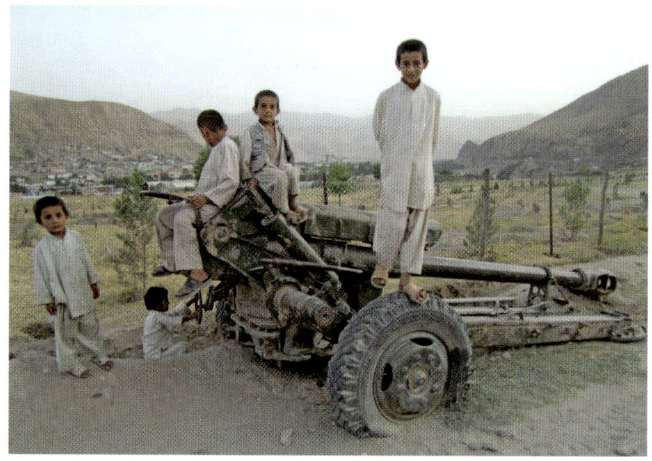

Badakhshan, 2011. Photo / Foto Arash Boostani

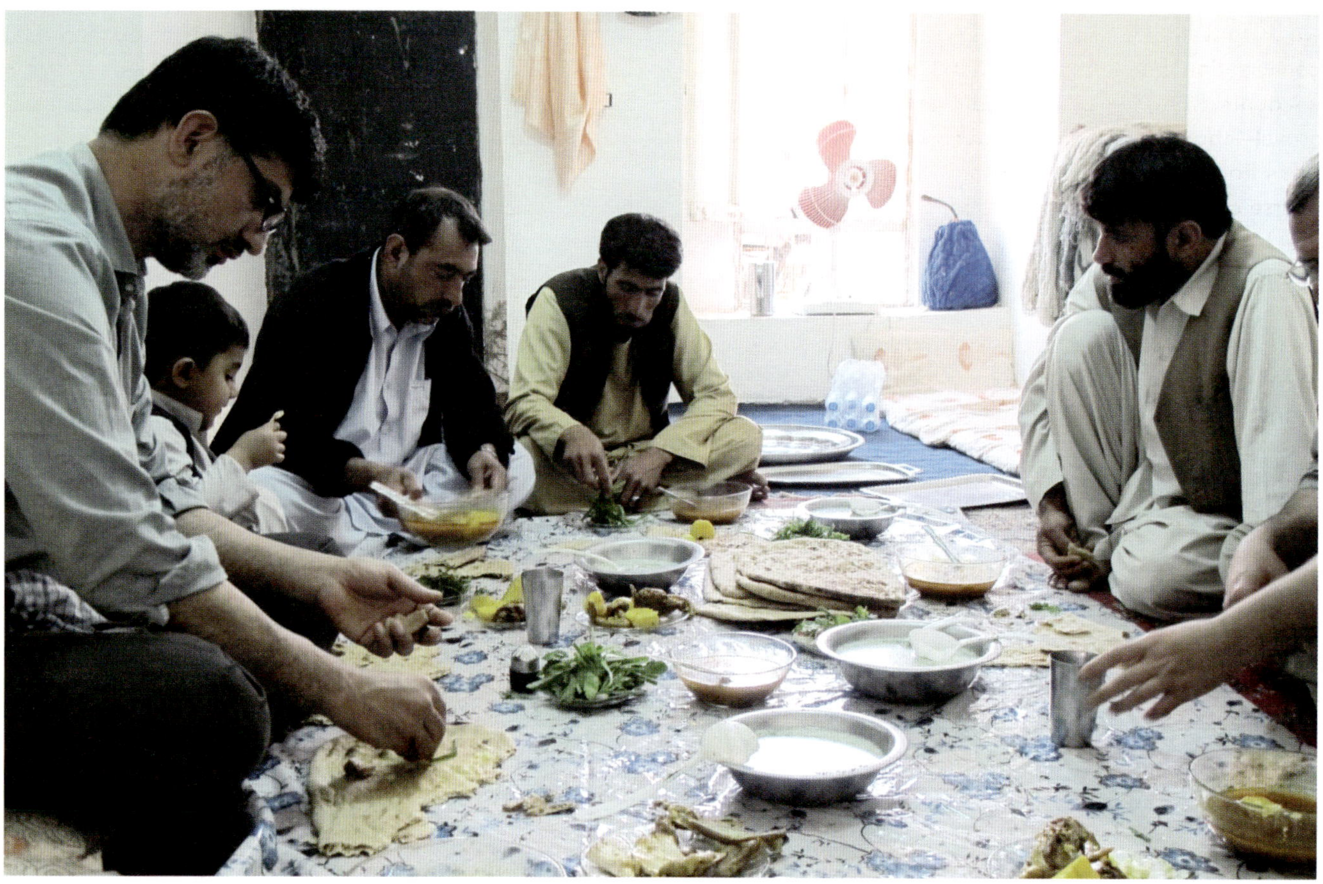

Herat Province / provincia di Herat, 2012. Photo / Foto Francis Alÿs

SOMETIMES DOING RIGHT GOES WRONG, AND SOMETIMES DOING WRONG TURNS RIGHT

In June 2010, I was invited by to take part in a dOCUMENTA (13) scouting trip to Afghanistan. Freshly arrived in Kabul, I was standing in the hotel lobby with my travel companions when we were told that there was a big *jirga*—a tribal elders assembly—in town and that a curfew had been imposed for the next twenty-four hours. Reading my unease, a tall Afghan man stepped aside from the group and quietly asked me if I wanted to meet him the next morning at dawn for a drive around the outskirts of Kabul. So we did, and while we were watching the sun rise over the city, we started a conversation that continues to the present day. This chance encounter with Ajmal Maiwandi just a few hours after my arrival—the architect soon to become director of the Aga Khan Foundation in Afghanistan—determined the entire course of my relationship with the country. I acknowledge that I was at first skeptical about the role of international art enterprises such as dOCUMENTA (13)'s project in Afghanistan and in particular about the relevance of my personal participation: what could a Belgian artist based in Mexico say about the situation in Afghanistan? However, by the end of that first visit I had found an entry point for my research and Ajmal's passion for his homeland had got me hooked to the place.

It took another two trips to Kabul and all around Afghanistan before I could get a grasp of how to operate—weeks of traveling, observing, waiting, sipping tea, watching, listening, smiling, communicating through drawings, and most of all, sharing meals in people's homes. Everywhere Ajmal and I went, sooner than later we would end up sitting cross-legged with our hosts around a shiny plastic tablecloth covered with dishes. I sometimes feel that, in the absence of a common language, the ritual of chewing replaced the function of talking. Yet along those silent cohabitations, a project was taking shape, nearly without volition. By November 2011, Ajmal and I felt confident enough to take action

TALVOLTA FACENDO LA COSA GIUSTA SI SBAGLIA E TALVOLTA SBAGLIANDO SI FA LA COSA GIUSTA

Nel giugno 2010 fui invitato a partecipare a un viaggio di ricognizione in Afghanistan organizzato da dOCUMENTA (13). All'arrivo a Kabul, ero seduto nell'atrio dell'albergo con i miei compagni di viaggio quando ci dissero che in città si stava svolgendo una *jirga* – un'assemblea di capi tribali – e che di conseguenza c'era il coprifuoco per le successive ventiquattro ore. Notando il mio disappunto, un afgano di alta statura mi domandò se volevo incontrarlo il giorno dopo, all'alba, per fare un giro nei sobborghi della città. Ci accordammo e l'indomani, mentre guardavamo il sole sorgere su Kabul, iniziammo una conversazione che non si è più interrotta. L'incontro casuale con Ajmal Maiwandi – l'architetto nominato di lì a poco direttore dell'Aga Khan Foundation in Afghanistan – ha influito in modo decisivo sul corso dei miei rapporti con quel paese. Ero alquanto scettico sull'efficacia di iniziative artistiche internazionali quali il progetto afgano di dOCUMENTA (13), e in particolare sul valore della mia partecipazione: che cosa avrebbe potuto dire della situazione in Afghanistan un artista belga residente in Messico? Tuttavia, alla fine del primo viaggio avevo già trovato la chiave d'accesso per la mia ricerca e la passione di Ajmal per il suo paese mi aveva contagiato. Ci vollero però altri due viaggi a Kabul e in tutto l'Afghanistan per cominciare a capire come avrei potuto muovermi – settimane in cui ho viaggiato, osservato, aspettato, bevuto tè, ascoltato, sorriso, comunicato con i miei disegni e soprattutto condiviso i pasti con le famiglie di cui eravamo ospiti. Ovunque arrivassimo, più prima che poi, Ajmal e io finivamo seduti con le gambe incrociate davanti a una tovaglia di plastica coperta di piatti, insieme ai nostri ospiti. A volte avevo l'impressione che, in mancanza di una lingua comune, il rituale della masticazione fungesse da sostituto della conversazione. Eppure durante queste coabitazioni silenziose andava prendendo forma, quasi senza che lo volessi, un progetto. A novembre 2011, Ajmal e io ci sentimmo abbastanza sicuri da entrare in azione indipendentemente dai

independently from the habitual "official" filters, whether it was the Goethe Institute, the Afghan Ministries, or dOCUMENTA (13) itself. The mechanics of the film I was envisioning (*REEL-UNREEL*) had been inspired by local children´s games, while its subject was a reflection on the real-unreal image of Afghanistan that was conveyed by the media in the West. Once the basic parameters of the action were set —the rules of the game—the development and outcome of the film relied mostly on improvisation, starting with the casting of the film's protagonists that took place in the Old City of Kabul on our first day of shooting. For the following five days, we filmed from 10 am to 5 pm, moving location every couple hours or so. We circumnavigated the eventual checkpoints along the way and passers-by looked more amused than suspicious. We were aware of the limits imposed by the local cultural codes and acted consequently. In a sense I had felt more restrictions when we produced *The Modern Procession* in New York City in 2002—a myriad of permits required, an imposed routing, too little space left for improvisation, etc... In Kabul we crossed the city from one hill to another without a determined route, zigzagging through the crowded markets and tracing a path that two young improvising boys spontaneously transformed into plot.

I am fully conscious that (1) had I been a woman, my access to these places and people would have been immensely

filtri "ufficiali", come il Goethe Institut, i Ministeri afgani e perfino dOCUMENTA (13). La meccanica del film a cui pensavo (*REEL-UNREEL*) mi era stata suggerita dai giochi dei bambini del posto, mentre il tema sarebbe stato una riflessione sull'immagine reale-irreale dell'Afghanistan trasmessa dai media occidentali. Stabiliti i parametri fondamentali dell'azione – le regole del gioco – lo sviluppo e la conclusione del film dovevano basarsi in gran parte sull'improvvisazione, a partire dal casting dei protagonisti, che si svolse nella città vecchia di Kabul il primo giorno di riprese. Per cinque giorni girammo dalle dieci del mattino alle cinque della sera, spostando la location ogni due ore circa. Se lungo il percorso c'erano dei checkpoint li aggiravamo, mentre i passanti sembravano più divertiti che insospettiti. Eravamo consapevoli dei limiti imposti dai codici culturali locali e ci comportavamo di conseguenza. In un certo senso mi ero sentito più condizionato nel girare *The Modern Procession* a New York nel 2002, dove avevamo dovuto chiedere una miriade di permessi, seguire un itinerario obbligato, non c'era stato spazio per l'improvvisazione, ecc. A Kabul abbiamo attraversato la città da un capo all'altro senza un percorso stabilito, zigzagando tra mercati affollati e tracciando un sentiero che è diventato trama grazie alle improvvisazioni dei due giovani protagonisti.

Sono consapevole che (1) se fossi stato una donna, sarebbe stato molto più complicato se non impossibile avere

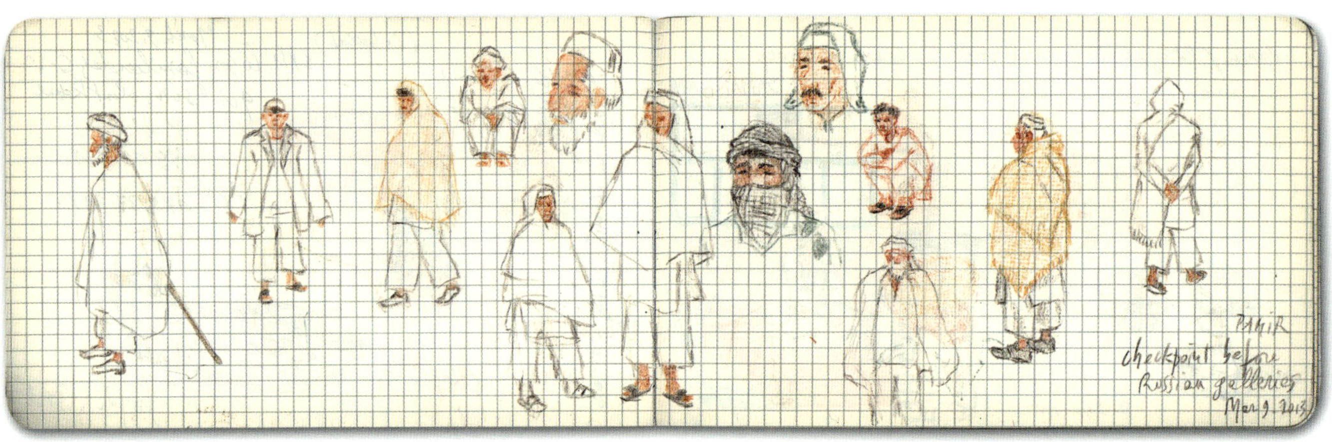

Notebook entry, Pamir, March / Pagine del taccuino, Pamir, marzo 2013

more complicated, if at all possible; (2) I had a privileged introduction and relationship to Afghanistan thanks to Ajmal and (3) I am in a position where I can decide when to leave. But so it happened and that is my story. It probably sounds politically incorrect to say so, but I loved and love every minute of my time in Afghanistan. Instead of the concrete-walled residential and embassy areas, we filmed in the popular adobe neighborhoods of Kabul, infinitely more welcoming to our loose style of operation. Occasionally a NATO convoy would surge out of the dust; people-cars-bicycles-dogs-donkeys and our mini crew would pull to the sides of the road to give way to a queue of massive army engines and, once the alert passed, everyone would pull back in a matter of seconds and chaos would resume its reassuring course. To show this instead of that are personal choices. When confronted with such an overwhelming context you can't cheat and you can't force: you negotiate. As for my original skepticism, I grew convinced that to open up the possibility of a conversation between Western and Muslim worlds is one of today's most urgent tasks of culture. The question no longer is: why did we go? The question is: now that we opened a conversation, how can it continue?

Francis Alÿs
Kassel, May 29, 2012

accesso a quei luoghi e a quelle persone; (2) ero ben introdotto e godevo di un rapporto privilegiato con l'Afghanistan grazie ad Ajmal e (3) sono in posizione di decidere quando andarmene. Ma è andata così e questa è la mia storia. Anche se dirlo può sembrare politicamente scorretto, ho amato e amo ogni minuto del tempo trascorso in Afghanistan. Invece di girare tra i muri di cemento che proteggono le zone residenziali e le ambasciate, siamo andati in giro tra le case di adobe e i sobborghi popolari di Kabul, infinitamente più consoni allo stile informale della nostra operazione. Di tanto in tanto un convoglio della NATO sbucava dalla polvere; persone-automobili-biciclette-cani-asini e la nostra minitroupe si spostavano per far passare un corteo di veicoli corazzati. Dopo il cessato allarme, ciascuno riprendeva la propria via e in pochi secondi si ristabiliva il consueto, rassicurante caos. Far vedere una cosa piuttosto che un'altra è questione di scelte personali. Quando si ha a che fare con un contesto così travolgente non c'è spazio per inganni o forzature: si deve negoziare. Quanto al mio scetticismo iniziale, mi sono convinto che aprire una conversazione tra il mondo occidentale e quello islamico sia oggi uno dei compiti più urgenti della cultura. La domanda non è più: "perché siamo andati?" ma "ora che è stata aperta una conversazione, come proseguirla?".

Kassel, 29 maggio 2012

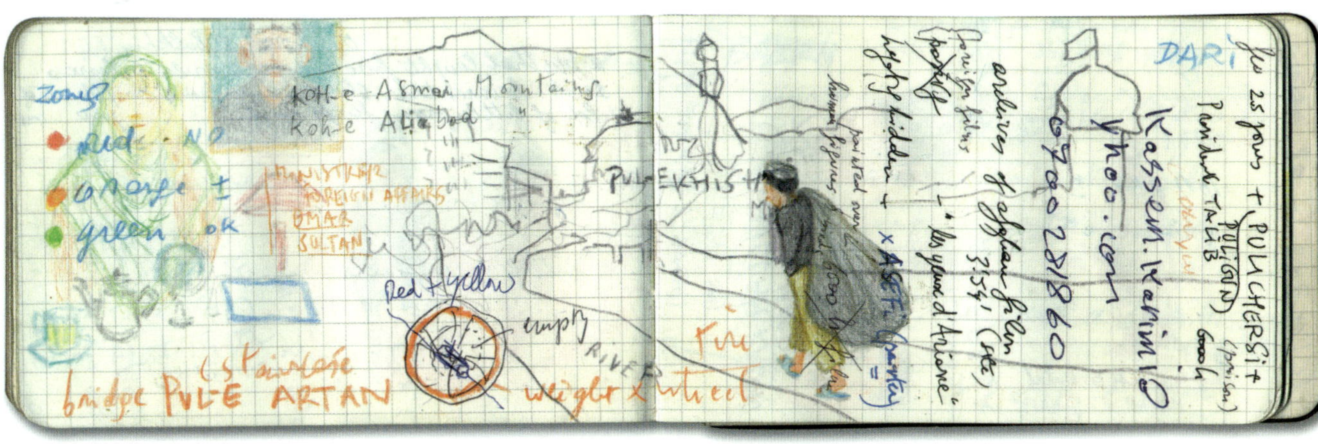

Notebook entry, Kabul, July / Pagine del taccuino, Kabul, luglio 2011

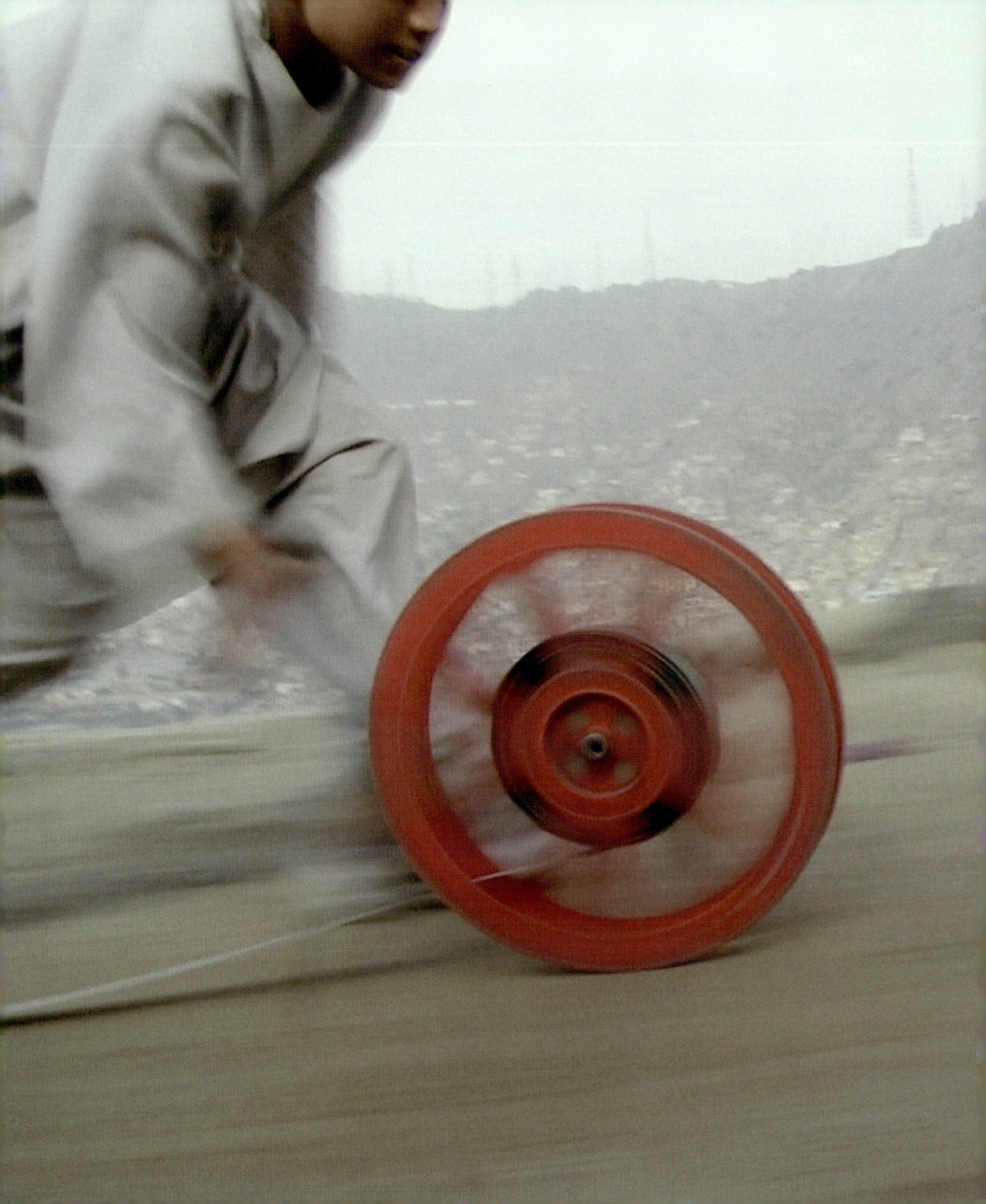

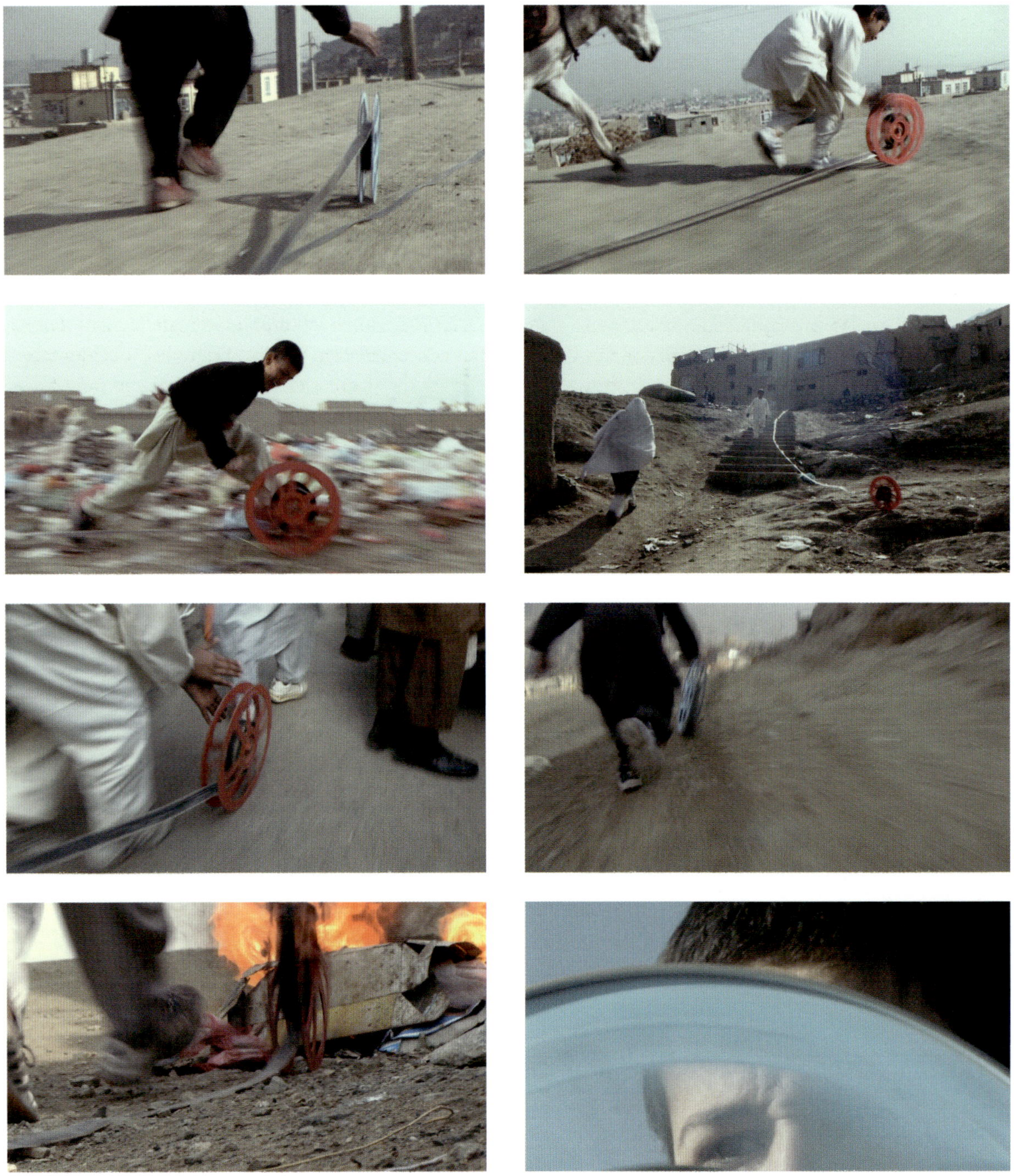

REEL-UNREEL, 2011, film stills / fotogrammi

THE FILM

Produced for dOCUMENTA (13), the video *REEL-UNREEL* (made in collaboration with Ajmal Maiwandi and Julien Devaux) takes its point of departure in the classic street game in which children keep a wheel in continuous motion with the help of a stick. Yet, in the version of the game presented in *REEL-UNREEL*, the bicycle wheel is replaced by a film reel. The camera follows two young Afghan boys as they chase the reel rolling down the hills of Kabul, with one boy unrolling the strip of film and leading the way, while another follows him, rewinding it. The title *REEL-UNREEL* alludes to the real/unreal image of Afghanistan conveyed by the media in the West: how the Afghan way of life, along with its people, has gradually been dehumanized and, after decades of war, turned into a Western fiction.

IL FILM

Prodotto per dOCUMENTA (13), il video *REEL-UNREEL* (realizzato in collaborazione con Ajmal Maiwandi e Julien Devaux) prende spunto dal classico gioco di strada in cui i bambini fanno correre una ruota guidandola con una bacchetta. Nella versione del gioco presentata in *REEL-UNREEL* la ruota di bicicletta è sostituita da una bobina cinematografica. La macchina da presa inquadra i due ragazzini afgani mentre inseguono la bobina che rotola giù dalle colline di Kabul; il ragazzo che apre la strada srotola il nastro di pellicola, mentre l'altro lo segue, riavvolgendolo. Il titolo *REEL-UNREEL* allude all'immagine reale/irreale[1] dell'Afghanistan consegnata dai media al pubblico occidentale: a come il modo di vivere afgano, insieme al suo popolo, sia stato gradualmente de-umanizzato e dopo decenni di guerra trasformato in un romanzo occidentale.

---

[1] Nella traduzione italiana dell'inglese REEL-UNREEL si perde l'assonanza fra real ("reale") e reel ("rotolare"), unreal ("irreale") e unreel ("srotolare"), presente nel titolo originale (nota del traduttore).

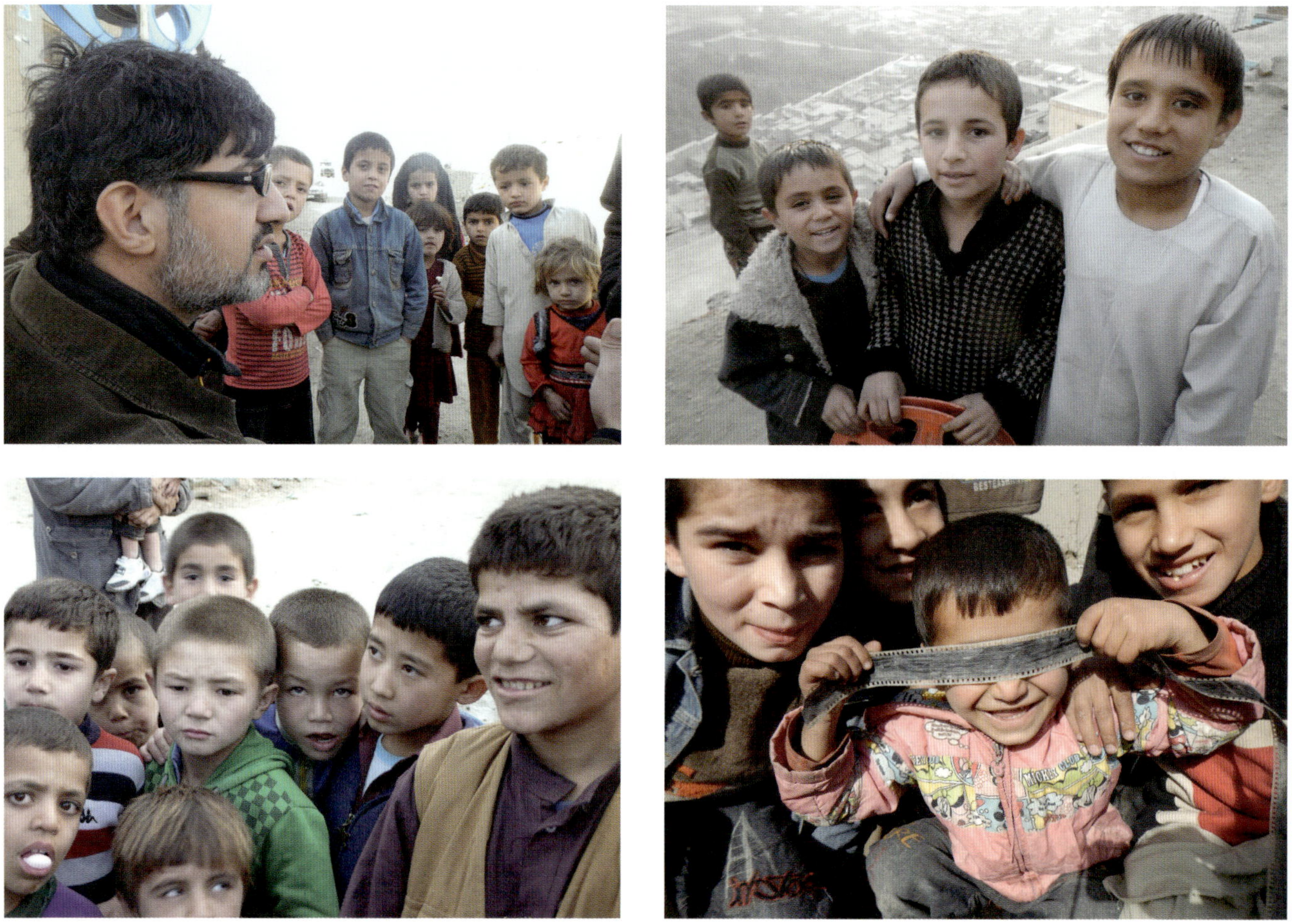

REEL-UNREEL, 2011, making of / dal set. Photo / Foto Francis Alÿs and / e Ajmal Maiwandi

CONVERSATION

Andrea Viliani: I would like to ask both of you, beginning with Francis, why you decided to do something on (and in) Afghanistan, for dOCUMENTA (13). And why you decided to collaborate with Ajmal?

Francis Alÿs: Well, at first I made it clear that I was very interested in taking part in discussions and seeing the place and getting a sense of the reality there, but I could not promise to deliver something. If you think about it, it's pretty absurd to invite a Belgian artist living in Mexico to say something about the situation in Afghanistan today. When you make a work, it's always a game of three or four ingredients: an idea, a medium, a location, and an interlocutor. So, at first there is an idea for a project—still pretty abstract, more like a preoccupation. On this occasion I was thinking about my relation to the medium of moving image, of film, and its passage from analog to digital. Along the way the medium defined itself, and the film became the physical strip accompanied by its reel. If pushing a block of ice was about my relation to Sculpture, this was about coming to terms with Film. But that doesn't make a script. It sometimes happens that the encounter with a totally new context provides the spark for the missing ingredient, and allows a potential scenario to start unfolding.[1] What was an abstract concept starts to

[1] Let's imagine you've been invited to produce a work in some unlikely, remote location. From one day to the next you find yourself surrounded by a universe where the social/cultural/geopolitical/confessional—you name it—codes are totally alien to you. While your methods are destabilized, all your senses are on alert. So there you are, wandering around, absorbing every bit of new data. Yet at the same time you're still dragging around in the back of your mind that former "idea/preoccupation" of yours. It's the clash of those two

CONVERSAZIONE

Andrea Viliani: Volevo domandare a tutti e due, cominciando da Francis, perché avete deciso di fare qualcosa sull'Afghanistan (e in Afghanistan), per dOCUMENTA (13). E perché hai deciso di collaborare con Ajmal?

Francis Alÿs: Ho chiarito dall'inizio che, pur essendo molto interessato a partecipare alle discussioni, a vedere i luoghi e a farmi un'idea della realtà del paese, non potevo promettere niente. Se ci si pensa, è davvero assurdo invitare un artista belga che vive in Messico a dire la sua sulla situazione dell'Afghanistan. La produzione di un'opera è sempre un gioco di tre o quattro ingredienti: un'idea, un medium, una location e un interlocutore. All'inizio c'è l'idea di un progetto – ancora astratta, quasi una vaga inquietudine. In questo caso stavo riflettendo sul mio rapporto con il medium dell'immagine in movimento, con il film, e sul suo passaggio dall'analogico al digitale. Strada facendo, il medium ha assunto una forma definita e il film è diventato il nastro di celluloide avvolto sulla bobina. Se spingendo un blocco di ghiaccio volevo chiarire il mio rapporto con la Scultura, in questo caso si trattava di scendere a patti con il Film. Ma non bastava a fare una sceneggiatura. Talvolta capita che l'incontro con un contesto totalmente nuovo ti dia la scintilla per trovare l'ingrediente che manca e cominciare a svolgere un potenziale soggetto[1].

[1] Immaginate di essere stati invitati a realizzare un'opera in qualche località remota e improbabile. Da un giorno all'altro vi trovate circondati da un universo i cui codici sociali/culturali/geopolitici/confessionali – scegliete voi – vi sono completamente estranei. I vostri metodi sono in crisi ma i vostri sensi sono in allerta. Così cominciate ad andarvene in giro ad assorbire ogni bit di nuovi dati. Eppure allo stesso tempo, in un angolo della vostra mente continuate a girare intorno a quella vostra prima "idea-inquietudine". Dallo

materialize. Plus the welcomed fourth element: an interlocutor, someone with whom you start conversing about those three other elements. Which in this case was my meeting with Ajmal Maiwandi. By the sixth day of our seven-day visit to Afghanistan, all these elements had fallen into place. Ajmal and I did some tests in the Old City of Kabul. I looked at them back in Mexico. I started reading about Afghan history, its culture, in particular its relation to imagery, and my readings confirmed that I was heading in the right direction. And then the original idea became a story in its own right.

AV: Why did you decide to show these two children reeling and unreeling film? It reminded me of Bamiyan, where we

Quella che era solo un'idea astratta comincia a materializzarsi. Infine, sempre benvenuto, il quarto elemento: un interlocutore, qualcuno con cui parlare degli altri tre elementi; in questo caso è stato il mio incontro con Ajmal Maiwandi. Il sesto giorno della nostra settimana di permanenza in Afghanistan, tutti questi elementi erano al loro posto. Ajmal e io girammo qualche prova nella città vecchia di Kabul. Tornato in Messico, le ho riguardate con calma. Ho letto qualcosa sulla storia afgana, sulla sua cultura e soprattutto sul suo rapporto con l'immagine, e le letture mi hanno confermato che mi stavo muovendo nella direzione giusta. E così l'idea originale ha assunto i contorni di una storia a sé stante.

thought processes that may spark a new project. During the scouting, your attention is caught by something and that something has as much to do with the new context you're discovering as with that former preoccupation of yours. Without you realizing, the context has provided the ingredient that was missing in order to materialize the idea you had lingering, and, what is more, it has provided a reason to transform it into an event that can unfold in real time, in a real environment, and with real interlocutors.

And that's that, a story starts to shape. Of course it will take more investigation and visits to confirm that you are indeed heading in the right direction, but that's how it begins. Now, there may be many ways to respond to a new context, but there is only one that coincides with the narrative of the story you've been building for years, only one that can develop into its next episode. The context acts like a catalyst where the project happens not *because* of, but *within* or even sometimes *despite* of the context. If the project is responding to the context only, it risks becoming purely representational—limited to the sole representation of a place—and losing the opportunity of allowing a new perspective on the situation.

When scouting a new environment, what I am looking for is a crack in the context—a loophole in the operative system of a place—that will allow me to introduce my personal narrative. It may sound opportunistic, but it's the only way I am able to absorb the immense amount of incidental information provided by each new context and to be able to intervene in its imaginary landscape.

scontro tra questi due processi di pensiero può nascere la scintilla di un nuovo progetto. Durante la fase esplorativa, la vostra attenzione è attratta da qualcosa e quel qualcosa ha a che fare tanto con il nuovo contesto che state scoprendo quanto con quella prima inquietudine. Senza che ve ne siate accorti, il contesto vi ha fornito l'elemento mancante per materializzare l'idea che coltivavate da tempo e, cosa ancora più importante, vi ha dato una ragione per trasformarla in un avvenimento che può svolgersi nel tempo reale, in un ambiente reale e con interlocutori reali. Ed è così che una storia comincia a prender forma. Ovviamente ci vorranno altre indagini e visite per avere la conferma che state procedendo nella direzione giusta, ma è così che inizia. Ora, possono esserci vari modi di rispondere a un contesto nuovo ma *uno* solo coincide con il racconto della storia che state costruendo da anni, uno solo che può svilupparsi per diventare il suo prossimo episodio. Il contesto agisce come catalizzatore quando il progetto si realizza non *a causa*, ma *all'interno* o addirittura in certi casi *a dispetto* del contesto. Se il progetto si limita a rispondere al contesto, rischia di diventare puramente rappresentativo – cioè limitato alla semplice rappresentazione di un luogo – e di perdere l'opportunità di offrire una nuova prospettiva della situazione.

Quando esploro un nuovo ambiente, quello che cerco è una incrinatura nel contesto – un *loophole* nel sistema operativo locale – che mi permetta di inserirvi la mia narrazione personale. Può suonare opportunistico ma è l'unico modo in cui riesco ad assorbire l'immensa mole di informazione casuale fornita da ogni contesto nuovo e a intervenire nel suo paesaggio immaginario.

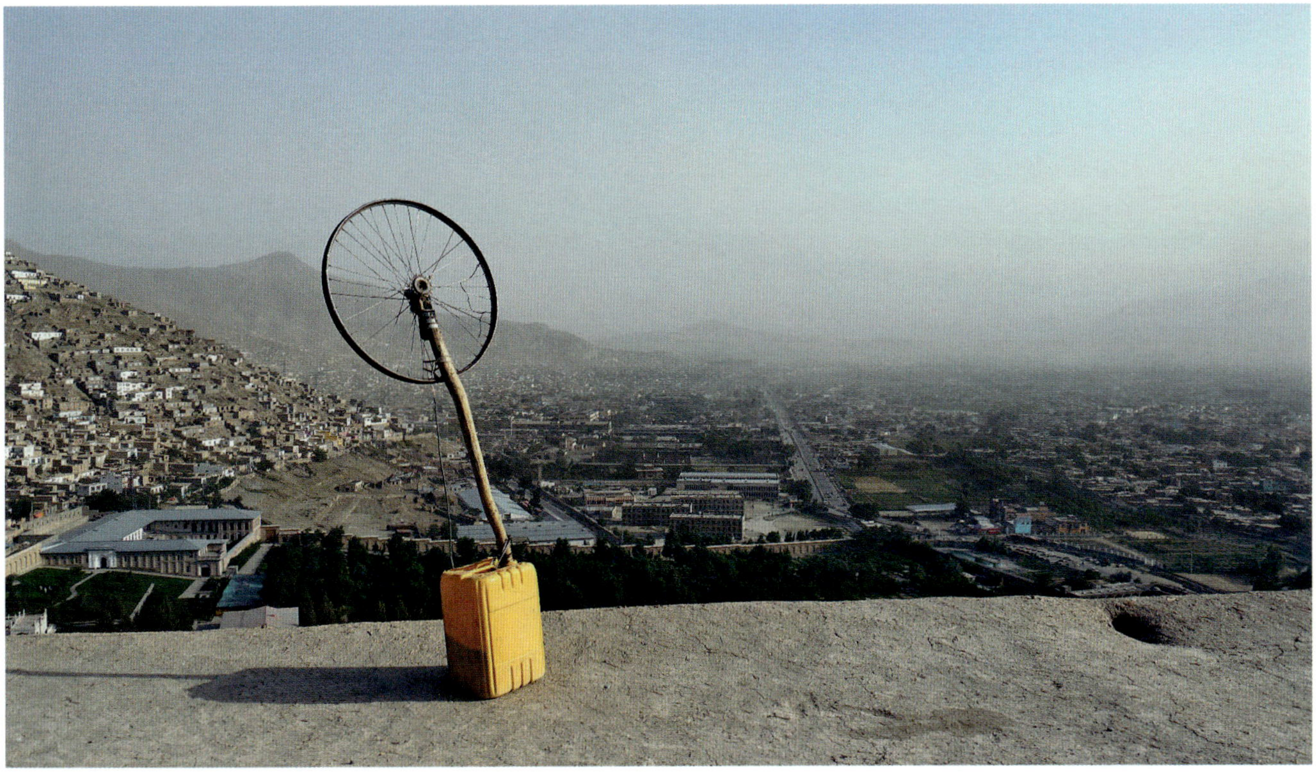

Bagh-e Babur, 2011. Photo / Foto Francis Alÿs

traveled together in 2010, when you filmed some children playing with bicycle wheels.

FA: Often my entry point is children's games. The game with the wheel and the stick was the most popular local game I witnessed on my first visit to Afghanistan. I thought that the rotation of a bicycle wheel was quite similar to the rotation of a reel of film. It all seems very logical now, but at the time they were just isolated elements where I thought, "hmm, interesting, this may become the surrogate for that." Until you actually film, you'll always doubt whether the proposal holds, if it's relevant? But it's a risk you need to assume.

AV: As the boys reel and unreel the film in the streets of Kabul, the film itself actually touches the ground and is

AV: Perché hai deciso di mostrare questi due ragazzini che srotolano e riarrotolano una pellicola? Mi hanno fatto venire in mente Bamiyan, che abbiamo visitato insieme nel 2010 e dove hai ripreso dei bambini che giocavano con delle ruote di bicicletta.

FA: I giochi dei bambini sono spesso la mia chiave d'accesso. Quando sono stato in Afghanistan la prima volta, ho constatato che il gioco con la ruota e il bastone era il più popolare di tutti. Ho pensato che la rotazione di una ruota di bicicletta fosse molto simile a quella di una bobina cinematografica. Adesso sembra logico, ma allora erano tutti elementi isolati e pensavo: "hmm, interessante, questo potrebbe diventare un surrogato di quello". Finché non si inizia a girare davvero, si ha sempre il dubbio che la proposta non regga, che non sia pertinente. Ma è un rischio che si deve correre.

damaged at every step. Does this act of damaging and destroying refer to the recent history of Afghan film? But in this case, you transform this reference into a playful action.

FA: The idea was to gradually make the viewer forget about the action and look more at what's happening behind the action. The film is a portrayal of Kabul, of its daily reality, not the fantasy of a place that the media has created for the Western public.

AV: Ajmal, what happened in your first meeting with Francis?

AV: Mentre i ragazzi svolgono e riavvolgono la bobina per le vie di Kabul, la pellicola viene trascinata per terra e si rovina. In questa rovina e distruzione c'è forse un riferimento alla storia recente del cinema afgano? Ma in questo caso, hai trasformato il riferimento in un'azione ludica.

FA: L'idea era quella di portare gradualmente lo spettatore a dimenticare l'azione e a concentrarsi su ciò che accade sullo sfondo. Il film è un ritratto di Kabul, della sua realtà quotidiana, non la fantasia di un luogo che i media hanno creato per il pubblico occidentale.

AV: Ajmal, raccontaci il primo incontro con Francis.

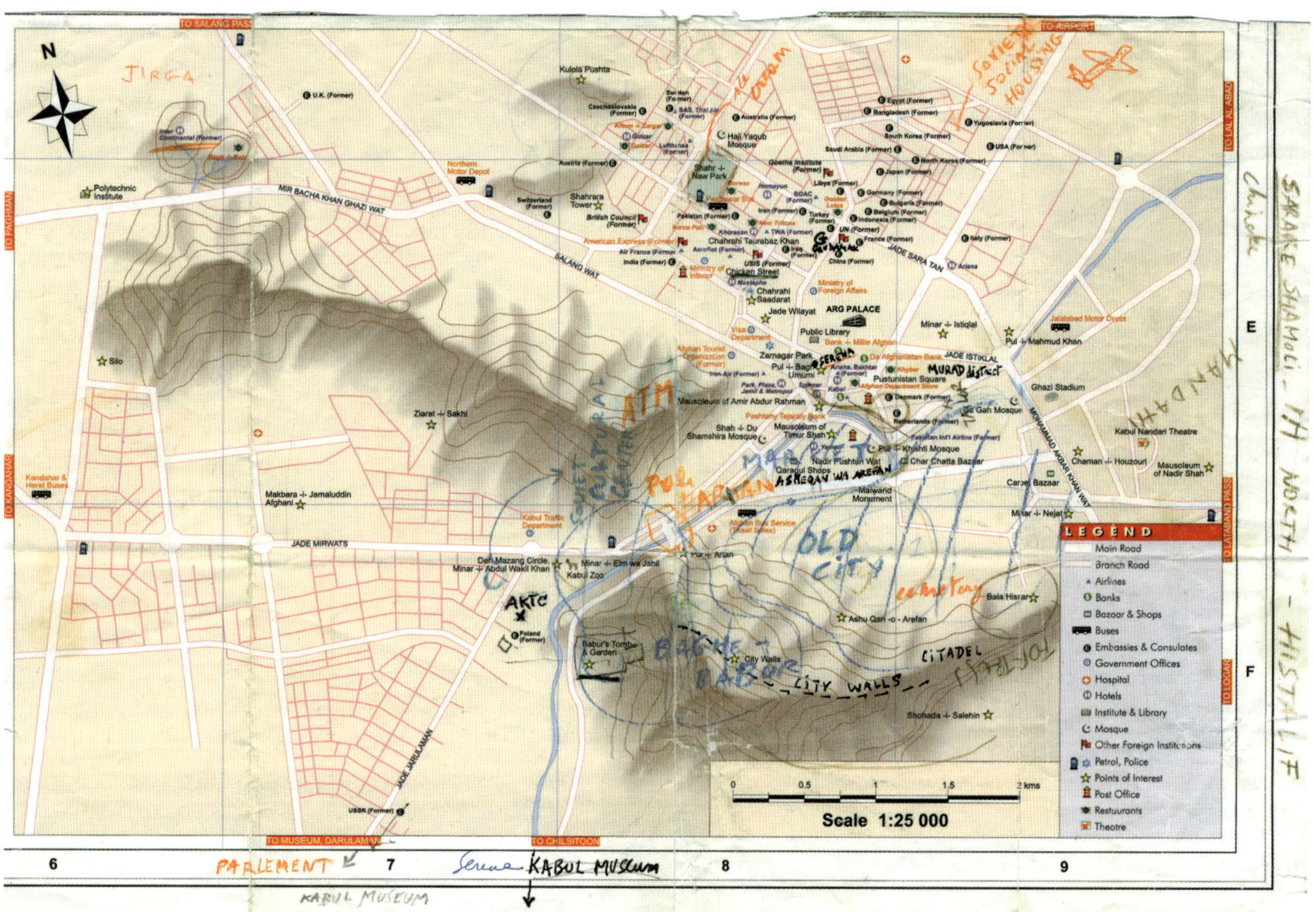

Ajmal Maiwandi: It wasn't a meeting, it was more a walk in the city. Two people getting to know each other; sharing experiences and exploring different areas of the city. Since then we have traveled to many other parts of Afghanistan, but on the first trip we went just outside of Kabul, to the beginning of the Shamali plains, where land is being subdivided and walls built. Then we naturally gravitated back into the bustling Old City. I've worked there a lot in conservation, and it's a place that defines Kabul in many ways: in the texture of the city and the materiality of it, in the construction of traditional buildings, and in the way the city later expanded from there. It's also a place where the backdrop of the hillside settlements is most vivid; from the hillsides, people descend into the city. Since 2001, there has been much new construction in Kabul, but none of the newer areas have the spontaneity or spirit of the Old City. It is still the beating heart and encapsulates many of the realities of what the country is, and its potential. The vast population of young people is very visible in the narrow, winding streets of the Old City. They play, they work, they go to school, up and down the hillside. They add a vibrant energy.

FA: So by engaging with youth you avoid falling into a kind of symbolic relationship with Afghanistan. Because they are the future of Afghanistan.

AM: They are the most resilient part of the Afghan population, still unshaped and full of potential. In a country of people set very strongly in their ways, the young are the ones who adapt most easily. It's remarkable how quickly they learn.

FA: It's also strange but true that this project, in the end, embodied many words and positions that had been named by the director of dOCUMENTA (13) as themes. For instance hope. The idea of spectacle. The position of withdrawal. Being under siege, but also trying to be free from a situation of siege. In the film, something happened so that all these different elements became unfrozen, in a way, and overlapped and mixed.

AM: There were collapse and recovery.

Ajmal Maiwandi: Non è stato proprio un incontro, piuttosto una passeggiata per la città. Due persone che cominciano a conoscersi, condividendo le loro esperienze ed esplorando varie zone della città. In seguito abbiamo viaggiato insieme in gran parte dell'Afghanistan, ma in quel primo viaggio ci siamo spinti solo nei dintorni di Kabul, dove inizia la piana di Shamali, in una zona dove il territorio è stato suddiviso e sono stati eretti dei muri. Poi naturalmente siamo stati di nuovo calamitati dalla vitalità della città vecchia. Ho lavorato a lungo per la sua conservazione ed è un luogo che definisce Kabul da vari punti di vista: nella trama urbanistica e nella sua materialità, nelle tecniche costruttive degli edifici tradizionali e nel modo in cui la città si è espansa a partire da lì. È anche il luogo da cui si può godere meglio la vista degli insediamenti sulle colline, i cui abitanti scendono ogni giorno in città. Dopo il 2001 si è costruito molto a Kabul, ma nessuno dei quartieri nuovi ha la spontaneità o lo spirito della città vecchia. È ancora il cuore pulsante del paese e racchiude molte delle sue realtà e delle sue potenzialità. Nei vicoli tortuosi si incontrano soprattutto giovani, che rappresentano una parte importante della popolazione. Giocano, lavorano, vanno a scuola, facendo su e giù dalle colline. Aggiungono una nota di vibrante energia.

FA: Lavorare con i giovani scongiura il rischio di cadere in una sorta di rapporto simbolico con l'Afghanistan: loro infatti sono il futuro del paese.

AM: Sono la parte più elastica della popolazione afgana, ancora non plasmata e ricca di potenzialità. In una paese di gente attaccata alle proprie abitudini, i giovani sono in grado di adattarsi più facilmente alle novità. La loro facilità di apprendimento è sorprendente.

FA: Strano ma vero, il progetto, alla fine, ha incorporato molte parole e posizioni che erano state proposte come temi dal curatore di dOCUMENTA (13). Ad esempio, speranza. Il concetto di spettacolo. La posizione del ritirarsi. Essere sotto assedio ma anche tentare di sfuggire a una situazione di assedio. Nel film, è successo qualcosa che ha liberato, per così dire, questi diversi elementi, che gli ha permesso di sovrapporsi e di mescolarsi.

FA: Destruction and reconstruction, collapse and recovery. In between communal amnesia and collective memory.[2]

AM: The people of post-2001 Afghanistan were confronted with many issues. One was urban development. Juggling the many expectations of how cities would grow, and managing that process, was difficult. In hindsight, it can only be described as ad hoc, fueled by speculative development and land grabbing. People migrated into the urban centers, the population of Kabul grew from one million to five million in 10 years, and property prices skyrocketed. Cities became denser and more polluted. And the construction industry, funded by aid money, flourished. Some areas of Kabul are now unrecognizable to people who grew up here. In this context, my work over the past decade has focused on preserving the historic character of the city and its monuments through conservation projects aimed at safeguarding Afghanistan's vast built heritage. We've discovered that people take pride in the richness of their culture and are willing to support processes aimed at keeping these sites safe and sustainable. It's about creating symbols worth interpreting. At a very simple level, it's about trying to preserve historic buildings as integral parts of cities and cultures.

AV: In the film, do we see any buildings in the Old City that have been restored by you?

[2] Looking back, I realize that I have often been operating in locations undergoing a state of crisis or conflict. As Cuauhtémoc Medina told me in Beirut in 2008: "You and me feel attracted to the way people develop strategies of survival in and after a situation of conflict. It is not a case of "war journalism," but a chronicle of the tactics of living developed where the social systems are not totally operative, where you find a moment of creation, need, and tension. However, those are situations where the suffering of the individual or community is more about adaptation than invention. I mean: people suffer the administration but they are not allowed or able to invent."

As Steven Johnson writes in *Interface Culture* (1997): "At transition points, some messages may evolve faster than their medium."

AM: C'erano il crollo e il recupero.

FA: Distruzione e ricostruzione, crollo e recupero. Tra amnesia generale e memoria collettiva[2].

AM: Dopo il 2001, il popolo afgano ha dovuto affrontare molti cambiamenti. Uno di essi era lo sviluppo urbanistico. Destreggiarsi tra le varie aspettative e gestire il processo di crescita della città non era un compito facile. Con il senno di poi, si potrebbe descriverlo solo come improvvisato, guidato da forze speculative e *land grabbing*. Moltissima gente si è trasferita nelle città, gli abitanti di Kabul sono passati da uno a cinque milioni in 10 anni e i prezzi degli immobili sono andati alle stelle. I centri delle città sono diventati più affollati e inquinati. E l'industria delle costruzioni, finanziata con i soldi degli aiuti, ha conosciuto un vero boom. Molte zone di Kabul sono diventate irriconoscibili anche per chi c'è nato. In questa situazione, nello scorso decennio mi sono concentrato dal punto di vista professionale sulla conservazione del carattere storico della città e dei suoi monumenti, con una serie di progetti conservativi diretti a mantenere il vasto patrimonio edilizio del paese. Abbiamo scoperto che la gente è orgogliosa della ricchezza della propria cultura ed è disposta a sostenere i processi volti a difendere l'integrità e la sostenibilità di questi siti. Si tratta di creare simboli degni di essere interpretati. A un livello elementare, si deve

[2] Mi accorgo di aver operato spesso in luoghi che attraversavano fasi di crisi o di conflitto. Come mi disse nel 2008 a Beirut Cuauhtémoc Medina: "Siamo entrambi attratti dal modo in cui la gente sviluppa strategie di sopravvivenza durante e dopo una situazione di conflitto. Non è un caso di 'giornalismo di guerra' ma una cronaca delle tattiche di vita sviluppate quando i sistemi sociali non sono più totalmente operativi, ed è facile scoprire momenti di creazione, bisogno e tensione. Tuttavia, sono situazioni in cui la sofferenza dell'individuo o della comunità riguarda più l'adattamento che l'invenzione. Voglio dire: il popolo sopporta a fatica l'amministrazione ma non gli è consentito o non è capace di inventare". Come scrive Steven Johnson in *Interface Culture* (1997): "Nella transizione, certi messaggi possono evolvere più rapidamente del loro medium".

AM: The streets, the pavement, to start with! And in some of the most memorable scenes, like when the boys are together after the reel followed by the balloons, those cityscapes are preserved as they were hundreds of years ago.

AV: Ajmal/Francis, you've seen many films and documentaries about Afghanistan and Kabul. In what sense do you feel this film gives a different impression?

AM: Hope, destruction, and violence coexist in this place at the same time, at different levels, taking different forms at distinct intervals. I think the film weaves a story through all these issues, through the two young boys, through history,

cercare di preservare gli edifici storici come parti integranti delle città e delle culture.

AV: Nel film si vede qualche edificio della città vecchia che hai restaurato?

AM: Le strade, la pavimentazione, tanto per cominciare! E in alcune delle scene più memorabili, come quando i ragazzi corrono insieme dietro la bobina seguiti dal venditore di palloncini, la città, grazie ai restauri, conserva l'aspetto che aveva alcuni secoli fa.

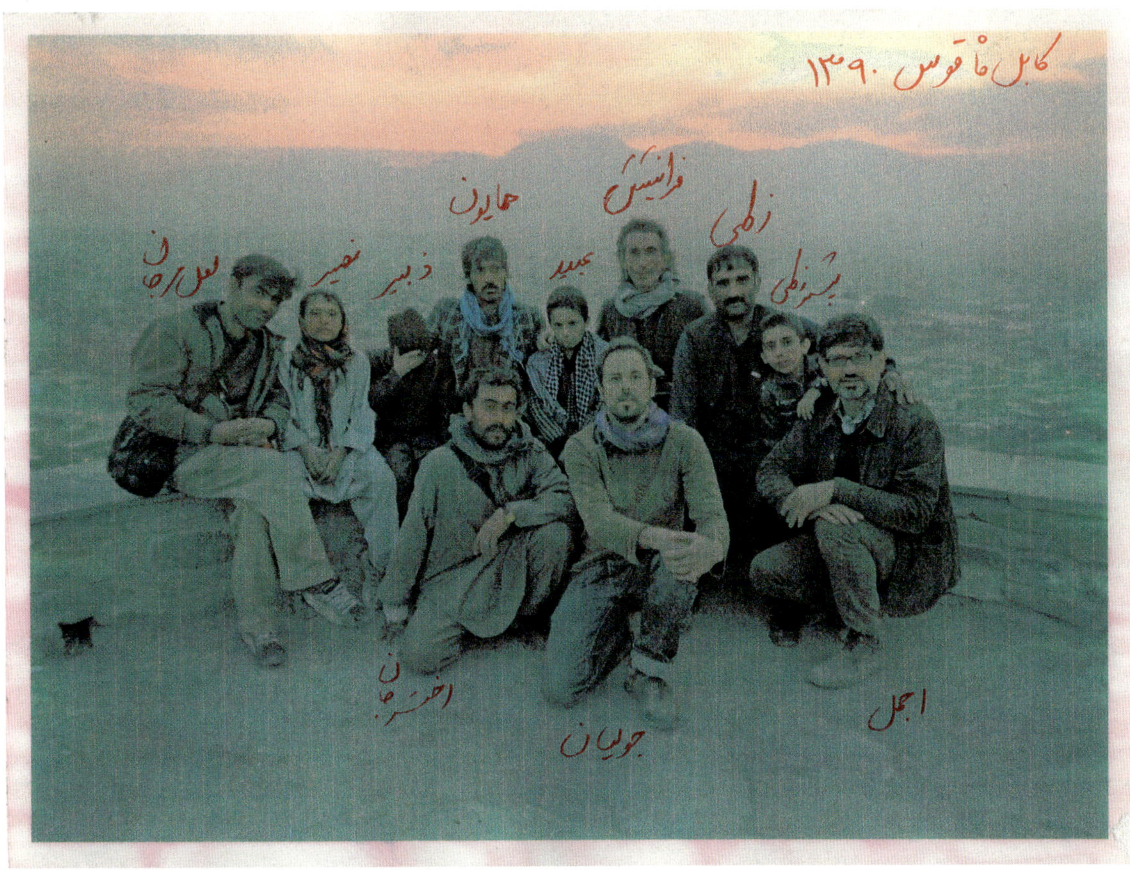

REEL-UNREEL, 2011, film crew / la troupe del film

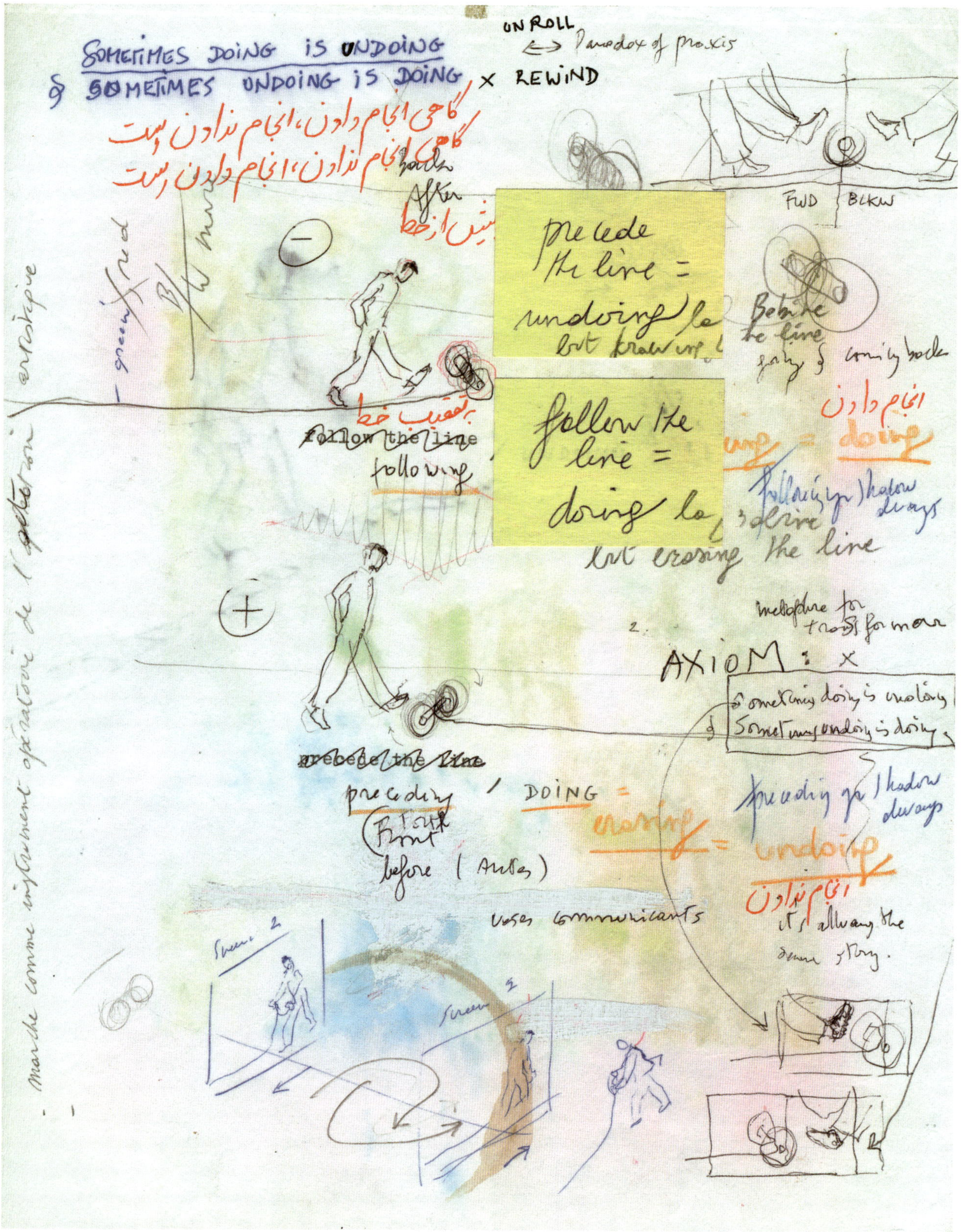

Untitled (Study for *REEL-UNREEL*), 2005-2011, pencil on paper / pastelli su carta, 27.9 × 21.6 cm

place, actions, and even topography. The boys become links and eventually characters.

FA: They did indeed build characters over the course of the filming. In the beginning we just had a scenario, a situation, the mechanics of an action: one boy would be leading the way, unrolling a strip of film, and the other would be following him, rewinding the film. There was a scheme for a route, starting on one of the hills that surround the city, going down through the Old City to the downtown market zone, crossing the river, and then climbing up the opposite hill and looking back at the city. But there was no idea for a beginning or an ending. In our original concept, the film could have been presented as a loop. With the kids there was no such thing as casting. The only "casting" you could speak of was us evaluating their ability to roll the reel. We started with maybe four kids who seemed really good at it, and we ended up with two protagonists, because they had a great interaction with the camera and because their personalities were starting to shape a story.[3] During the filming a kind of fictionalization started happening, through the way the kids were responding. There was no clear idea yet about what the action was leading to, but midway through, we knew there would need to be a response to that pursuit, a climax or an epilogue, a conclusion of sorts. What you'd call, I suppose, an ending scene. But that happened along the way. To have something like that emerge collaboratively is as good as it gets when you are filming. You create a situation by reassembling found elements and then improvize, and the improvization tells you what you will film the next day. You look at what you filmed Monday and get an idea of what you may want to film Tuesday, and so on, until you suddenly feel that you've reached an outcome of a sort.

[3] Over the last few years there has been a shift of protagonists in many of my works from adults (or my own persona) to kids. While this shift is partly driven by a wish to withdraw and pass on the relay to the next generation, it also responds to a desire to return to the imaginary space that children create, the fantastical world of childhood, including my own.

AV: Ajmal/Francis, avete guardato molti film e documentari sull'Afghanistan e Kabul. In che senso ritenete che questo film possa offrirne un'impressione diversa?

AM: Speranza, distruzione e violenza coesistono in questi luoghi nello stesso momento, a livelli diversi, assumendo forme differenti nei vari periodi. Penso che il film tessa una storia con tutti questi fili, attraverso i due ragazzi, attraverso la storia, i luoghi, le azioni e perfino la topografia. I ragazzi diventano collegamenti e alla fine personaggi.

FA: Sì, la costruzione dei personaggi è avvenuta nel corso delle riprese. All'inizio avevamo solo un canovaccio, una situazione, la meccanica di un'azione: un ragazzo doveva correre avanti, srotolando una bobina cinematografica, e l'altro doveva seguirlo, riavvolgendo la pellicola. Avevamo progettato un itinerario: partendo da una delle colline che circondano la città, i ragazzi sarebbero scesi attraverso la città vecchia fino alla zona del mercato, oltre il fiume, poi risaliti sulla collina opposta, dove si sarebbero voltati indietro a guardare la città. Ma non avevamo pensato a un inizio e a una fine. L'idea iniziale prevedeva che il film potesse essere presentato come un *loop*, un circuito chiuso. Per scegliere i ragazzi non abbiamo fatto un casting. Il solo "casting" di cui si potrebbe parlare ha riguardato la loro abilità nel far girare le bobine. Abbiamo cominciato con forse quattro ragazzi che ci sembravano particolarmente bravi in questo gioco e abbiamo finito per sceglierne due, i protagonisti, perché interagivano molto bene con la macchina da presa e perché le loro personalità stavano cominciando a dar vita a una storia[3].

Durante le riprese ha iniziato a emergere una sorta di racconto, a partire dal modo in cui i ragazzi reagivano a ciò

[3] Negli ultimissimi anni, i protagonisti delle mie opere spesso non sono più gli adulti (o io stesso) ma i ragazzi. Se questo cambiamento è stato determinato in parte dal mio desiderio di ritirarmi e di passare il testimone alla nuova generazione, esso corrisponde anche all'aspirazione di un ritorno allo spazio immaginario creato dai bambini, al fantastico mondo dell'infanzia, compresa la mia.

AM: The process took on a life of its own. Every day presented different challenges. Even before choosing characters, there was the challenge of the landscape.

FA: The expectations built up as well. I was trying to absorb as much information as possible each day, and overnight translate it into directives for the next day. My role was about assessing and reacting quickly, because we were always under pressure.

AV: I would say that these two children became like cameramen, and Kabul the camera. At the end, one of these "cameramen" looks at the city around him, when the reel falls, and it's a beautiful, intense, quite unexpected ending. A powerful moment.

FA: That look was what I would call "a stolen moment," a few seconds that are filmed in between two scenes because the cameras aren't turned off. When I looked back at the footage later on, that gaze seemed to be the answer to all that had happened up to that point. It's a completely open answer, of course, yet it's a direct reaction to all the images that have preceded it. I'm evading your question maybe, but I can't entirely articulate or justify why that image seemed right to me.

AV: It is a beautiful ending, after thinking about destruction and preservation; this game, these children, and their play; moral, serious, and tragic things; the energy that has built up, leading to this moment...

AM: Viewers sit through a whole film and they wait for the last moment, for an answer of some kind. The audience interprets that moment as the filmmaker's statement.

FA: But the actual scene appeared in a completely sublimated way. The scene we intended as the end was too forced, and was cut out of the film. Even I didn't realize the full effect of this current ending until my son saw it, and said he liked it because for the first time we get to really see the boy's face. I hadn't thought of that at all, but it's true: he stops, pauses,

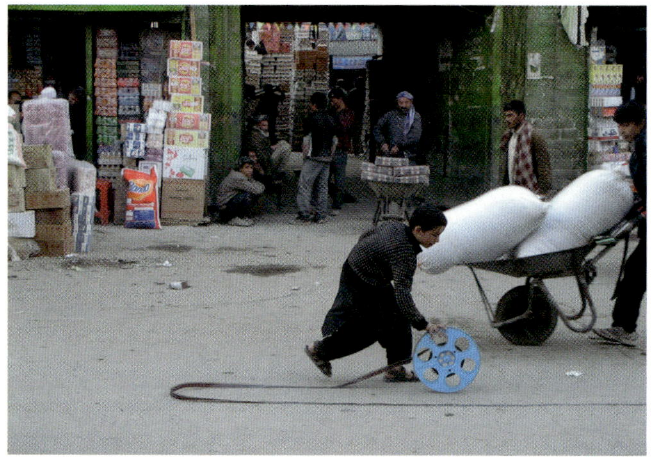

REEL-UNREEL, 2011, making of / dal set. Photo / Foto Ajmal Maiwandi

che gli dicevamo di fare. Non avevamo ancora un'idea precisa di dove saremmo andati a finire ma, giunti a metà strada, sapevamo che ci sarebbe stata una risposta alla nostra ricerca, un climax o un epilogo, una conclusione di qualche tipo. Quello che chiameresti, suppongo, un finale. Ma è successo strada facendo. Quando una cosa del genere nasce dalla collaborazione è una buona cosa, quando si sta girando un film. Crei una situazione riunendo degli elementi sparsi e poi improvvisi e l'improvvisazione ti dice quello che filmerai il giorno dopo. Guardando quello che hai fatto lunedì capisci quello che vuoi filmare martedì e così via, finché all'improvviso non senti di essere arrivato in qualche modo a un risultato.

AM: Il processo ha cominciato a vivere di vita propria. Ogni giorno c'era una nuova sfida. Prima ancora di scegliere i personaggi, c'era la sfida del paesaggio.

FA: Allo stesso tempo crescevano anche le mie aspettative. Cercavo di assorbire la massima quantità di informazioni possibile ogni giorno e la notte le traducevo in direttive per il giorno dopo. Il mio compito era valutare e di reagire rapidamente, dato che eravamo sempre sotto pressione.

AV: Mi piacerebbe pensare che quei due ragazzi erano diventati come due cameraman, e Kabul la loro macchina da presa.

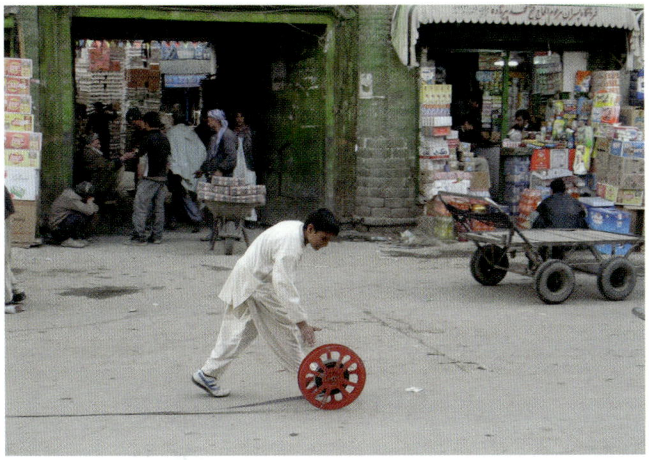

REEL-UNREEL, 2011, making of / dal set. Photo / Foto Ajmal Maiwandi

and it's like, ah, finally he appears! It's accidental, but it's very filmic. I was at first in favor of keeping the whole filming totally improvized. But I was eventually convinced by Ajmal and Julien Devaux, the friend who was filming with me, that yes, this film needed a beginning and an end, that the events depicted needed to lead to something.

AM: For me the interesting part was rediscovering community.

AV: How do you mean?

AM: This film is very much embedded within a living, thriving community. These aren't deserted streets or lifeless places. They are places where life unfolds in every way imaginable, and one intervenes in that cycle and is forced to interact with everyone.

FA: I must say that this experience was one of the best I've had in terms of the energy of the team. We encountered no major problems, no limitations. I mean, we knew the fundamental rules to respect, for instance not to film a woman's face, etcetera. But beyond that it was very fluid. People seemed amused rather than suspicious about the actual action of the filming.

Alla fine, uno di questi "cameraman" guarda la città che lo circonda, quando la bobina cade a terra, ed è un finale bello, intenso, del tutto inatteso. Una scena molto forte.

FA: Quello sguardo era ciò che chiamo "un momento rubato", una manciata di secondi filmati tra due scene perché le macchine da presa rimangono accese. Quando ho riguardato il girato, quello sguardo mi è sembrato la risposta a tutto quello che era successo fino a quel punto. Una risposta completamente aperta, ovviamente, eppure è una reazione diretta a tutte le immagini che l'hanno preceduta. Forse sto eludendo la domanda ma non so formulare chiaramente la ragione o giustificare la scelta di quell'immagine.

AV: È uno splendido finale, dopo la riflessione sulla distruzione e la conservazione; il gioco, i bambini e la loro azione; questioni morali, serie, tragiche; l'energia che continua ad accumularsi, fino a quel momento...

AM: Gli spettatori siedono per tutta la durata del film aspettando la fine, per avere una qualche risposta. Il pubblico vede in quel momento il messaggio del regista.

FA: Ma la scena è emersa in modo sublime. Quella che avevamo pensato come finale era troppo forzata e l'abbiamo tagliata. Neanche io ho capito fino in fondo l'effetto del finale attuale finché mio figlio non lo ha visto e mi ha detto che gli piaceva perché si vedeva il ragazzino in faccia per la prima volta. Non ci non avevo minimamente pensato, ma è così: si ferma, fa una pausa ed è come se, ah, finalmente, eccolo! È casuale ma molto cinematografico. In un primo momento avrei voluto che tutte le riprese fossero improvvisate. Alla fine però Ajmal e Julien Devaux, l'amico che ha girato con me, mi hanno convinto che il film doveva avere un inizio e una fine e che gli avvenimenti descritti dovevano condurre a qualcosa.

AM: Per me la parte più interessante è stata la riscoperta della comunità.

AV: Che vuoi dire?

AV: Why did you choose to have the mobile phone in the end playing that music in front of the Kabul landscape? Mobiles and digital technologies (a step further that substituted the analog phase represented by a medium like film) are really present in the life of Kabuli people, in particular the youth.

FA: That was another stolen moment. We were filming the end scene, or what turned out to be the end scene, and this guy came up with his phone, and I just thought its soundtrack was fantastic.

AV: There are also paintings that are part of your project for dOCUMENTA (13). What is the relationship between the film and the paintings? You mentioned something about filming the unfilmable through painting.

FA: I was doing a series of paintings of color bars back in Mexico in parallel to the gestation and preparation for the film. In a sense, if the project started with a reflection on the passage from analog to digital, it was also about representation. The paintings are my attempts to physically materialize color bars, an impossible task per se, as color bars—by essence—can only be produced electronically. So there is this kind of bound-to-fail element to the paintings. I don't think I fully understood the connection, or eventual parallel, between the two projects until much later. The activity of painting functioned like a sort of antidote to the overwhelming experience and influx of information in Afghanistan. It was a way to retreat and process. One was all about context, while the other was about language.

AM: Questo film è inserito profondamente in una comunità viva, in pieno sviluppo. Non si vedono strade deserte o luoghi abbandonati. Sono invece posti in cui la vita si dispiega in tutte le forme immaginabili e quando si interviene in quel ciclo si è costretti a interagire con tutti.

FA: Questa esperienza è stata una delle migliori che ho avuto per quanto riguarda l'energia del team. Non abbiamo avuto grossi problemi, nessuna limitazione. Cioè, sapevamo quali erano le regole fondamentali da rispettare, per esempio non riprendere mai il viso di una donna, e tutto il resto. Ma a parte ciò, non ci sono stati intoppi. Mentre giravamo, la gente sembrava divertita più che insospettita.

AV: Perché nel finale hai scelto di far suonare quella musica da un telefono cellulare di fronte al panorama di Kabul? Le tecnologie mobili e digitali (un passo in avanti che ha sostituito la fase analogica rappresentata da un medium come la pellicola) sono molto diffuse a Kabul, soprattutto tra i giovani.

FA: È stato un altro momento rubato. Stavamo girando il finale, o piuttosto la scena che sarebbe diventata il finale, quando è comparso un tipo con un telefonino che squillava e ho subito pensato, che fantastica colonna sonora!

AV: Il tuo progetto per dOCUMENTA (13) comprende anche alcuni dipinti. Che rapporto c'è tra il film e i dipinti? Hai accennato a qualcosa come usare la pittura per filmare ciò che non è filmabile.

FA: Durante la gestazione del film, ho eseguito in Messico una serie di quadri di barre colorate. In un certo senso, il progetto è partito da una riflessione sul passaggio dall'analogico al digitale, ma riguardava anche la rappresentazione. Nei quadri ho tentato di materializzare fisicamente il segnale a barre colorate, un'impresa di per sé impossibile, in quanto esso, per definizione, può essere prodotto solo elettronicamente. Così, nei quadri c'è il senso di una condanna al fallimento. Non credo di aver compreso pienamente la connessione, o l'eventuale parallelismo tra i due progetti se non molto più tardi. Dipingere era una sorta di antidoto all'esperienza

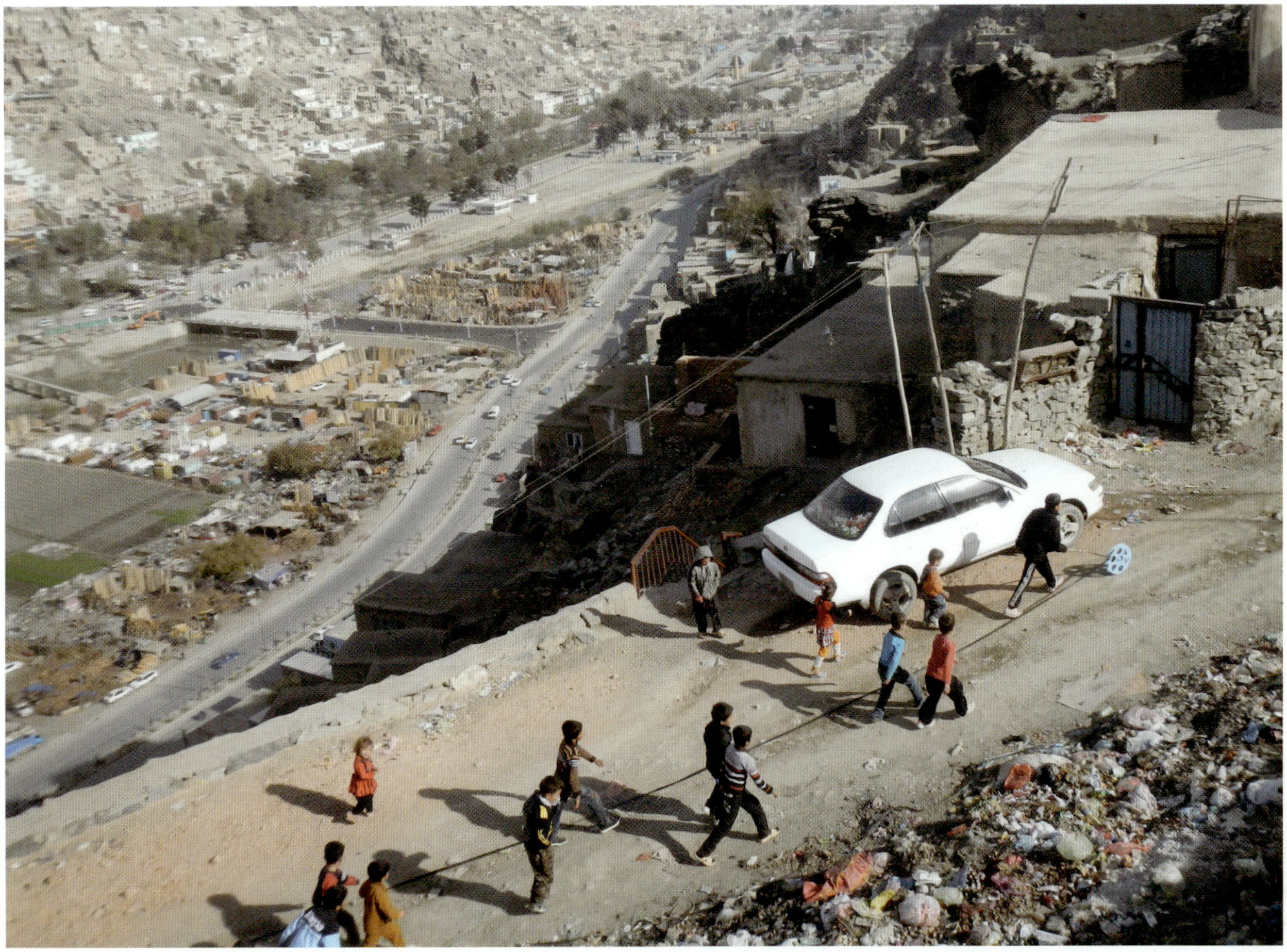

REEL-UNREEL, 2011, making of / dal set. Photo / Foto Francis Alÿs and / e Ajmal Maiwandi

travolgente e all'afflusso di informazioni dall'Afghanistan. Un modo per ritirarmi in me stesso ed elaborare. Il film era tutto sul contesto, i dipinti invece sul linguaggio.

THE PAINTINGS

Produced between 2010 and 2014, the period during which Alÿs has been travelling to Afghanistan, this series of paintings presents a combination of traditional landscapes and color bars leitmotifs, which became replaced by Tactical Recognition Flashes (colored patches worn by soldiers on their upper left sleeve) following his embed with UK Task Force Helmand in the Spring of 2013. Whenever Alÿs returned to Mexico City, the activity of obsessively creating these works—which deceptively look like abstract geometric paintings—became an indispensable counterpart to his travels in Afghanistan. Whether they reflect his difficulties in translating the daily reality of war into any medium, or whether they simply became a therapeutic exercise in order to digest the flood of information received upon each visit, the viewer can decide.

As Alÿs has noted: "The paintings and drawings produced alongside a larger project seldom illustrate the action itself. They are reflections on the intentions behind the project and also explore the action's potential during its hectic coming-to-life. They function as a sort of correspondence, as pendants to the facts. While they free me from the contingencies of production, they keep me intimately in touch with the project's essence. When I draw, I can let my mind drift away: the drawings don't bear any responsibility but my own. Images illustrate what cannot be expressed in the realm of the action and they have the function of processing ideas and clarifying choices. They allow me to enter a situation that cannot exist elsewhere, only on the paper or the canvas. They are images, and I want them to live as such. Like in a children's book.

Further more, drawing can also become a way of establishing contact with people along my travels. During my embed with the Task Force I compulsively drew. The activity of drawing created a situation opposite to that of filming: in the presence of a camera, the soldiers would shy away from me, yet, when I drew, they would come to me to spy and comment on the scene I was depicting. A relationship of sorts could be engaged. And last but not least, painting has allowed me to self-finance numerous projects that never intended to be lucrative."

I DIPINTI

Realizzata tra il 2010 e il 2014, periodo in cui Alÿs si è recato più volte in Afghanistan, questa serie di quadri presenta una combinazione di paesaggi tradizionali e un *leitmotiv*, le barre colorate, sostituite poi da *Tactical Recognition Flashes* (toppe colorate cucite sulla parte superiore della manica delle divise) in seguito al suo *embed* nella Task Force britannica Helmand, nella primavera del 2013. Ogni volta che Alÿs tornava a Città del Messico, l'attività quasi ossessiva di creazione di queste opere – che all'apparenza possono essere scambiate per esempi di astrattismo geometrico – divenne un complemento indispensabile dei suoi viaggi in Afghanistan. Sta a chi le guarda decidere se scorgervi un riflesso delle sue difficoltà nel tradurre la realtà quotidiana della guerra con un medium qualsiasi o il risultato di un esercizio terapeutico volto a digerire il profluvio di informazioni che riceveva durante i suoi viaggi. Come nota Alÿs, "È raro che i dipinti e i disegni prodotti a lato di un progetto più vasto ne illustrino l'azione. Si tratta di riflessioni sugli intenti che sottendono il progetto e servono a esplorare le potenzialità dell'azione nel corso del suo febbrile venire alla luce. Funzionano in qualche modo come equivalenti, o pendant, dei fatti. Mi svincolano dalle contingenze della produzione ma allo stesso tempo mi mantengono intimamente in contatto con l'essenza del progetto. Quando disegno, posso lasciar vagare la mente: l'unico responsabile dei miei disegni sono io. Le immagini illustrano ciò che non può essere espresso nel regno dell'azione e hanno la funzione di elaborare le idee e chiarire le scelte. Mi permettono di entrare in una situazione che non può esistere altrove, tranne che sulla carta o sulla tela. Sono immagini e voglio che vivano come tali. Come in un libro per bambini.

Inoltre disegnare può essere anche un modo di entrare in contatto con le persone che incontro nei miei viaggi. Nel periodo passato come artista integrato nella Task Force disegnavo in modo compulsivo. L'attività di disegnare creava una situazione opposta a quella che si instaura quando si gira un film: in presenza della macchina da presa, i soldati mi schivavano, mentre quando disegnavo venivano a spiare e a commentare la scena che stavo raffigurando. Si stabiliva un qualche rapporto. E, non in ultimo, dipingere mi ha permesso di auto-finanziare altri progetti che non nascevano per essere remunerativi".

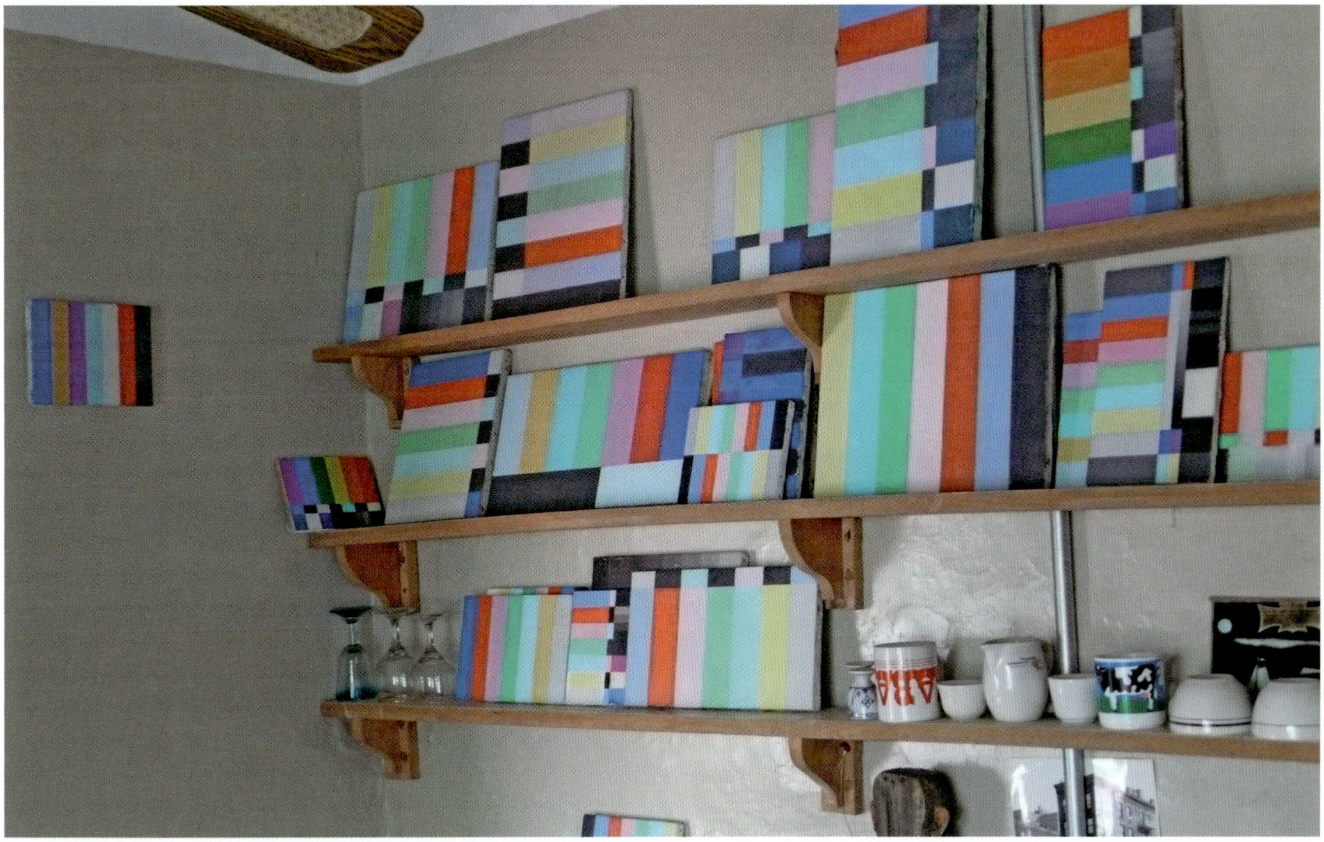

Studio Alÿs, Mexico City, 2011

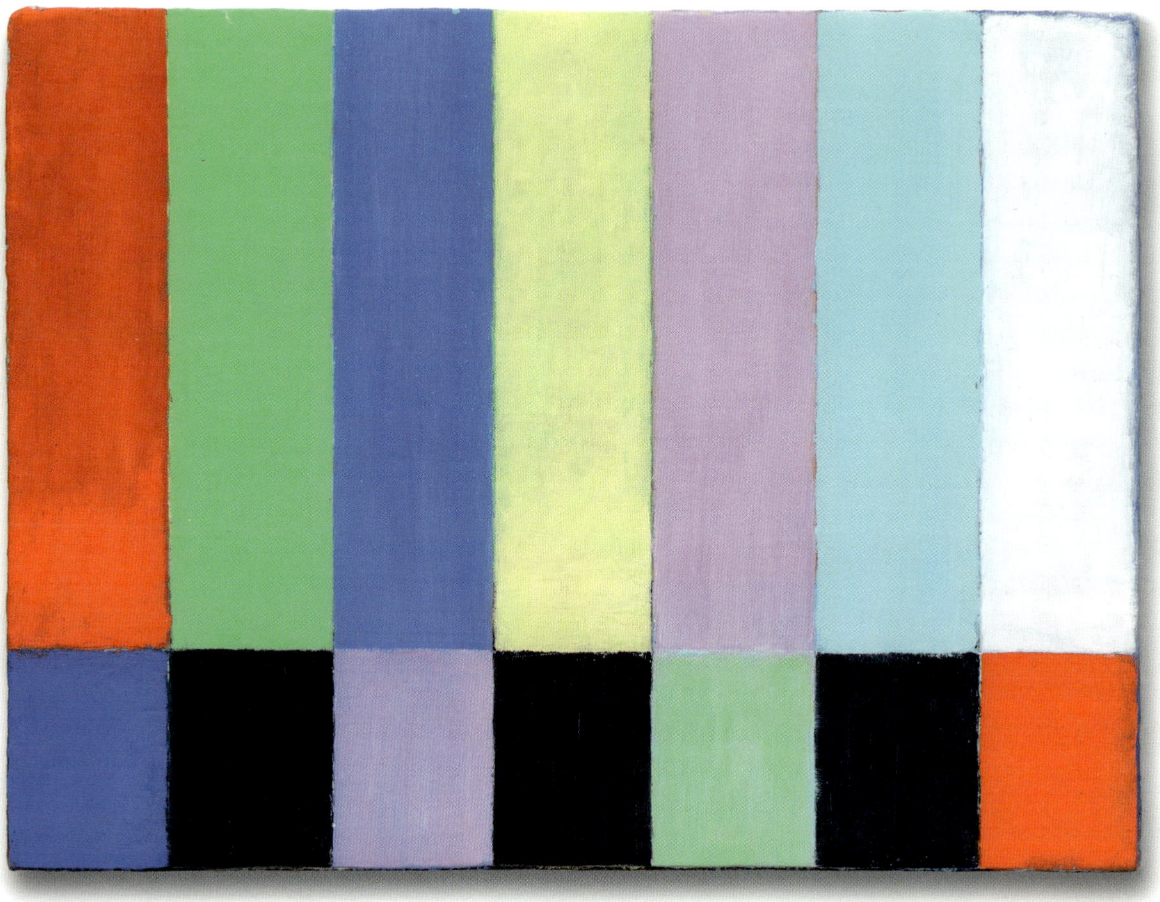

Untitled, 2011-2012, oil on canvas on wood / olio su tela su legno, 23.8 × 30.8 × 1.6 cm

ROBERT SLIFKIN

PAINTING/WITHDRAWING

DIPINGERE/RITIRARSI

> Even more fearsome than the ecological damage created by the war of planned obsolescence, the new totalitarian empire of communications creates temporal ruins, a simulation of eternity that presupposes the disappearance of any kind of hideout – spatial or otherwise.
> **Paul Virilio,** *Popular Defense and Ecological Struggles*

> "Perfino più del danno ecologico causato dalla guerra dell'obsolescenza pianificata, il nuovo impero totalitario delle comunicazioni crea rovine temporali, un'eternità simulata che presuppone la scomparsa di qualsiasi nascondiglio, spaziale o di qualsiasi altro genere".
> **Paul Virilio,** *Défense populaire et luttes écologiques*

I. GOODBYE ANALOG

Francis Alÿs's chronicle of the varied circumstances of thirty-two artists in 1943 stands as a testament to the contradictions and challenges of creative life during wartime. With few exceptions the Second World War appears in Alÿs's text as an overt and consequential presence in the lives of the artists. Even when it is not explicitly mentioned, as in Mondrian painting *Broadway Boogie Woogie* in New York, Tatlin observing bird flights from his garden in Moscow, or Matisse "painting with scissors" on the French Riviera, the war serves as the motivating force behind these artists' deeds and even more crucially, the environment in which they find themselves. Sometimes the momentous historical events serve as a menacing backdrop for the artist's creative endeavors: Morandi on top of a hill (presumably painting a landscape) surrounded by Fascism, Picasso making a sculpture out of a bicycle in occupied Paris. More often the settings invest the artists' actions with fateful import: Marinetti returning from the Russian front, Beuys flying his Stuka dive-bomber over the Crimea, Blinky Palermo born in the rubbles of Leipzig. Consistently the invocation of place names summons the larger social and historical milieus in which these individual lives took place.

I. GOODBYE ANALOGICO

La cronaca redatta da Francis Alÿs delle diverse circostanze in cui si trovavano trentadue artisti nel 1943 testimonia le contraddizioni e le sfide a cui è sottoposta la vita creativa in tempo di guerra. Tranne rare eccezioni, nel testo di Alÿs la Seconda guerra mondiale grava come una presenza ingombrante e carica di conseguenze sulla vita degli artisti. Anche quando non viene menzionata esplicitamente, come nel caso di Mondrian che dipinge *Broadway Boogie Woogie* a New York, di Tatlin che osserva il volo degli uccelli nel suo giardino di Mosca o di Matisse "che dipinge con le forbici" sulla Costa Azzurra, la guerra è la motivazione segreta che determina le azioni di questi artisti e – cosa ancora più importante – l'ambiente in cui si trovano a vivere. In qualche caso i grandi avvenimenti storici costituiscono solo lo sfondo minaccioso degli sforzi creativi dell'artista: Morandi che sale su una collina circondata dal fascismo (per dipingere un paesaggio, si presume), Picasso che realizza una scultura con una bicicletta nella Parigi occupata. Ma il più delle volte le circostanze esterne investono la vita degli artisti con esiti fatali: il ritorno di Marinetti dal fronte russo, il volo di Beuys sulla Crimea a bordo di un bombardiere Stuka, la nascita di Blinky Palermo tra le macerie di Lipsia. La menzione costante dei toponimi rievoca il più ampio contesto storico e sociale in cui gli individui conducono le proprie esistenze.

Indeed the ubiquity of prepositions like "in" and "from" throughout the list emphasizes what could be called the decidedly situational condition of these artists' relationship to the war, the way their relatively simultaneous actions played out across a broad and complex fabric of everyday life. The particular juxtaposition of the individual within an extensive spatial and temporal matrix is reiterated in the recurrent use of the present participle verb tense throughout the text—"painting," "returning," "copying," "flying"—insinuating not the singular act but instead ongoing trials of day-to-day life that unfolded in the midst of what was certainly extraordinary chaos and precariousness. Reading this document in 2014—Alÿs summons the present at the start of each sentence by writing, "I think of"—it is hard not to consider how one's own circumstances might be imbricated within the manifold events simultaneously taking place around the Earth, especially if you are living in a part of the world that has been affected by the "global war on terrorism," a war that many have characterized as a "war without end."[1]

This pitiless fact of the perseverance of everyday life during moments of extreme suffering is vividly portrayed in W. H. Auden's poem "Musée des Beaux Arts," itself written in 1938 on the brink of the war that displaced the artists cataloged by Alÿs. In its consideration of *Landscape with the Fall of Icarus*, a painting long attributed to that other Belgian chronicler of children's games, Pieter Bruegel, but now regarded as an early copy, Auden's poem examines how personal tragedy always takes place within an expanded field of worldly action that is not only indifferent to the calamity at hand but seems to happily evade it. As Icarus gets swallowed by the sea, with only his flailing legs still visible above the water's surface, the sun, whose rays melted the waxy wings of the hubristic youth, continues to shine, ships set sail, a farmer plows his field, and a shepherd tends to his flock. "Everything" in the

[1] For a discussion of the endlessness of total war in the wake of the Second World War see Paul Virilio and Sylvère Lotringer, *Pure War*, trans. Mark Polizzotti (New York: Semiotext(e), 1997), 30-31.

In effetti, l'uso continuo delle preposizioni "in" e "da" in tutto l'elenco pone in rilievo quella che si potrebbe definire la condizione decisamente situazionale del rapporto di questi artisti con la guerra, il modo in cui le loro azioni quasi simultanee si inseriscono nella trama vasta e complessa della vita quotidiana. La marcata giustapposizione del dato individuale all'interno di un'ampia matrice spaziale e temporale è reiterata nell'uso ricorrente di un tempo verbale – "dipingendo", "tornando", "copiando", "volando" – che non suggerisce il singolo atto ma processi di vita quotidiana, che si svolsero senza dubbio in condizioni di estrema incertezza e precarietà. Leggendo questo documento nel 2014 (Alÿs rievoca il presente all'inizio di ogni frase scrivendo "penso a..."), è difficile non riflettere su come i molteplici avvenimenti che hanno luogo simultaneamente nel mondo possano influire sulle circostanze della propria vita, soprattutto quando si vive in una zona del pianeta toccata dalla "guerra globale al terrorismo", un conflitto definito una "guerra senza fine"[1].

Musée des Beaux Arts, una poesia scritta da W.H. Auden nel 1938, alla vigilia della guerra che avrebbe disperso gli artisti elencati da Alÿs, ci offre un'immagine vivida della spietata ostinazione della vita quotidiana a proseguire il proprio corso anche in momenti di estrema difficoltà. Osservando il *Paesaggio con la caduta di Icaro*, dipinto attribuito all'epoca a un altro grande narratore belga di giochi infantili, Pieter Bruegel, ma ritenuto oggi la copia di un originale perduto, Auden riflette su come la tragedia personale abbia sempre luogo in un più vasto campo di azione mondana, che non solo si mostra indifferente alle calamità che lo sfiorano, ma sembra capace di rimanerne fortunosamente indenne. Mentre il mare inghiotte Icaro, di cui vediamo solo le gambe che si agitano convulsamente in superficie, il sole, che ha sciolto coi suoi raggi la cera delle ali del giovane temerario, continua a splendere, le navi spiegano le vele, un contadino ara il campo e un pastore bada al suo gregge. "Ogni cosa" nell'immagine, nota Auden, "volge tranquillamente le spalle al disastro".

[1] Per un'analisi della interminabilità della guerra totale come conseguenza della Seconda guerra mondiale si veda Paul Virilio e Sylvère Lotringer, *Pure War*, trans. Mark Polizzotti, Semiotext(e), New York 1997, pp. 30-31.

image, Auden notes, "turns away quite leisurely from the disaster."

If the painting's rendering of this extensive turning away from disaster provides a compelling parable of our own habitual capacity to disregard the pain of others, it also charts the complex dynamics informing the representation and registration of historical events within a work of art. Just as Auden's vision of "something amazing, a boy falling out of the sky" served as a mythic prophecy of the terror soon to come from the air across Europe, the farmer absorbed in his task of furrowing the plot of land in the painting's

La resa pittorica di quest'indifferenza generale di fronte al disastro, oltre a costituire un'efficace parabola della nostra tendenza a ignorare il dolore degli altri, consente anche di mappare le complesse dinamiche che informano la rappresentazione e la registrazione degli avvenimenti storici all'interno di un'opera d'arte. Se la visione di Auden di "un fatto stupefacente, un ragazzo caduto dal cielo" è stata interpretata come profezia mitica del terrore che di lì a poco si sarebbe abbattuto dall'alto sull'Europa, l'immagine in primo piano del contadino intento ad arare può essere vista come metafora dell'artista stesso, all'opera anche

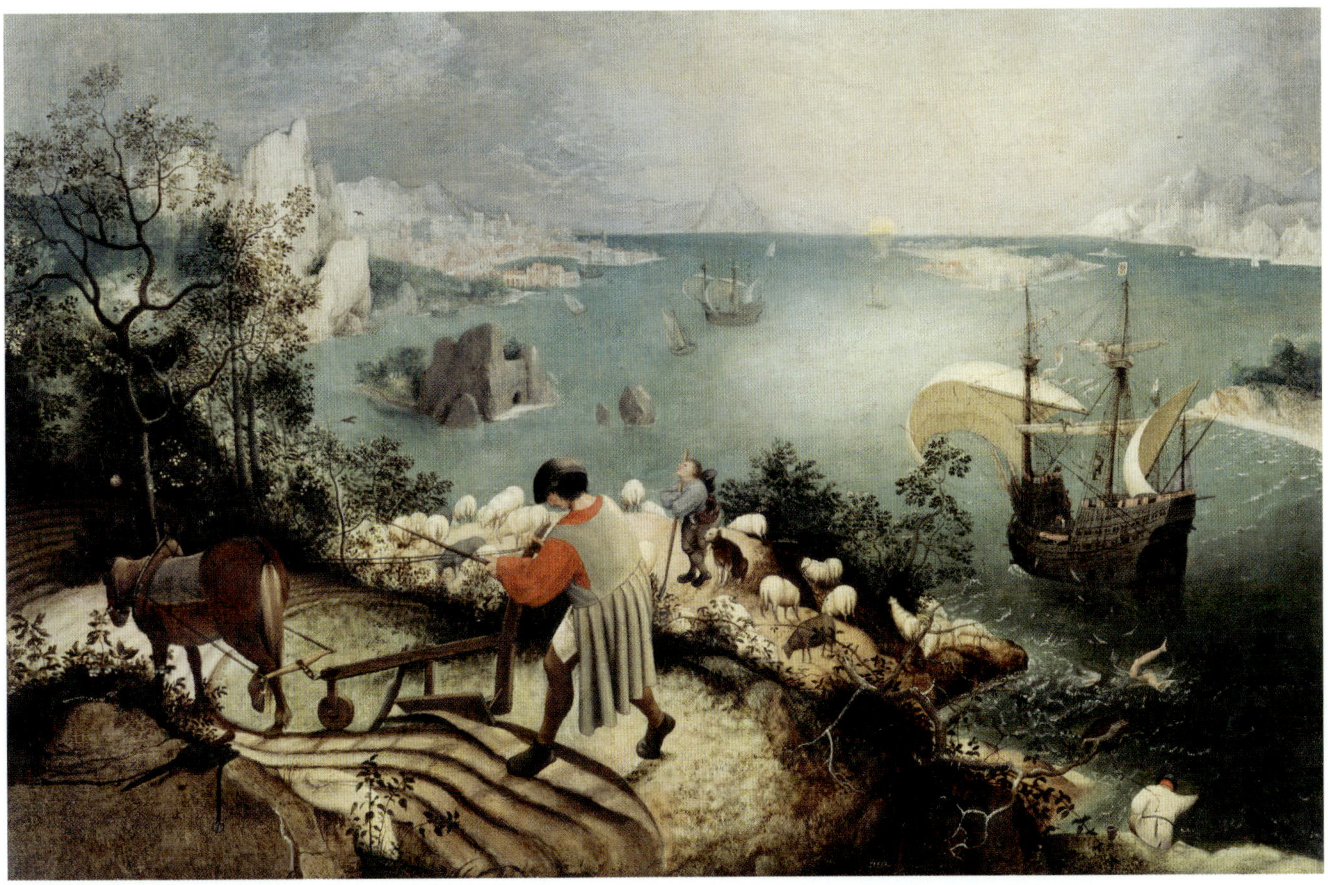

Pieter Brueghel the Elder, *The Fall of Icarus*, c. 1555. Oil on canvas. Musées royaux des Beaux-Arts de Belgique, Brussels / Pieter Brueghel il Vecchio, *La caduta di Icaro*, ca. 1555. Olio su tela. Musées royaux des Beaux-Arts de Belgique, Bruxelles

foreground can be seen as a surrogate for the artist finding himself at work amid turmoil. As Alexander Nemerov astutely notes in his analysis of the painting, the farmer's act of making a series of dark, snaking bands upon the upturned ground not only alludes to the painter's or poet's act of mark-making but also visually echoes the ripples caused by Icarus's contact with the water, seeming to obliquely and unconsciously register the tragedy taking place beyond his field of vision.[2]

The rows of furrows in *Landscape with the Fall of Icarus* thus provide a pictorial paradigm for an influential theory of the modern work of art's relationship to its historical conditions, one in which the decisive turn towards abstraction conventionally associated with postwar painting does not categorically preclude political relevance. According to this influential model, most famously articulated by the American critic Clement Greenberg, art's rigorous investigation of its own properties could serve as a bulwark against various forms of mass cultural manipulation and duplicity, whether political or commercial. Paradoxically, through this act of withdrawal, the work of art could account for the very world it seemed to disavow. As such the serial furrows in the foreground of *Landscape with the Fall of Icarus* prefigure the various bands of pigment that would define some of the most significant instances of postwar painting within the Western canon. Pollock's skeins, Newman's zips, Stella's stripes, and Noland's fields function within this model of historical reflection through radical negation as sensitive antennae, picking up distant signals from beyond the secluded and tranquil space of the studio, each rivulet, layer, and edge faintly capturing the reverberations of some distant event.

While this subtle process of indicating the external world in the pure painterly mark typically remained tacitly understood, Jasper Johns would characteristically literalize these dynamics in his encaustic flag paintings of the late

[2] Alexander Nemerov, "The Flight of Form: Auden, Bruegel, and the Turn to Abstraction in the 1940s," *Critical Inquiry* 31 (Summer 2005), 780-810.

durante i peggiori sconvolgimenti. Come osserva acutamente Alexander Nemerov nella sua analisi del dipinto, l'azione del contadino, che crea una serie di strisce scure e ondulate rivoltando il terreno con l'aratro, non solo allude all'idea del poeta o del pittore come produttori di segni, ma riecheggia anche visivamente le increspature prodotte dall'impatto di Icaro con l'acqua, come se l'aratore avesse registrato, sia pure inconsciamente e in modo obliquo, la tragedia che si svolge oltre i limiti del suo campo visivo[2]. I solchi allineati in *Paesaggio con la caduta di Icaro* costituiscono così un paradigma pittorico della teoria sul rapporto dell'opera d'arte moderna con le sue condizioni storiche, secondo la quale la decisa svolta verso l'astrazione, associata tradizionalmente alla pittura del dopoguerra, non ne preclude del tutto la rilevanza politica. In base a tale modello, che ha avuto tra i suoi sostenitori più noti il critico d'arte americano Clement Greenberg, l'arte, attraverso l'indagine rigorosa delle sue stesse proprietà, può divenire un baluardo contro la manipolazione culturale di massa nelle sue varie forme e contro la falsità, sia politica sia commerciale. Paradossalmente è proprio ritirandosi in se stessa che l'opera d'arte poteva continuare a render conto di quel mondo che sembrava voler disconoscere. Di per sé, la serie di solchi raffigurati in primo piano nel *Paesaggio con la caduta di Icaro* prefigura i vari tipi di bande pigmentate che caratterizzano esempi significativi dell'arte del dopoguerra all'interno del canone occidentale. Le matasse di Pollock, le zip di Newman, le strisce di Stella e i campi di Noland svolgono, in questo modello che lega la riflessione storica alla negazione radicale, la funzione di antenne sensibili, in grado di cogliere da lontano segnali provenienti dalla realtà che si estende al di là dello spazio chiuso e tranquillo dello studio: in ogni rigagnolo, strato o bordo si riflette debolmente l'eco di un avvenimento remoto.

Questo sottile processo di riferimento al mondo esterno nel segno pittorico puro rimaneva normalmente sottinteso, non detto; Jasper Johns avrebbe fornito, com'era nel

[2] Alexander Nemerov, *The Flight of Form: Auden, Bruegel, and the Turn to Abstraction in the 1940s*, in "Critical Inquiry", n. 31 (estate 2005), pp. 780-810.

1950s in which each horizontal stripe contains newsprint scraps sealed in colored wax, so that the routine chronicling of events becomes a constitutive element of the painterly mark. Even more explicit in this regard would be Nam June Paik's extensive series of paintings created in the 1980s in which television color bars appeared as the background for other sorts of visual information, whether symbolic and material.[3] By joining the avowedly "pure" fields of color with literal traces of information, both Johns and Paik slyly critique the modernist rhetoric of medium specificity and aesthetic autonomy, demonstrating the ineluctable accumulation of reference upon even the most hermetic creative processes.

Simultaneously channeling the tradition of modernist abstraction and the ever-changing world of electronic media, the series of paintings that Alÿs has created as part of his sustained engagement with the people and country of Afghanistan between 2011 and 2013 expand upon this practice of "stripe painting" as environmental probe.[4] Juxtaposing geometric forms that often suggest television color bars with scenes of everyday life, many based on the artist's own drawings and photographs, these paintings convey the various channels through which material reality must pass through in order to become a picture, whether abstract, representational, or technical. The artist has described his practice of painting as a "retreat" from the pressures involved in the production of his performances and films, providing him with a degree of "distance" from these other projects "without losing contact with them."[5] By examining these processes of distancing—of transmission and mediation as much as the physical and cultural

[3] My thanks to Christine Frohnert for drawing my attention to Paik's color bar paintings and to John Hanhardt and Gregory Zinman for providing additional information about this body of work.

[4] A rewarding, further study would be to open up this inquiry to include examples from modern and contemporary Latin American art, both of which have inspired Alÿs's practice.

[5] "Russell Ferguson in conversation with Francis Alÿs," in *Francis Alÿs* (London: Phaidon, 2007), 26.

suo stile, una versione letterale di tali dinamiche nelle sue bandiere a encausto della fine degli anni cinquanta, dove ogni striscia orizzontale è formata da brandelli di giornali sigillati con cera colorata, trasformando così la cronaca quotidiana degli avvenimenti in elemento costitutivo del segno pittorico. Ancor più esplicito in tal senso il messaggio lanciato negli anni ottanta da Nam June Paik con le sue lunghe serie di quadri formati da barre colorate televisive che fanno da sfondo a informazioni visive di altro tipo, simboliche o materiali[3]. L'aggiunta di tracce letterali di informazione all'asserita "purezza" dei campi di colore permette a Johns e Paik di criticare velatamente la retorica modernista della specificità del mezzo e dell'autonomia estetica, dimostrando l'ineluttabilità dell'accumularsi di riferimenti perfino sui processi creativi più ermetici.

Convogliando simultaneamente in sé la tradizione dell'astrazione modernista e il mondo in continua mutazione dei media elettronici, la serie di dipinti creati da Alÿs tra il 2011 e il 2013 nell'ambito del suo lungo impegno con il popolo e il territorio dell'Afghanistan sviluppa ulteriormente tale uso dello *stripe painting* ai fini dell'esplorazione ambientale[4]. Giustapponendo forme geometriche, che spesso rammentano le barre televisive colorate, a scene di vita quotidiana spesso basate su disegni e fotografie dell'artista, questi dipinti riuniscono in sé i vari canali attraverso cui la realtà materiale deve passare per divenire un'immagine, astratta, figurativa o tecnica che sia. L'artista ha descritto la sua pratica della pittura come un "rifugio" che gli consente di sfuggire alle pressioni a cui è sottoposto durante la produzione di performance e film, di porsi a una certa "distanza" dagli altri progetti senza tuttavia

[3] Ringrazio Christine Frohnert per aver attirato la mia attenzione sui dipinti a barre colorate di Paik, e John Hanhardt e Gregory Zinman per avermi fornito ulteriori informazioni su queste opere.

[4] Una ricerca che varrebbe la pena di intraprendere potrebbe ampliare il campo di questa indagine fino a includere esempi dell'arte latino-americana moderna e contemporanea, entrambe le quali hanno ispirato la pittura di Alÿs.

distances that separate events from their representation—Alÿs's recent paintings, like Auden's poem, consider the inherent complexities of representing singular historical events within an essentially limitless and mutable world. In their dual significance as tokens of modernist autonomy and medial transmission, these works convey the competing demands of fictional creation and factual reportage that inform the production of any analog to reality, never more so than when that reality encompasses a charged political subject such as contemporary Afghanistan.

II. FAREWELL CINEMA

Alÿs's representation of television color bar patterns expands upon his longstanding interest in the dissemination of images with absent origins and unruly iterations

"perdere i contatti con essi"[5]. Attraverso l'analisi di tali processi di distanziamento – di trasmissione e di mediazione, come delle distanze fisiche e culturali che separano gli avvenimenti dalla loro rappresentazione – le opere recenti di Alÿs riflettono, come la poesia di Auden, sulla complessità inerente alla rappresentazione di singoli avvenimenti storici all'interno di un mondo illimitato e mutevole. Nel loro duplice significato di simboli di autonomia modernista e di trasmissione mediatica, queste opere trasmettono le richieste conflittuali di creazione immaginaria e di reportage fattuale che informano la produzione di qualsiasi rappresentazione analogica della realtà, in specie quando quella realtà comprende un tema politicamente sensibile come l'Afghanistan contemporaneo.

[5] *Russell Ferguson in conversation with Francis Alÿs*, in *Francis Alÿs*, Phaidon, London 2007, p. 26.

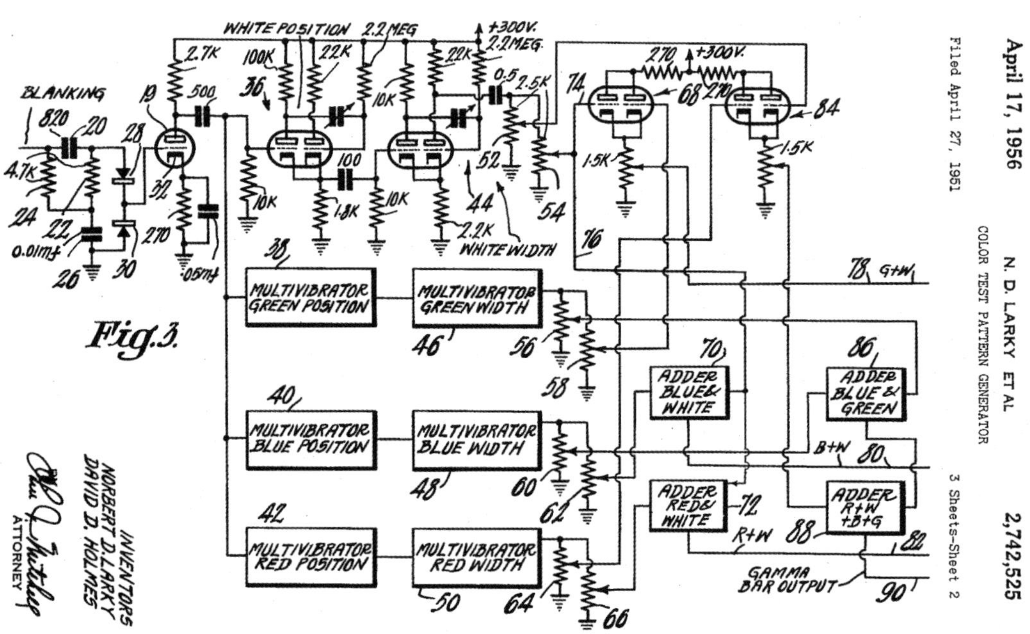

David Holmes and Norbert Larky, Diagram of Color Test Pattern Generator, 1951, U.S. Patent 2742525. Accessed via Google Patents, http://www.google.com/patents/US2742525 / David Holmes e Norbert Larky, Diagramma di generatore di schemi di colore, 1951, Brevetto USA 2742525. Accesso via Google Patents, http://www.google.com/patents/US2742525.

(manifested in his respective collection of Fabiola portraits and his practice of having professional sign painters reproduce his own compositions). Although typically perceived as a simple, vibrant geometric design, the iconic test bar pattern for color television is in fact the product of an electronic signal generator invented in 1951 by two engineers working for the Radio Corporation of America (RCA).

Previous television test cards such as the classic RCA "Indian Head" monoscope were broadcast the way almost all other imagery appeared on television: by translating material objects in front of a camera into a series of electronic pulses which could then be transmitted as electromagnetic waves and reassembled on a screen as a mosaic of phosphorescent pixels emitted by a cathode ray tube (CRT). The signal generator's analog circuit ensured a pure translation of varying electronic current into chromatic luminance, shot out of tiny, vacuum-sealed electron guns in the CRT and rapidly scanned in horizontal rows across the monitor.

Because the new test pattern was generated from an electronic analog signal rather than rendered on a celluloid slide or even a cardboard poster like its predecessors, its imagery did not entail the same techniques of translation and encoding that were required by conventional televisual processes. Like one of Man Ray's photograms, the color test bar pattern was a camera-less image yet unlike such indexical practices, it did not require the presence of any material object (beyond the signal generator itself) in order to produce its picture. Indeed, the color bar test pattern is generally considered to be the first televisual image created without any external referent or light source, making it an uncanny doppelgänger of the modernist abstract paintings that were being produced in the 1950s and 60s and which seemed to counter the seemingly pervasive forces of mass culture—in many ways exemplified by television—with a "pure" art that eschewed any form of external reference.

Developed as a means of calibrating the semblance of a broad color spectrum produced through the combination of discrete red, green, and blue pixels, the color bar test pattern generator represents a crucial technological event within the often fraught history of the mechanical

II. CINEMA ADDIO

La rappresentazione di vari tipi di barre televisive colorate da parte di Alÿs è un'ulteriore testimonianza del suo interesse per la disseminazione di immagini di origine ignota e iterate in modo irregolare, già manifestato nella sua collezione di ritratti di Fabiola e nell'abitudine di far riprodurre le proprie composizioni a pittori di insegne professionisti. Percepito in genere come una semplice immagine geometrica vibrante, l'iconico segnale a barre colorate è prodotto in realtà da un generatore di segnali elettronici inventato nel 1951 da due ingegneri della Radio Corporation of America (RCA). Le versioni precedenti di questo segnale di prova, come il classico monoscopio "Testa d'indiano" della RCA, venivano trasmesse come tutte le altre immagini diffuse dalla televisione, ossia collocando degli oggetti di fronte a una telecamera che li traduceva in una serie di impulsi elettronici poi diffusi sotto forma di onde elettromagnetiche e ricomposti su uno schermo in un mosaico di pixel fosforescenti emessi da un tubo a raggi catodici (CRT). Il circuito analogico del generatore di segnali traduceva invece con la massima purezza una corrente elettronica variabile in luminanza cromatica, emessa da minuscoli cannoni elettronici sottovuoto inseriti nel tubo catodico e scandita rapidamente

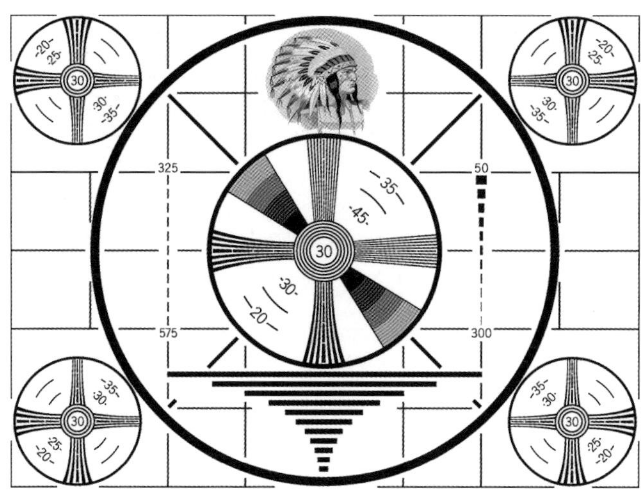

RCA "Indian Head" Monoscope Test Pattern, c. 1939 / Schema di prova del monoscopio "Testa d'indiano" della RCA, ca. 1939.

reproduction of color. (It is only through a peculiarity of the human retina, which is more sensitive to brightness than hue, that the combination of these three colors is capable of producing the illusion of a much wider range of color.) The accurate registration and reproduction of natural or "local" color, both pictorially and linguistically, has vexed artists and philosophers for generations. Perhaps most famously articulated in the Renaissance *Paragone* of *disegno versus colore* (i.e. design, or line, versus color), the conception of color as the irrepressible antithesis to line's precision has informed a longstanding antagonism in western aesthetics.[6] Because of the seemingly limitless range of slight and continuous differences available across the chromatic spectrum (and opposed to line's apparent stark demarcation of forms), the representation of color, no matter how precise or technical, inevitably demonstrates the arbitrariness of any attempt to translate the constantly varying and seamless 'real' world into the always-already framed, 'unreal' realm of representation.

[6] See David Batchelor, *Chromophobia* (London: Reaktion, 2000), 23.

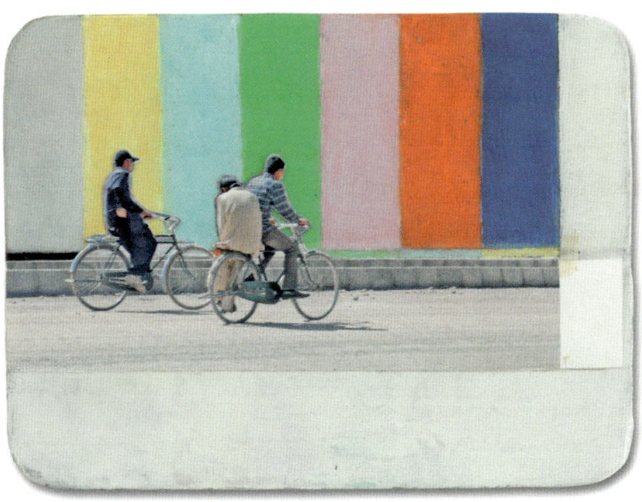

Untitled, 2011-2012, oil and collage on canvas on wood / olio su tela su legno, 14.6 × 19.1 × 1.6 cm

sotto forma di righe orizzontali sul monitor. Essendo generato da un segnale analogico elettronico e non disegnato su una diapositiva o addirittura su un cartello come i modelli precedenti, il nuovo segnale di prova non comportava l'uso delle tecniche di traduzione e codificazione richieste dai processi televisivi convenzionali. Come i fotogrammi di Man Ray, il segnale a barre colorate era un'immagine prodotta senza telecamera ma, a differenza di tale prassi fortemente deittica, non richiedeva la presenza di alcun oggetto materiale (a parte il generatore di segnali) per produrre le sue figure. Infatti, il segnale a barre colorate è considerato la prima immagine televisiva creata senza alcun referente esterno o fonte luminosa; il che ne fa un inquietante *Doppelgänger* della pittura astratta prodotta negli anni cinquanta e sessanta, che sembrava voler contrapporre alla forza pervasiva della cultura di massa – esemplificata per molti versi dalla televisione – un'arte "pura" che rifuggiva da qualsiasi riferimento esterno.

Sviluppato come strumento per calibrare la verosimiglianza dell'ampio spettro cromatico prodotto dalla combinazione di singoli pixel rossi, verdi e azzurri, il generatore di barre colorate ha svolto un ruolo cruciale nella storia spesso travagliata della riproduzione meccanica del colore (è solo grazie a una peculiarità della retina umana, più sensibile alla luce che al colore, che la combinazione di questi tre colori riesce a produrre l'illusione di una gamma cromatica molto più ampia). La necessità di registrare e riprodurre accuratamente il colore naturale o "locale", in campo pittorico come in quello linguistico, ha tormentato generazioni di artisti e filosofi. L'idea del colore come antitesi irriducibile della precisione della linea, che trova la sua espressione più celebre nel *Paragone* rinascimentale del disegno contro il colore, è alla base di un antagonismo che ha diviso a lungo l'estetica occidentale[6]. A causa della gamma apparentemente illimitata di sottili sfumature che si susseguono senza soluzione di continuità nello spettro cromatico (contrapposta alla capacità della linea di demarcare nettamente le forme), la rappresentazione del colore, per quanto precisa o tecnica, dimostra inevitabilmente l'arbitrarietà di qualunque tentativo di tra-

[6] Si veda David Batchelor, *Chromophobia*, Reaktion, London 2000, p. 23.

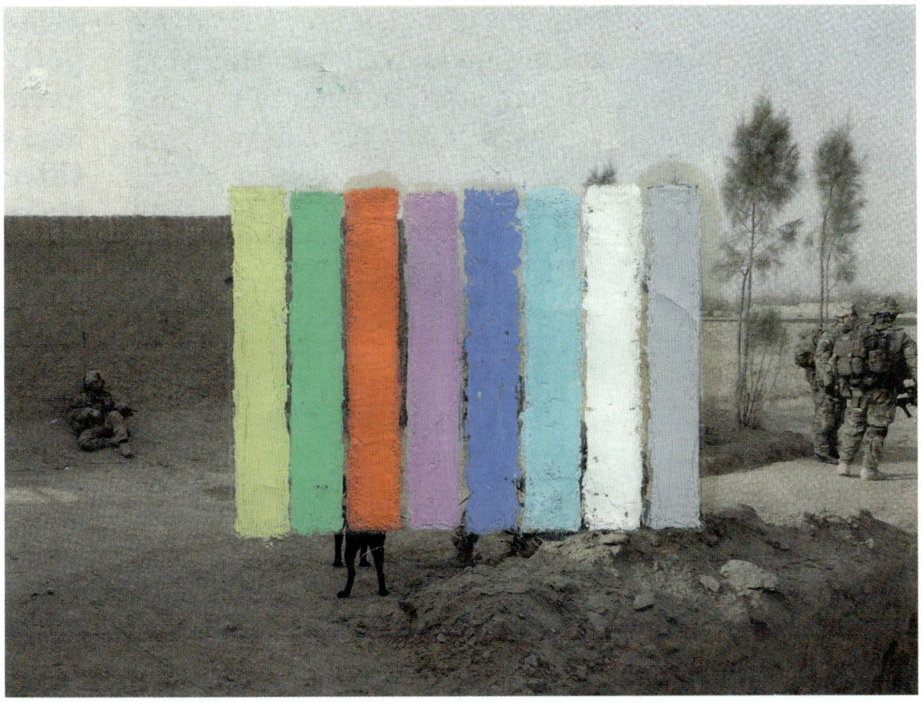

Untitled, 2011, oil on printed matter / olio su materiale a stampa, 18 × 23 cm

One important precedent in the effort to calibrate color to a stable referent can be located in the institution of heraldic blazons in which the colored "tinctures" used for the backgrounds and chevrons were based upon the hues of valuable natural entities such as precious metals, gems, minerals, and furs.[7] The survival of medieval heraldry into modernity can be discerned in the array of Tactical Recognition Flashes (TRF) worn by contemporary British soldiers, some of which appear in Alÿs's paintings. (The artist first encountered these designs during his stint as an embedded "war artist" with the UK Task Force Helmand in 2013). Like the color bars these simple designs often appear in Alÿs's painting as hovering, somewhat menacing presences in the center of the compositions, sometimes vividly echoing

[7] See John Gage, *Culture and Color: Practice and Meaning from Antiquity to Abstraction* (Boston: Little, Brown and Co., 1993), 82.

durre il continuum in perenne variazione del mondo "reale" nel regno strutturato, "irreale" della rappresentazione.

Un importante tentativo di calibrare il colore per mezzo di un referente stabile era stato già effettuato in araldica, dove gli "smalti" colorati utilizzati per gli sfondi e i simboli dei blasoni erano basati sulle tonalità di materiali pregiati quali metalli preziosi, gemme, minerali e pellicce[7]. Si può scorgere una sopravvivenza moderna dell'araldica medievale nella mostrine indossate dai soldati dell'esercito britannico, le cosiddette *Tactical Recognition Flashes* (TRF), che compaiono a volte anche nei dipinti di Alÿs (l'artista imparò a conoscere questi distintivi durante il servizio svolto in qualità di "artista di guerra" al seguito della Task Force britannica di Helmand nel 2013). Come le barre colorate, questi semplici motivi sono spesso presenti

[7] Si veda John Gage, *Culture and Color: Practice and Meaning from Antiquity to Abstraction*, Little, Brown and Co., Boston 1993, p. 82.

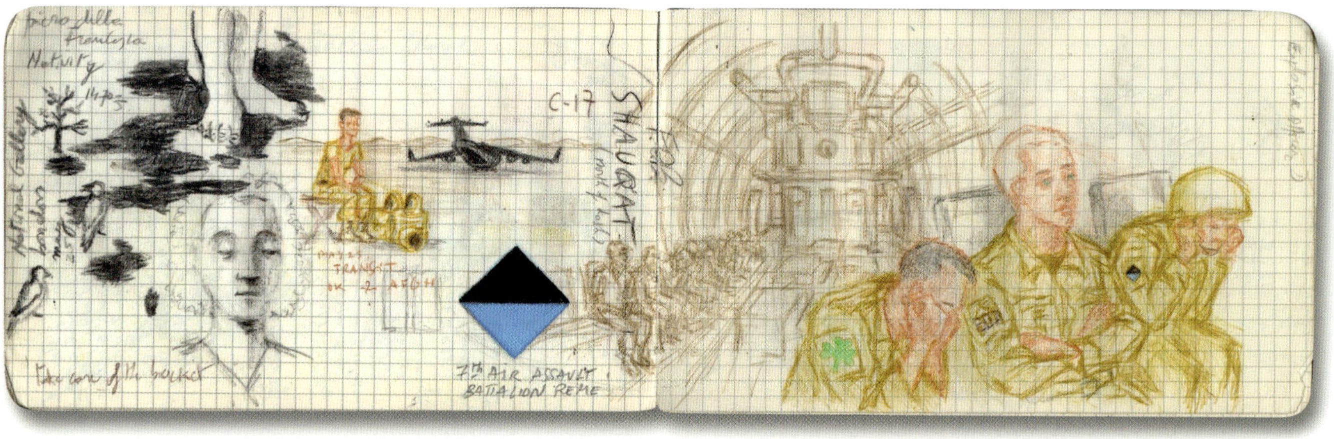

Embed notebook entry / Taccuino *embed*, 2013

the simple geometric forms of the depicted earth-toned buildings. If the flag-like attributes of the TRF badges cast a lingering imperialist shadow upon the Afghan landscape depicted in Alÿs's paintings, the color bars that often serve as billboard-like backdrops for the collaged scenes of everyday life contain their own territorial resonances. The range of formats depicted by Alÿs is primarily the effect of the manifold bandwidth frequencies used by various countries which consequently employ different test bar patterns. For instance Afghanistan, like Alÿs's native Belgium, use variants of the PAL (Phase Alternating Line) signal, while other countries use the SECAM (*Séquentiel Couleur à Mémoire)* and NTSC (named after the National Television System Committee) signals. (The engineers' joke that the acronym for the latter signal, used throughout North America, stands for "Never the Same Color" testifies to the continuing consternation surrounding color registration into televised modernity).[8]

Alÿs's patent remediation of the color bar pattern into colored pigment on a two-dimensional surface makes such concerns about calibration—whether visual, territorial,

[8] For a fascinating discussion on the various broadcast standards for color television, see Friedrich Kittler, *Optical Media*, trans. Anthony Enns (Cambridge, UK: Polity, 2010), 219-221.

nella pittura di Alÿs come entità sospese, un po' minacciose, al centro della composizione, talvolta al di sopra di edifici dall'intonaco ocra di cui riecheggiano in modo più vivido le semplici forme geometriche. Se la presenza delle mostrine – che ricordano per molti aspetti delle bandierine – getta una persistente ombra imperialista sui paesaggi afgani dipinti da Alÿs, le barre colorate spesso inserite come cartelloni sullo sfondo di collage raffiguranti scene di vita quotidiana sono dotate di specifiche risonanze territoriali. La gamma dei formati raffigurati da Alÿs deriva principalmente dalla varietà delle bande di frequenza usate nei vari paesi, che di conseguenza utilizzano anche differenti tipi di segnale di prova. In Afghanistan, come in Belgio, dove Alÿs è nato, si usano delle varianti del sistema PAL (*Phase Alternating Line*), mentre altri paesi si servono del SECAM (*Séquentiel Couleur à Mémoire)* e dello NTSC (dalle iniziali del *National Television System Committee*; la storiella che circola tra i tecnici, secondo cui l'acronimo di questo sistema, adottato nel Nordamerica, starebbe in realtà per *Never the Same Color*, cioè "mai lo stesso colore", dimostra il perdurare della costernazione circa la questione della registrazione del colore anche nella modernità teletrasmessa)[8].

[8] Per un'affascinante discussione dei vari standard di trasmissione per la televisione a colori, si veda Friedrich Kittler, *Optical Media*, trad. Anthony Enns, Polity, Cambridge 2010, pp. 219-221.

or temporal—implicit to his images. Because the electronic signal used to generate the color bar test pattern was developed to be produced by a cathode ray tube monitor, any replication of the pattern on another material substrate, whether digital or manual, will entail a degree of inaccuracy in the translation of pure light into pigment, or in the case of LCD and plasma screens, refracted light through liquid crystals or colored gas. (These newer formats do not require the sort of color calibration provided by the test pattern generator as they use digital rather than analog signals and thus do not exhibit signal modulation). The appearance of color bars in these works, whether as strange, invasive presences within the landscape or as pendants to Alÿs's more journalistic imagery, make literal the inevitable segmentation and recoding that accompanies any non-analog act of translation. The sometimes ragged folds at the corners of the canvases, the visible spaces between wooden panels in other depictions of the color bars, and the frozen facture of the encaustic surfaces emphasize the physical reality of these materialized color bar test patterns as well as the information loss that accompanies the pure electronic signal's transformation into pigment, oil, and wax. Drawing upon an axiom formulated by the artist during his time in Afghanistan, one might say that in matters of mediation every doing entails an undoing, and vice versa.

The "undoing" of the pure analog signal in these paintings thus corresponds to a range of other "doings" and "undoings" explored in the body of work based on the artist's time in Afghanistan, in particular two videos: *Doing/Undoing* which depicts two soldiers, one British, the other Afghani, assembling and disassembling guns and *REEL-UNREEL*. Inspired by the story of the Taliban's destruction of thousands of reels of film from the Afghan Film Archives and the clandestine safeguarding of many film negatives by cunning archivists, *REEL-UNREEL* documents the travels of two young boys as they unwind and rewind a length of filmstrip between two metal reels through the streets of Kabul. (The rolling of the film reels by the boys implies a now mostly obsolete means of projection, as most cinematic feature films that do use film stock are projected on horizontal platters that do not necessitate

La patente trascrizione del segnale a barre colorate in un pigmento colorato steso su una superficie bidimensionale restituisce le preoccupazioni riguardo alla calibratura, visiva, territoriale o temporale, implicite alle sue immagini. Poiché il segnale elettronico usato per generare le barre colorate è stato sviluppato per essere prodotto dal monitor di un tubo catodico, il tentativo di replicarle su un substrato materiale diverso, poco importa se digitale o manuale, comporterà un certo grado di imprecisione nella traduzione della pura luce in pigmento o, nel caso di schermi LCD o al plasma, in luce rifratta attraverso cristalli liquidi o gas colorati (queste nuove tecnologie rendono superflua la calibratura dei colori tramite il generatore di barre colorate, poiché si servono di segnali digitali piuttosto che analogici e dunque non presentano alcuna modulazione del segnale). L'inserimento in queste opere di barre colorate, sia sotto forma di presenze misteriose e invasive nel paesaggio sia come pendant alle immagini più giornalistiche di Alÿs, rende letterale l'inevitabile segmentazione e ricodificazione che accompagna qualsiasi atto di traduzione non analogico. Le pieghe sfilacciate osservabili a volte negli angoli delle tele, gli spazi tra i pannelli di legno visibili in altre raffigurazioni delle barre colorate e la fattura solidificata delle superfici a encausto enfatizzano la realtà fisica di questi segnali a barre colorate materializzati e, allo stesso tempo, la perdita di informazione che accompagna la trasformazione del puro segnale elettronico in pigmento, olio o cera. Per riprendere un assioma formulato dall'artista durante il suo soggiorno in Afghanistan, si può dire che, in fatto di medium, ogni fare comporta un disfare e viceversa.

Il "disfacimento" del puro segnale analogico in questi dipinti corrisponde così a una gamma di altri "fare" e "disfare" esplorati nell'insieme di opere nate dall'esperienza dell'artista in Afghanistan e soprattutto in due video: *Doing/Undoing*, che mostra due soldati, un inglese e un afgano, che montano e smontano dei fucili, e *REEL-UNREEL*. Ispirato all'episodio della distruzione da parte dei talebani di migliaia di bobine negli Archivi cinematografici afgani, tranne quelle messe in salvo clandestinamente dall'astuzia di alcuni archivisti, *REEL-UNREEL* documenta i percorsi di due ragazzini che svolgono e riavvolgono un nastro di pellicola tra due bobine metalliche lungo le strade di Kabul (l'uso di bobine

reels.)[9] The physical deterioration of the film as its scours the dusty landscape, even passing through a fire at one point, coupled with the information about the Taliban's attempt to destroy the history of Afghan cinema, allegorizes the fragility of analog media like celluloid film in the age of digital replication (the latter represented by the small, digital recorder that plays a traditional Afghan song during the final credit sequence).

Within the logic of *REEL-UNREEL*, concisely expressed in the film's parting epigram—"cinema, everything else is imaginary"— the Taliban's attempted obliteration of the film archive in Kabul, like the group's more notorious detonation of the Bamiyan Buddhas six months earlier, represents two instances of what Paul Virilio has described as "the growing derealization of military engagement," its increasing reliance on the management and dispersion of images instead of objects.[10] In fact as Barry Finbarr Flood has persuasively argued, the destruction of the monumental Buddhas revealed "a logic rooted not in the fictions of an eternal or recurring medievalism but in the realities of global modernism." Rather than an act of iconoclasm the event was "a performance designed for the age of the internet," making a moment of destruction into an infinitely repeatable and easily disseminated media spectacle.[11] Although the Taliban's attempted eradication of the Afghan film archive lacked the degree of visual extravagance that were displayed in the demolition of the Bamiyan Buddhas (although, as Alÿs's film notes, people say the fire from the burning films lasted 15 days) both acts attempted to render objects of cultural significance invisible, literally unseeable.

[9] On the obsolescence of film reels, see Nicholson Baker, "The Projector" in *The Size of Thoughts: Essays and Other Lumber* (New York: Vintage, 1997), 36-50.

[10] Paul Virilio, *War and Cinema: The Logistics of Perception*, trans. Patrick Camiller (London: Verso, 1989), 1.

[11] Finbarr Barry Flood, "Between Cult and Culture: Bamiyan, Islamic Iconoclasm, and the Museum," *Art Bulletin* 84 (December 2002), 654, 651.

rinvia a un metodo di proiezione ormai obsoleto, poiché per la proiezione dei lungometraggi cinematografici girati ancora su pellicola oggi si utilizzano vassoi orizzontali al posto delle bobine)[9]. Il deterioramento fisico della pellicola trascinata per strade polverose e a un certo punto perfino vicino a un fuoco, unito all'informazione del tentativo di distruggere la storia del cinema afgano perpetrato dai talebani, si configura come allegoria della fragilità dei media analogici, come la pellicola di celluloide, nell'epoca della riproduzione digitale (rappresentata dal piccolo registratore digitale da cui risuona una canzone tradizionale afgana durante la sequenza finale dei ringraziamenti). Nella logica di *REEL-UNREEL*, espressa concisamente nell'epigramma con cui si chiude il film – "Cinema, tutto il resto è immaginario" – la tentata distruzione dell'archivio cinematografico di Kabul, come il famigerato episodio della demolizione dei Buddha di Bamiyan, fatti saltare in aria sei mesi prima dallo stesso gruppo, rappresentano due esempi di quella che Paul Virilio ha definito "la derealizzazione crescente dell'impegno militare", la sua sempre maggiore dipendenza dalla gestione e dalla dispersione di immagini al posto di oggetti[10]. In effetti, come ha sostenuto in modo convincente Barry Finbarr Flood, la distruzione delle monumentali statue di Buddha ha rivelato "una logica radicata non nella finzione di un medioevo eterno o ricorrente, bensì nelle realtà di una modernità globalizzata". Più che un atto iconoclastico si è trattato infatti di "una performance pensata per l'epoca dell'internet", che ha trasformato un momento di distruzione in uno spettacolo mediatico ripetibile all'infinito e disseminato senza difficoltà[11]. Sebbene la tentata cancellazione dell'archivio cinema-

[9] Sull'obsolescenza delle bobine cinematografiche, si veda Nicholson Baker, *The Projector* in *The Size of Thoughts: Essays and Other Lumber*, Vintage, New York 1997, pp. 36-50.

[10] Paul Virilio, *Guerra e cinema: logistica della percezione*, Lindau, Torino 1996.

[11] Finbarr Barry Flood, *Between Cult and Culture: Bamiyan, Islamic Iconoclasm, and the Museum*, in "Art Bulletin", 84 (dicembre 2002), pp. 654, 651.

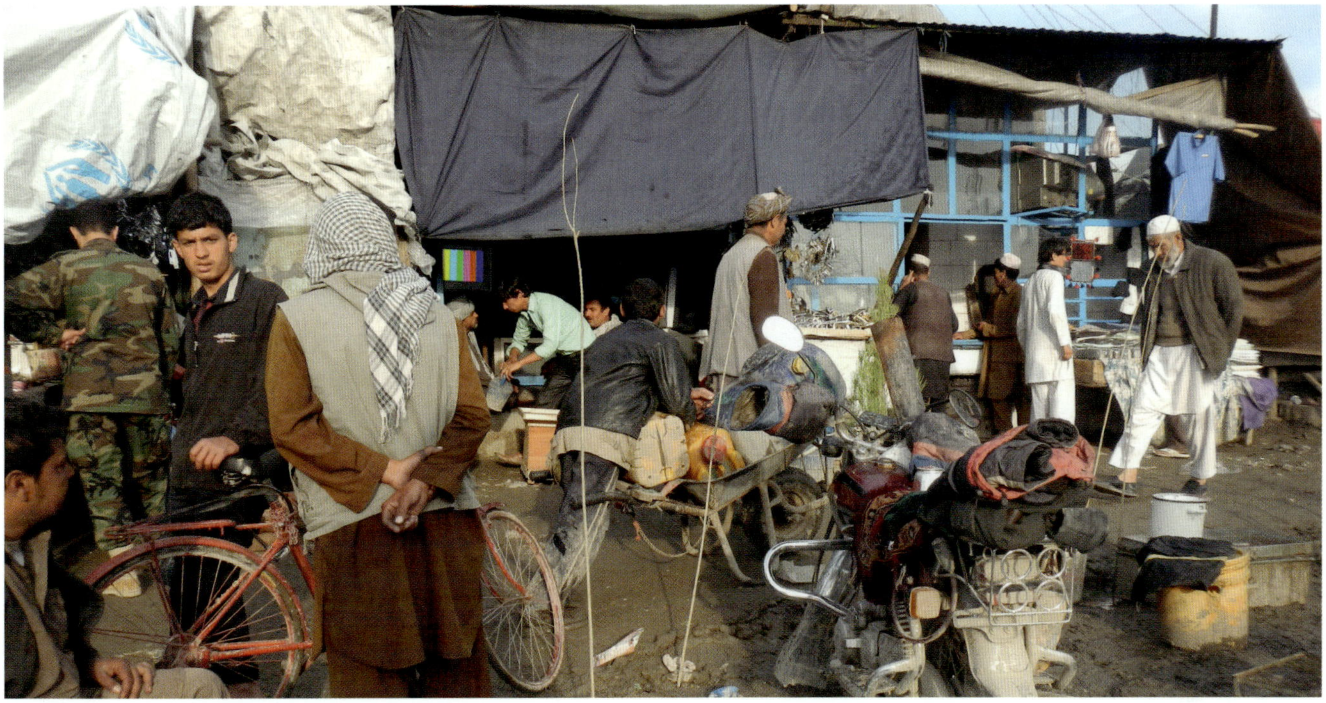

Kabul, 2012. Photo / Foto Francis Alÿs

The cavernous abscesses that currently define the mountain faces in Bamiyan thus provide a sculptural analog to the numerous colored rectangles that occupy the depicted events and locales in Alÿs's paintings.

Indeed, when the paintings are viewed as an interrelated series, the works that exclusively depict the color bar patterns suggest moments of transmission interference, as if the motif's materialization in the middle or in the background of other images continued to expand until it occupied the entire field of vision within the painting. In their original context on television screens, usually appearing at the start and end of the broadcasting day (or the beginning or end of videocassettes) the test pattern indicated the interruption of regular programming. According to Jonathan Crary, this "after-midnight test pattern" corresponded to the diurnal schedules of a world before the web in which "networks had their offerings conform to traditional sleep patterns of human beings, with their nightly sign-offs."

tografico non abbia raggiunto il livello di ostentazione visiva della demolizione dei Buddha (anche se, come si dice nel film di Alÿs, la gente racconta che l'incendio delle pellicole durò quindici giorni), entrambi gli atti miravano a rendere degli oggetti di grande valore culturale invisibili, letteralmente invedibili. Gli ascessi cavernosi che attualmente deturpano le pareti di roccia di Bamiyan si presentano allora come una sorta di analogia scultorea dei numerosi rettangoli colorati che nascondono gli avvenimenti e i luoghi raffigurati da Alÿs nei suoi dipinti.

In realtà, se si osservano i dipinti come una serie interrelata, le opere che rappresentano il segnale a barre colorate sembrano riferirsi a un'interferenza nelle trasmissioni, come se il materializzarsi del motivo al centro o sullo sfondo delle altre immagini avesse continuato a espandersi fino a occupare l'intera superficie della tela. Sugli schermi televisivi, loro supporto originale, le barre colorate apparivano alla fine e all'inizio delle trasmissioni (o all'inizio e alla fine della

Unlike the "24/7 transmissions" that now define not only most televised broadcasting but are essential to the logic of the internet and, according to Crary, increasing realms of modern experience, the color bar test pattern constituted part of a quickly vanishing mediascape characterized by "intervals of slow or vacant time," which occasioned the "daydream or any mode of absent-minded introspection."[12]

As indicators of interruption and instigators of imagination, the color bar motif takes its place among the procession of outmoded technologies and repetitive practices which according to Alÿs engender "constant postponement" and "the avoidance of the conclusion."[13] Indeed the artist's practice of repeatedly painting the test bar pattern seems to draw upon his ongoing inquiry into the dynamics of repetition and rehearsal, which he has associated with the nonsynchronous development of modernity across time and space. Appearing among the scenes of everyday Afghan life, the color bar pattern intimates, if not an end, then at least a pause within this endless stream of information. If their otherworldly appearance as backdrops and pendants invest all of the images with a pervasive sense of surveillance (i.e. monitoring) and technological colonization, their connotations of suspension indicate a powerful appeal for withdrawal from these pervasive forces. Like the modernist abstractions which they resemble, Alÿs's images declare the paradoxical necessity of turning away as a means of calibrating painting, that unreal analog to life.

videocassette), per indicare l'interruzione dei programmi. Secondo Jonathan Crary, questo "segnale delle ore piccole" corrispondeva agli orari diurni del mondo prima del web, in cui "le reti proponevano una programmazione conforme ai ritmi veglia-sonno tradizionali degli esseri umani, con i segnali notturni di fine delle trasmissioni". A differenza degli orari "24/7" che oggi non solo caratterizzano la maggior parte delle trasmissioni televisive, ma sono essenziali alla logica di internet e, secondo Crary, di un numero crescente di campi dell'esperienza moderna, il segnale a barre colorate era parte di un panorama mediatico evanescente caratterizzato da "intervalli di tempo rallentato o libero", che favorivano la tendenza al "sogno a occhi aperti o ad altre forme di svagata introspezione"[12].

In quanto indicatore di un'interruzione e istigatore dell'immaginazione, il segnale a barre colorate si unisce al corteo di tecnologie obsolete e di pratiche ripetitive che, secondo Alÿs, generano la tendenza a un "perenne rinvio" e a "evitare qualsiasi conclusione"[13]. In realtà l'insistenza con cui l'artista raffigura il segnale appare legato alla sua indagine tuttora in corso sulle dinamiche della ripetizione e della prova, associate allo sviluppo non sincronico della modernità nel tempo e nello spazio. Comparendo tra le scene di vita quotidiana afgana, il segnale a barre colorate intima, se non la fine, almeno una pausa nel flusso ininterrotto delle informazioni. Se la loro apparenza ultraterrena come sfondi o pendant investe tutte le immagini di un senso pervasivo di sorveglianza (monitoraggio) e di colonizzazione tecnologica, il loro carattere di sospensione indica un forte appello a sottrarsi a tali forze pervasive. Come le astrazioni dell'arte moderna cui somigliano, le immagini di Alÿs affermano la paradossale necessità di girarsi da un'altra parte per meglio calibrare la pittura, questo irreale corrispettivo analogico della vita.

---

[12] Jonathan Crary, *24/7: Late Capitalism and the Ends of Sleep* (London: Verso, 2013), 82, 88.

[13] "Russell Ferguson in conversation with Francis Alÿs," in *Francis Alÿs* (London: Phaidon, 2007), 45.

[12] Jonathan Crary, *24/7: Late Capitalism and the Ends of Sleep*, Verso, London 2013, pp. 82, 88.

[13] *Russell Ferguson in conversation with Francis Alÿs*, in *Francis Alÿs*, Phaidon, London 2007, p. 45.

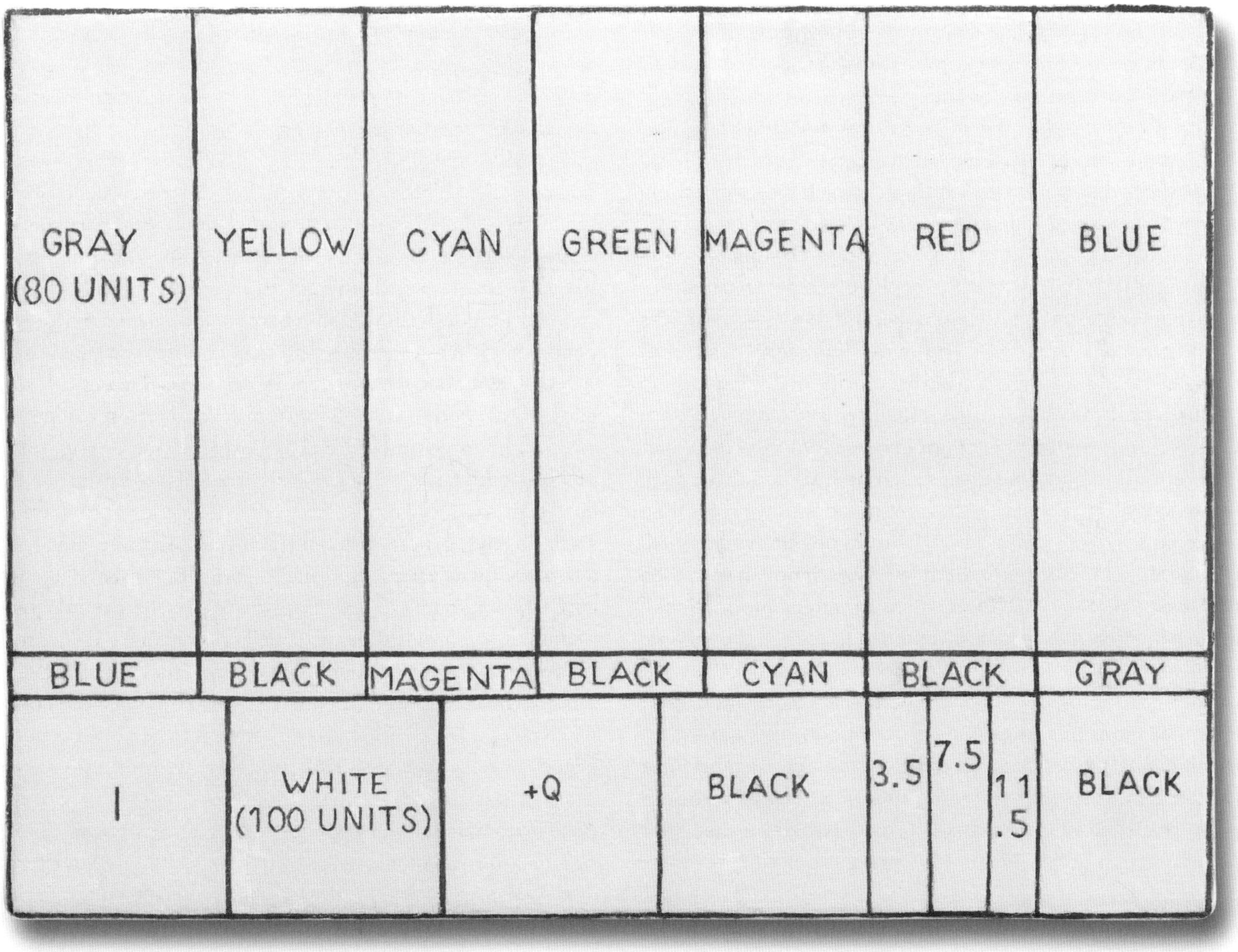

Untitled, 2011-2012, oil on canvas on wood / olio su tela su legno, 21.6 × 28.6 × 1.9 cm

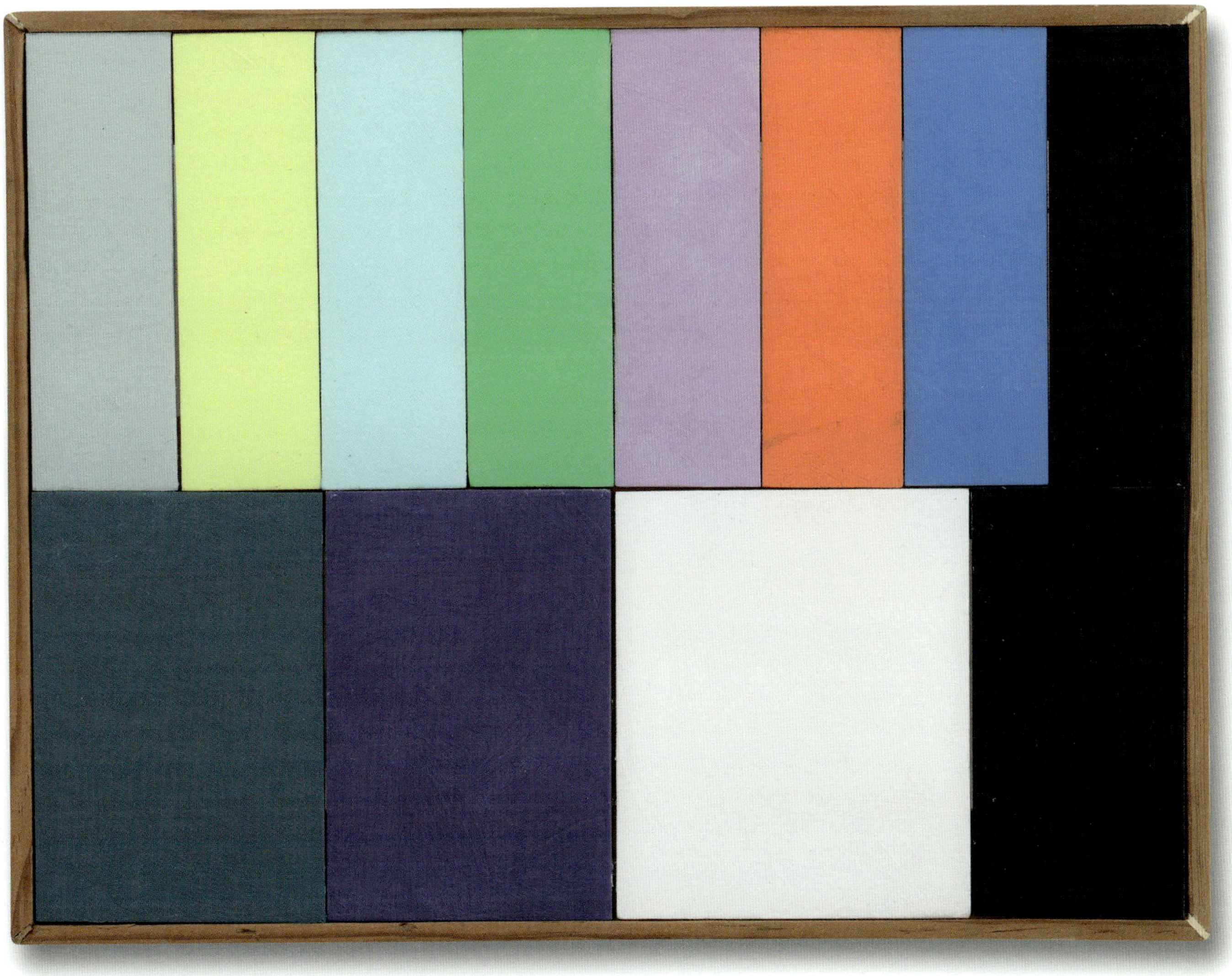

Untitled, 2012, encaustic on wooden panels / encausto su pannelli in legno, 22.5 × 28.6 × 2.1 cm

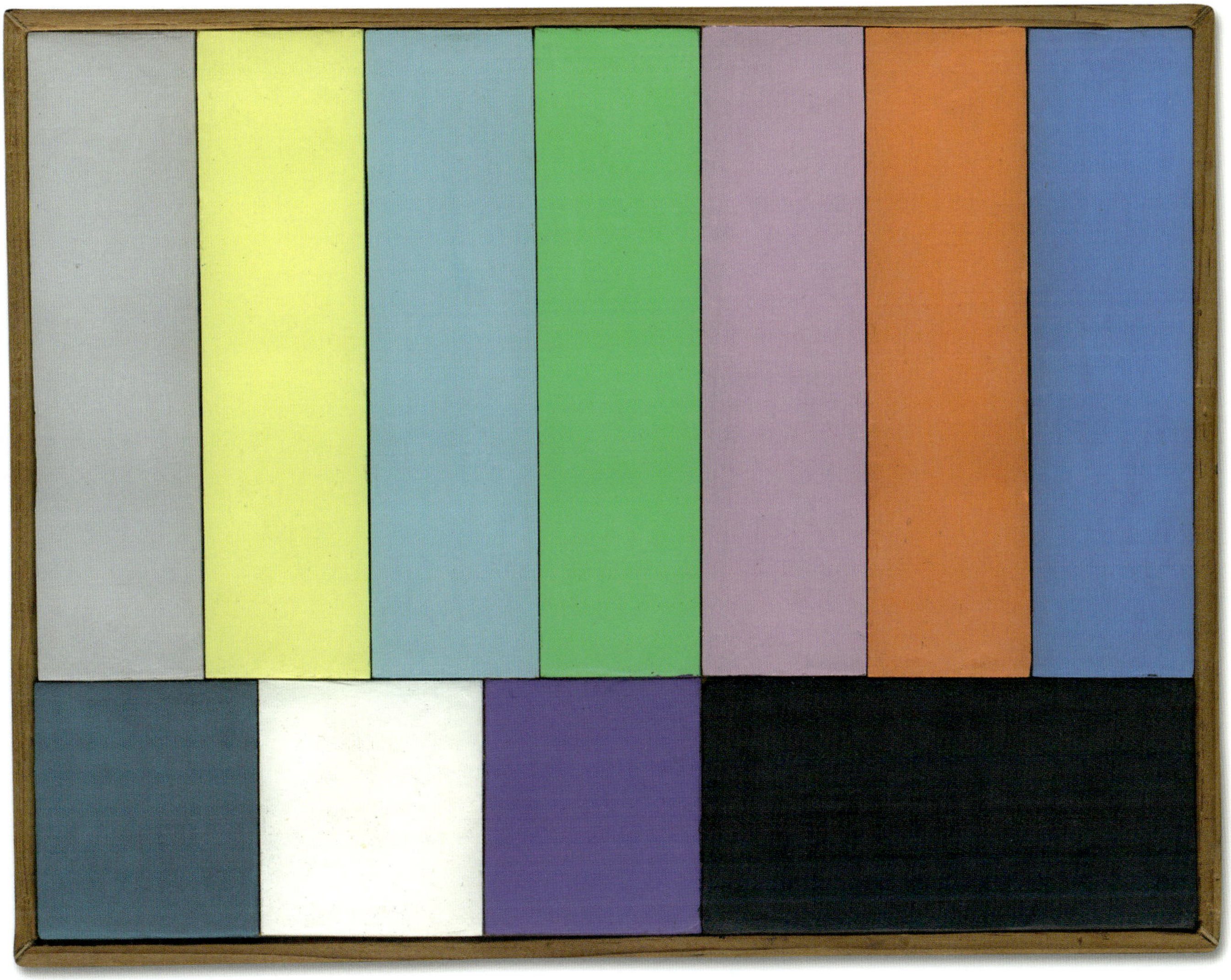

Untitled, 2013, encaustic on wooden panels / encausto su pannelli in legno, 22.4 × 28.3 × 2.1 cm

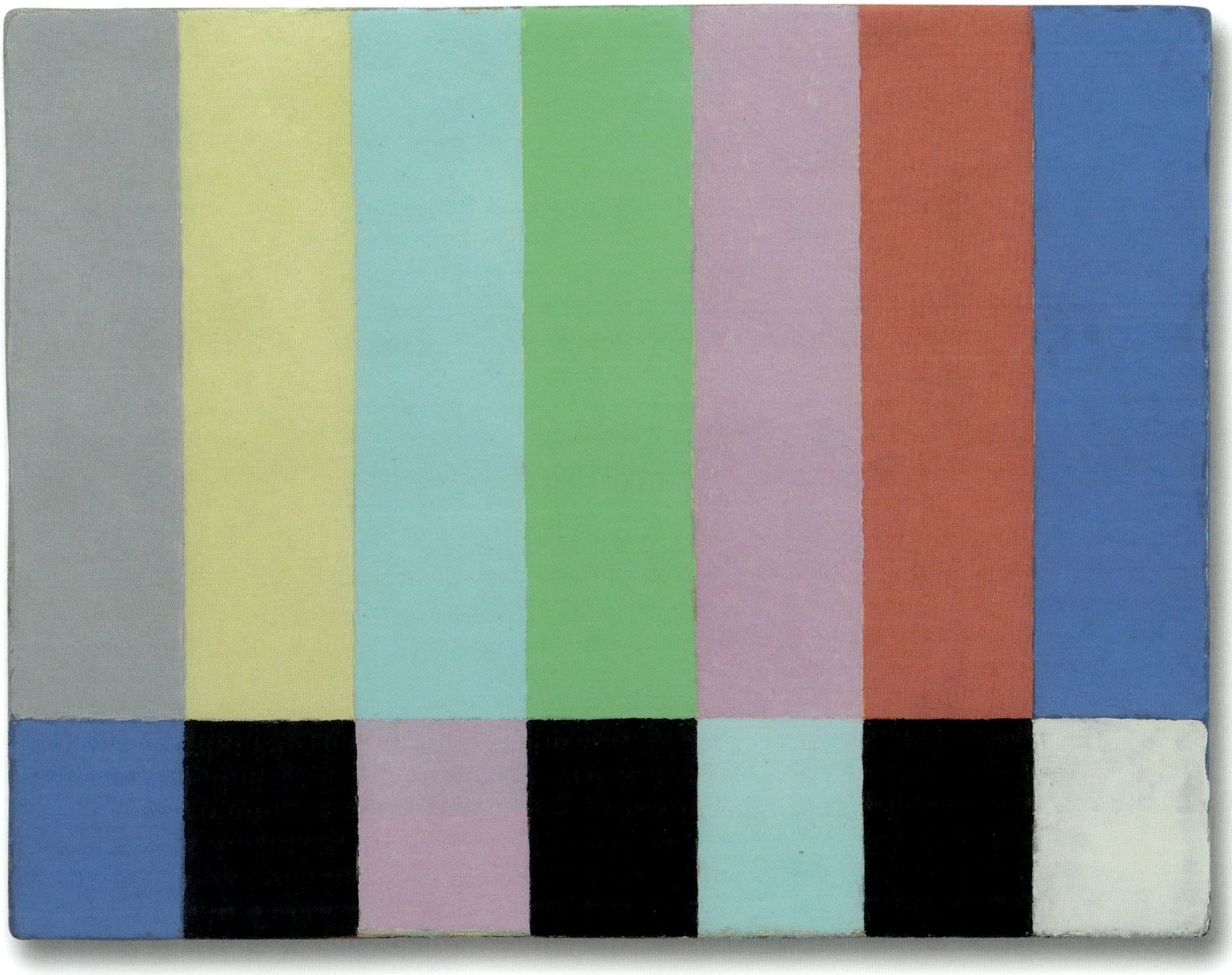

Untitled, 2011-2012, encaustic on wooden panels / encausto su pannelli in legno, 12.7 × 17.8 × 1.3 cm

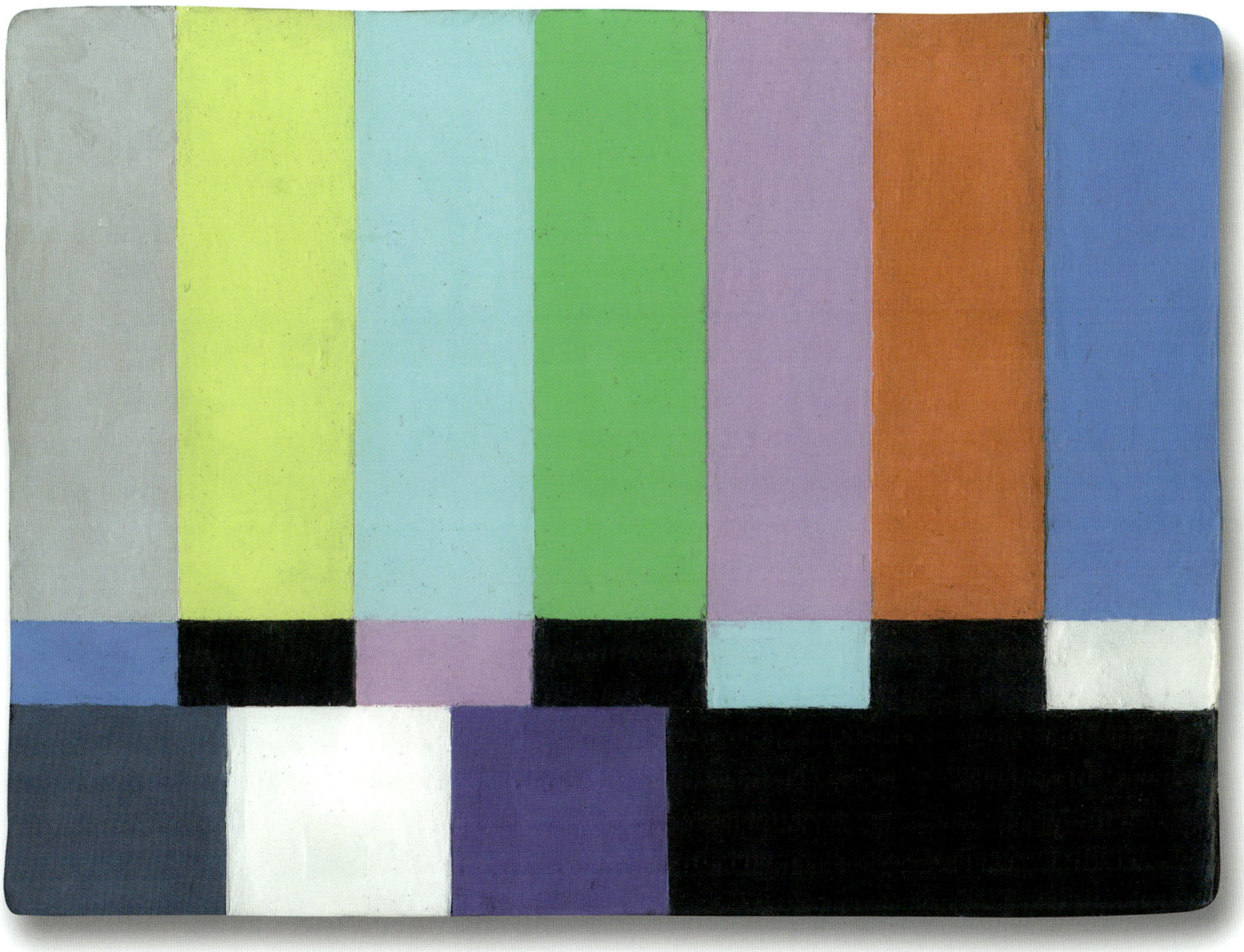

Untitled, 2011-2012, oil on canvas on wood / olio su tela su legno, 27.9 × 34.9 × 1.6 cm

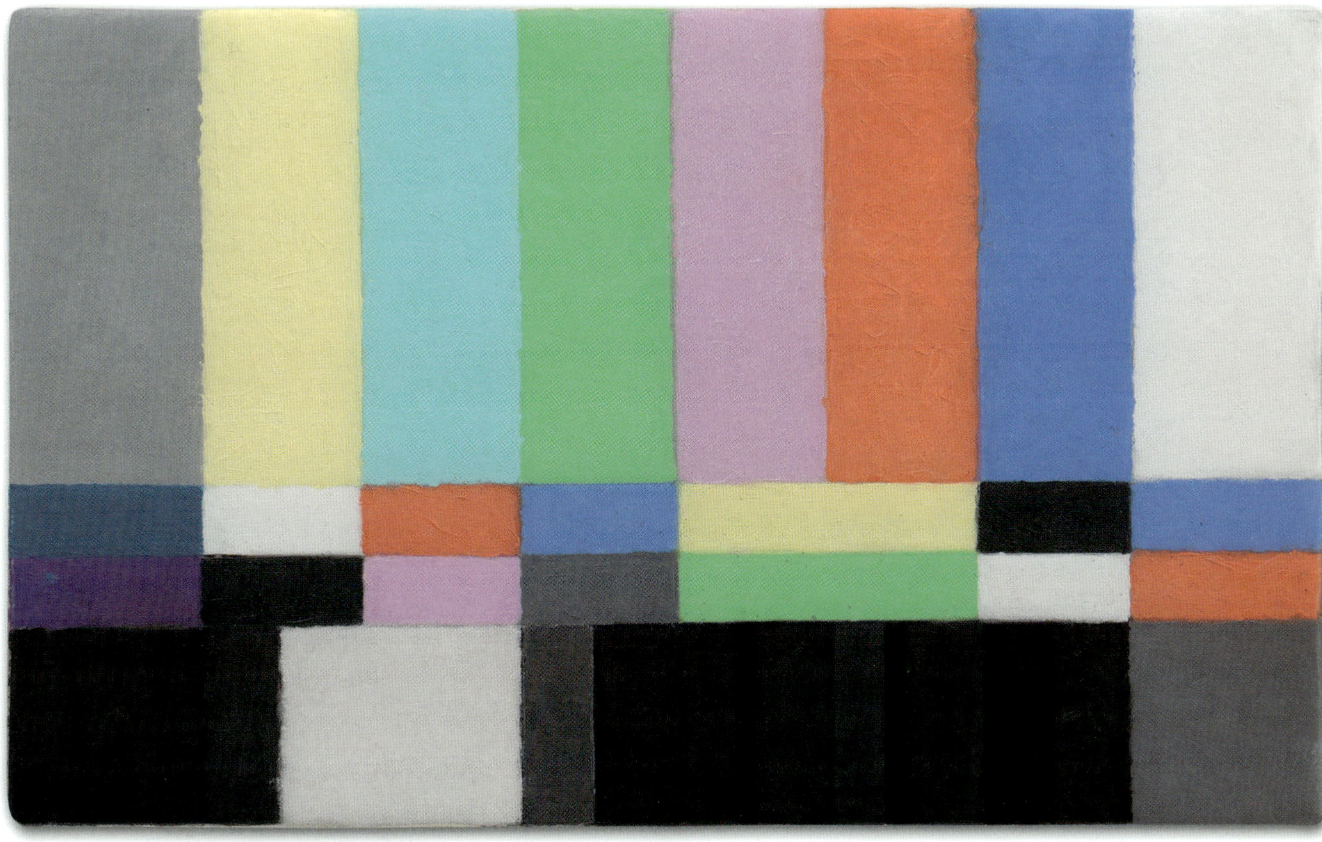

Untitled, 2012, oil on canvas on wood / olio su tela su legno, 15.9 × 25.2 × 1.6 cm

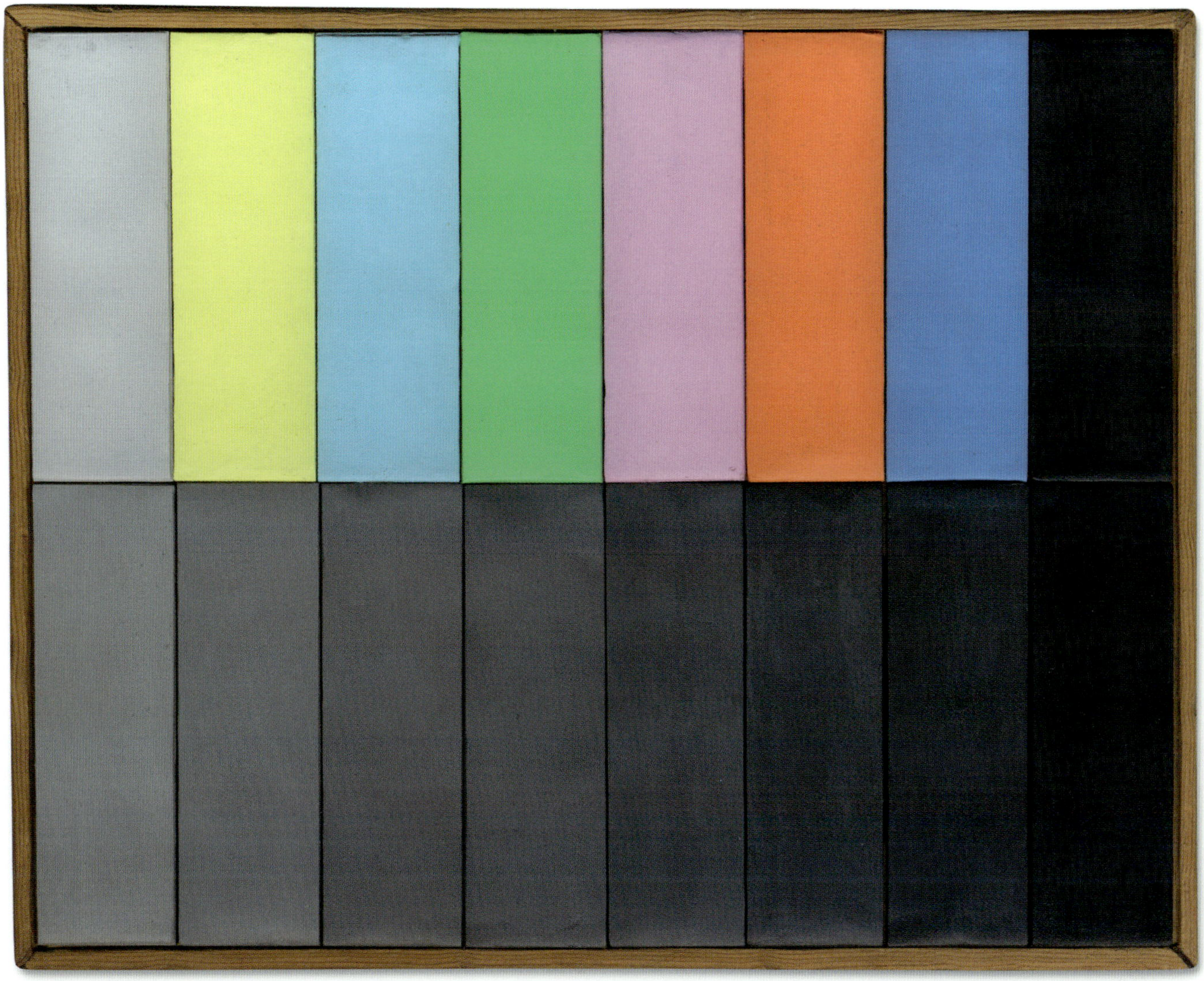

Untitled, 2013, encaustic on wooden panels / encausto su pannelli in legno, 23.5 × 29.3 × 2.4 cm

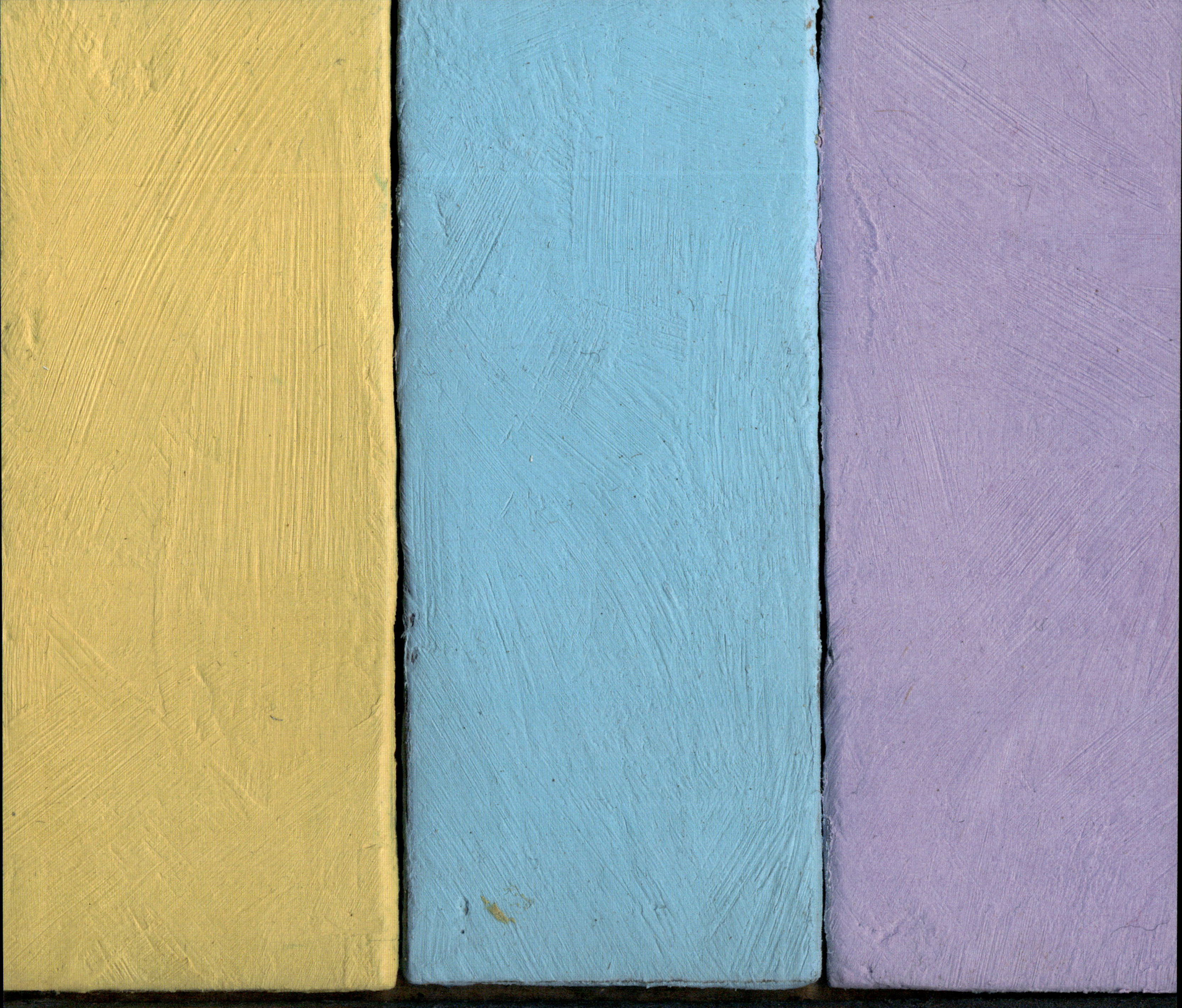

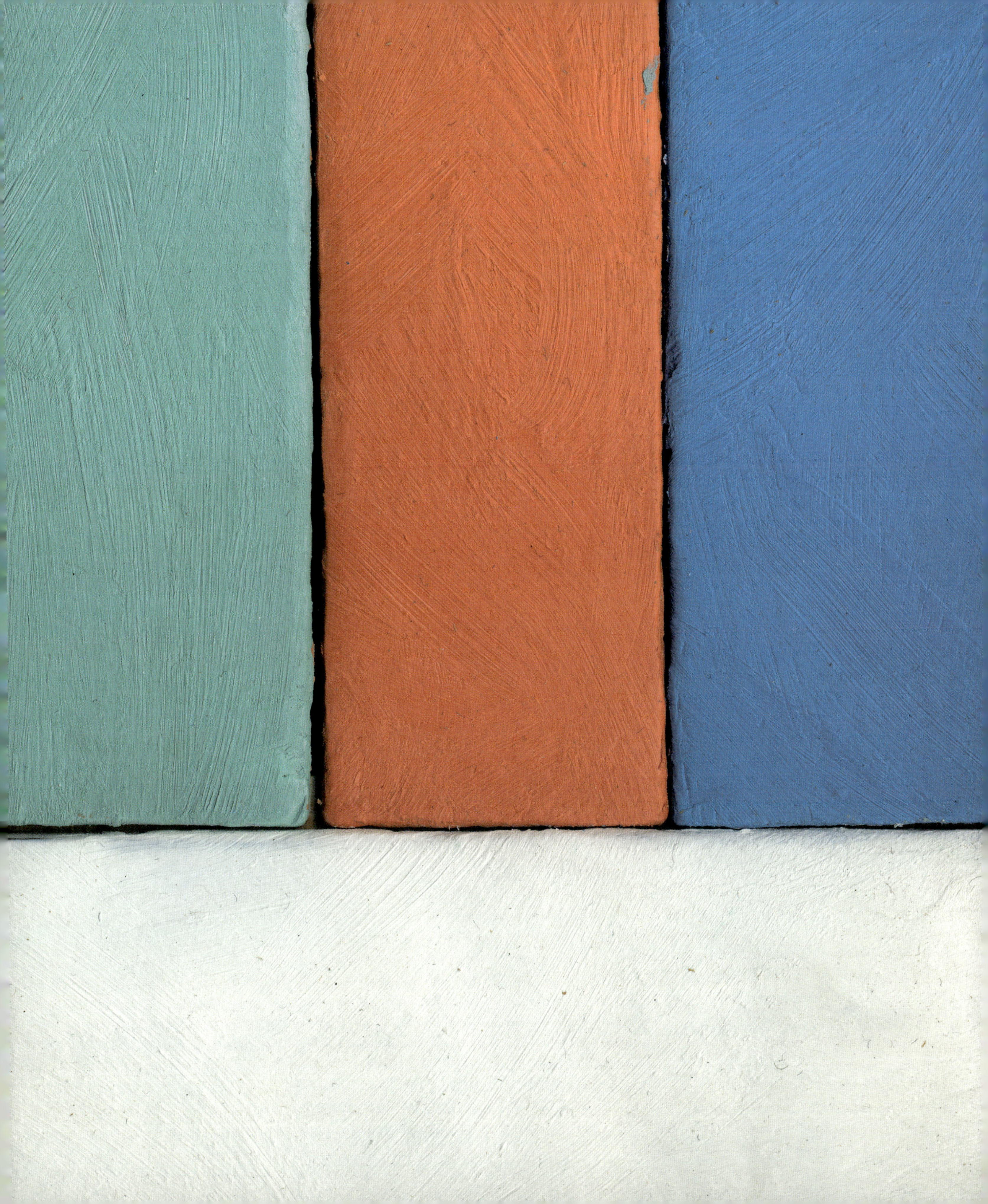

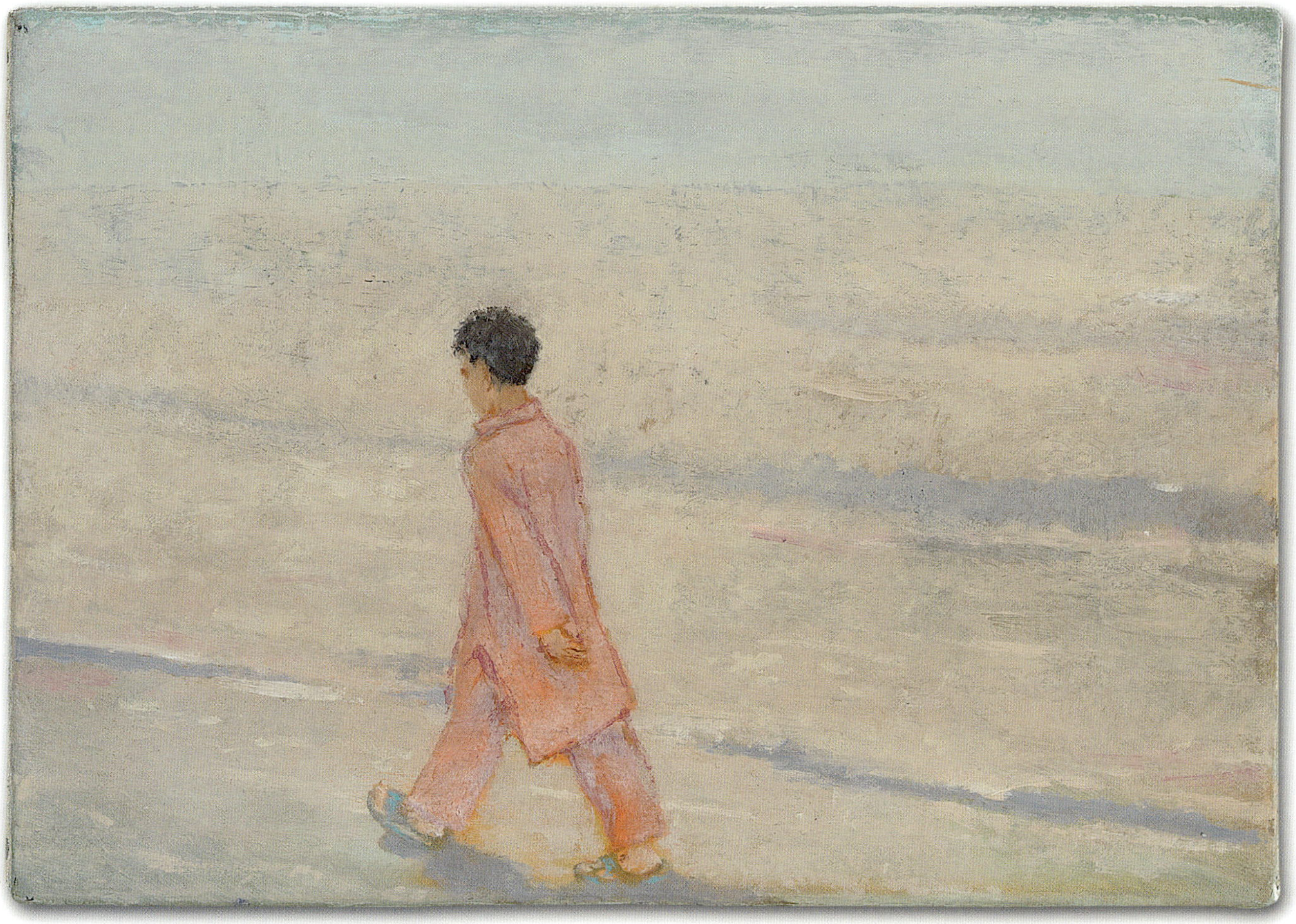

Untitled, 2012, oil on canvas on wood / olio su tela su legno, 12.7 × 17.8 × 1.1 cm

MICHAEL TAUSSIG

POLITICS, PLAY, AND ART. DOCUMENTING "AFGHANISTAN"

In Kabul in early June 2010 I slept behind massive concrete bunkers and five pat-downs by scowling security guards every time I entered the hotel. They looked at me as a potential suicide bomber and I looked at them the same way. They would act mean and they would act efficient, better than professional actors. It was a game we played, all five pat-downs many times a day just to get in and get out, never knowing whom to trust. I played a game of badminton out on the lawn there with my young friend Tom Francis, but after a few tries became mystified and frightened to learn that I could not coordinate my body. Every time I threw the shuttlecock in the air to serve, I missed it, and with that realized I was missing an awful lot of other things as well, not so much about Afghanistan and the wars there, as how to "come to grips" with that, meaning in the first instance how to frame it and talk about it, and how to "serve" it.

"Very disorganized," pouted the German ambassador after his fourth attempt to get a cup of iced mint tea in our bunkered luxury hotel. Was he also referring to what he perceived as our foolish mission of "making art" in Afghanistan?

After all, anyone with the slightest acumen knew there was no way out of the hopelessly routinized way the West talked to itself about Afghanistan, moving the pieces around the same old chess board that had been used for Iraq and before that . . . Kipling had referred to this stretch of territory as subject to the Great Game between super powers, and you really had to wonder if what we were now inside of was not a variant of that same game with three men slugging it out—Bin Laden, Bush, and Cheney—collapsing world historical forces into grotesque puppetry of good and evil awash in billions of dollars especially for Cheney's old outfit by name of Haliburton. Everyone sensed this, but in the chaos of mixed motives, secrecy, deceit, short-term necessities, and games concealing other games, the more

POLITICA, GIOCO E ARTE CHE DOCUMENTANO L'"AFGHANISTAN"

A Kabul, all'inizio di giugno, nel 2010, dormivo in una stanza protetta da massicci muri di cemento armato e subivo cinque perquisizioni ogni volta che rientravo in albergo. Gli addetti alla sicurezza avevano un'aria minacciosa e mi guardavano come se fossi un potenziale attentatore suicida, e io facevo altrettanto con loro. Erano rapidi ed efficienti e recitavano bene la loro parte, meglio di attori professionisti. Quelle cinque perquisizioni che si ripetevano più volte al giorno, solo per entrare e uscire dall'albergo, in un clima di diffidenza reciproca, erano diventate una specie di gioco. Un giorno volevo giocare a badminton sul prato col mio giovane amico Tom Francis, ma dopo qualche tentativo mi accorsi con grande sconcerto e paura di non riuscire più a coordinare i movimenti. Ogni volta che lanciavo il volano in aria per servire, lo mancavo; capii così che erano ben altre le cose che mi stavano sfuggendo, non tanto rispetto all'Afghanistan e alle sue guerre, quanto al modo in cui "venire alle prese" con tutto ciò, voglio dire in primo luogo come inquadrarlo e come parlarne, come "servirlo".

"Molto disorganizzati", borbottò l'ambasciatore tedesco dopo il quarto tentativo di farsi portare un bicchiere di tè freddo alla menta nel nostro bunker a cinque stelle. Si riferiva anche a quella che doveva sembrargli la nostra insensata pretesa di "fare arte" in Afghanistan?

Dopo tutto, chiunque avesse un briciolo di buon senso sapeva che non c'erano vie d'uscita dal modo disperatamente abitudinario in cui l'Occidente parlava a se stesso dell'Afghanistan, muovendo le pedine sulla stessa vecchia scacchiera che era già stata usata per l'Iraq e non per la prima volta... Kipling aveva parlato di quel piccolo territorio usato dalle superpotenze dell'epoca come campo di battaglia del Grande Gioco e, a volte, non potevo fare a meno di chiedermi se quella in cui ci trovavamo non fosse una variante della stessa partita, con tre uomini che ci davano dentro come matti

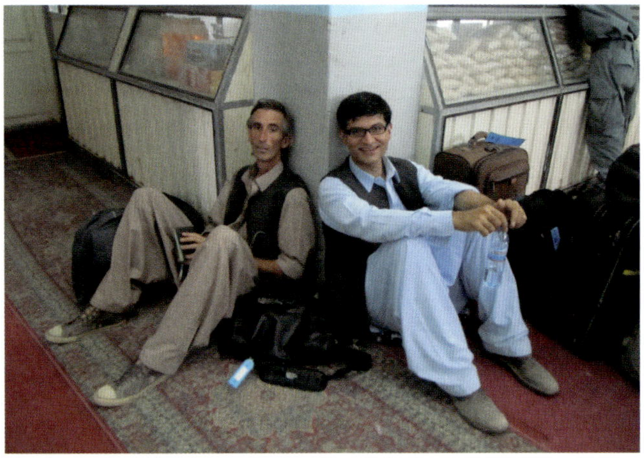

Kunduz Airport, 2011(Francis Alÿs and /e Ajmal Maiwandi).
Photo / Foto Arash Boostani

you tried to figure it out, the more it slipped through your fingers. Truth was a grey mist of rumor, guerrilla tactics, and entangled bureaucracy made mistier still by the certainties propounded daily by the experts. Truth was make-believe. All "very disorganized," that's for sure, something that Francis Alÿs, with that great calm he exudes, must have felt in his eight trips to Afghanistan since 2010.

In this situation "making art," as with his film *REEL-UNREEL* and the color bar paintings, suggests a way out of the game. These works are about games, too, if not games, themselves. It could not be otherwise. The first is about two kids racing through the streets of Kabul using film reels as hoops, the other is about the game armies love to play with stripes of color as with medals and, in this case, with the blazons troops wear on their upper sleeve ostensibly for identification but also, surely, to ward off evil spirits.

But first, to get a sense of what's required to get in close to make such art, think of how foreign journalists work in this situation of danger and fluid boundaries. They need a "fixer"—someone who speaks English as well as a couple of Afghani languages and has, as they say, "connections." In 2010, I was told a good fixer cost 150-250 USD a day, 1,000 for an interview with a Talib. A somewhat unsettling term, the "fixer" hovers between a cluster of words like a translator, prostitute, pimp, sleuth, and anthropologist. It

– Bin Laden, Bush e Cheney – riducendo lo scontro tra le forze della Storia mondiale a uno spettacolo di marionette, una grottesca messinscena dello scontro tra il bene e il male innaffiata da un fiume di miliardi di dollari, dirottati in gran parte all'ex azienda di Cheney, la Halliburton. Tutti sentivano che era così, ma nel caos di motivazioni diverse, segretezza, inganni, necessità impellenti e giochi che nascondevano altri giochi, più uno cercava di farsi un'idea precisa della questione, più questa gli sfuggiva come sabbia tra le dita. La verità era avvolta in una nebbia grigiastra di voci, tattiche di guerriglia e grovigli burocratici, resa ancora più fitta dalle certezze proclamate ogni giorno dagli esperti. La verità era simulazione. Tutto "molto disorganizzato", senza dubbio, qualcosa di cui anche Francis Alÿs, nonostante il suo aspetto apparentemente imperturbabile, deve essersi accorto negli otto viaggi compiuti in Afghanistan dal 2010.

In tale situazione, "fare arte", come con il suo film *REEL-UNREEL* e i dipinti a barre colorate, suggerisce una via per ritirarsi dal gioco. Anche queste opere si occupano di giochi, o forse sono esse stesse giochi. Non potrebbe essere altrimenti. Il primo narra di due ragazzi che corrono per le vie di Kabul usando due bobine cinematografiche come cerchi, i secondi parlano di quanto piaccia ai militari giocare con i nastrini colorati o con le medaglie o, come in questo caso, con le mostrine che i soldati indossano sulla parte alta della manica, ufficialmente per facilitarne l'identificazione ma anche, senza dubbio, per allontanare gli spiriti maligni.

Ma prima di tutto, per farsi un'idea di quali rischi un artista debba essere disposto a correre per realizzare opere di questo tipo, occorre pensare al modo in cui i giornalisti stranieri lavorano in questa situazione di pericolo costante e di frontiere fluttuanti. Hanno bisogno di un *fixer*, ossia di qualcuno che parli inglese e almeno un paio di lingue afgane e che abbia, come si dice, qualche "aggancio". Nel 2010, mi è stato detto che un buon *fixer* poteva costare dai 150 ai 250 dollari al giorno, che arrivavano a mille per un'intervista con un talebano. Questo termine un po' inquietante, *fixer*, può voler dire molte cose: traduttore, prostituta, ruffiano, detective e antropologo. È un mestiere assai rischioso ma non più di quelli di corrispondente o fotografo di guerra. I giornalisti che ho conosciuto erano in genere molto giovani (sotto i venticinque

is a highly risky occupation. But then so is being a foreign journalist and photographer. The journalists I met were usually young, under twenty five, stunningly smart, not yet jaded, still overcome by the enormity of it all, and great risk-takers, such that I could never understand why the material they had published by their editors back in London or New York always sounded the same no matter who wrote it or what it was about, a regular sausage machine with a dash of "human interest" like death and torture thrown in.

There was a pale slender woman wearing a blue chador down to her ankles, her face largely uncovered, waiting on the tarmac at Herat on the Iranian border for the flight to Kabul. She was a Dutch journalist going to cover the assembly of (all male) tribal elders on June 3rd, rumor being that Kabul would be attacked by some Taliban-instigated suicide bombers. "Boring," she said, referring to these assemblies. She bore the face of a saint, and the grace, too. Her eyes were tired. She had been on the beat for years; Cambodia, East Timor, Iraq, and now Afghanistan. "Iraq fatigue," she explained, was what was preventing the translation of her book on Baghdad into English. This trip started three months ago. In her chador she looked at home. In Herat she was researching the suicide in 2003 of a female writer. She works for the Dutch weeklies, she told me, describing her work as "slow journalism," which I guess evaded the worst of the sausage machine, like Michael Herr was able to do, writing on the war in Vietnam at his own pace for *Esquire* magazine in the 1960s. His book *Dispatches* is generally considered one of the finest, if not the best, book on that war from the viewpoint of the American soldier. Fredric Jameson wrote somewhere that it changed our very language. It is hard to imagine that happening today. The very soul has been sucked out of representation. Not even irony and cynicism can get a toehold.

Which brings us to art, or "art," as James Agee, that untamed genius of *Let Us Now Praise Famous Men*, would have put it, "art" being something he abhorred in the writing and photography of the poor when he accepted a commission to report on the condition of white share-croppers in Alabama in the 1930s.

anni), straordinariamente intelligenti, non ancora disincantati, ancora sopraffatti dall'atrocità della situazione e disposti a rischiare di persona; cosicché non ho mai capito come mai quello che pubblicavano poi i loro editori a Londra o a New York sembrava tutto uguale, indipendentemente da chi l'avesse scritto o di che cosa parlasse, quasi fosse stato passato attraverso un tritacarne e condito con un pizzico di "elemento umano", in genere la descrizione di uccisioni e torture.

Una donna pallida e snella, con un chador azzurro lungo fino ai piedi e il viso quasi completamente scoperto, aspettava il volo per Kabul sull'asfalto della pista di Herat, a breve distanza dal confine iraniano. Era una giornalista olandese che doveva occuparsi dell'assemblea tribale degli anziani (tutti maschi) il 3 giugno, in vista della quale correva voce che i talebani stessero preparando qualche attentato suicida. "Noiose", commentò la donna, riferendosi a tali assemblee. Aveva il volto, e anche la grazia, di una santa, ma gli occhi erano stanchi. Era sulla breccia da anni: Cambogia, Timor Est, Iraq e ora l'Afghanistan. "La stanchezza irachena", era questo, mi spiegò, che ritardava la traduzione inglese del suo libro su Baghdad. Era in viaggio da tre mesi e sembrava perfettamente a suo agio nel chador. Si era recata a Herat per indagare sulla fine di una scrittrice, suicidatasi nel 2003. Lavorava per vari settimanali olandesi e parlandomi del suo lavoro lo definì "giornalismo lento", un modo, supposi, di evitare la parte peggiore del tritacarne, come aveva fatto negli anni sessanta Michael Herr, scrivendo con i suoi tempi sulla guerra in Vietnam per il settimanale *Esquire*. I suoi *Dispatches* sono ritenuti unanimemente uno dei più bei libri – se non il migliore – su quella guerra, raccontata dal punto di vista del soldato americano. Fredric Jameson ha scritto da qualche parte che Herr aveva trasformato la nostra stessa lingua. Oggi è difficile immaginare che possa accadere qualcosa del genere. La rappresentazione è stata privata dell'anima. Neppure l'ironia e il cinismo riescono ormai a farvi presa.

Il che ci porta all'arte, o all'"arte", come avrebbe detto James Agee, il geniale ribelle autore di *Let Us Now Praise Famous Men*, che quando gli venne affidato un reportage sulla condizione dei mezzadri bianchi dell'Alabama negli anni trenta, disse di aborrire l'"arte", se si trattava di scrivere o di fotografare i più poveri.

On one of his eight trips Francis was "embedded" for fifteen days as an artist in five "forward operating bases" with UK forces (the US would not accept him) in the Helmand province. It was then that he got the idea for his "color bar" series, drawn to the "tactical recognition flashes" the British soldiers wore on their upper left sleeve. Why make "art" out of these flashes and, anyway, why are they called "flashes"? Listening to the artist, I get the idea that their basic simplicity—these little patches of stripes of color—is a catharsis from the bewildering overload of conflicting information that "Afghanistan" generates. Yet does not such simplicity succeed because it combines with abstraction and thus is not simple at all? It is a catharsis because the simplicity is too simple. It is a mystery. In other words, despite the staid, ever-reliable stolidity of the flashes, they are actually just that—"flashes" of this and that like fireflies in the night-land that is Afghanistan.

From the moment I met him, Francis struck me as an odd bird. A flash, you might say. A firefly, for sure. Blessed with an ever surprising imagination, he was searingly practical, as well. If Charles Fourier needed an engineer to construct his utopias, well, here he was! Francis took in detail like a sponge and, more than that, saw connections and patterns in the eye of the hurricane dissolving all patterns. Meticulous and cerebral as his work is, it owes much to children's games. "They are a major source of inspiration in my work," he once told me, adding that in collaboration with filmmaker Julien Devaux, he had to date made at least fifteen videos of these games (which you can view as the first item on his website).

Does this mean his work is generally "childish"? Well, yes. And no. Is Magritte childish? Or Duchamp? It is childish in its studied innocence and self-absorption, cut off from the busy world of the adults, the pesky mothers and the demanding fathers. Like a children's game it sails off into uncharted seas—and by children's games I mean the games children have played *with each other* for a long, long, time, not the ones invented by adults such as video games generally isolating the child from other children and from their own bodies.

Actually, I first met not him but his shadow or empty space because he had disappeared, causing our chaperone

In uno dei suoi otto viaggi Francis è stato "embedded" per quindici giorni in qualità di artista di guerra in cinque "basi operative avanzate" del contingente britannico (gli americani non l'avrebbero accettato) nella provincia di Helmand. Fu allora che ebbe l'idea della serie a barre colorate, ispirata alle mostrine, dette *tactical recognition flashes*, cucite sulla parte superiore della manica sinistra delle divise inglesi. Perché fare "arte" a partire da questi "flash" e, in ogni caso, perché si chiamano così? Parlando con l'artista, credo di aver capito che la loro semplice essenzialità – si tratta di piccole toppe colorate a strisce – producesse su di lui un effetto catartico rispetto allo sconcertante diluvio di informazioni contraddittorie generato dall'"Afghanistan". Ma questa semplicità non funziona forse perché si combina con l'astrazione e quindi in realtà è ben lungi dall'essere semplice? È una catarsi perché è una semplicità troppo semplice. È un mistero. In altre parole, nonostante la stolidità contegnosa di tali oggetti, essi in fondo non sono altro che "flash", lampi che compaiono qua e là come lucciole in quella notte senza fine è l'Afghanistan.

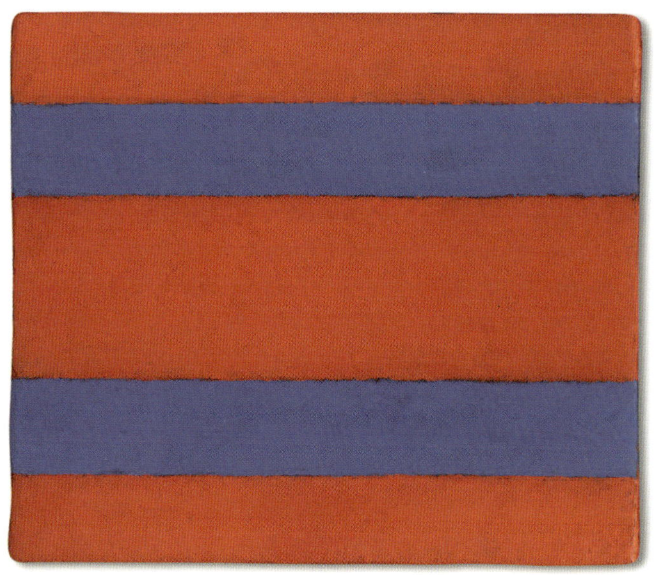

Untitled (Royal Engineers), 2014, encaustic and oil paint on canvas on wood / encausto e olio su pannelli in legno, 20 × 22.5 × 1.8 cm. Embed-related work: Courtesy of Her Majesty The Queen

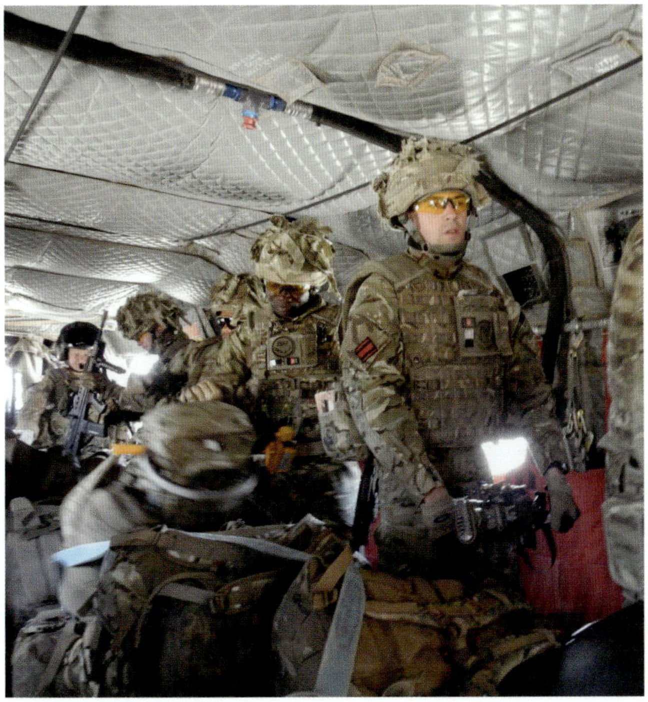

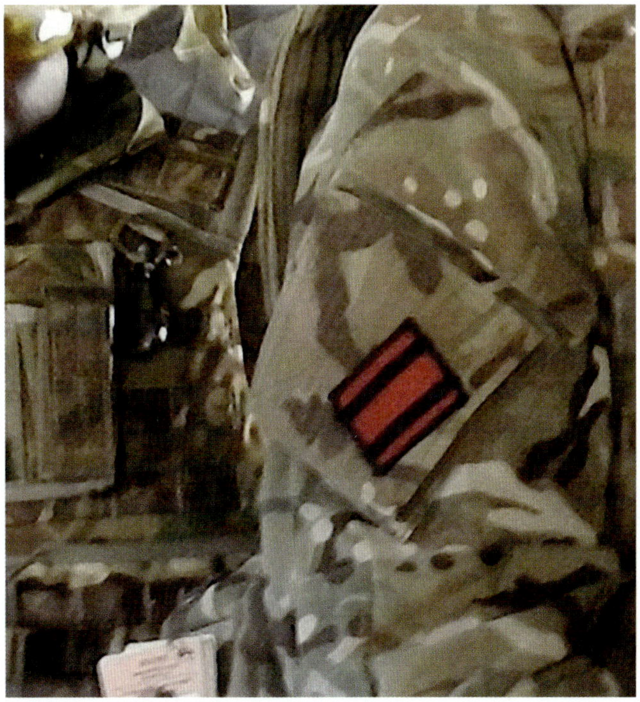

Embed Helmand Provice / Embed nella provincia di Helmand, 2013. Photo / Foto Francis Alÿs. Embed-related work: Courtesy of Her Majesty The Queen

all manner of anxiety. Like a naughty child he had played hooky to wander around threatening Kabul with his new-found Afghani architect friend, thereby manifesting yet again his ceaseless curiosity as to the ways of the world. You could see that curiosity in the marvelous photographs he would send you by email of our travels together, shots you would carefully archive, as much for their aesthetic power as for what they were about. You could see it in the "extra mile" he would go to get some other view, that extra question, that extra immersion, that comes to fill the notebook.

Much, if not most, of Francis's artwork involves games in which exchange and circulation recur, invoking the idea of the gift in the circuitry of the social. "Work" as in "artwork" is somewhat of a misnomer for this art. "Art-game" would be more appropriate and that is why—and how—these artworks are so often overworked jokes, as with the artwork called *Watercolor,* a video 1:19 minutes in length, in which a plastic pail of water dipped into the Black Sea in Turkey

Sin dal nostro primo incontro, Francis mi ha colpito per la sua originalità. Un lampo, direte voi. Una lucciola, senza dubbio. Dotato di un'immaginazione sempre sorprendente, è allo stesso tempo una persona eminentemente pratica. Se Charles Fourier avesse avuto bisogno di un ingegnere per costruire le sue utopie, Francis sarebbe stato perfetto! Assorbiva i minimi dettagli come una spugna e soprattutto sapeva scorgere connessioni e forme nell'occhio del ciclone che dissolve tutte le forme. Meticoloso e cerebrale come le sue opere, deve molto ai giochi dei bambini. "Sono una delle fonti principali del mio lavoro", mi ha detto una volta, aggiungendo che, in collaborazione con il regista Julien Devaux, aveva girato fino ad allora almeno quindici video su questi giochi (disponibili sul suo sito web).

Questo significa che le sue opere sono quasi sempre "infantili"? In un certo senso, sì. E no. Magritte è infantile? E Duchamp? Esse sono infantili nella loro innocenza studiata e nella loro autoreferenzialità, indifferenti al mondo fattivo degli adulti, alle madri scoccianti e ai padri troppo esigenti.

is taken and emptied into the Red Sea in Jordan. That's it, *Watercolor*! 1:19 minutes. But how long did it take to travel from The Black Sea to the Red?

This humor—uncovering exchange circuits that were not obvious before the artwork—is immediately apparent in *Le Temps du Sommeil* ("the time of sleep"), 111 little paintings (roughly seven inches by five inches) created between 1996 and 2009, exhibited in the Irish Museum of Modern Art, and published as a small book in 2010. The exchanges depicted may be between objects, such as pouring the contents of one glass into another, back and forth, or they may involve uncanny dimensions of the social world, as evident in the very last entry in this book, "I will wander the streets of Tokyo until someone calls my name."

The most significant gift involving exchange and circulation, however, occurs at the meta-level wherein the painting on one page is juxtaposed with a short text of one or two lines on the facing page, the connection being—how shall I put this?—a gift exchange between image and text, barely a connection, a "flash," we could say, yet in its tenuous fragility just right, meaning more than right, making you stare at the painting and then back again to the statement, your mind never still, oscillating, like playing badminton.

There is another "childish" aspect to this and that lies with the very character of the drawings, deceptively simple, petite, sketchy, impish, and wistful. As for the gift in this back and forth, it kick-starts the process of exchange and circulation wherein one side—the image, for instance—offers itself as a gift to the other, meaning the text, for instance. And then there is the return gift, the fruit or reward of the interchange, creating that surplus which perforce becomes metamorphic of the text-image mix. Bataille's notion of *dépense* or *unproductive expenditure* comes to mind, *dépense* itself being indispensable to gaming.

Are children's games dying out, like a threatened species? Are the streets the world over ever more empty of kids playing—except for the poor parts of town and poor parts of the world, like Afghanistan? Have our cityscapes become ever more denuded and less sonorous with the cries of

Come i giochi infantili, solcano mari inesplorati – e per giochi infantili intendo quelli che i bambini giocano *tra di loro* da tempo immemorabile, non quelli inventati dagli adulti come i videogame, che finiscono per isolare il bambino dai suoi coetanei e perfino dal suo stesso corpo.

A dire il vero, quella prima volta non incontrai proprio lui ma la sua ombra o il vuoto che aveva lasciato, perché era scomparso, gettando nell'ansia la nostra accompagnatrice. Come un monello, aveva marinato la scuola per andarsene a spasso nell'insidiosa Kabul col suo nuovo amico, un architetto afgano, dando prova così per l'ennesima volta della sua insaziabile curiosità per le vie del mondo. Una curiosità confermata anche dalle meravigliose fotografie dei viaggi che abbiamo fatto insieme e che era solito spedirmi in seguito via email, scatti che meritavano di essere accuratamente archiviati, sia per il loro valore estetico che per i loro soggetti. La stessa curiosità che si manifesta in quel "miglio in più" che è pronto a percorrere per catturare qualche altra veduta, in quella domanda in più, in quell'immersione in più che riempiono di disegni i suoi taccuini.

Molti lavori di Francis, se non la maggior parte, riguardano giochi basati sullo scambio e sulla circolazione, evocando l'idea di dono all'interno dei circuiti sociali. Lavoro, come "work" nell'inglese "artwork", non è forse la parola giusta per questo tipo di opere. "Art-game" sarebbe più appropriato e questo spiega perché – e come – questi lavori siano spesso scherzi molto elaborati, come nel caso dell'opera intitolata *Watercolor*, un video della durata di un minuto e 19 secondi, in cui un secchio di plastica viene immerso nel Mar Nero, in Turchia, e svuotato nel Mar Rosso, in Giordania. Ecco fatto, *Watercolor*! 1' e 19". Ma quanto ci era voluto per viaggiare dal Mar Nero a quello Rosso?

Lo stesso humour – che mette in luce circuiti di scambio a cui nessuno aveva ancora pensato – è ancora più evidente in *Le temps de sommeil* ("il tempo del sonno"), 111 piccoli dipinti (circa diciotto centimetri per tredici) creati tra il 1996 e il 2009, esposti presso l'Irish Museum of Modern Art e pubblicati in un piccolo libro nel 2010. Gli scambi descritti possono essere tra oggetti, ad esempio due bicchieri il cui contenuto viene riversato alternativamente da uno all'altro, o possono riguardare dimensioni inquietanti della vita sociale,

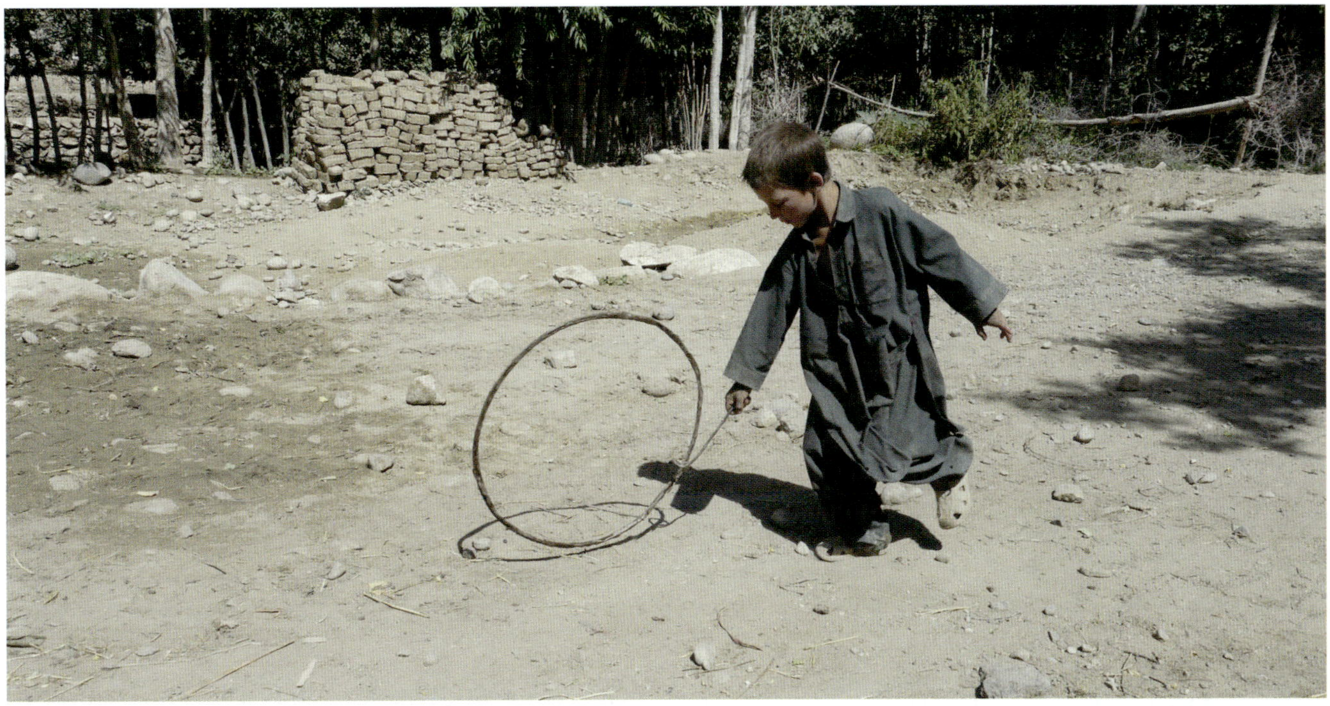

Yamgun, 2011. Photo / Foto Francis Alÿs

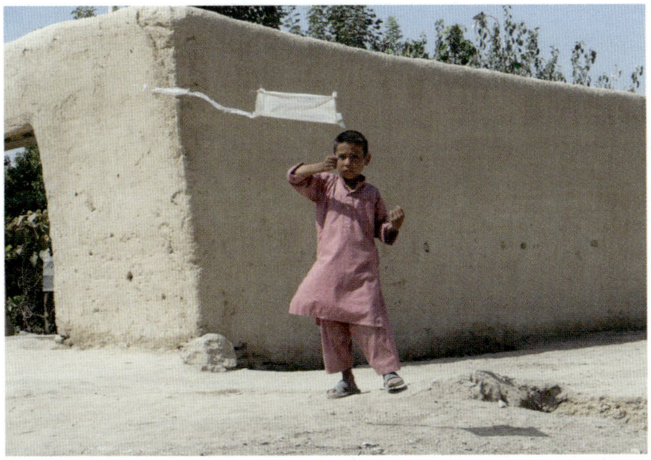

Balkh, 2011. Photo / Foto Francis Alÿs

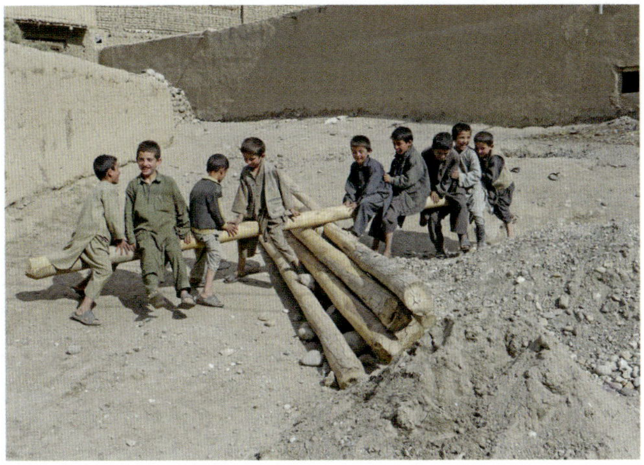

Yamgun, 2011. Photo / Foto Francis Alÿs

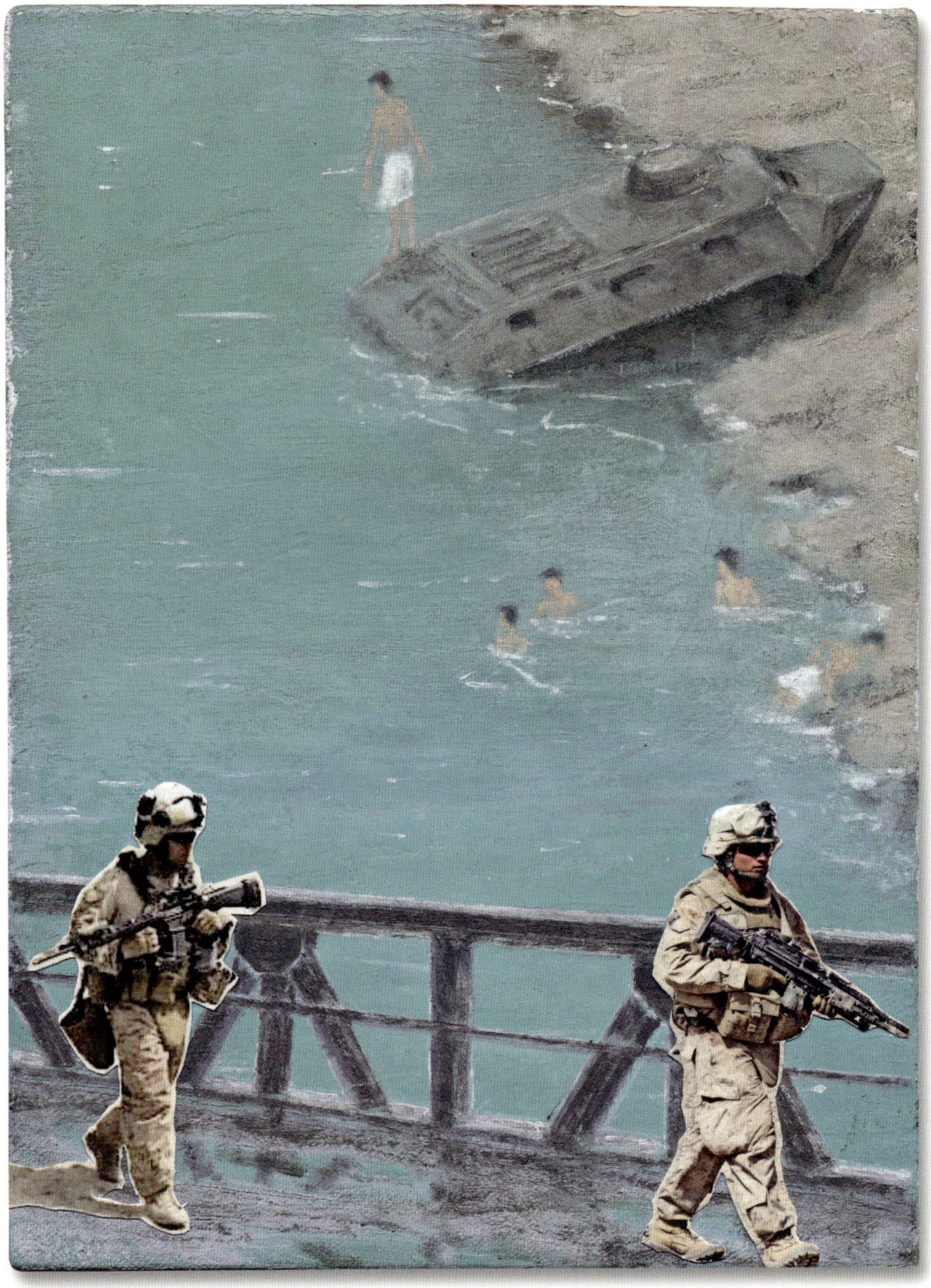

Untitled (Badakhshan), 2011, oil and collage on canvas on wood / olio e collage su tela su legno, 17.8 × 13 × 1 cm

children replaced by cars and trucks? I look back at my own childhood in Sydney and certainly see this evolution, which sets me to wonder about the history of children's games and toys.

In his *Centuries of Childhood,* for instance, Philippe Aries argues that childhood in western Europe is an invention of the late seventeenth century and that before then children were little adults, as testified by Velasquez' *Las Meninas,* which is what I observe in rural Colombia also. But what does that imply for our understanding of toys and play? "Little adults" were surely not averse to play even if the "cult" of childhood had not been invented.

Walter Benjamin, for example, whose work—like that of Francis Alÿs—can be seen as one big toy, a toy of theory, was entranced by children's toys which he saw as in continuous negotiation with the world of adults, including adults' notion of play and of childhood! Above all, he insisted that the locus of joy and fascination with toys lay in the child's love of mimesis and the body more than in the toy itself, as when he wrote that "a child wants to pull something, and so he becomes a horse; he wants to play with sand, and so he turns into a baker; he wants to hide, and so he turns into a robber or a policeman."[1]

I cannot but think of Francis pushing his block of ice through Mexico City.

And as regards the age and origins of toys, Benjamin suggests that the baby rattle has its origin in the need to ward off evil spirits and that hoops, kites, balls, and spinning tops were once what he calls cult objects. The spinning top is the main "character" in Jose Maria Arguedas's novel, *Los ríos profundos,* set in the highlands of Peru in the mid-twentieth century. The spinning top that the children play with become not only animated, it becomes human-like and, more than that, a spirit that coordinates the narrative and unfolding events. In his book on play, Roger Caillois states that hopscotch, commonly played in the street or

[1] 'The Cultural History of Toys," in *Selected Writings,* Vol. 2, 115. See also Jeffrey Mehlman, *Walter Benjamin for Children* (Chicago: University of Chicago Press, 1993).

come è evidente nell'ultima nota del libro, in cui si legge "I will wander the streets of Tokyo until someone calls my name" ("Vagherò per le vie di Tokyo fino a quando qualcuno non mi chiamerà per nome").

Il dono più significativo in termini di scambio e circolazione, tuttavia, si verifica al metalivello in cui al dipinto raffigurato su una pagina è contrapposto su quella a fronte un breve testo di un paio di righe; la connessione è – come dire? – uno scambio di doni tra l'immagine e il testo, neppure una connessione ma un "flash", si potrebbe dire; eppure, malgrado quest'estrema fragilità, assolutamente perfetta, ti costringe a fissare il dipinto e poi di nuovo la frase, mentre la tua mente non rimane mai ferma ma oscilla in continuazione da una parte all'altra, come nel badminton.

C'è un altro elemento "infantile" in quel libro: il carattere stesso dei disegni, apparentemente semplici, piccini, abbozzati, maliziosi e malinconici. Quanto al ruolo del dono in questo va-e-vieni, il processo di scambio e di circolazione ha inizio quando una delle parti – diciamo, l'immagine – si offre in dono all'altra, cioè, nel nostro caso, al testo. Tocca poi all'altro ricambiare il dono, il frutto e la ricompensa dell'interscambio, che crea quel surplus che diventa necessariamente metamorfo della miscela testo-immagine. Viene alla mente il concetto di *dépense* o *spesa improduttiva* di Bataille: del resto, la *dépense* è un elemento indispensabile del gioco.

I giochi dei bambini stanno scomparendo, come le specie in via d'estinzione? Nelle strade del mondo si vedranno sempre meno bambini che giocano, tranne che nei quartieri più poveri delle città e nei paesi più poveri del mondo, come l'Afghanistan? Le nostre città sono destinate a diventare ancora più squallide e meno risonanti, via via che le voci dei bambini saranno sostituite dal rumore delle automobili e dei camion? Se ripenso alla mia infanzia a Sydney devo rispondere senz'altro di sì, e ciò mi ha portato a informarmi sulla storia dei giochi e dei giocattoli.

Nel suo *Padri e figli nell'Europa medievale e moderna,* ad esempio, Philippe Aries sostiene che l'infanzia è stata inventata in Europa alla fine del XVII secolo e che, prima di allora, i bambini erano considerati piccoli adulti, come testimoniano *Las Meninas* di Velázquez e come ho osservato io stesso nelle zone rurali della Colombia. Ma cosa cambia

in the schoolyard, derives from the labyrinth in which one pushed a stone—meaning one's soul—towards the exit. With Christianity, the labyrinth took the form of the basilica and the exit was heaven.[2]

So where does that put Francis's ice-block pushed into nothingness through the labyrinth of the third world city? What does this latest manifestation of the labyrinth say about our long-forgotten connections to ancient mythology and to forgetting?

To invoke history and pre-history is to also ask if Francis's work is inspired not so much by children's games as by their world historical loss? I myself think this is so. As Benjamin says in relation to the art of the storyteller, it would be fatuous to see it merely as a symptom of decay and of modernization. Instead this loss is a symptom of the secular forces of economic production combined with the loss of narrative from the realm of living speech, "making it possible to see a new beauty in what is vanishing."[3] Is it therefore all that surprising that our architect-artist from western Europe who has chosen to live in Mexico City would be sensitive to this "new beauty in what is vanishing?"

But what about screens? What about kids glued to video games and computers the world over? Is this not a sign that gaming is alive and well, at least electronically? In which case, what do you make of the elimination of the body from such games?

Bodily involvement is starkly obvious in all Francis's movies of children's games, especially and gut wrenchingly so in *Papalote* (4:10 minutes) set in Balkh, Afghanistan, featuring a ten year old boy flying a kite. The involvement of the body is overwhelming, yet as finely wrought as a mirage. Against a dune-colored adobe wall, standing under a powder blue sky, the boy wears a pinkish trouser suit. He is gesticulating like crazy, emitting frenzied gesture

[2] Roger Caillois, *Man, Play, and Games* (Urbana and Chicago: University of Illinois Press, 2001 [1958]).

[3] Walter Benjamin, "The Storyteller," in *Illuminations* (New York: Schocken, 1968) 87.

nella nostra comprensione dei giocattoli e del gioco? Quei "piccoli adulti" non erano certo ostili al gioco, anche se il "culto" dell'infanzia non era ancora stato inventato.

Walter Benjamin, ad esempio (la cui opera – come quella di Francis Alÿs – può essere vista come un grande giocattolo, un giocattolo della teoria) era estasiato dai giocattoli, che considerava il frutto di un negoziato continuo con il mondo degli adulti, ivi comprese le loro idee di gioco e di infanzia! Soprattutto, sosteneva che il *locus* del piacere e del fascino legato ai giocattoli risiede nell'amore del bambino per la *mimesis* e nel corpo, più che nel giocattolo in sé, come quando scrive: "un bambino vuole trascinare qualcosa e così diventa un cavallo; vuole giocare con la sabbia e si trasforma in un fornaio; vuole nascondersi e allora finge di essere un ladro o un poliziotto"[1].

Non posso fare a meno di pensare a Francis che spinge il suo blocco di ghiaccio per le vie di Città del Messico.

E per quanto riguarda l'antichità e l'origine dei giocattoli, Benjamin sosteneva che i sonaglini avessero avuto origine dal desiderio di allontanare gli spiriti maligni e che cerchi, aquiloni, palle e trottole fossero un tempo oggetti di culto. La trottola è il "personaggio" principale di un romanzo di José Maria Arguedas, *Los ríos profundos,* ambientato negli altopiani del Perù alla metà del XX secolo. La trottola con cui il bambino gioca non solo si anima, ma diventa uno spirito con sembianze umane che coordina il racconto e lo svolgersi degli eventi. Nel suo libro sul gioco, Roger Caillois afferma che il gioco della campana, ancora praticato in strada e nei cortili delle scuole, deriva dai labirinti in cui si doveva spingere una pietra – che rappresentava l'anima – verso l'uscita. Con l'avvento del cristianesimo, il labirinto assunse la forma della basilica e l'uscita divenne il paradiso[2].

[1] *Storia culturale del giocattolo*, in *Ombre corte,* Einaudi, Torino 1993. Si veda anche Jeffrey Mehlman, *Walter Benjamin for Children,* University of Chicago Press, Chicago 1993.

[2] Roger Caillois, *I giochi e gli uomini: la maschera e la vertigine*, Bompiani, Milano 1989.

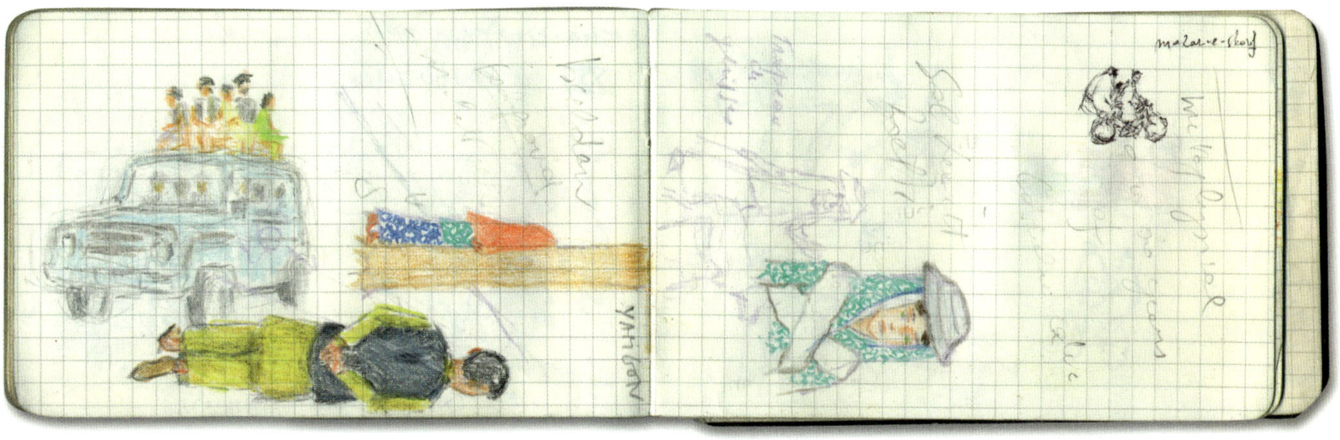

Notebook entry, Masar-e Sharif / Pagine del taccuino, Masar-e Sharif, 2011

language, conversing in stops and starts with the heavens or at least with the gusting wind because you never see the kite and because the string is so fine you can't see that either. All you see—what you see—is the body in action with unknown forces, pulling to the left, pulling to the right, up, down, quick, over to the left again, and so on and on. The body is all the more obvious because it is connected like this to the coursing wind by an invisible string. This is not only the body of the boy but the body of the world in a deft mimesis of each other, amounting to what I call "the mastery of non-mastery" which, after all, is the greatest game of all, a guide, a goal, a strategy—all in one—for dealing with man's domination of nature (including human nature).

An analogous trick—or should we call it a game?—makes mesmerizing magic out of the game "Rock, Paper, Scissors" (2:51 minutes). In this film we see not the hands themselves but their shadows on a whitish background as the two antagonists play with that tremendous skill that only kids can muster in what seems impossibly fast motion; the clenched fist of "rock," the two open fingers of "scissors," and the flat hand of "paper." "Conceptual art," you say, the kind you could watch for hours, the hands as synecdoche not of the body but of the two bodies in a controlled frenzy of elegant interaction and dissolution.

Dove si colloca allora il blocco di ghiaccio spinto nel nulla da Francis attraverso il labirinto della terza metropoli del mondo? Che cosa ci dice quest'ultima manifestazione del labirinto dei nostri legami da tempo dimenticati con l'antica mitologia e con il dimenticare?

Rievocare la storia e la preistoria significa anche domandarsi se l'opera di Francis si ispiri in realtà non tanto ai giochi dei bambini quanto alla loro scomparsa dalla storia del mondo? Personalmente, credo che sia così. Come ha detto Benjamin parlando dell'arte del narratore, sarebbe sciocco considerare la sua scomparsa come un semplice fenomeno di decadenza e di modernizzazione. Essa è invece un accompagnamento di forze produttive storiche, secolari che ha espulso a poco a poco la narrazione dall'ambito del parlare vivo, "e insieme fa percepire una nuova bellezza in ciò che svanisce"[3] .Perché stupirsi allora se il nostro architetto-artista cresciuto in Europa ma che ha scelto di vivere a Città del Messico si mostra sensibile a questa "nuova bellezza in ciò che svanisce"?

Ma che dire dei bambini di tutto il mondo incollati agli schermi di computer e videogame? Non sono forse un segno che il gioco è ancora vivo e vegeto, almeno nelle sue versioni

---

3 Walter Benjamin, *Il narratore*, in *Angelus Novus*, Einaudi, Torino 1982, p. 251.

I wonder what the Taliban thinks of children's games like this one, let alone towards videos thereof? But as we quickly learned once we got to Afghanistan in 2010, there is more than one "Taliban," and the ban on images is hardly uniform or coherent. But then, what is an "image"?

The Director the National Museum in Kabul, elegant in a fawn linen suit and golden tie, explained how in 1996 a restorer had used watercolor to paint flowers and trees over those paintings in the museum with human and animal figures to protect them before the Taliban came and smashed all the statues. Someone else ventured that the ban on image-making meant you couldn't image *animate* beings and suggested breathing as the criterion of such animatedness. I was also told that the Taliban forbade photography and xeroxing—except for those things indispensable for state control, IDs and passports.

In the longest and most ambitious of the Afghan videos, *REEL-UNREEL,* the notion of *animate* is really put to the Taliban test, as well as testing, in ways delightful and exploratory, western notions of what *animate* might encompass. Thanks to the skill and derring-do of two boys spinning film reels like hoops as fast as they can, the pixilated multitude that is Kabul springs to life as the camera follows the boys' will-o'-the-wisp chase, aimless—completely aimless—except for the mad intensity with which the boy behind races to keep up with the boy some twenty feet in front, and the boy in front races to keep ahead of the one twenty feet behind. Could this be an allegory for that which is today called "Afghanistan," meaning the continuous state of siege constituting that game in which the more you know, the less you know? The game "Blind Man's Buff" also comes to mind. One is tempted to invoke the "cult objects" idea of hoops and kites, let alone rattles.

Like earlier works by Francis, including his magnetic shoes and the magnetic "horse" he set perambulating the streets of Havana and Mexico City attracting all manner of metallic debris, *REEL-UNREEL* similarly attracts all manner of "debris." In these and many, if not most, of his artwork, Francis seems to have set into motion Michel de Certeau's principle of "walking the city" and Benjamin's

elettroniche? Nel qual caso, cosa pensare dell'eliminazione del corpo da tali giochi?

Il coinvolgimento fisico è fin troppo evidente in tutti i film di Francis dedicati ai giochi dei bambini, soprattutto, e in modo quasi viscerale, in *Papalote* (4' e 10"), girato a Balkh, in Afghanistan, in cui un ragazzino di dieci anni fa volare un aquilone. Il coinvolgimento fisico è travolgente ma allo stesso tempo reso con grande sottigliezza, quasi un miraggio. Il ragazzo indossa tunica e pantaloni rosa, sullo sfondo di un muro di adobe color sabbia, sotto un cielo blu cobalto, e gesticola come un pazzo, come in un frenetico linguaggio dei gesti, intessendo un dialogo intermittente con il cielo o perlomeno con il vento che soffia a raffiche. Lo spettatore non vede né l'aquilone né il filo, troppo sottile: tutto ciò che vede è il corpo che, alle prese con forze sconosciute, tira a sinistra, poi a destra, su, giù, velocemente, poi di nuovo a sinistra e da capo. Il corpo è posto tanto più in evidenza perché è a sua volta legato al vento da un filo invisibile. Non è solo il corpo del ragazzo ma il corpo del mondo in un'abile mimesi reciproca, che corrisponde a quella che chiamo "la maestria della non-maestria", quello che, dopo tutto, è il gioco più grande di tutti, una guida, uno scopo, una strategia – tutte queste cose insieme – per affrontare il problema del dominio dell'uomo sulla natura (quella umana compresa).

Un trucco analogo – o dovrei chiamarlo un gioco? – riesce a estrarre un'affascinante magia dal gioco *Pietra, carta, forbici* (2' e 51"). Il regista non inquadra le mani ma le loro ombre su uno sfondo biancastro, mentre i due protagonisti giocano a una velocità quasi impossibile, come solo i ragazzi sanno fare, alternando il pugno chiuso della "pietra" alle due dita delle "forbici" e alla mano aperta della "carta". "Arte concettuale", si dirà; e si potrebbe continuare a lungo a guardare il movimento frenetico ma controllato delle mani prese come sineddoche non del corpo ma di entrambi i corpi, in un elegante processo di interazione e dissoluzione.

Mi domando che cosa pensino i talebani dei giochi infantili di questo genere, per non parlare dei videogame. Ma come abbiamo imparato quasi subito dopo essere sbarcati in Afghanistan nel 2010, i "talebani" non sono tutti uguali e il bando sulle immagini è tutt'altro che uniforme o coerente. Ma poi, che cos'è un'"immagine"?

idea of *colportage*—by which is meant the art that combines walking the city with filmic montage and with taking hashish.[4]

The two boys and their two reels are bound together. The boy in front has his reel unwinding its load of celluloid film while the one behind winds it on to his reel at pretty much the same frenzied pace. It seems like this is film that has been developed and has frames with pictures, as we see when a boy holds up a segment to the light to look at the images therein. As for "debris," much is made in this work of the destruction of the film and its picking up scratches and dirt as it slithers, snake-like, along the rough ground. This is above all a sonic phenomenon with scratching, screeching, sound, matter-in-torment, at once playful and sinister, at other times a whiplash. You ask yourself, "Is this unconsciously playing with the Taliban's prohibition of film? Is it another way of filmmaking and un-filmmaking?"

Certainly *REEL-UNREEL* offers an unusual perspective on reality for not only does it animate the landscapes through which the reels pass, but it often does this at knee-height, the height of the boys and the height of the reels bouncing their ways precariously though thick and thin. This is political filmmaking in a new key, the perspective from the ground up with wheels in motion. It is up to you, the viewer, to decide whether this be the wheels of Nietzsche's Eternal Return, Marx's locomotive of history, or a Deleuzian post-Nietzschean "becoming intense, becoming animal ...," the baby stroller tumbling down Odessa's stairs in Sergei Eisenstein's *Battleship Potemkin* (1925) or—heaven forbid—something you make up yourself.

In *The Accursed Share,* Bataille makes a big point about war in the twentieth century being the privileged instance of *dépense*—of spending the surplus in orgies of waste displacing by far Roman Carnival with its bread and circuses and Aztec sacrifice with its thousands of victims

[4] Michel de Certeau, "Walking In The City," in *The Practice of Everyday Life* (Berkeley: University of California Press, 1984); on *colportage* see "Chronology" in *Walter Benjamin: Selected Works,* volume 2 (Cambridge: Harvard University Press, 1999), 255, 827.

Il direttore del Museo Nazionale di Kabul, in un elegante completo beige e cravatta dorata, mi ha raccontato che nel 1996 un restauratore aveva ricoperto di fiori e alberi, dipinti ad acquerello, i quadri del museo rappresentanti figure umane e animali, per proteggerli dai talebani che altrimenti li avrebbero distrutti, come fecero in effetti con tutte le statue. Qualcun altro ha azzardato l'ipotesi che il bando sulla produzione di immagini si riferisse solo alle immagini di esseri *animati*, e ha suggerito che il criterio per distinguere questi ultimi potesse essere il respiro. Mi è stato detto anche che i talebani avevano vietato la fotografia e la fotocopiatura, tranne nei casi in cui erano indispensabili per la sicurezza dello Stato, come per le carte d'identità e i passaporti.

Nel più lungo e ambizioso dei video afgani, *REEL-UNREEL,* il concetto di *animato* è sottoposto realmente alla prova dei talebani, mettendo allo stesso tempo alla prova, in modi deliziosi ed esplorativi, le idee occidentali a tale riguardo. Grazie alla bravura e all'ardore dei due ragazzi che fanno rotolare il più rapidamente possibile davanti a sé due bobine di pellicola, la moltitudine folle che popola Kabul si anima al passaggio della macchina da presa, che registra la caccia ai fuochi fatui dei due ragazzi, completamente priva di scopo – tranne che per l'insana determinazione con cui il secondo ragazzo tenta di raggiungere quello che lo precede di venti passi mentre il primo si sforza di distanziare il compagno che lo segue venti passi indietro. Si tratta forse di un'allegoria di ciò che oggi chiamiamo "Afghanistan", intendendo quello stato di assedio perenne che costituisce un gioco in cui più si sa e meno si sa? Mi viene in mente anche il gioco chiamato "moscacieca". Sarei tentato di evocare l'idea di cerchi e aquiloni come "oggetti di culto", per non parlare dei sonaglini.

Come le opere precedenti di Francis, tra cui le scarpe magnetiche e il "cavallo" magnetico che, portato a spasso per le vie dell'Avana e di Città del Messico, calamitava ogni sorta di rottami metallici, *REEL-UNREEL* attrae a sua volta "rottami" di ogni tipo. In queste, come forse nella maggior parte delle sue opere, Francis sembra aver messo in pratica il principio "camminare in città", sostenuto da Michel de Certeau e il concetto di *Kolportage* – termine con cui

offered to the gods. Now entering its thirteenth year, that gargantuan spending spree of life and *treasure* (not money but "treasure,"as they say repeatedly in the US Senate) the US led war in Afghanistan surely qualifies as *The Great Dépense* as much as *The Great Game*.

In *Kim*, Kipling narrated this game through a young boy, Kimball O'Hara, just as Francis Alÿs has the two boys chasing each other over the mountains and choked streets of Kabul, only his game and the boys' game auto-cannibalize narration. It is, as Bataille would have it in his essay on Van Gogh and the sacred dimension of auto-mutilation, the practice of self-sacrifice of narration and of the very idea of a purpose—which is, after all, what you need to make sense. A sense of purpose, that is. There is no beginning and no end to *REEL-UNREEL*, just this mad breathless chase to no purpose other than itself. After all, the very title cleverly expresses just this. One would also like to say that the tension is not only intense but continuous. Yet like the state of exception/emergency it is not so much continuous, not so much like the river flowing, as it is staggered and chaotic, with each "moment" a world on its own and unpredictable from what was before and what comes after. Differential calculus on mescaline, what I elsewhere call "the nervous system." But yes!, there is an end, when the leading reel plunges to its destruction over a cliff. That is sacrifice. But this end is totally unexpected, more a nervous system collapse than an ending. Game Over.

May 3, 2014

Benjamin designava l'arte che unisce in sé il passeggiare in città, il montaggio cinematografico e l'assunzione di hashish[4].

I due ragazzi e le due bobine sono strettamente legati tra loro. Il primo ragazzo svolge la pellicola di celluloide dalla sua bobina mentre il secondo la riavvolge sull'altra con lo stesso ritmo frenetico. Sembra trattarsi di una pellicola sviluppata, dato che si vede un ragazzo tenerne un tratto controluce per osservarne le immagini. Quanto ai "rottami", ne vengono prodotti un bel po' durante quest'opera di distruzione della pellicola, che si riempie di graffi e di polvere strisciando come un serpente sul terreno scabroso. Si tratta soprattutto di un fenomeno sonoro fatto di scricchiolii, stridii, gemiti di un materiale sotto sforzo, scherzosi e insieme sinistri, simili talvolta a colpi di frusta. Ci si domanda, "si sta prendendo gioco inconsciamente della proibizione talebana del cinema? È un altro modo di fare e disfare un film?".

Senza dubbio *REEL-UNREEL* consente di osservare la realtà da una prospettiva inusuale, non solo perché anima il paesaggio attraversato dalle bobine, ma anche perché spesso lo fa all'altezza delle ginocchia, quella dei ragazzi e delle bobine che rimbalzano aprendosi alla meno peggio un passaggio tra mille ostacoli. Questo è fare cinema politico con un nuovo punto di vista, quello dall'altezza del suolo in su, con ruote in movimento. Sta a te, spettatore, decidere se si tratta delle ruote dell'eterno ritorno di Nietzsche, della locomotiva della storia di Marx o del postnietzschiano "diventare intenso, diventare animale..." di Deleuze, della carrozzina che cade lungo la scalinata di Odessa nella *Corazzata Potëmkin* (1925) oppure – ce ne guardi il cielo – di qualcosa che ti sei inventato tu.

Ne *La parte maledetta*, Bataille parla a lungo di come la guerra sia diventata nel XX secolo l'esempio più importante di *dépense* – di spesa del surplus in orge di dissipazione che fanno impallidire i *panem et circenses* del carnevale romano e le decine di migliaia di vittime sacrificate agli dei dagli aztechi.

---

[4] Michel de Certeau, *Walking In The City*, in *The Practice of Everyday Life,* University of California Press, Berkeley 1984; sul *Kolportage* si veda W. Benjamin, *Opere complete,* vol. IX, *I* "Passages" *di Parigi,* Einaudi, Torino 2000, p. 546 [M 1a, 3].

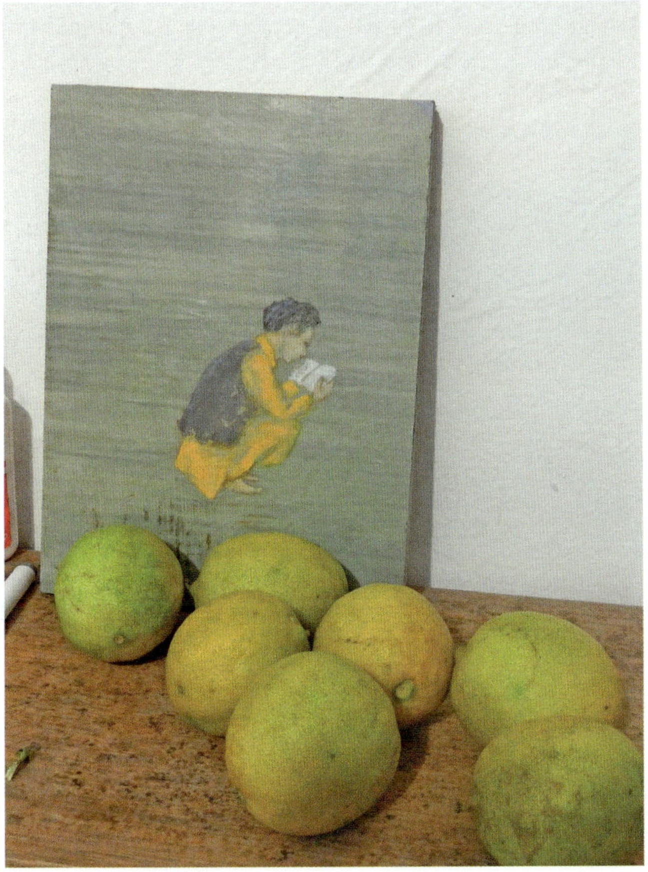

Studio Alÿs, Mexico City, 2010

Giunta da poco al suo tredicesimo anno, questa gargantuesca scorpacciata di vite umane e di tesori (non denaro ma *treasure*, come si usa dire nel Senato americano), la guerra in Afghanistan guidata dagli Stati Uniti, merita sicuramente l'appellativo di *Grande dépense*, oltre a quello di *Grande gioco*.

In *Kim*, per narrare questo gioco Kipling si è servito di un ragazzino, Kimball O'Hara, così come Francis Alÿs ha scelto due ragazzini che si inseguono sulle colline e nelle strade affollate di Kabul; solo che il suo gioco e quello dei ragazzi costringe il racconto ad autocannibalizzarsi. È un esempio di ciò di cui parla Bataille nel suo saggio su Van Gogh e la dimensione sacrale dell'automutilazione, un caso di autosacrificio della narrazione e dell'idea stessa di uno scopo – che, dopotutto, è quanto serve per avere un senso. Un senso di scopo, cioè. *REEL-UNREEL* non ha né inizio né fine, solo questa folle corsa a perdifiato senza altro scopo che se stessa. Dopo tutto, anche il titolo lo esprime chiaramente. Ci piacerebbe anche poter dire che la tensione è non solo intensa ma continua. Tuttavia, lo stato di eccezione/emergenza non è propriamente continuo, come la corrente di un fiume, perché è scaglionato e caotico, e ciascun "momento" forma un mondo in sé e non può essere dedotto da ciò che lo precede e che lo seguirà. Calcolo differenziale più mescalina, ciò che in un'altra occasione ho chiamato "il sistema nervoso". Ma sì!, una fine c'è, quando la bobina di testa si distrugge precipitando da una collina. Un sacrificio. Ma questa conclusione è totalmente inattesa e somiglia più a un collasso del sistema nervoso che a un finale. Game over.

3 maggio 2014

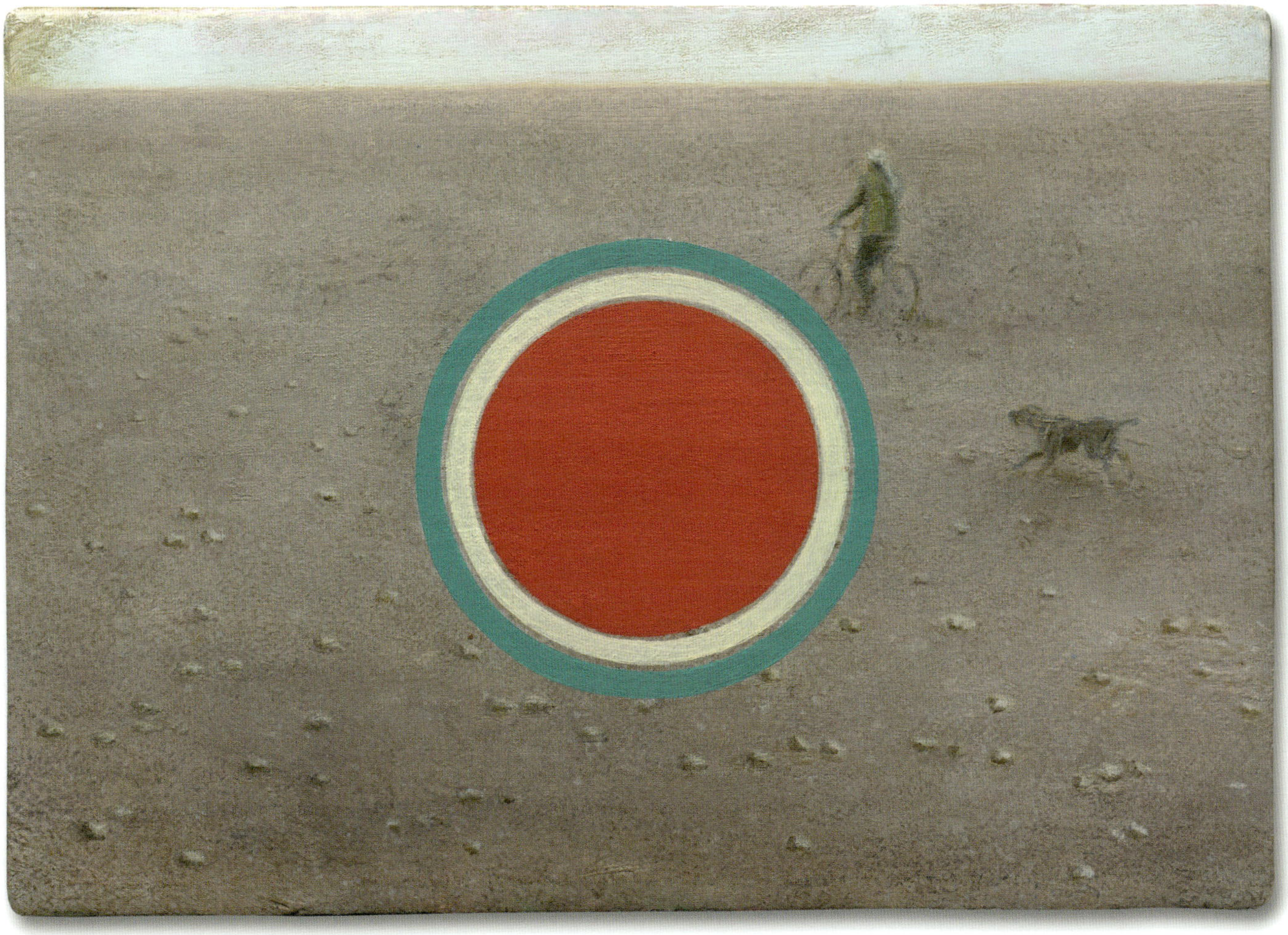

Untitled, 2013, oil on canvas on wood / olio su tela su legno, 13 × 18,1 × 1.2 cm. Embed-related work: Courtesy of Her Majesty The Queen

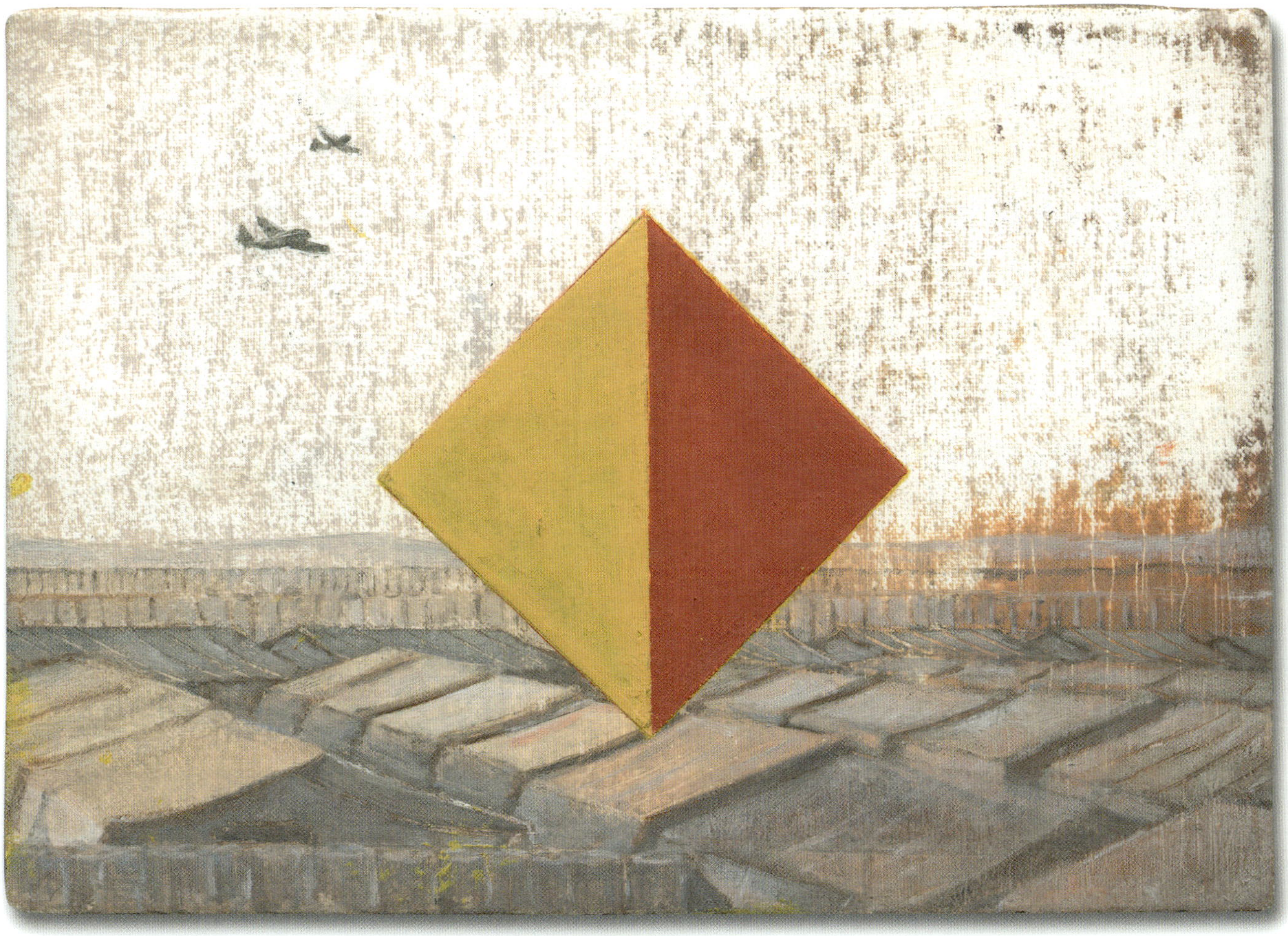

Untitled (1st Battalion Mercian Regiment), 2014, encaustic and oil paint on canvas on wood / encausto e olio su tela su legno, 22.5 × 22.5 × 1.8 cm. Embed-related work: Courtesy of Her Majesty The Queen

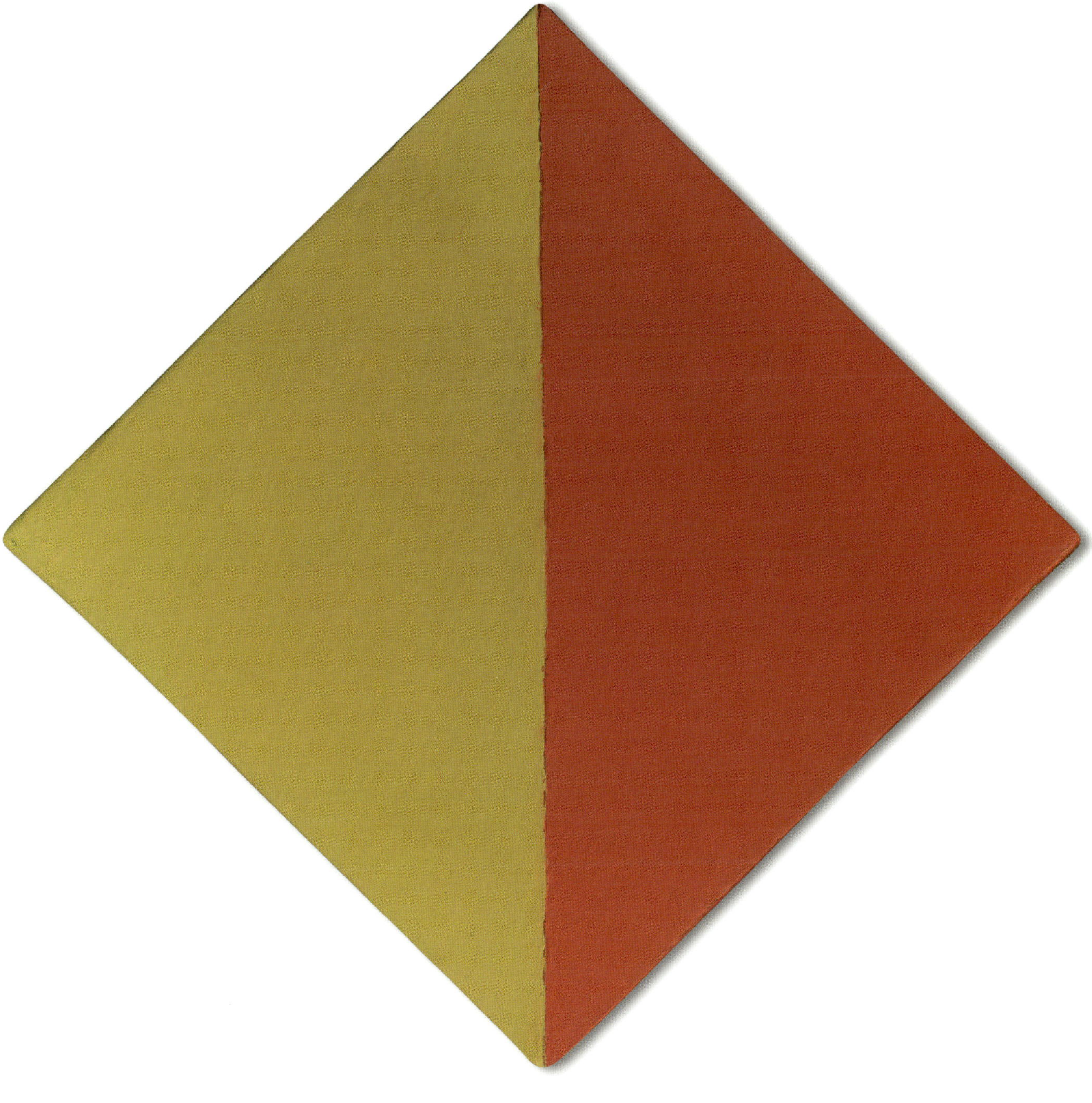

Untitled (16 Close Support Medical Regiment), 2013, oil on canvas on wood / olio su tela su legno, 18.1 × 18.1 × 1.2 cm. Embed-related work: Courtesy of Her Majesty The Queen

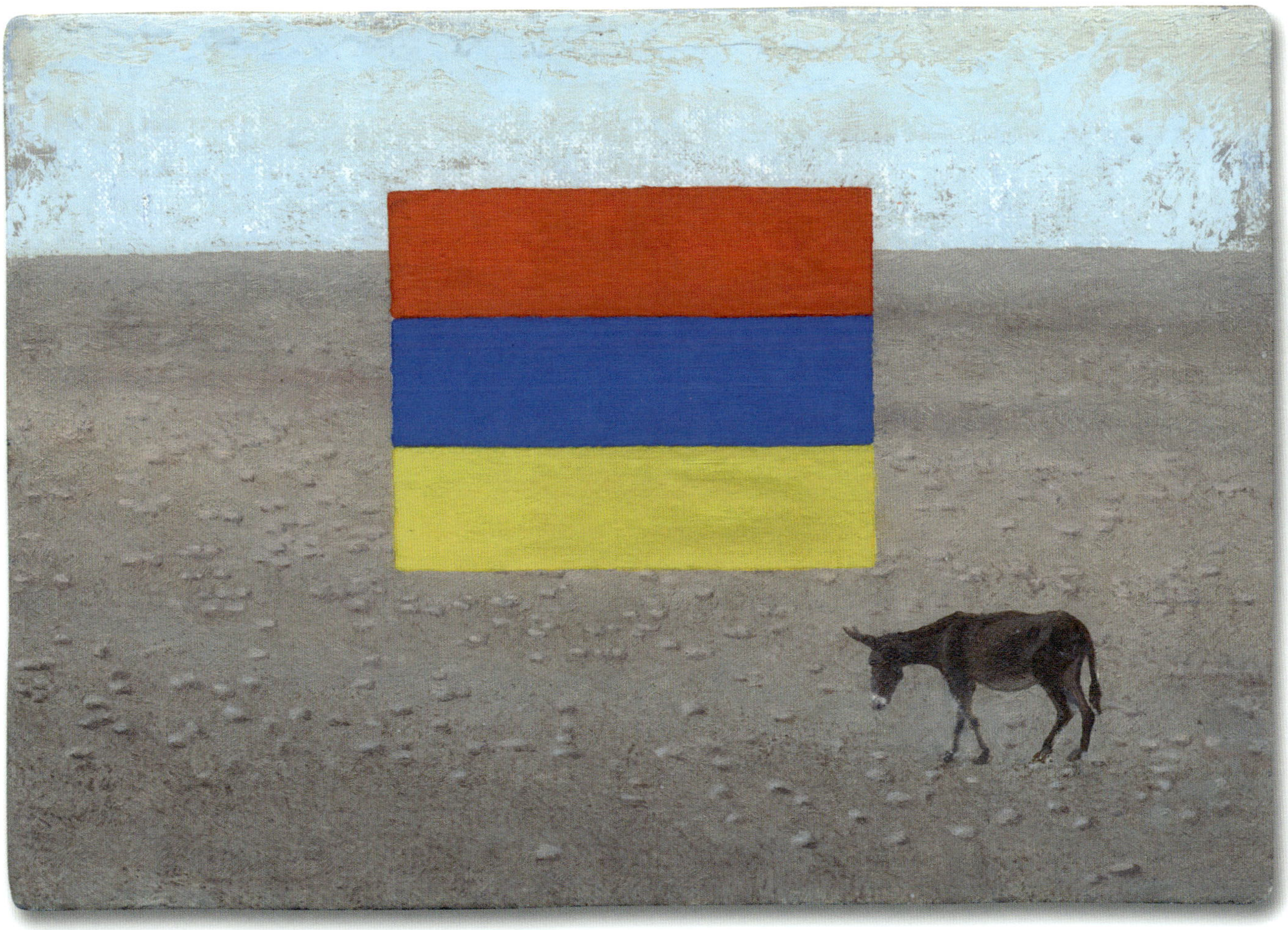

Untitled (16 Close Support Medical Regiment), 2013, oil on canvas on wood / olio su tela su legno, 13 × 18.1 × 1.2 cm. Embed-related work: Courtesy of Her Majesty The Queen

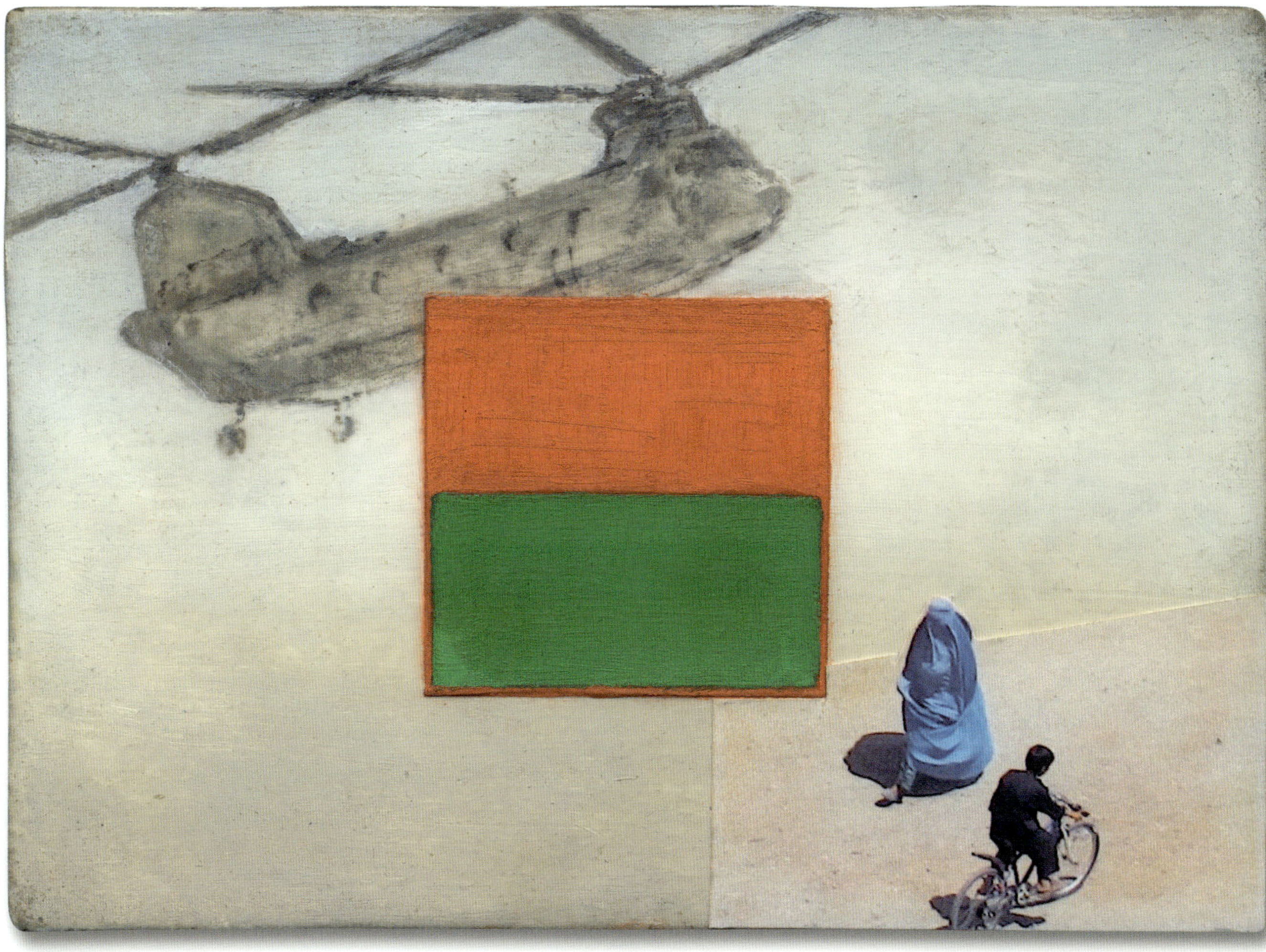

Untitled (4th Regiment Army Air Corps), 2013, oil on canvas on wood / olio su tela su legno, 13 × 18.1 × 1.2 cm. Embed-related work: Courtesy of Her Majesty The Queen

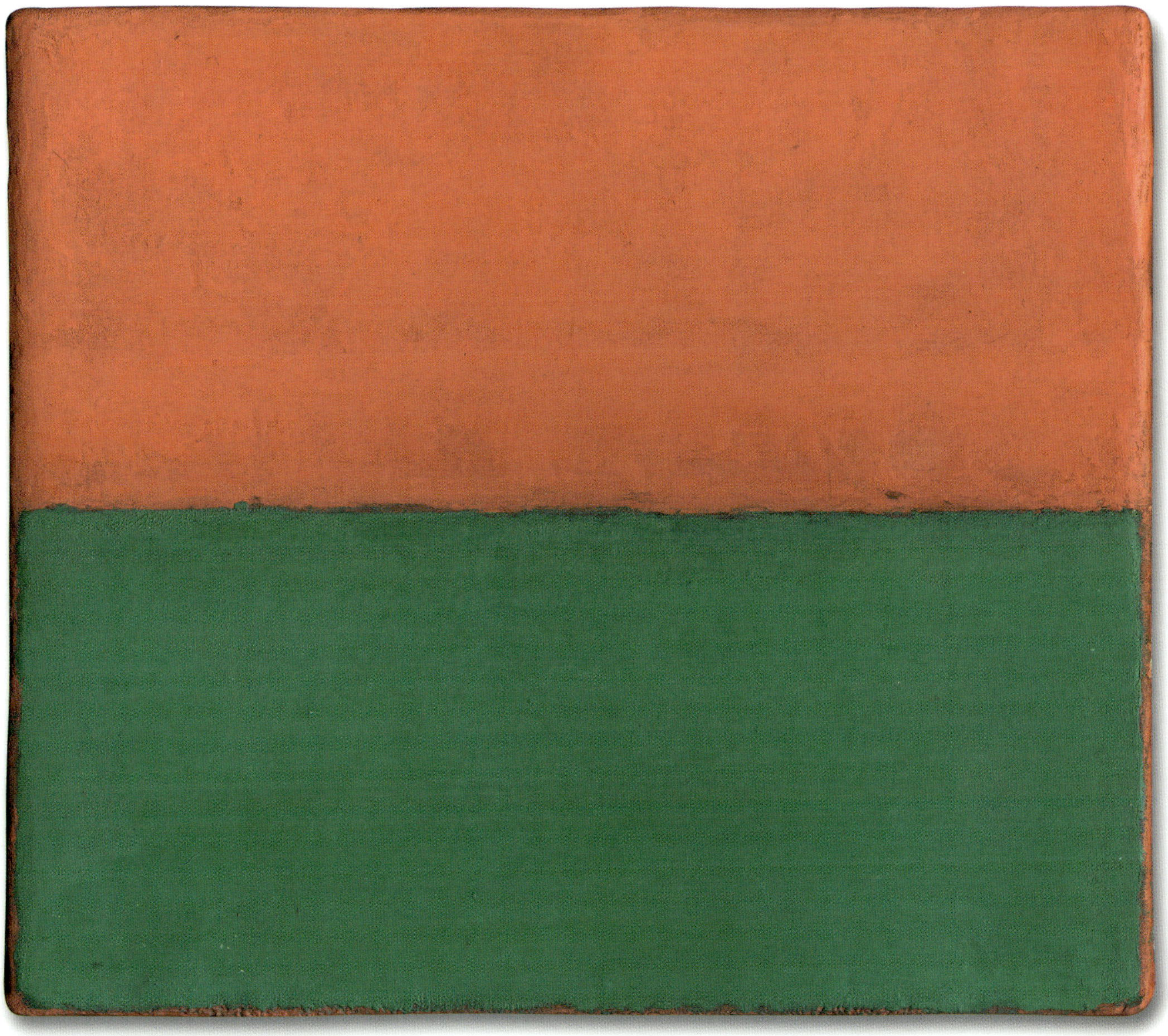

Untitled (4th Regiment Army Air Corps), 2014, encaustic and oil paint on canvas on wood / encausto e olio su tela su legno, 20 × 22.5 × 1.8 cm. Embed-related work: Courtesy of Her Majesty The Queen

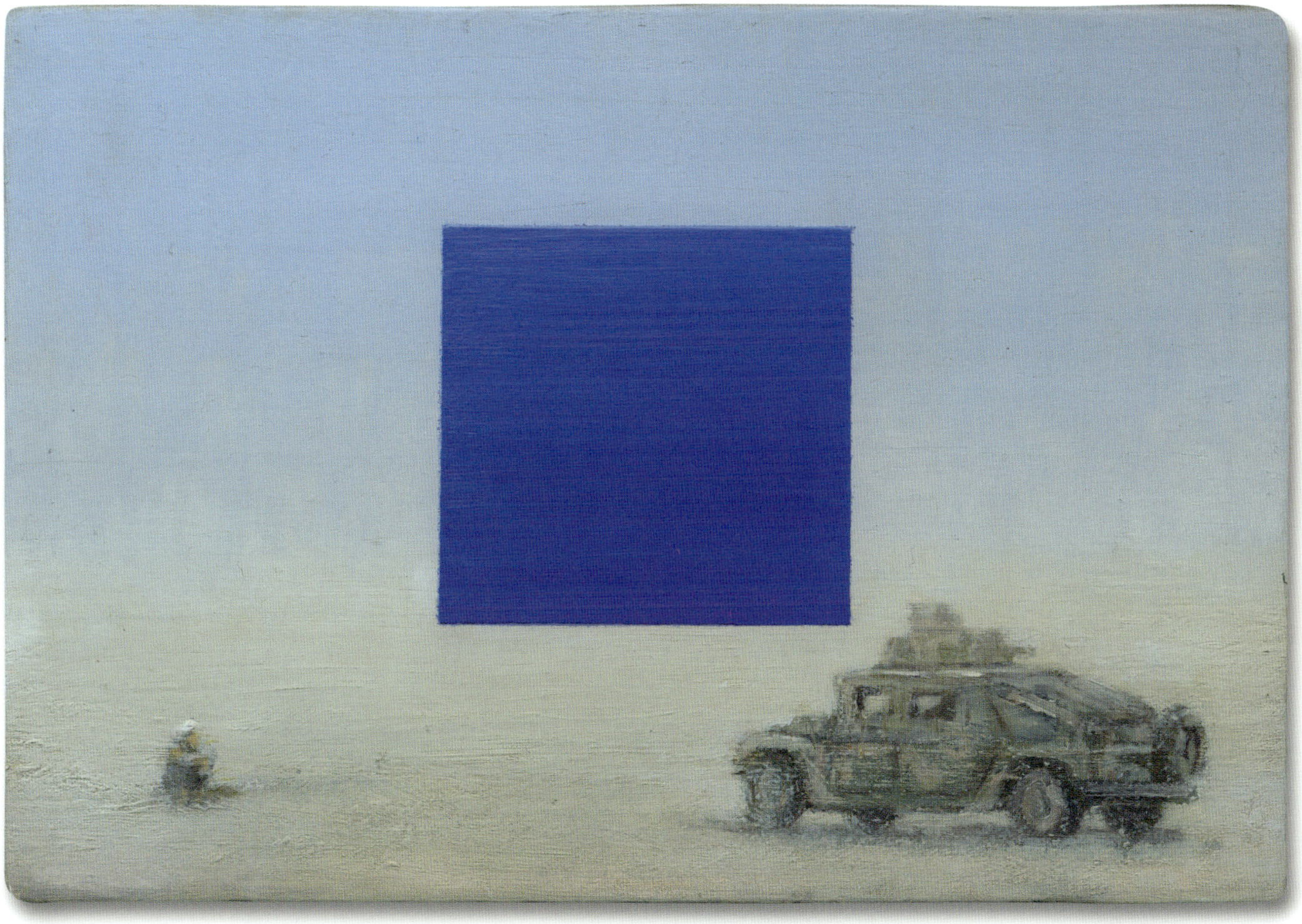

Untitled (2nd Battalion Parachute Regiment), 2013, oil on canvas on wood / olio su tela su legno, 13 × 18.1 × 1.2 cm. Embed-related work: Courtesy of Her Majesty The Queen

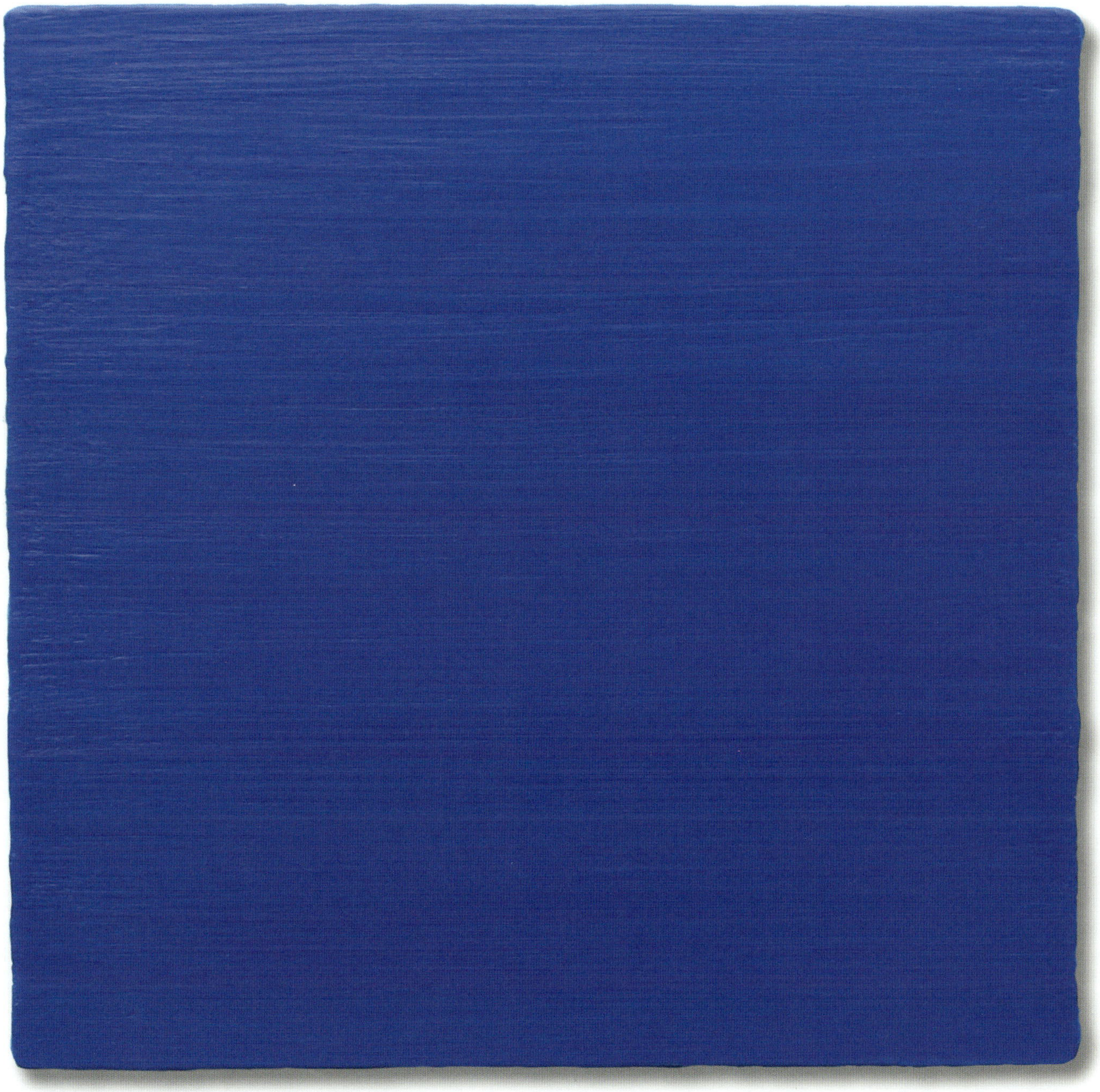

Untitled (2nd Battalion Parachute Regiment), 2014, encaustic and oil paint on canvas on wood / encausto e olio su tela su legno, 22.5 × 22.5 × 1.8 cm. Embed-related work: Courtesy of Her Majesty The Queen

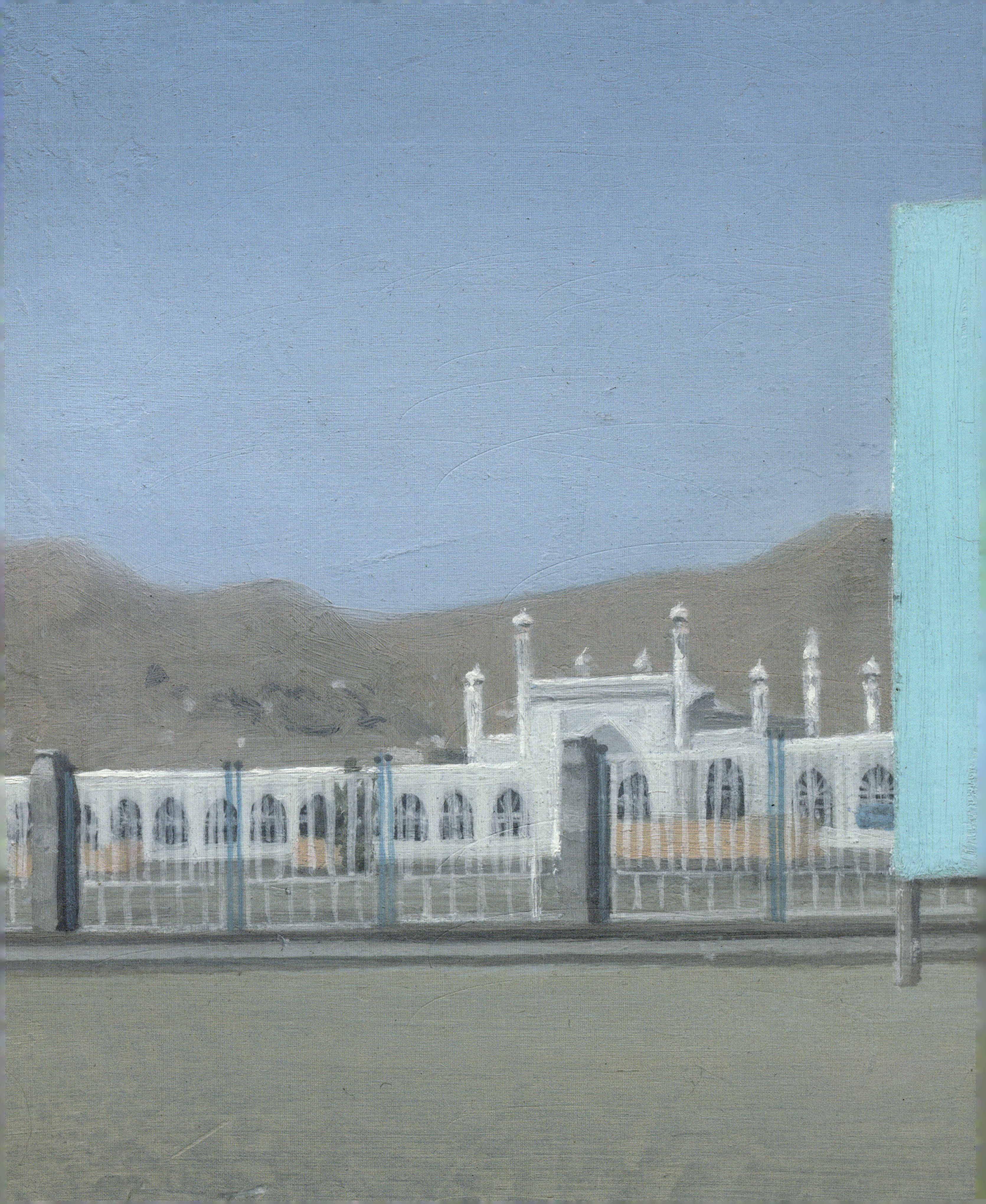

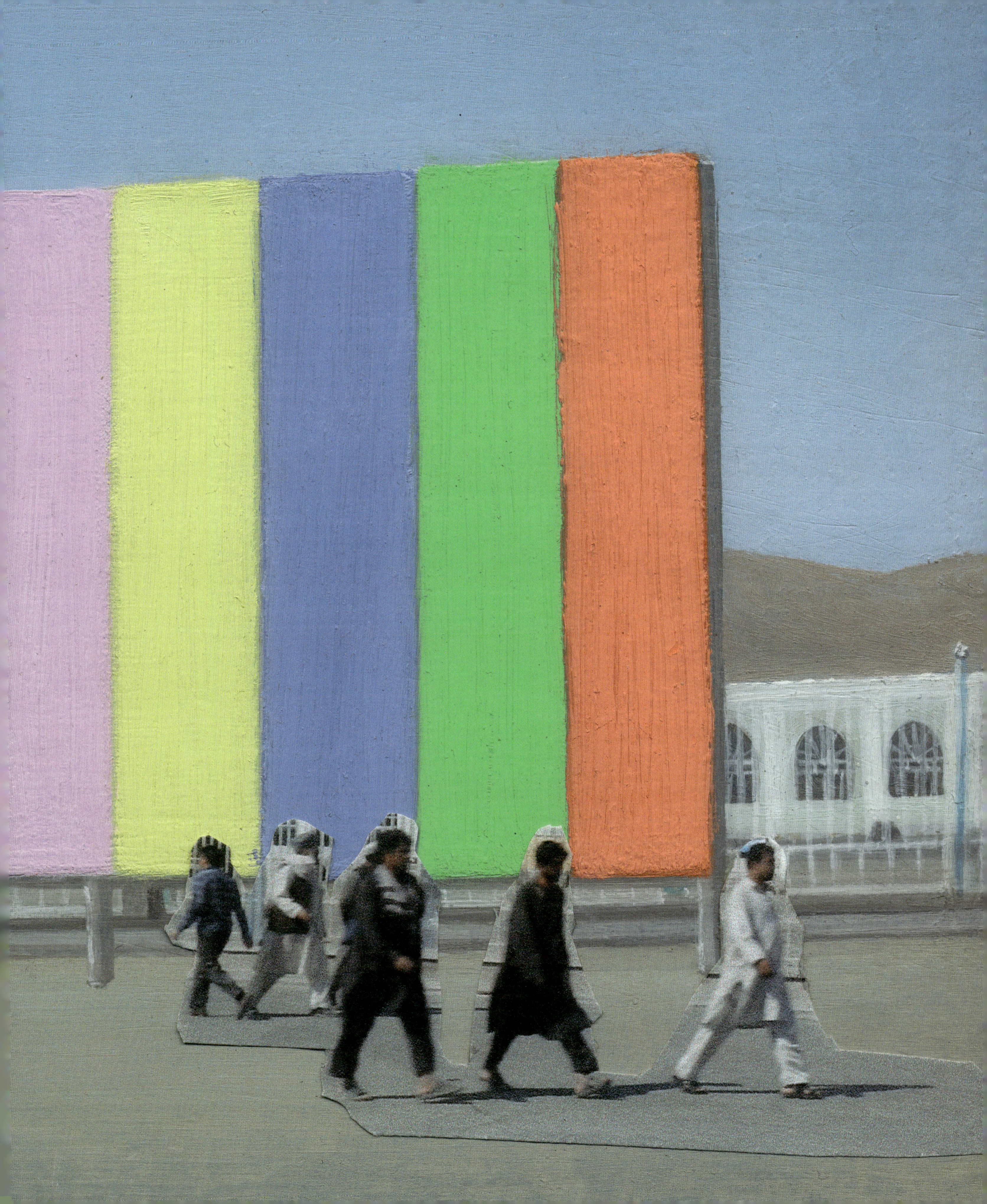

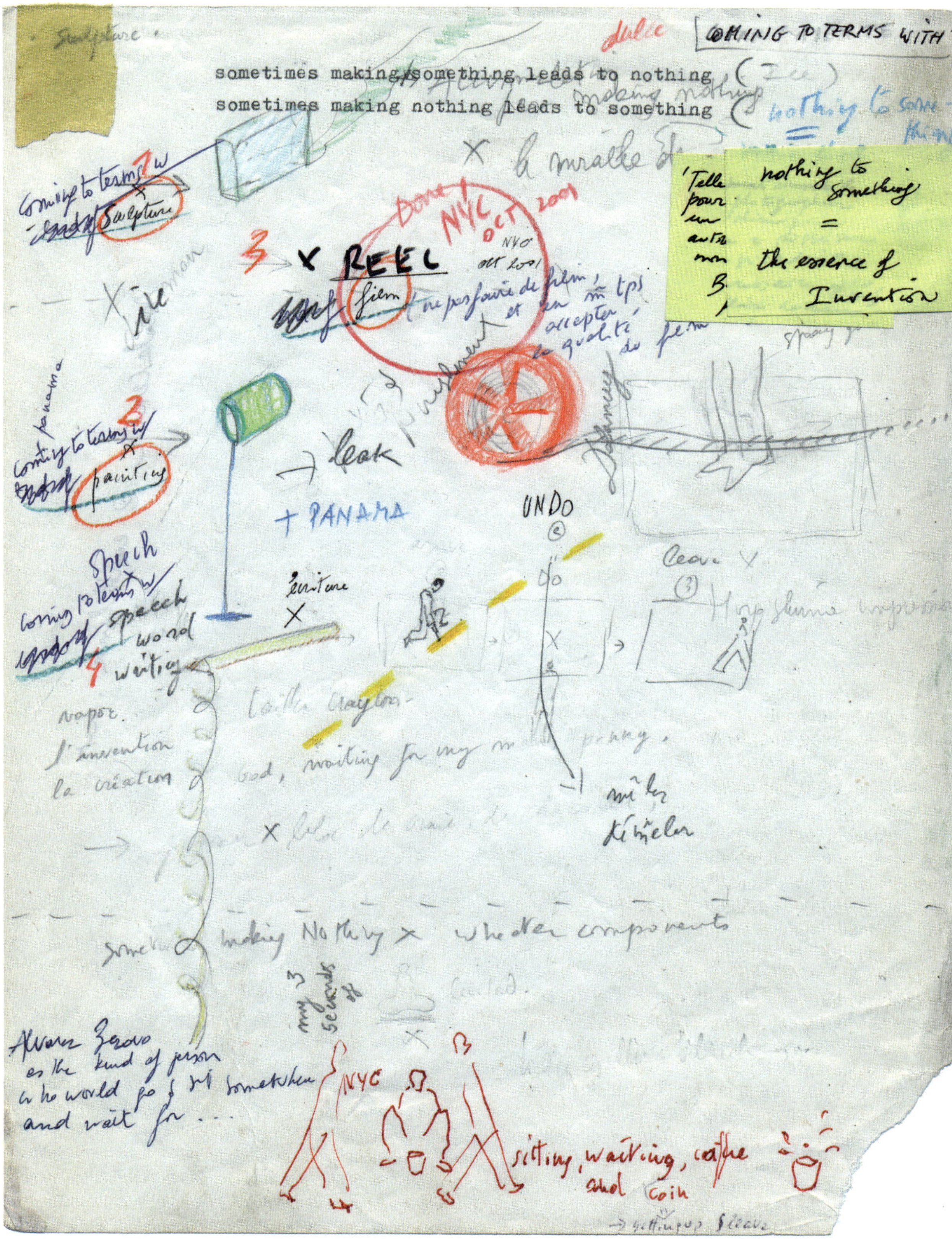

Untitled, 2005, pen, pencil, and color pencil on paper / penna, matita e pastello su carta, 27.9 × 21.6 cm

EWA GORZĄDEK

FRANCIS ALŸS. TO SHOW EACH THING BY ITS RIGHTFUL IMAGE

The Afghan projects occupy a singular place within Francis Alÿs's oeuvre. They were directly inspired by several trips to Afghanistan taken since 2010 in preparation for his participation at dOCUMENTA (13), where individual works from the series were first shown in June 2012. A series of color bar paintings were presented in Kassel, while the film *REEL-UNREEL* was screened at a parallel venue in Kabul. Since then, Alÿs has produced an additional four videos (including *Doing/Undoing* and three documentaries of street games as part of an ongoing children series compiled since 1999), and made several small-format collages, drawings, and sketches. An extensive panorama of these works, currently on view in Naples and Warsaw, represents a multifaceted diary of the artist's Afghan travels.

A country consumed by war for almost forty years, Afghanistan is a territory which few foreigners have explored of their own free will, and the media has played its part to ensure that the general public frowns nervously upon hearing its name. Afghanistan is perceived in the West as the Other with its own enigmatic reality—wounded, but dangerous. Upon the opening of dOCUMENTA (13), Alÿs admitted that, even at the level of their conception, his Afghan projects were high-risk and complicated. "If you think about it, it's pretty absurd to invite a Belgian artist living in Mexico to say something about the situation in Afghanistan today."

However, Alÿs seems uniquely predisposed to accomplish just such a mission. With a background in architecture and engineering, he is a keen observer of urban communities and has created works within highly different geopolitical contexts all over the world. including *Paradox of Praxis I* (1997), a nine-hour action where he pushed a block of ice around the streets of Mexico City until it completely dissolved; *The Green Line* (2004), his two-day long journey

FRANCIS ALŸS. MOSTRARE OGNI COSA ATTRAVERSO LA SUA VERA IMMAGINE

I progetti afgani occupano un posizione particolare nell'opera di Francis Alÿs. Essi sono direttamente ispirati ai viaggi compiuti dall'artista in questo paese a partire dal 2010, in preparazione della sua partecipazione a dOCUMENTA (13), dove singoli lavori di queste serie sono stati esposti per la prima volta nel giugno 2012. A Kassel è stata presentata una serie di dipinti di barre colorate mentre il film *REEL-UNREEL* era proiettato in una sede parallela a Kabul. Da allora, Alÿs ha prodotto altri quattro video (*Doing/Undoing* e tre documentari sui giochi di strada, nel quadro di una serie aperta dedicata ai ragazzi, iniziata nel 1999) e realizzato collage, disegni e schizzi di piccolo formato. Un'ampia presentazione di queste opere, attualmente in mostra a Napoli e a Varsavia, registra come in un diario i viaggi dell'artista in questo paese in tutte le loro sfaccettature.

Lacerato da oltre quarant'anni di guerre, l'Afghanistan è un territorio che pochi stranieri hanno esplorato per libera scelta e i media hanno contribuito non poco a far sì che le persone comuni assumano un'aria di disapprovazione al solo sentirlo nominare. In Occidente l'Afghanistan è percepito come l'Altro, con tutto il suo carico di realtà enigmatica, dolente ma pericolosa. All'inaugurazione di dOCUMENTA (13), Alÿs ha riconosciuto che, anche dal punto di vista della concezione, i suoi progetti afgani hanno comportato un alto livello di rischio e sono stati molto complicati. "Se ci si pensa, è assurdo invitare un artista belga che vive in Messico a dire la sua sull'attuale situazione afgana".

Tuttavia, l'artista sembra più che mai propenso a condurre a buon fine questa missione. Avendo studiato architettura e ingegneria, egli è un acuto osservatore delle comunità urbane e ha creato opere in contesti geopolitici molto diversi, tra cui *Paradox of Praxis I* (1997), un'azione della durata di nove ore, in cui ha spinto un blocco di ghiaccio per le strade di Città del Messico fino al suo completo scioglimento;

through Jerusalem carrying a leaking can of green paint which, dripping on the ground, retraced the 1949 dividing line between Israel and Palestine; or *When Faith Moves Mountains* (2002), a monumental undertaking in Ventanilla, Peru, where 500 volunteers used shovels to move a gigantic sand dune a few inches. I will return to each of these actions in due course.

Alÿs's works have often been conceived during walks and solitary strolls, a practice which involves physical contact with a given locality and situates the artist's angle of observation at street level. Traveling—displacing one's geographical position—leads him to assume his role as a tourist, a position he emphasized early in his artistic research with *Turista* (1994), a photograph showing him standing in between locals selling various products and services on Mexico City's Zocalo Square. Each is advertising their profession with a small sign at their feet: plumber, electrician, ...tourist. What is a tourist's abilities compared with the skilled labor offered by a plumber or an electrician? Who would want to hire him? Alÿs didn't offer any particular skill, but simply his services as an observer,a tourist endowed with the ability to experience, interpret, and point things out in order to create alternative ways of thinking about one's environment.

This absurdist response to his urban environment is indicative of how socio-political phenomena feature within Alÿs's wider practice. The figure of the tourist becomes a metaphorical self-portrait, relating not only to his biographical trajectory (after graduating from Institut d'Architecture de Tournai in Belgium, Alÿs moved to Italy to study at the Università Iuav di Venezia, and then to Mexico City, where he has been living since 1986), but also to his role in a globalized world where art and tourism are often closely related. Following this trend, we come upon *Narcotourism*, Alÿs's 1996 Copenhagen performance as part of his participation in the exhibition *NowHere* at the Louisiana Museum of Modern Art, when for seven days he wandered around the city, each day under the influence of a different drug (alcohol, hashish, speed, heroin, cocaine, valium, and ecstasy). Although these narcotic walks were documented by photographs and notes, at the exhibition itself Alÿs only presented a brief clinical description of the influence of

The Green Line (2004), l'attraversamento, durato due giorni, di Gerusalemme con un barattolo di vernice verde bucato in mano, in modo da rintracciare la linea di demarcazione tra Israele e Palestina stabilita nel 1949; o *When Faith Moves Mountains* (2002), un'opera monumentale intrapresa a Ventanilla, in Perù, dove 500 volontari armati di pala hanno spostato una duna di sabbia gigantesca di pochi centimetri. Ma ritorneremo su ciascuna di queste azioni al momento opportuno.

Spesso le opere di Alÿs sono state concepite nel corso di escursioni e passeggiate solitarie, una pratica che comporta un contatto fisico con una data località e situa l'angolo d'osservazione dell'artista a livello della strada. Viaggiare – mutare la propria posizione geografica – lo porta ad assumere il ruolo di turista, una posizione posta in risalto già all'inizio della sua ricerca artistica, con *Turista* (1994), una fotografia in cui l'artista è ritratto nello Zocalo di Città del Messico, seduto tra diversi venditori di prodotti e fornitori di servizi e dove l'attività di ciascuno è indicata da un cartello posato davanti ai piedi: idraulico, elettricista, ...turista. Qual è la sfera di competenza specifica del turista rispetto a quella di un artigiano come un idraulico o un elettricista? Chi sarebbe disposto ad assumerlo? Alÿs non offriva una particolare capacità professionale ma semplicemente i suoi servizi di osservatore, di turista abile nell'esperire, interpretare e indicare qualcosa per creare modi alternativi di pensare il proprio ambiente.

Questa risposta assurdista nei confronti del proprio ambiente urbano è indicativa del modo in cui i fenomeni socio-politici si presentano più in generale nella pratica di Alÿs. La figura del turista diventa un autoritratto metaforico, che riguarda non solo il suo percorso biografico (dopo essersi laureato all'Institut d'Architecture di Tournai in Belgio, Alÿs si è trasferito in Italia per frequentare l'Università Iuav di Venezia e poi a Città del Messico, dove si è stabilito nel 1986) ma anche il suo ruolo in un mondo globalizzato, dove spesso l'arte e il turismo sono strettamente legati. Lungo questo percorso, ci si imbatte in *Narcotourism*, la performance compiuta nel 1996 a Copenaghen, nel quadro della sua partecipazione alla mostra *NowHere* al Louisiana Museum of Modern Art, quando per sette giorni vagò per

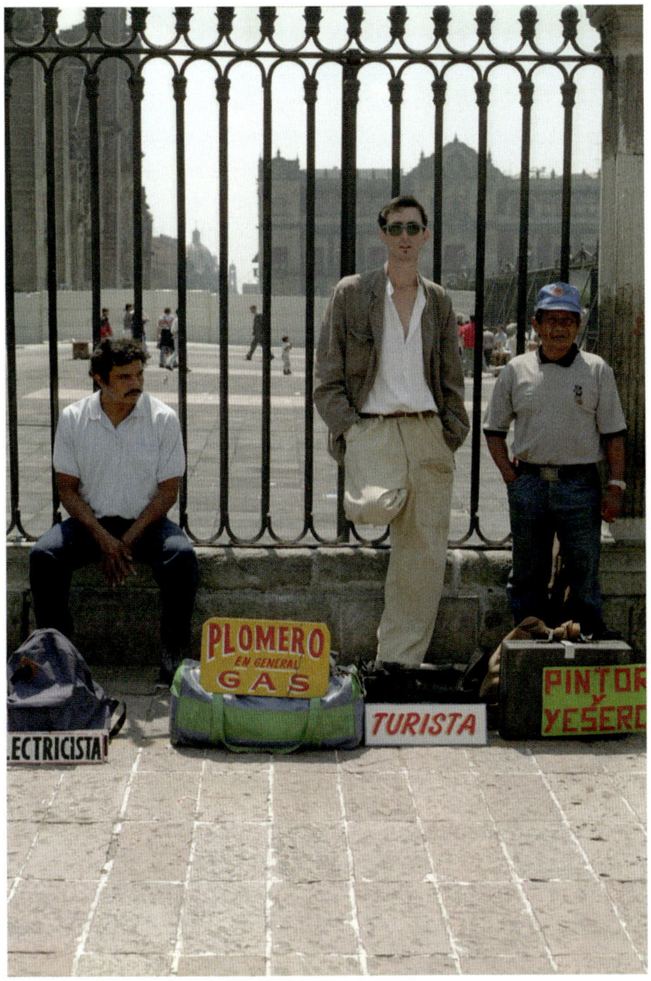

Turista, Mexico City, 1994, photographic documentation of an action / documentazione fotografica di un'azione. Photo / Foto Enrique Huerta

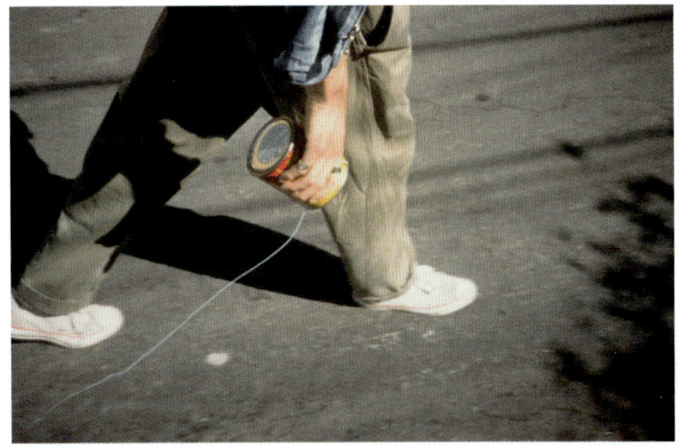

The Leak, São Paulo, 1995, photographic documentation of an action / documentazione fotografica di un'azione. Photo / Foto Kurt Hollander

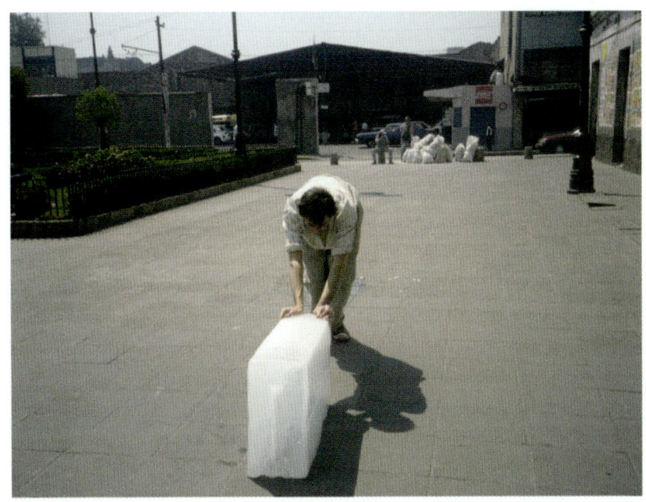

Paradox of Praxis I (Sometimes Making Something Leads to Nothing), Mexico City, 1997, photographic documentation of an action / documentazione fotografica di un'azione. Photo / Foto Enrique Huerta

each drug on his body and soul, alongside free postcards narrating the plot of his visit to Copenhagen.

Alÿs's "touristic" mode of observation, intentionally altered by the influence of drugs during his Copenhagen investigation, turned out to be much more acute in Afghanistan. One project took the form of a postcard entitled *Adrenalinotourism* (adrenalin is a drug-like hormone released when the body finds itself in stressful and dangerous situations). In his text *Two Sketches on Postmodern Morality* from 1994, Zygmunt Bauman describes four common "postmodern" personality types: strollers, vagabonds, tourists, and players. The tourist, he claims, leaves his home looking for thrills. Thrills and tales of thrills are the only prizes he returns with, and the only ones he cares about. Alÿs knowingly accepted potentially hazardous situations when, following his visits to Afghanistan in connection with dOCUMENTA (13), he went on to apply to become embedded as a war artist for two weeks with the UK Task Force Helmand during the spring of 2013. Afghanistan is arguably one of the world's most dangerous places today, and the artist wished "to investigate if exposure to danger would alter [his] senses and produce a different response in the field of representation."

Alÿs tends to avoid literal representations of violence. One exception was his *Lynching* paintings made as a commentary to the practice of lynching that spread in Latin America in the early 2000s as an instrument of popular justice by communities frustrated with the inefficiency of their countries' legal systems. As he has elaborated, "I wanted to translate this horror—a little like Goya's images of war." However, his only sources then were second- and thirdhand information such as newspaper articles. Direct representation of the war-scarred Afghanistan is something Alÿs eludes. "I cannot paint violence," he said when asked about his Afghan works. Whether this should be read as an admission of failure—a term the artist has metaphorically addressed in several of his earlier works in relation to reflections on social and economic problems—is for the viewer to decide.

Postcard-size paintings made by the artist during his Afghan travels supplement the unconcluded stories of his films. While their conveniently portable format recalls works

la città sotto l'effetto di differenti droghe (alcool, hashish, speed, eroina, cocaina, valium ed ecstasy). Benché queste passeggiate narcotiche fossero documentate da annotazioni e fotografie, alla mostra Alÿs presentò solo una breve descrizione clinica dell'effetto prodotto da ciascuna droga sul suo corpo e sulla sua anima, insieme a cartoline gratuite che narravano la storia della sua visita a Copenaghen.

Il punto d'osservazione "turistico" di Alÿs, intenzionalmente alterato dall'effetto delle droghe nel corso dell'indagine di Copenaghen, si è rivelato molto più efficace in Afghanistan. Un progetto ha assunto la forma di una cartolina intitolata *Adrenalinotourism* (l'adrenalina è un ormone molto simile a una droga che il corpo produce quando viene a trovarsi in situazioni stressanti e pericolose). Nel testo *Two Sketches on Postmodern Morality* del 1994, Zygmunt Bauman descrive quattro tipi di personalità postmoderna: il *flâneur*, il vagabondo, il turista e il giocatore. Il turista, a suo parere, si allontana da casa alla ricerca del brivido. Le esperienze di questo tipo e la possibilità di raccontarle sono il solo premio che il turista riporti a casa, l'unico a cui tenga veramente. Alÿs ha accettato consapevolmente di affrontare situazioni potenzialmente rischiose quando, nella primavera del 2013, in seguito alle visite in Afghanistan effettuate per dOCUMENTA (13), ha chiesto di essere "embedded" per due settimane nella Task Force britannica di Helmand come artista di guerra. L'Afghanistan è probabilmente uno dei paesi più pericolosi del mondo e l'artista desiderava "condurre un'indagine per capire se l'esposizione al pericolo avrebbe alterato le sue percezioni e prodotto una risposta differente per quanto concerne la rappresentazione".

Alÿs tende a evitare la rappresentazione letterale della violenza. Fanno eccezione a questa regola i dipinti *Lynching*, con cui ha voluto commentare la pratica del linciaggio diffusasi in America Latina all'inizio del 2000 come strumento di giustizia popolare in comunità frustrate dall'inefficienza del sistema giudiziario dei loro paesi. Come ha precisato, con questi lavori egli ha voluto "tradurre quell'orrore, un po' come nelle immagini di guerra di Goya". Le sue sole fonti, tuttavia, erano informazioni di seconda e terza mano, perlopiù articoli di giornale. La rappresentazione diretta di un paese deturpato dalla guerra come l'Afghanistan è qualcosa

historically produced by artists who also served as war correspondents, Alÿs presents them like a storyboard recounting the everyday life of a country cruelly afflicted by war. Multicolored vertical bars reminiscent of the color tests conducted for television screens recurrently intervene. Sometimes they "crawl" into the Afghan landscapes and appear alongside them, at other times they become the canvases sole subject matter. Alÿs provides few clues to their possible interpretation. Should they be viewed as a protest against the excessive scenes of violence displayed, often gratuitously, by media reports from Afghanistan? Or should they be taken as evidence of the artist's self-confessed inability to represent war atrocities through any medium at all? (Unlike an artist like Francisco Goya, for example, whose etchings testify to the ravages of war and reveal mankind as humiliated, terrified, but also bestial).

The practice of painting in Alÿs's art can be seen as a way to translate something that can't be filmed or otherwise recorded. It also serves as a kind of discourse through which the artist can comment upon the modernist tradition of the medium. In 1995 in São Paulo, he performed an action called *The Leak*. Leaving a gallery with a leaky can of blue paint, he walked around the city while marking the ground with thin streaks of blue. When getting towards the end of the can's contents, he retraced his way to the gallery thanks to the leaked paint on the streets and hung the empty can on one of its walls. Thus, Jackson Pollock's action painting was addressed on several formal points, including the idea of horizontality, the liberation of the painting from the frame, the combination of paint with performative action, the expressive gesture, and the superior role of chance.

Exported and extended into the city space, painting fits perfectly into Alÿs's urban trips, materially marking his route. In 2004 in Jerusalem, the artist repeated this strategy in *The Green Line (Sometimes doing something poetic can become political and sometimes doing something political can become poetic*). On this occasion, his poetic action of dripping paint in public space was enhanced by a political dimension. Green paint precisely retraced the cease-fire line agreed in 1948 between general Moshe Dayan, commander of the Israeli forces in the Jerusalem

che Alÿs elude. "Non posso descrivere la violenza", ha risposto a chi lo interrogava sui suoi lavori afgani. Sta all'osservatore decidere se questa ammissione equivalga o no al riconoscimento di un fallimento – un termine chiamato in causa in molte delle sue prime opere, in rapporto a riflessioni su problemi economici e sociali.

I dipinti-cartolina realizzati dall'artista durante i suoi viaggi afgani integrano le storie incompiute dei suoi film. Se il loro formato opportunamente portatile richiama alla mente opere di artisti che hanno operato anche come corrispondenti bellici, Alÿs le presenta come uno storyboard che descrive nei dettagli la vita quotidiana di un paese crudelmente afflitto dalla guerra. Le barre verticali multicolore, che ricordano i vecchi *test pattern* delle trasmissioni a colori, intervengono ripetutamente, talvolta "scivolando" nei paesaggi afgani e aggiungendosi a essi, in altri casi diventando l'unico soggetto della tela. Alÿs non fornisce molti indizi utili alla loro interpretazione. Devono essere lette come una protesta contro le scene di violenza spesso eccessive e gratuite mostrate nei servizi giornalistici sull'Afghanistan? O sono la prova della confessata incapacità del loro autore di rappresentare le atrocità della guerra con qualsiasi mezzo espressivo? (Cosa che lo distingue da un artista come Francisco Goya, ad esempio, le cui incisioni testimoniano le devastazioni prodotte dalla guerra e rivelano un'umanità non solo umiliata e atterrita, ma anche bestiale).

Nell'arte di Alÿs, la pratica della pittura può essere vista come un modo di tradurre qualcosa che non può essere filmato o registrato con altri mezzi e opera come una sorta di discorso con cui l'artista commenta la tradizione modernista di questo mezzo espressivo. Nel 1995, a San Paolo del Brasile, egli ha eseguito un'azione chiamata *The Leak*. È uscito da una galleria tenendo in mano un barattolo bucato di pittura blu e ha camminato per la città lasciando sul terreno sottili strisce di blu. Quando il contenuto del barattolo stava per finire, ha ritrovato la strada della galleria grazie alle tracce di pittura sull'asfalto e ha appeso il barattolo vuoto a uno dei suoi muri. Così facendo, ha richiamato vari aspetti formali dell'*action painting* di Jackson Pollock, tra cui l'idea di orizzontalità, la liberazione della pittura dalla cornice, la combinazione di pittura e azione performativa, il gesto espressivo e il ruolo predominante del caso.

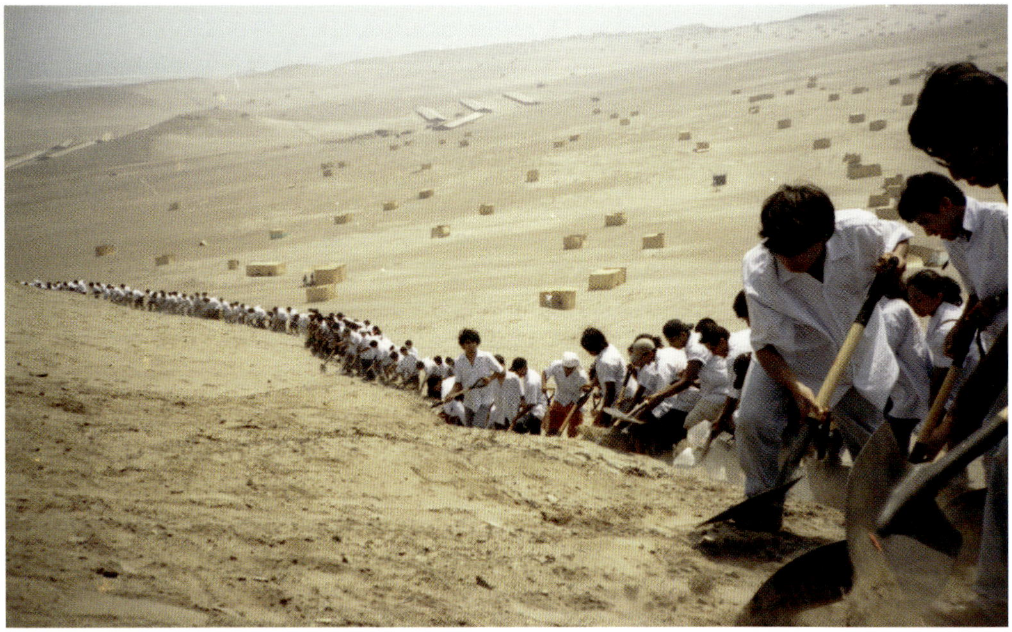

When Faith Moves Mountains, Lima, 2002, in collaboration with / in collaborazione con Rafael Ortega and Cuauhtémoc Medina, photographic documentation of an action / documentazione fotografica di un'azione. Photo / Foto Francis Alÿs

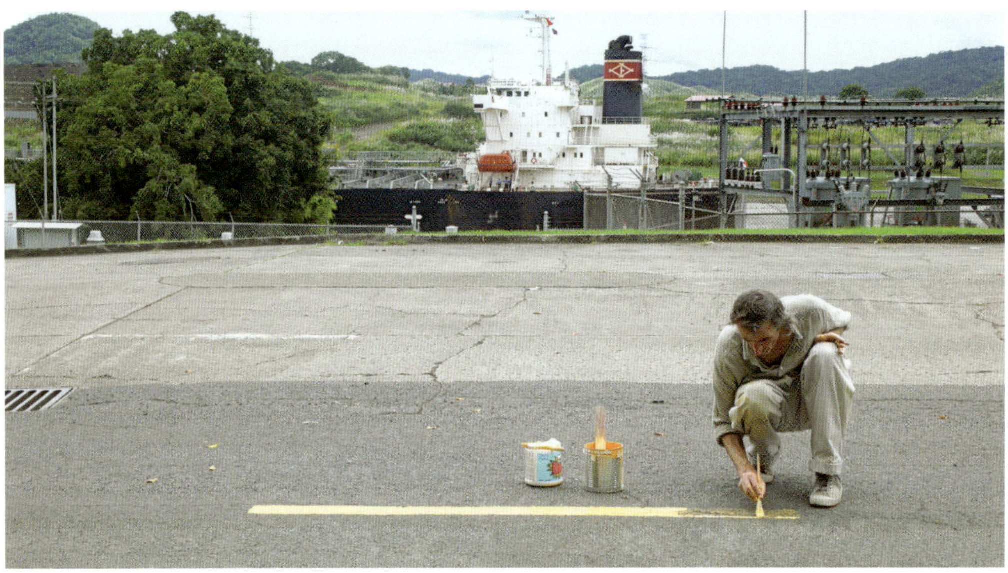

Retoque/Painting, Ex-US Panama Canal Zone, 2008, photographic documentation of an action / documentazione fotografica di un'azione. Photo / Foto Raúl Ortega Ayala

region, and Abdullah al-Tal, representing the Arab Legion to delineate the border between the conflicting zones. In the work *Retoque/Painting*, realized in Panama four years later, Alÿs similarly combined painting with performative action, again merging the poetic with the political. The artist meticulously repainted sixty yellow median strips on a road in the former American Panama Canal Zone, the territory joining the Atlantic and Pacific oceans. In this case, Alÿs created a "found" painting in a public space charged with memories of past political conflicts. The gesture of wielding the brush became an act of healing in a traumatized territory.

A large group of works within Alÿs's Afghan projects render humans, animals, and inanimate objects in an almost emblematic way. They seem to be sculptures coaxed from, or "found" in, the anonymous textures of Afghanistan's social landscape, and include the massive form of a building shown in sharp contour against the sky, the curled shape of a sleeping dog, a group of gunmen watching the approach of an army helicopter, the statue-like figure of an old man sitting cross-legged in a doorway, and two men peeing on a wall. The palpable, almost three-dimensional way in which they are depicted places them within their own category of sculpture-in-painting.

Although Alÿs creates very few objects, he nevertheless seems to have an original approach to the medium of sculpture. Looking for "sculpted" situations in his environment, he finds them in transient and impermanent forms which briefly materialize in spatial arrangements. His photographic series *Sleepers* (1997-2006) documents hundreds of homeless people and dogs sleeping on the streets of Mexico City, while *Ambulantes* (1992-2006) builds a register of the street vendors wandering the city loaded with their wares. Seen together, they form surrealistic, hybrid shapes, balancing on the verge of equilibrium. "Alÿs pushes sculpture to transparent limits, finally consummated in the imagination," as one writer has put it.[1]

---

[1] Lorna Scott Fox, "Where Sculpture Happens," in *Francis Alÿs: A Story of Deception*, ed. by Mark Godfrey, Klaus Biesenbach, and Kerryn Greenberg (New York: The Museum of Modern Art, 2010), 195.

Esportata ed estesa allo spazio della città, la pittura si adatta alla perfezione ai viaggi urbani di Alÿs, tracciando materialmente il suo percorso. Nel 2004, a Gerusalemme, l'artista è tornato a impiegare questa strategia in *The Green Line (Sometimes doing something poetic can become political and sometimes doing something political can become poetic)*. In questa occasione, l'azione poetica consistente nel lasciar sgocciolare la pittura nello spazio pubblico si arricchiva di una dimensione politica: la pittura verde infatti ritracciava con estrema precisione la linea del cessate il fuoco concordata nel 1948 dal generale Moshe Dayan, comandante in capo delle forze israeliane nella regione di Gerusalemme, e Abdullah al-Tal, rappresentante della Legione Araba, per demarcare il confine tra le rispettive zone fra loro in conflitto. Allo stesso modo, in *Retoque/Painting*, realizzata a Panama quattro anni dopo, Alÿs ha unito pittura e azione performativa, nonché, ancora una volta, poesia e politica. Qui l'artista ha meticolosamente ridipinto sessanta strisce spartitraffico gialle di una strada dell'ex zona americana del Canale di Panama, il territorio in cui l'Oceano Atlantico si unisce al Pacifico. In questo caso, Alÿs ha creato una pittura "trovata" in uno spazio pubblico carico di memorie di conflitti politici. Il gesto pittorico è diventato così un atto risanatore in un territorio traumatizzato.

Nell'ambito dei progetti afgani di Alÿs, un ampio gruppo di opere rappresenta esseri umani, animali e oggetti inanimati in modo quasi emblematico: sembrano sculture evocate dalle trame anonime del paesaggio sociale afgano o in esse "trovate". Tra queste compare la sagoma massiccia di un edificio che si staglia nettamente contro il cielo, la forma contorta di un cane che dorme, un gruppo di uomini armati che guardano un elicottero dell'esercito in avvicinamento, la figura statuaria di un vecchio seduto a gambe incrociate sulla soglia di una casa e due uomini che urinano contro un muro. Il modo palpabile, quasi tridimensionale, in cui sono descritti li situa in una categoria specifica, quella della scultura nella pittura.

Benché abbia creato pochissimi oggetti, Alÿs sembra avere un approccio tutto suo al mezzo espressivo della scultura. Cercando situazioni "scultoree" nell'ambiente circostante, le trova in forme transitorie e precarie che per un istante si materializzano in disposizioni spaziali. La serie fotografica

The video *Paradox of Praxis I (Sometimes Making Something Leads to Nothing)* from 1997 provides another good example. In the five minute film, the artist documents his nine hours of exertions on a sweltering day in Mexico City, when he pushed a large block of ice around the streets until it had completely melted. The impermanent sculptural material left an equally impermanent trail on the ground, but the video has a lingering impact on the imagination. On the one hand, the action highlights the gigantic disproportion between the effort invested in the task and its negligible results; on the other, the ice cube's geometric shape, combined with its everyday material, can be seen to take Minimalist sculpture to its logical conclusion.

The slogan "maximum effort / minimum effect" was made explicit on a much larger scale in Alÿs's 2002 project *When Faith Moves Mountains*, here taking on mythic proportions. As the artist has noted: "*When Faith Moves Mountains* attempts to translate social tensions into narratives that intervene in the imaginary of a place....It can also operate in terms of the narrative of the art world. Whereas the ice piece was a settling of accounts with Minimalist sculpture, *When Faith Moves Mountains* de-romanticizes Land art. When Richard Long made his walks in the Peruvian desert he was proposing a contemplative concept, but distancing himself from the social context. When Robert Smithson built the *Spiral Jetty* in Salt Lake, he was turning civil engineering into sculpture and vice versa. Here we are attempting a kind of Land art for the land-less, and with the help of hundreds of people and shovels, we build a social allegory."[2]

A comparably ambitious undertaking is Alÿs's Kabul-based video *REEL-UNREEL*. The main subject here is the city and its inhabitants, portrayed by the camera as it follows two boys rolling and unrolling a spool of 35mm film. Again, this work suggests many levels of interpretation. The surface of the celluloid film, which is analogue material, literally registers the physicality of Kabul throught its dusty suburbs, busy bazars, and crowded old town. In spite

[2] Francis Alÿs and Cuauthémoc Medina, *When Faith Moves Mountains* (Madrid: Turner, 2005), 24.

Sleepers (1997-2006) ritrae i centinaia di senzatetto e di cani randagi che dormono nelle strade di Città del Messico, mentre *Ambulantes* (1992-2006) cataloga i venditori ambulanti che vagano per le strade della città con il loro carico di merci. Osservate nel loro insieme, queste immagini creano forme ibride, surrealiste perennemente in bilico. "Alÿs spinge la scultura verso limiti trasparenti, alla fine consumati nell'immaginazione" per usare le parole di una scrittrice[1].

Il video *Paradox of Praxis 1 (Sometimes Doing Something Leads to Nothing)* del 1997 ne è un altro eccellente esempio. Nei cinque minuti del film, l'artista documenta le nove ore in cui ha faticosamente spinto un grande blocco di ghiaccio per le strade afose di Città del Messico fino al suo completo scioglimento. Il deperibile materiale scultoreo ha lasciato tracce altrettanto effimere sul terreno, ma il video esercita un impatto durevole sull'immaginazione. Da un lato, l'azione evidenzia l'enorme sproporzione tra l'energia investita nell'impresa e i suoi risultati inconsistenti; dall'altro, nell'impiego della forma geometrica del cubo, in combinazione con un materiale di uso comune, si può scorgere un tentativo di portare la scultura minimalista alle sue logiche conclusioni.

La parola d'ordine "massimo sforzo / effetto minimo" è stata esplicitata su più larga scala nel progetto *When Faith Moves Mountains* del 2002, dove ha assunto proporzioni mitiche. Come ha osservato l'artista: "*When Faith Moves Mountains* tenta di tradurre le tensioni sociali in narrazioni che interferiscono con l'immaginario di un luogo... Può anche operare nei termini della narrazione del mondo dell'arte. Se il blocco di ghiaccio era un regolamento di conti con la scultura minimalista, *When Faith Moves Mountains* deromanticizza la Land art. Con le sue passeggiate nel deserto peruviano, Richard Long ha proposto un concetto contemplativo ma prendendo le distanze dal contesto sociale. Con la costruzione di *Spiral Jetty* a Salt Lake, Robert Smithson ha trasformato l'ingegneria civile in scultura e viceversa. Qui noi sperimentiamo una

[1] Lorna Scott Fox, *Where Sculpture Happens*, in Francis Alÿs, *A Story of Deception*, a cura di Mark Godfrey, Klaus Biesenbach, Kerryn Grenberg, MoMA - The Museum of Modern Art, New York 2010, p. 195.

of the ubiquitous presence of the military and security services, Alÿs's film offers a different, optimistic, and ultimately paradoxical perspective on life in the city. Although made with digital equipment, it also pays homage to the vanishing analog medium. The views of the film spool dramatically tumbling down a long stone stairway subtly recalls the iconic scene from Sergei Eisenstein's film *Battleship Potemkin* (1925) of a pram falling down the "Odessa steps." The film ribbon unrolls in space, forming a dynamic line—one of the trademarks of Alÿs's works—as the two boys continue on their journey. Echoing the work of a projector, it also turns the city of Kabul into an unofficial, playful film set.

In a small painting depicting a bombed out part of Kabul, Alÿs has inserted a cut-out figure of Jean-Antoine Watteau's famous Pierrot. This time, Jean-Luc Godard's film, *Pierrot le fou* (1965), comes to mind, and we might accordingly note that the lesson of cinema is not to show us how to live, for that is impossible, but how to desire to live. This indeed seems to be the most important conclusion of Alÿs's Afghan Projects.

sorta di Land art per i senza terra e, con l'aiuto di centinaia di persone armate di pale, costruiamo un'allegoria sociale".[2]

Un'impresa altrettanto ambiziosa è il video, girato a Kabul, *REEL-UNREEL*, dove il soggetto principale è costituito dalla città e dai suoi abitanti, catturati dalla macchina da presa che segue i due ragazzi intenti a svolgere e riavvolgere una bobina cinematografica di 35 mm. Ancora una volta, l'opera dà spunto a molti livelli di interpretazione. La superficie della pellicola di celluloide, che è un materiale analogico, registra letteralmente la fisicità di Kabul attraverso periferie polverose, bazar ferventi di attività e l'affollata città vecchia. Malgrado l'onnipresenza dei militari e dei servizi di sicurezza, il film di Alÿs apre una prospettiva diversa, ottimistica e in definitiva paradossale sulla vita della città. Pur realizzato con mezzi digitali, esso inoltre rende omaggio ai declinanti sistemi analogici. L' inquadratura della bobina in caduta libera su una scala di pietra richiama alla mente la scena iconica della carrozzina che precipita giù dalle "scale di Odessa" ne *La corazzata Potëmkin* di Sergej Ėjzenštejn (1925). Il nastro di pellicola si srotola nello spazio, descrivendo una linea dinamica – uno dei marchi di fabbrica di Alÿs – mentre i due ragazzi proseguono il loro cammino. L'analogia con un proiettore trasforma la città di Kabul in un set cinematografico improvvisato e giocoso.

In un piccolo dipinto raffigurante un angolo di Kabul distrutto dai bombardamenti, Alÿs ha inserito il ritaglio di una figura del celebre Pierrot di Jean-Antoine Watteau. Questa volta viene alla mente il film *Pierrot le fou* di Jean-Luc Godard (1965), per osservare conformemente che il cinema non ci insegna come vivere, cosa impossibile, ma come desiderare di vivere. E, in effetti, sembra essere proprio questa la principale conclusione a cui giungono i progetti afgani di Alÿs.

---

[2] Francis Alÿs, Cuauhtémoc Medina, *When Faith Move Mountains*, Turner, Madrid 2005, p. 24.

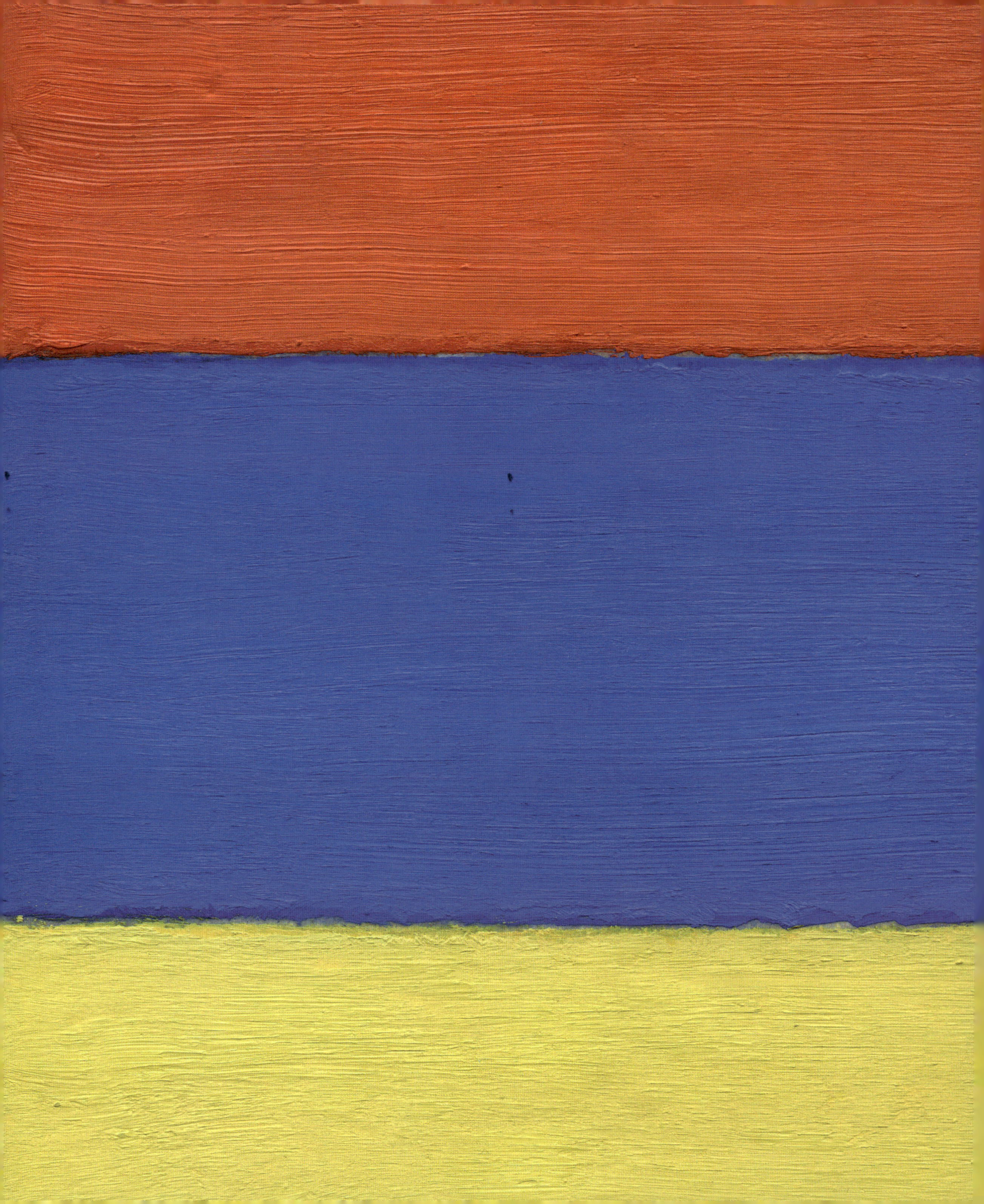

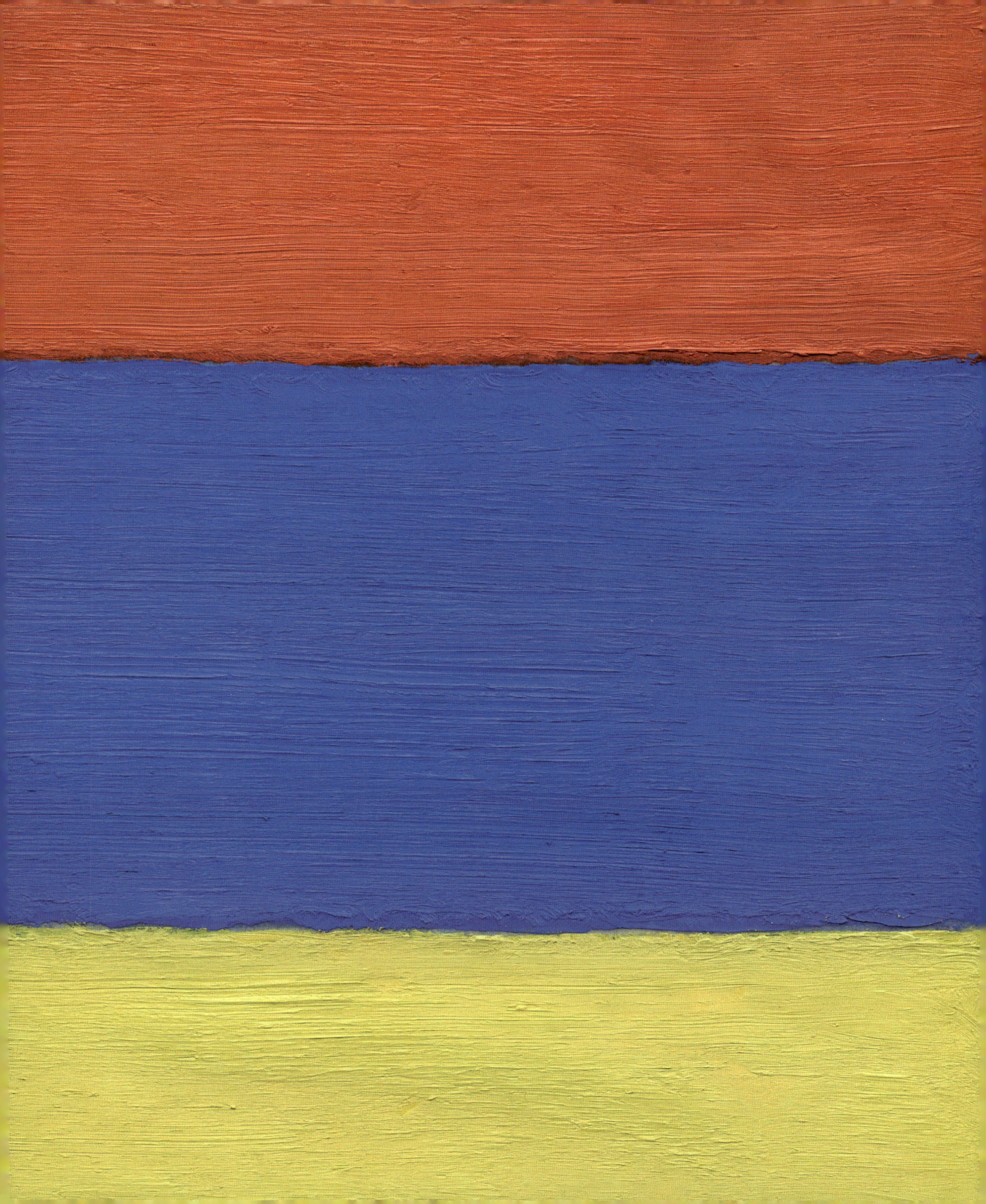

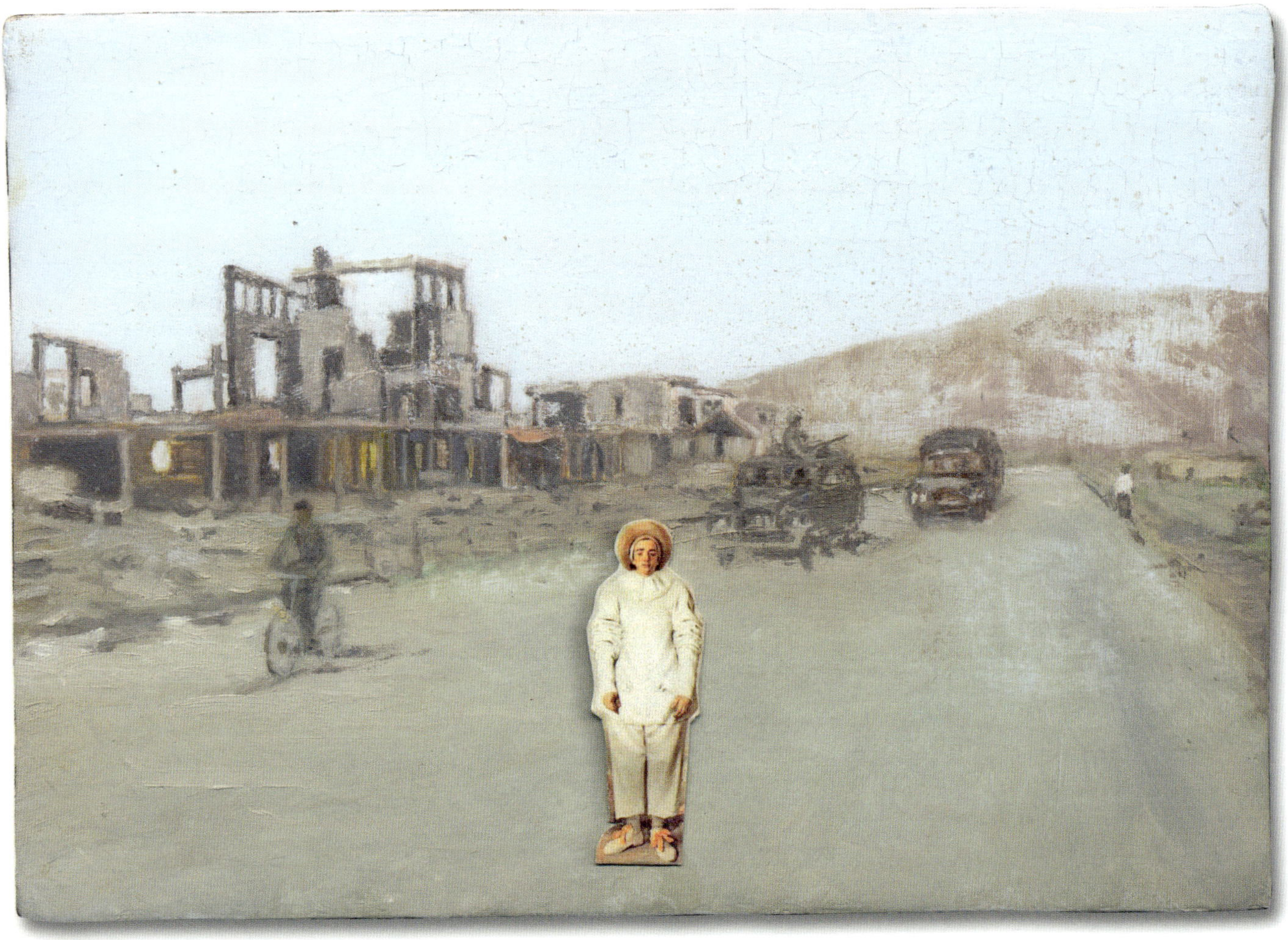

Untitled, 2010, oil and collage on canvas on wood / olio e collage su tela su legno, 13 × 18.1 × 1.2 cm

CAROLYN CHRISTOV-BAKARGIEV

A NOTE ON FRANCIS ALŸS AND HIS AFGHAN WORKS 2010–14

War creates facts. But art, too, can create facts of a highly different order.

The periodic exhibition called documenta started in the early 1950s in Kassel, Germany, after a protracted period of war. While different on so many levels to what has recently taken place in Afghanistan, that moment in time, when civil society had to be rebuilt, nonetheless resonates today. It represents a juncture where art is felt to be of utmost importance as an international common language and a world onto itself of shared ideals and hopes.

The lectures and seminars initiated by dOCUMENTA (13) in Afghanistan were held from Spring 2010 to Spring 2012 and were followed by an exhibition at the Queen's Palace and the Bagh-e Babur Gardens in Kabul, an integral part of dOCUMENTA (13). During this time, Francis Alÿs engaged himself fully as an artist in Afghanistan. Here is the initial part of that story, the thought processes and life events that brought us all there, and why.

Two personal reasons shaped the story from the onset. The first concerns Arte Povera artist Alighiero Boetti, who visited Kabul in early 1971 and decided to open a hotel called One Hotel on Shar-e-Naw near Chicken Street, together with an Afghan called Gholam Dastaghir. He spent half of each year there from 1971 to 1977, both as a hotel manager and as an artist. Boetti, whom I had met around 1984, had spoken to me several times about this period of his life, that ended abruptly when the Soviet occupation began and he never returned. The second pertains to my mother, who had traveled to Afghanistan with a group called "Women's strike for peace" in the early 1980s and came back with notebooks filled with drawings and sketches, and with many stories. She since lost those notebooks, and I wanted to fill that gap, after her death in 2005. documenta gave me that opportunity.

UNA NOTA SU FRANCIS ALŸS E SUI SUOI LAVORI AFGANI 2010–14

La guerra crea fatti. Anche l'arte può creare fatti ma di un ordine totalmente diverso.

La rassegna periodica d'arte contemporanea documenta è nata all'inizio degli anni cinquanta a Kassel, in Germania, dopo anni di guerra. Pur se diverso sotto tanti aspetti da quanto è accaduto recentemente in Afghanistan, quel particolare momento, in cui una società civile dovette essere ricostruita, oggi si rispecchia nella situazione di quel paese. Esso rappresenta una congiuntura in cui si avverte acutamente l'estrema importanza dell'arte come linguaggio comune internazionale e come mondo a sé stante fatto di ideali e speranze condivise.

Le conferenze e i seminari organizzati da dOCUMENTA (13) in Afghanistan hanno avuto luogo dalla primavera del 2010 alla primavera del 2012 e sono stati seguiti da una mostra allestita al Queen's Palace e ai giardini di Bagh-e Babur a Kabul, quale parte integrante di dOCUMENTA (13). In questo periodo, Francis Alÿs si è impegnato attivamente come artista in Afghanistan. Ecco come si è svolta la prima parte di questa storia, quali sono stati i processi di pensiero e gli eventi che ci hanno condotto insieme là, e perché.

Sin dall'inizio due ragioni di carattere personale hanno guidato lo svolgersi degli eventi. La prima riguarda un esponente dell'Arte povera, Alighiero Boetti che, dopo aver visitato Kabul all'inizio del 1971, decise di aprire in città un albergo, il One Hotel, a Shar-e-Naw, vicino a Chicken Street, insieme a un afgano, Gholam Dastaghir. Dal 1971 al 1977, Boetti trascorse sei mesi l'anno a Kabul, lavorando sia come albergatore sia come artista. Quando lo conobbi, intorno al 1984, mi parlò più volte di quel periodo della sua vita, bruscamente interrotto dall'occupazione sovietica dell'Afghanistan, dove non sarebbe più tornato. La seconda ragione concerne mia madre, che all'inizio degli anni ottanta si recò in Afghanistan con un gruppo di donne chiamato "Women's

However, broader concerns regarding culture more generally also contributed to the initiative. In particular the questions of what role art can play in social processes of reconstruction, and what the force of the imagination is in that process?

Happening in an apparent simultaneity of places and times, dOCUMENTA (13) was articulated through four main positions corresponding to conditions in which people (and in particular artists and other thinkers) find themselves within the present. The four conditions that were put into play within the conceptual and the physical spaces of the project were the following: Onstage. *I am playing a role, I am a subject in the act of re-performing*; Under siege. *I am encircled by the other, besieged by others*; In a state of hope, or optimism. *I dream, I am the dreaming subject of anticipation*; On retreat. *I am withdrawn, I choose to leave the others, I sleep*. These four conditions related to the four locations in which dOCUMENTA (13) was physically and conceptually sited—Kassel, Kabul, Alexandria/Cairo, and Banff—phenomenal spatialities that embody the four conditions and blur the ideas that are typically associated with them, while constantly shifting and overlapping.

The question of whether or not to engage in projects in Afghanistan—in a location clearly under siege yet also in a state of hope; a location encountered in the media more frequently than almost any other place in the world—was discussed at length with Alÿs and the other participants. Even today, the question remains open. Prompted by a comparative study of different historical periods and places, some questions came to the forefront immediately: is the act of organizing artistic projects in war zones or occupied territories (following the Soviet occupation in 1978, Afghanistan went through twenty years of civil war, the totalitarian Taliban regime from 1996 to 2001, and is presently occupied by European and U.S. forces) a form of "normalization" of outrageous events? Or is such engagement a form of alternative action keyed towards enacting and testing the potential of art to intervene effectively and decrease violence, injustice, and conflict in those places? Furthermore, what are the risks of being instrumentalized by those forces already operating on the ground, also trying

strike for peace", tornando a casa con taccuini pieni di disegni e schizzi, e di molte storie. In seguito mia madre perse quei taccuini e, dopo la sua morte nel 2005, io cominciai a sentire il bisogno di colmare quella lacuna. documenta mi offrì l'opportunità di farlo.

Tuttavia, l'iniziativa è nata anche da preoccupazioni culturali di carattere più generale e, in particolare, da due interrogativi: che ruolo può svolgere l'arte nei processi sociali di ricostruzione e quale peso può esercitare la forza dell'immaginazione in questi processi?

Svolgendosi in un'apparente simultaneità di luoghi e tempi, dOCUMENTA (13) era articolata in quattro posizioni fondamentali che corrispondono alle condizioni in cui le persone (e, in particolare, gli artisti e gli altri pensatori) si trovano nel presente. Le quattro condizioni rappresentate negli spazi fisici e concettuali del progetto erano le seguenti: In scena. *Sto recitando un ruolo, sono un soggetto in atto di reinterpretare*; Sotto assedio. *Sono circondato dall'altro, assediato dagli altri*; In uno stato di speranza, o di ottimismo. *Sogno, sono il soggetto che sogna in anticipo sui suoi tempi*; In ritiro. *Mi sono ritirato, ho scelto di allontanarmi dagli altri, dormo.* Queste quattro condizioni facevano riferimento alle quattro località in cui dOCUMENTA (13) si svolgeva fisicamente e concettualmente – Kassel, Kabul, Alessandria/Il Cairo e Banff – spazialità fenomeniche che incarnavano le suddette quattro condizioni e confondevano le idee a queste abitualmente associate, modificandosi e sovrapponendosi costantemente.

La questione di impegnarsi o meno in un progetto in Afghanistan – un luogo chiaramente sotto assedio e che tuttavia vive un momento di speranza, il luogo del mondo di cui i media forse parlano più spesso – fu oggetto di lunghe discussioni con Alÿs e gli altri partecipanti. Persino oggi, la questione rimane aperta. Da un'analisi comparativa di periodi storici e luoghi diversi, vennero immediatamente alla luce alcune questioni: l'organizzazione di un progetto artistico in una zona di guerra o in un territorio occupato (dopo l'occupazione sovietica nel 1978, l'Afghanistan ha attraversato vent'anni di guerra civile, seguiti tra il 1996 e il 2001 dal regime totalitario dei talebani e attualmente è occupato da forze armate statunitensi ed europee) è una forma di "normalizzazione" di eventi inaccettabili? O è una forma di

to normalize things their way? Instead of an answer, one could ask whether art and its display in exhibitions is not always already "instrumentalized," even in Kassel, and if so, why one would only question such an instrumentalization when it takes place in non-European or non-Western contexts, ignoring those same agendas in the West? Or rather, how can one act in a condition of propositional and skeptical ambivalence when one's own actions, aesthetics, practices, and thoughts are partially and potentially problematic?

We made the decision to act in ways that do not isolate people yet further, but provide opportunities for the opposite.

The initial impulse came from imagining not the scenario of war, but rather a form of continuity between the vibrant and international life of the 1970s in Kabul, during the time Boetti spent there, and our own times, rejecting the state of exception that is determined by the war, and choosing to act *hōs mē—as if* the situation were not what it is, as if the checkpoints, cement walls, and barriers, the conflict, occupation, and militarization in Kabul did not exist—through acts of radical imagination, all the while continuing with daily life as required within a militarized zone.

Ever since our first visits to Bamiyan, Herat, and Kabul in May 2010, along with Andrea Viliani, Michael Taussig, Mario Garcia Torres, Mariam Ghani, Khadim Ali, Tom Francis, and others, Alÿs's desire to stay there, to work there, was evident, albeit always carefully mitigated by his light and almost delicate presence. That desire was only intensified through conversations with the other artists and friends we met there: Amir Foladi, Ashraf Ghani, Nancy Hatch Dupree, Jolyon Leslie, Ajmal Maiwandi, Omar Massoudi, Aman Mojadidi, Rahraw Omarzad, Habiba Sarabi, Andrew Scanlon, Omar Sultan, among many others. During subsequent trips, between 2011 and 2012, Leeza Ahmady, Adrián Villar Rojas and Jérôme Bel, Lara Favaretto, Goshka Macuga, Chus Martínez, Christoph Menke, and Natascha Sadr Haghighian came along.

We were able to organize a series of lectures, two seminars in Bamiyan, five seminars in Kabul, and a final exhibition that took place in Kabul during the months of June

azione alternativa volta a mettere in atto e a testare la capacità dell'arte di intervenire efficacemente in quei luoghi per placare la violenza, il conflitto e l'ingiustizia? Inoltre, in quale misura si corre il rischio di farsi strumentalizzare dalle forze già operanti sul terreno che cercano di normalizzare a modo loro la situazione? Invece di fornire una risposta, ci si potrebbe chiedere se l'arte e la sua esibizione nelle esposizioni non siano in effetti sempre "strumentalizzate", persino a Kassel, e perché allora si parli di strumentalizzazione solo in riferimento a contesti non europei o non occidentali, ignorandola quando viene messa in atto in Occidente? O piuttosto, come agire in una condizione di ambiguità proposizionale e scetticismo, quando le proprie azioni, la propria estetica, le proprie pratiche e i propri pensieri sono parzialmente e potenzialmente problematici?

Decidemmo di agire, in modo da non isolare ancora di più le persone, e fornire opportunità di segno opposto.

L'impulso iniziale ci venne dall'immaginare non uno scenario di guerra, bensì una forma di continuità tra la vivacità e la dimensione internazionale della Kabul degli anni settanta, quando Boetti vi soggiornava, e quella dei nostri

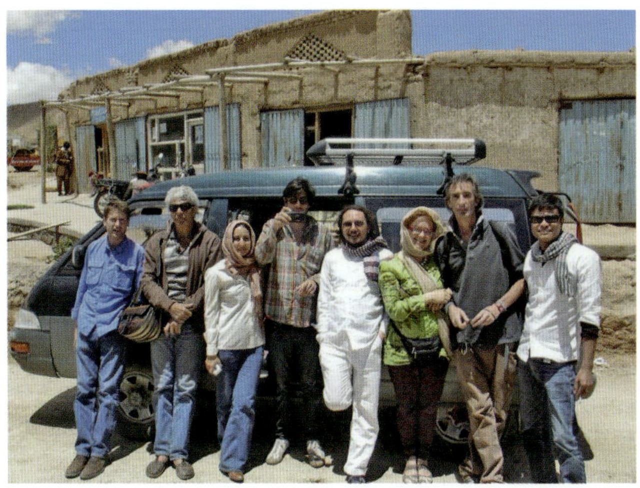

Bamiyan Province / Provincia di Bamiyan, 2010. Photo / Foto Khadim Ali. From left to right / da sinistra a destra Tom Francis, Michael Taussig, Mariam Ghani, Mario Garcia Torres, Andrea Viliani, Carolyn Christov-Bakargiev, Francis Alÿs, Khadim Ali

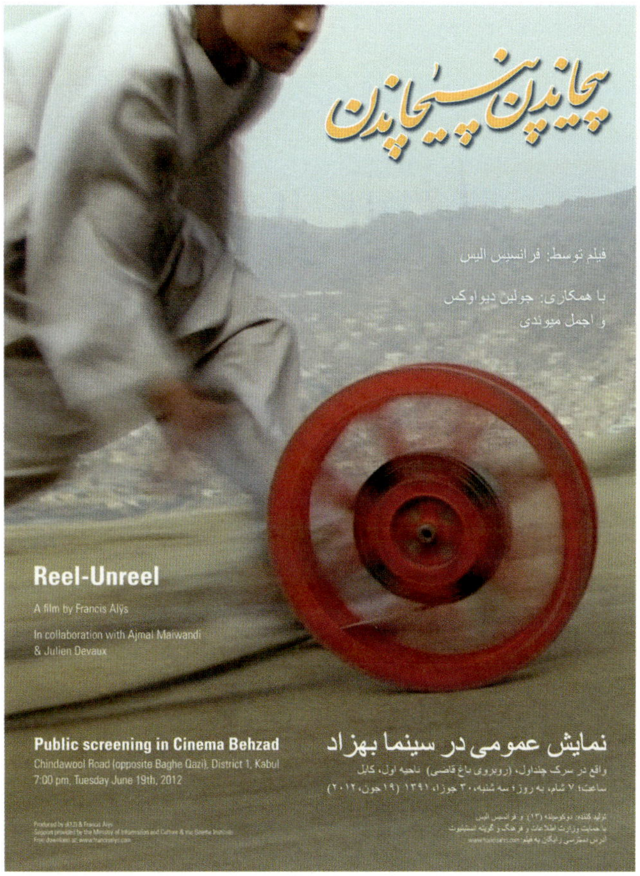

REEL-UNREEL, 2012, poster for Cinema Behzad screening / manifesto per la proiezione al cinema Behzad, 65 × 42 cm

and July 2012, where works were shown by many of the artists who led the seminars, both international, such as Alÿs, Afghan, and of Afghan diaspora. The seminars looked at ways to relate ideas and people, ways of making work and ways of sharing, and how to understand the role of artists in producing sense and meaning when surrounded by the paradoxical and unsustainable circumstances of conflict and occupation. Through these contradictions, the role of the imagination as a political tool was discussed, and the possibility of defining artistic practice was debated in both theoretical meetings and practical seminars.

The first event Alÿs took part in was a screening of his 1997 *Paradox of Praxis 1 (Sometimes Making Something*

tempi, rifiutando lo stato d'eccezione imposto dalla guerra, e scegliendo di agire *hōs mē* – *come se* la situazione non fosse quella che era, come se i checkpoint, i muri e le barriere di cemento, il conflitto, l'occupazione e la militarizzazione non esistessero – attraverso atti di immaginazione radicale, pur seguitando a subire nella vita quotidiana le restrizioni comuni a una zona militarizzata.

Sin dalle nostre prime visite a Bamiyan, a Herat e a Kabul nel maggio 2010, con Andrea Viliani, Michael Taussig, Mario Garcia Torres, Mariam Ghani, Khadim Ali, Tom Francis e altri, il desiderio di Alÿs di trattenersi qui, di lavorare qui, era evidente, anche se accuratamente velato dalla sua presenza leggera e quasi delicata. Questo desiderio non fece che rafforzarsi nel corso delle conversazioni con gli altri artisti e con gli amici conosciuti lì: Amir Foladi, Ashraf Ghani, Nancy Hatch Dupree, Jolyon Leslie, Ajmal Maiwandi, Omar Massoudi, Aman Mojadidi, Rahraw Omarzad, Habiba Sarabi, Andrew Scanlon, Omar Sultan, tra gli altri. Nel corso dei viaggi successivi, tra il 2011 e il 2012, si unirono a noi Leeza Ahmady, Adrián Villar Rojas e Jérôme Bel, Lara Favaretto, Goshka Macuga, Chus Martínez, Christoph Menke e Natascha Sadr Haghighian.

Riuscimmo a organizzare una serie di conferenze, due seminari a Bamiyan, cinque a Kabul e una mostra finale svoltasi a Kabul nei mesi di giugno e luglio del 2012, nella quale furono esposte opere di alcuni degli artisti che avevano tenuto i seminari, sia stranieri, come Alÿs, sia afgani o appartenenti alla diaspora afgana. I seminari miravano a individuare modi in cui è possibile collegare idee e persone, modi di lavorare e modi di condividere, e come intendere il ruolo dell'artista nel produrre senso e significato quando circondato dalle circostanze insostenibili e paradossali del conflitto e dell'occupazione. A partire da queste contraddizioni, si è discusso il ruolo dell'immaginazione come strumento politico e analizzata la possibilità di definire la pratica artistica, attraverso incontri teorici e seminari pratici.

Il primo evento a cui Alÿs ha partecipato fu la proiezione del suo *Paradox of Praxis 1 (Sometimes Making Something Leads to Nothing)* del 1997, in cui si vede l'artista spingere un blocco di ghiaccio per le strade di Città del Messico fino al suo completo scioglimento. Al termine della proiezione,

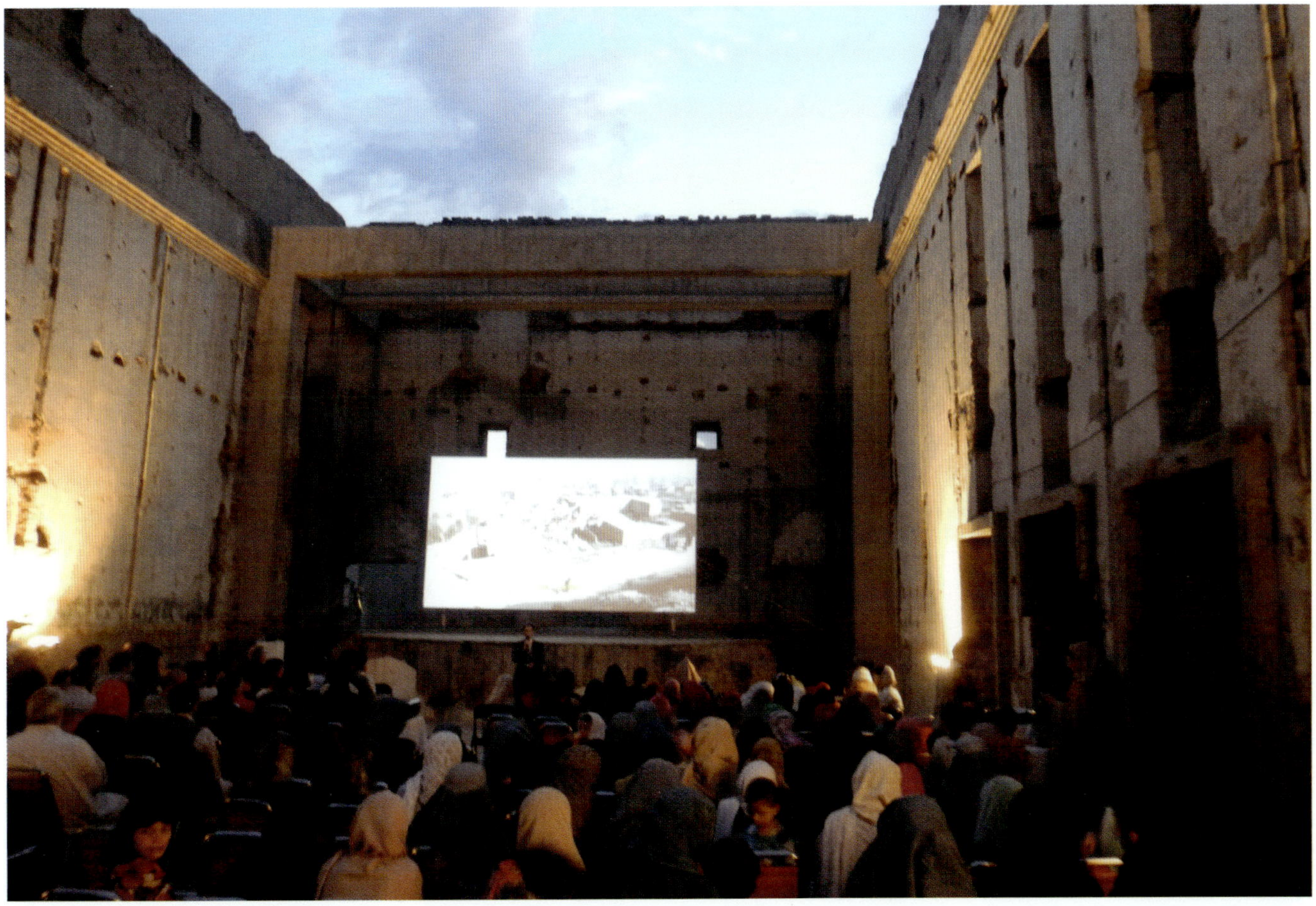

Screening / Proiezione *REEL-UNREEL*, Cinema Behzad, Kabul, 2013. Photo / Foto Francis Alÿs

Leads to Nothing) where you see the artist dragging a block of ice through Mexico City until it has completely melted and disappears. Here he also discussed his work with students of the Fine Arts Faculty gathered at the Timor Shah Mausoleum to consider the purposelessness and purposefulness of art or any action in life. During that first visit, he was struck by the stories of reels of film being burned during the Taliban era and went to visit Afghan Film to find out what had actually happened.

Following his earlier work about painting, entitled *The Leak* (1995), where he walked around Sao Paulo with a leaking can of blue paint, drawing a line with the drips that

l'autore ha discusso il suo lavoro con gli studenti della Facoltà di Belle Arti riuniti al Mausoleo di Timor Shah, per considerare il senso e la mancanza di senso dell'arte, così come di qualsiasi nostra azione. Durante quella prima visita, Alÿs, colpito dalle storie sul rogo delle bobine di pellicola cinematografica durante il regime dei talebani, si recò alla sede dell'Afghan Film per capire come si erano svolti realmente i fatti.

Nel solco di un film precedente sulla pittura, intitolato *The Leak* (1995), in cui l'artista camminava per le strade di San Paolo con un barattolo bucato di vernice blu, in modo da tracciare una linea che era sia una celebrazione del

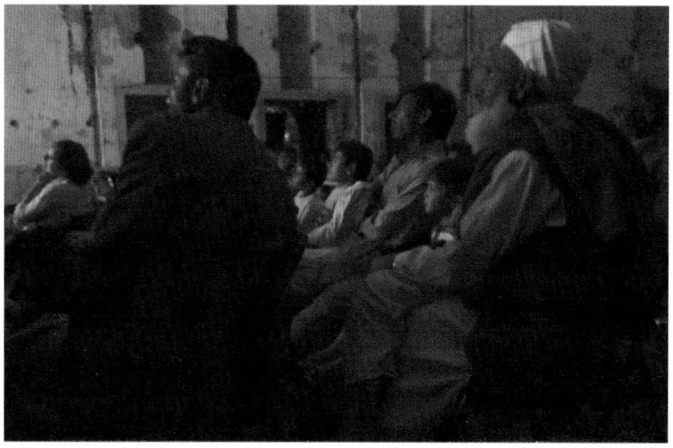

Screening / Proiezione *REEL-UNREEL*, Cinema Behzad, Kabul, 2013. Photo / Foto Francis Alÿs

was both a celebration of drawing and public art as well as a poetic elegy of abstract painting, Alÿs created a film in Afghanistan called *REEL-UNREEL* (2012). It shows a group of children rolling a reel of film through narrow streets of the hilly Old Town, across the bustling and trafficked city in the valley all the way up to the other side of town. The film reel is unrolled, and then rolled back up, in a continuous process of doing and undoing that refers obliquely to the stereotypical media images of Afghanistan as nothing but a war-torn and violent place, hence the play of the title with the similarly sounding words "real / unreal." The film was premiered in the heart of Kabul in a former theater that had been bombed and left roofless, the shell of a building, and then presented daily in Alÿs's installation at the Queen's Palace, where the artist also exhibited drawings, paintings, sketches, and notes relating to the project. While *REEL-UNREEL* has since been openly shared on the Internet so that anyone can watch it today, in Kassel, during dOCUMENTA (13), on the other hand, the film was only shown briefly in the film program, and Alÿs's exhibition space, a modest-looking, empty former bakery from the postwar period of urban reconstruction, became a space of the film's own invisibility, a space dedicated to the people of Kabul, where only small concrete paintings (that are more related to the history of modernist concrete art than to the idea of abstraction from reality in so far as they directly represent

disegno e dell'arte pubblica sia un'elegia poetica della pittura astratta, in Afghanistan Alÿs realizzò un film, intitolato *REEL/UNREEL* (2012). Esso mostra un gruppo di bambini che fanno rotolare una bobina cinematografica per le stradine scoscese della città vecchia, attraverso le zone affollate e trafficate più a valle, fino alla parte opposta della città. La bobina viene svolta e riavvolta in un processo continuo di fare e disfare che fa indirettamente riferimento alle immagini stereotipate fornite dai media, secondo le quali l'Afghanistan non sarebbe altro che un paese lacerato dalla guerra e violento; di qui il gioco di parole del titolo, che allude ai termini, quasi omofoni, "real/unreal". Il film è stato proiettato per la prima volta nel cuore di Kabul, in un teatro scoperchiato dai bombardamenti, ridotto al guscio di un edificio, e poi quotidianamente nell'installazione di Alÿs al Queen's Palace, dove l'artista ha esposto disegni, schizzi, dipinti e le note riguardanti il progetto. Benché in seguito *REEL/UNREEL* sia stato condiviso su Internet senza restrizioni, in modo da renderlo accessibile a tutti, a Kassel, durante lo svolgimento di dOCUMENTA (13), è rimasto in programmazione per un periodo molto breve, nell'ambito del programma cinematografico, mentre lo spazio espositivo di Alÿs, uno spoglio e vuoto ex panificio risalente al periodo della ricostruzione postbellica, è diventato lo spazio dell'invisibilità del film, uno spazio dedicato agli abitanti di Kabul, dove erano appesi alle pareti solo piccoli dipinti concreti (legati più alla storia dell'arte concreta moderna che all'idea dell'astrazione dalla realtà, in quanto rappresentazioni dirette delle barre di colore televisive) e qualche paesaggio afgano di piccolo formato, ad indicare il ritiro intenzionale dell'opera dallo spazio istituzionale dello spettacolo, dalle televisioni "accese" e dal mondo dell'arte.

La guerra crea fatti. Anche l'arte crea fatti, di un ordine diverso. La questione del linguaggio indiretto è legata a questo. Come affermare l'arte in luoghi e condizioni in cui è impossibile assumere apertamente una posizione – perché significherebbe far naufragare l'intero progetto? Quando un segreto non è un atto con cui ci si ritira ma con cui coraggiosamente ci si impegna? In Afghanistan, la nostra Scilla e Cariddi era come riuscire a trovare il modo di entrare in contatto con le persone che vivevano lì, compresi gli artisti,

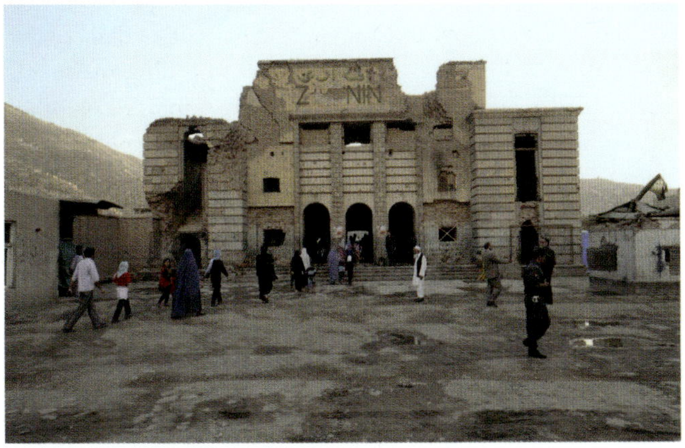

Screening / Proiezione *REEL-UNREEL*, Cinema Behzad, Kabul, 2013. Photo / Foto Francis Alÿs

color bars on monitors) and a few small-scale landscapes of Afghanistan, were hung to indicate the intentional withdrawal of the work from the institutional space of spectacle, from "turned on" TVs, and from the art world.

War creates facts. Art also creates facts, of a different order. The question of oblique speech is related to this. How do you affirm art in places and in conditions where it is impossible to take an open position—because that would mean that the entire project would collapse? When is a secret not an act of withdrawal, but an act of bold engagement? In Afghanistan, the Scylla and Charybdis for all of us was how to connect with the people living there, including the artists, writers, architects, and musicians we met, and steer away from the perspectives of the occupying forces as well as the past Taliban regime, in order to change the narrative of war and terror, and to portray, and even contribute to, a different reality, a reality that is that of art, which brings not happiness, but the promise of happiness, leaping boldly from art to life—and back.

May 18, 2014

gli scrittori, gli architetti e i musicisti che abbiamo incontrato, e come mantenere le distanze dalle prospettive delle forze d'occupazione così come da quelle del passato regime dei talebani, per trasformare la narrazione della guerra e del terrore e riuscire a descrivere, e persino a concorrere alla creazione di una realtà differente, quella dell'arte, che non porta la felicità ma la promessa della felicità, saltando audacemente dall'arte alla vita e viceversa.

18 maggio 2014

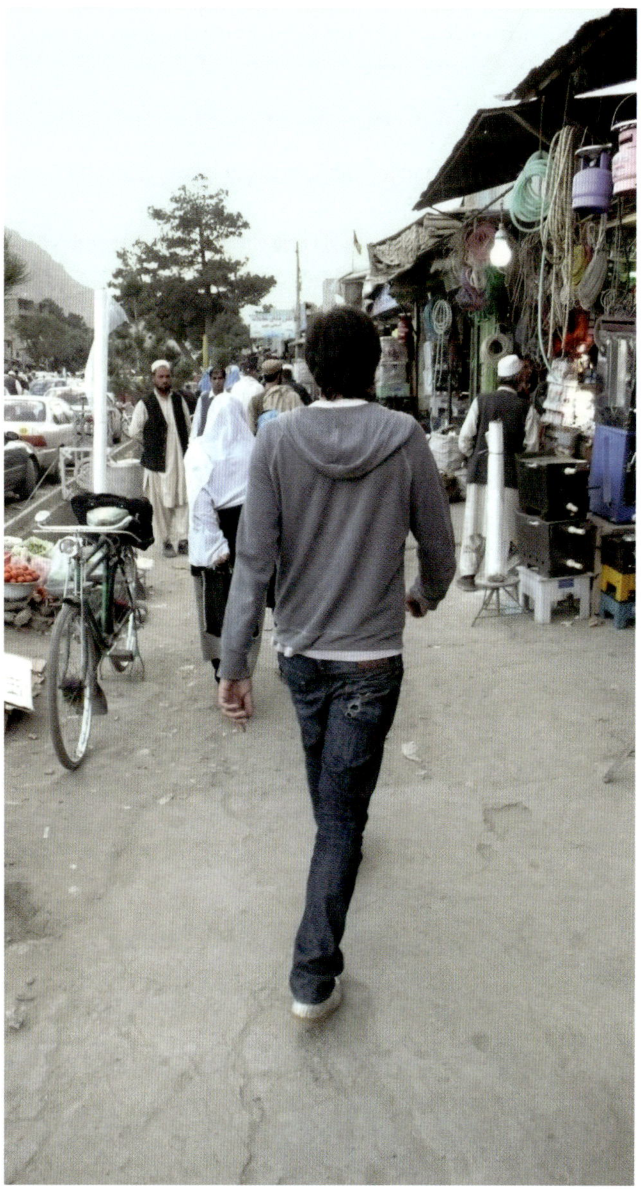

Mario Garcia Torres, Bamiyan, 2010. Photo / Foto Francis Alÿs

MARIO GARCIA TORRES

Between May 2010 and the Summer of 2012, I made four trips to Afghanistan. I first went on a scouting expedition and later returned with the specific purpose of creating an artistic gesture, which ended up becoming a major part of my participation in dOCUMENTA (13). I searched for, and found, the building that once housed Alighiero Boetti's One Hotel in Kabul in the 1970s, and after some general repairs and refurbishments, I began to welcome in the neighborhood. The lines below offer some retrospective thoughts and questions that were not included in the final documentation of the experience; a film called *Tea*.

How do I start telling you the story of my project in Kabul? I would say it starts with the history of dOCUMENTA, with the meaning of a place, Kassel, and the possibility of moving from it and still being connected to it. As if the exhibition and its traditional location were only stopovers for a larger narrative. This sentiment echoes a number of efforts embedded in dOCUMENTA's recent curatorial history: the complex interplay between being in a place and wanting to surpass it. In more personal terms, it is a desire that comes from the need to transcend the curatorial expectation of site specificity. Why would an artist leave what he or she is doing and relocate to an entirely different context?

The very moment Kabul entered the picture, these questions became real: Why Kabul, and why this moment in time? Am I allowed to go there and pursue the research project I have been involved in for a number of years? Does my choice respond to a pre-existing curiosity for the city and, as such, constitute a way of taking advantage of the situation there? Or do we—those involved with this project—embody a strange exception to the war by allowing artists from inside and outside of the region a place to work, interact, and reflect on the conflict, the occupation, war, and life as a result of them? What constitutes such an interaction between artists with very different daily realities?

Tra il maggio 2010 e l'estate del 2012 sono stato in Afghanistan quattro volte. Dopo il primo viaggio, una semplice missione esplorativa, vi tornai con il preciso obiettivo di creare un gesto artistico, che alla fine è diventato l'elemento più importante del mio contributo a dOCUMENTA (13). Ho cercato e trovato a Kabul l'edificio che ospitava negli anni settanta il One Hotel di Alighiero Boetti e, dopo qualche lavoro di riparazione e ristrutturazione, l'ho usato per ricevere gli abitanti del quartiere. Le pagine seguenti contengono alcune riflessioni e domande retrospettive che non figurano nella documentazione finale della mia esperienza, un film intitolato *Tea*.

Da dove comincerò a raccontarvi la storia del mio progetto a Kabul? Potrei dire che è nato dalla storia di dOCUMENTA, dal significato di un luogo, Kassel, e dalla possibilità di allontanarsene pur rimanendo in contatto, quasi che la mostra e la sua sede tradizionale fossero solo tappe di una narrazione più vasta. Questo sentire è il riflesso di una serie di sforzi che hanno caratterizzato la parte più recente della storia curatoriale di dOCUMENTA, miranti a creare una complessa interazione tra l'essere in un luogo e il volerlo superare. In termini più personali, è un desiderio che nasce dal bisogno di trascendere le aspettative curatoriali relativamente alla specificità dei siti. Perché un artista dovrebbe lasciare quello che sta facendo e ricollocarsi in un contesto completamente diverso?

Nell'istante stesso in cui Kabul entra a far parte del quadro, tali questioni diventano reali: perché Kabul e perché proprio in questo momento storico? Se ci vado, mi sarà consentito proseguire il progetto di ricerca a cui mi dedico da qualche anno? La mia scelta risponde a una curiosità preesistente per la città e, se è così, è un modo di sfruttare la situazione in cui si trova? Oppure noi – le persone coinvolte in questo progetto – incarniamo una strana eccezione alla guerra, perché mettiamo a disposizione degli artisti locali e stranieri un posto in cui lavorare, interagire e riflettere sul conflitto, l'occupazione, la guerra e il modo di vivere che determinano? A cosa può dar luogo una tale interazione tra artisti e realtà quotidiane molto diverse? Questi erano a mio avviso i punti principali da chiarire nelle discussioni sulla pertinenza del progetto. La domanda non era perché, ma se un'iniziativa delle dimensioni di dOCUMENTA poteva diventare un'esperienza personale.

Al tempo del mio primo viaggio a Kabul, si trattava di un interrogativo ancora vago e aperto: andiamo e vediamo se

These became the main points for me when discussing the pertinence of the project. The question was not why, but whether, an initiative as large as dOCUMENTA could become a personal experience?

When I went to Kabul for the first time, it was a vague and open inquiry: let's go and see if there is any possibility of making something happen there. Then, once there, I realized two very simple but important things. We know that the image of, and reaction to, a war-torn place is mediated by the press, but it requires an extra effort to bring to the fore what we know in the back of our minds—that even in extreme situations people do their utmost to keep a normal life, like in any other place in the world—and turn a mediated image back to reality. I was surprised by the difficulty of rendering an image which reflects the coexistence of life and war, and which brings forward those who have little to do with the actual conflict, while at the same time remaining conscious of a very complicated historical situation, which spans a centuries-long stride towards independence and an uneasy interaction with other countries and forces of power.

In this light, the lives of those not directly involved in the conflict (the majority) become so bare that a simple but transcendental need emerges: that of constant exchange—the need to convey one's personal situation, listen to others, and to identify certain fundamental factors beyond everyday concerns that make a person able to transcend a difficult situation.

It is in that sense that I see the framework of dOCUMENTA in Kabul as facilitating the sharing of experiences. Throughout the project, the most powerful aspect has been the exchange with people. At the site of Boetti's One Hotel in the Share-e Naw neighborhood, it's always been a very welcoming situation. It was important for me to re-imagine the Hotel as a place to invite others, to have tea, talk, have dinner and reflect—as simple as that, just like in any other place. It was important to realize just how important it is to say: "listen, I've invited you to come and have tea because I want to tell you a story of why I'm here—because I'm interested in this particular building and what happened here." That does not mean, of course, that everybody is interested, but I found that many were, including those with no background in art. Talking to those people in particular was rewarding, and I

è possibile mettere in piedi qualcosa. Ma una volta arrivato, compresi subito due cose semplicissime ma molto importanti. Sappiamo tutti che l'immagine di un luogo lacerato dalla guerra – e la reazione a essa – è mediata dalla stampa, ma è necessario uno sforzo supplementare per far emergere qualcosa che è sepolto nelle nostre menti, cioè che anche nelle situazioni estreme le persone fanno del loro meglio per condurre una vita normale, come in qualsiasi altro paese del mondo, e riportare un'immagine mediatica alla realtà. Fui stupito di quanto fosse difficile creare un'immagine che riflettesse la coesistenza di vita e guerra e che portasse in primo piano coloro che hanno poco o nulla a che fare con il conflitto in corso, conservando però allo stesso tempo la consapevolezza di una situazione storica complicatissima, in cui si mescolano un secolare cammino verso l'indipendenza e la difficoltà di interagire con gli altri paesi e le diverse forme di potere.

Alla luce di ciò, le vite di quanti non sono coinvolti direttamente nel conflitto (la maggioranza) diventano così spoglie da lasciar emergere un bisogno semplice ma trascendentale: quello di uno scambio costante – il bisogno di comunicare la propria situazione personale, di ascoltare gli altri e di individuare, al di là dei problemi quotidiani, alcuni fattori fondamentali che consentano alle persone di trascendere le difficoltà in cui si trovano.

È in questo senso che la struttura di dOCUMENTA a Kabul può facilitare a mio avviso la condivisione delle esperienze. In tutto lo svolgimento del progetto, l'aspetto più significativo è stato il dialogo con le persone. Nei locali del vecchio One Hotel di Boetti, nel quartiere Share-e Naw, chiunque arrivasse era sempre il benvenuto. La cosa più importante per me era riuscire a reinventare l'Hotel come luogo in cui invitare gli altri a bere tè, conversare, cenare e riflettere – semplicemente questo, proprio come in qualsiasi altro luogo. La cosa più importante era dire: "Senti, ti ho invitato a bere una tazza di tè perché voglio raccontarti la mia storia, il motivo per cui sono qui, che cosa mi attrae in questo particolare edificio e che cosa è successo al suo interno". Il che non vuol dire, ovviamente, che tutti si mostrassero interessati, ma ho scoperto che molti lo erano, compresi quelli privi di qualsiasi preparazione artistica. Parlare con questi ultimi è stato particolarmente gratificante e mi ha fatto capire quanto fosse importante per loro l'edificio di cui mi ero preso cura, anche se le storie che raccontavo li lasciavano indifferenti.

realized how important the building that I cared for was to them, even if the stories I told were irrelevant.

My approach has been to keep it very honest and personal. Going to Kabul and sharing what you know without any pretense of leaving anything behind was always the way I looked at my involvement. It is more of a traveler's experience. You go like any other traveler, you tell stories and then you leave, without trying to have an immediate effect in terms of changing people's lives. And maybe, hopefully, they forget about you right after you are gone.

Back in the art world, one has to reconsider where and when art happens. In this case, for me, the artwork is that which happened on the premises of the site that once was Boetti's One Hotel. The tea, and the exchanges with people. The taking care of a place, temporarily, and then, the letting go. As with many of my other artworks, the meaning lies not simply in what is shown, but in what happened in a different moment in time, and more often than not, in a different place. What later becomes shown in the context of an exhibition is the recounting of a story, a narrative, of something I want to share.

The question of making, or stopping to make, art, because of the war comes up in the case of Kabul and makes one rehearse the tension between the things that need to be done and those that seem purposeless. Take the opposite argument: why would I, as an artist, stop doing something (thinking through art) just because I found myself in a specific situation like the one in Afghanistan? The presence of war bestows even more meaning to the opposite: civilians are not interested in war, war is a condition they are in, and that is a radical difference. The majority wants it to be over and welcomes every potential situation that allows them to think of a time when they can recover and go on with life. No matter what one does, it can always be criticized: arguments can always be found for or against. However, the only thing you can do in this hopeless context is to continue to explore even if it is problematic, even if it is going to position you, as an artist and as an individual, in a paradoxical situation, at the core of the problem. Otherwise, what can an artist discover if he or she only prepares for a safe haven? I am not interested in doing that.

March 21, 2012

Ho cercato di mantenere un approccio il più onesto e personale possibile. Ho sempre pensato che il mio impegno a Kabul dovesse consistere nel condividere ciò che sapevo senza alcuna pretesa di lasciarmi qualcosa alle spalle. È qualcosa in più della semplice esperienza di un viaggiatore. Partire come un viaggiatore qualunque, narrare delle storie e poi andarsene, senza tentare di produrre un effetto immediato sulla vita delle persone. Che forse, auspicabilmente, un attimo dopo la partenza vi avranno già dimenticato.

Tornando al mondo dell'arte, occorre riconsiderare dove e quando l'arte si verifichi. In questo caso, per me, l'opera d'arte è stato ciò che è accaduto nei locali di quello che un tempo era il One Hotel di Boetti. Il tè e gli scambi di idee con le persone. Prendersi cura di un posto per un po', poi staccarsene. Come nel caso di molte mie opere, il significato non risiede solo in ciò che viene mostrato ma anche in ciò che è accaduto in un altro momento e, nella maggior parte dei casi, in un altro luogo. Quello che viene esposto più tardi nel contesto di una mostra è il racconto di una storia, una narrazione di qualcosa che desidero condividere.

La questione di fare, o cessare di fare arte, a causa della guerra, riemerge nel caso di Kabul e ci porta a rivivere la tensione tra le cose che occorre fare e quelle che sembrano prive di senso. Proviamo a ragionare al contrario: perché io, in quanto artista, dovrei cessare di fare qualcosa (pensare attraverso l'arte) solo perché mi trovo in una situazione particolare come quella dell'Afghanistan? La presenza della guerra giustifica ulteriormente quest'ultima tesi: la guerra non interessa ai civili, è solo la condizione in cui si trovano, e questa è una differenza radicale. La maggior parte delle persone vuole solo che finisca e accoglie con piacere qualsiasi situazione potenziale che le consenta di pensare a un tempo in cui potrà rimettersi in piedi e ricominciare a vivere. Qualsiasi cosa si faccia, si sarà sempre criticati: si possono sempre trovare argomenti a favore o contro qualunque cosa. Tuttavia, l'unica cosa che si possa fare in un contesto così disperato è continuare a esplorare, anche se è problematico, anche se ti costringe a collocarti, come artista e come individuo, in una posizione paradossale, al centro del problema. D'altronde, che cosa può scoprire un artista se pensa solo ad assicurarsi un avvenire sicuro? È una prospettiva che non m'interessa.

21 marzo 2012

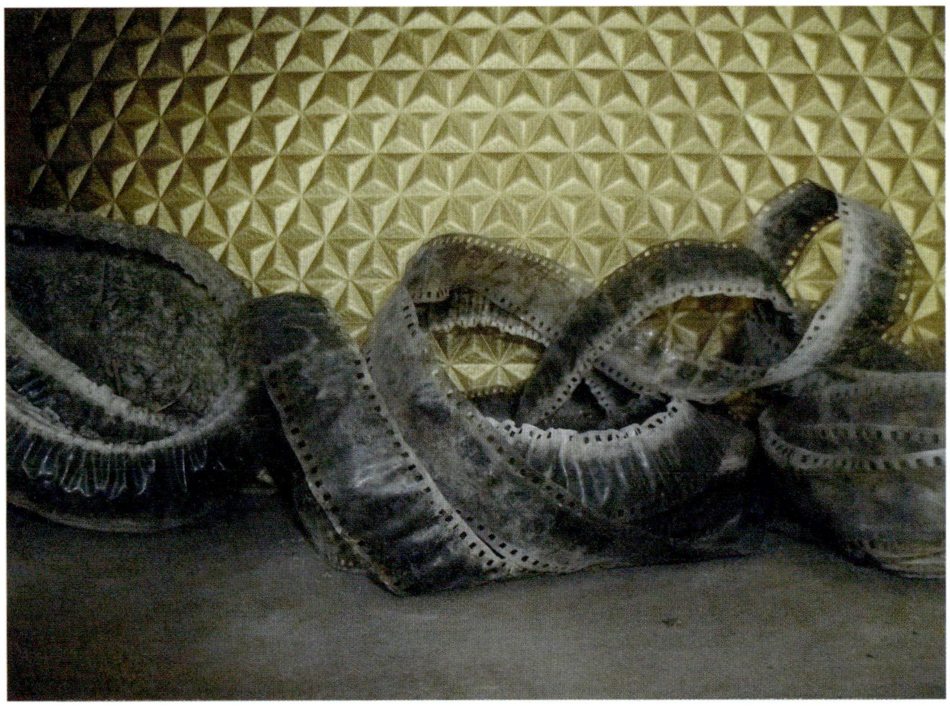

Afghan films, Kabul, 2010. Photo / Foto Francis Alÿs

MARIAM GHANI

> To "not wait for the archive" is to enter the river of time sideways, a bit unannounced, much like the digital itself did, not so long ago.[1]

Afghan Films, the national film institute of Afghanistan, opened in 1968. In March/April 2012, we held a workshop there called "Archive Practicum" that engaged with the Afghan Films archive, the peculiar forms of history present within it, and its possible futures. The emphasis was not only on the physical preservation of films, but on asking what kinds of memory lives in these images, and in the people working with them for the past few decades.

The negatives archive of Afghan Films is intact, protected and preserved by long-term employees who also produced and screened these films, through the vagaries of political upheaval. The positives archive is less intact, but more accessible; it is marked by gaps, most famously the missing reels burned by the Taliban, and the surviving films show the signs of use, the scratches and splices that come from a film print being run through one projector after another, again and again. To watch these reels is to see an often violently changing ideological landscape through the filter of, and contrasted against, the continuous effort and precariousness of making films under such conditions. But these images traveling now from film to pixels also show us rich, surprising and joyful things, everyday moments and festivals and feasts, all the forgotten textures of times past and places lost, or since remade in some other image.

Both of these aspects of the archive suggest its potential power, if it is able to reach a broader audience. It will need both concrete work and special charms to bring

[1] Pad.ma, "10 Theses on the Archive." Beirut, April 2010.

> "Non aspettare l'archivio" significa inserirsi nella corrente del tempo di lato, un po' all'improvviso, proprio come ha fatto non molto tempo fa lo stesso digitale[1].

L'Afghan Films, l'Istituto nazionale afgano di cinematografia, nacque nel 1968. Tra marzo e aprile del 2012, io, Shaina Anand e Ashok Sukumaran organizzammo nella sede dell'Istituto un workshop intitolato "Archive Practicum" dedicato all'archivio dell'Afghan Films, alle peculiari forme di storia che custodiva e alle sue possibili prospettive future. La discussione si incentrò non solo sui problemi relativi alla preservazione fisica dei film, ma anche sulle forme di memoria che vivevano in quelle immagini e sulle persone che negli ultimi decenni se ne erano occupate.

L'archivio dei negativi è intatto — protetto e preservato da impiegati attivi da molto tempo che spesso sono le stesse persone li hanno prodotti e proiettati nel corso dei vari rivolgimenti politici. L'archivio dei positivi è meno intatto ma più accessibile — presenta diverse lacune, tra cui, come è noto, quella delle bobine date alle fiamme dai talebani, e le rimanenti pellicole mostrano segni di logoramento, i graffi e le giunture che caratterizzano i film che passano in continuazione da un proiettore all'altro. Guardare questi film significa trovarsi di fronte a un paesaggio ideologico spesso soggetto a violenti cambiamenti attraverso il filtro e sullo sfondo delle difficoltà e della precarietà perduranti di chi fa cinema in queste condizioni. Eppure queste immagini, che oggi possono essere tradotte in pixel, ci mostrano anche cose allegre, sorprendenti e divertenti, momenti della vita di tutti i giorni, ricorrenze solenni e feste, tutte le trame dimenticate

[1] Pad.ma, "10 theses on the Archive". Beirut, aprile 2010

this promise to fruition. Our workshop attempted in tactical ways to build the first steps towards leaving behind the idea of the archive as a fortress, and entering more fertile and open territories.

It began with a bit of time-travel: Vijay Chavan, a Bombay film technician adept with older Spirit telecine machines, arrived in Kabul. He repaired the FDL90 telecine machine and editing Steenbeck owned by Afghan Films, and trained four staff members to use and trouble-shoot them. Shortly afterward, a local database was set up using an offline instance of Pad.ma, a web-based video platform run by several groups, including CAMP in Mumbai, 0x2620 in Berlin and the Alternative Law Forum in Bangalore. Unlike YouTube, Pad.ma's focus is on deep annotation and meta-data—on both written and automated analysis of video material—which is often raw footage rather than finished films. The software platform is built around the idea that digitized film can be indexed and enhanced with rich metadata, including time-coded transcriptions, translations and annotations (which can range from historical context and to interviews with cast and crew to critical essays by film scholars).

To introduce these dimensions into the database built during the workshop, the digitizing of reels was accompanied by a process of talking to people who are part of the community around Afghan Films. The ninety of so films digitized during the workshop range from the 1920s to the early 1990s, and cut across many genres, including newsreel, documentary shorts, and fiction features. Several of the current Afghan Films staff have worked there since the 1970s and have been part of these films as directors, cameramen, or actors. Our conversations with them, and with former staff and actors, translated into a rich set of annotations for the digital film material.

The workshop ended with an outdoor screening of excerpts from the archive in Shar-e-Naw Park, Kabul. In June, when the growing database made its public debut both in Kassel and Kabul, much of this material was seen for the first time in decades. The voices of the communities around the films, and our own voices as artists, filmmakers and enthusiasts, will hopefully provide an accompanying score.

di tempi passati e luoghi caduti nell'oblio o la cui immagine si è modificata nel tempo. Entrambi gli aspetti dell'archivio suggeriscono la potenziale importanza di questo archivio se fosse accessibile a un pubblico più vasto. Sarà necessario un duro lavoro pratico e una buona dose di fortuna per far diventare realtà questa speranza. Col nostro workshop abbiamo tentato di muovere i primi passi in questa direzione, sperimentando varie tattiche e lasciandoci alle spalle l'idea dell'archivio come roccaforte per entrare in un territorio più fertile e vasto.

L'impresa è iniziata con un piccolo viaggio nel tempo: approdato a Kabul, Vijay Chavan, un tecnico cinematografico di Bombay, esperto delle vecchie macchine telecinema Spirit ha riparato la Steenbeck FDL90 per il telecinema e il montaggio di proprietà dell'Afghan Films e ne ha insegnato l'uso e le tecniche di riparazione a quattro membri del personale. Subito dopo è stato creato un database locale usando una versione offline di Pad.ma, una piattaforma video del web gestita da diversi gruppi, tra cui CAMP di Mumbai, 0x2620 di Berlino e Alternative Law Forum di Bangalore. Diversamente da YouTube, Pad.ma dà un grande spazio a commenti approfonditi e ai metadati — sull'analisi sia scritta sia automatizzata del materiale video — che spesso è costituito da "girato" grezzo più che da film finiti. La piattaforma del software è costruita intorno all'idea che una pellicola digitalizzata può essere inserita in un indice e arricchita con molti metadati, tra cui trascrizioni, traduzioni e annotazioni a tempo (che possono comprendere illustrazioni del contesto storico, interviste con membri del cast e della troupe fino ad articoli di critici cinematografici).

Per introdurre queste dimensioni nel database costruito durante il workshop, nel digitalizzare le bobine è stato necessario consultare i membri della comunità che gravita intorno all'Afghan Films. I circa novanta film digitalizzati durante il workshop sono stati girati tra gli anni venti e gli anni novanta del secolo scorso e appartengono a molti generi diversi, tra cui cinegiornali, cortometraggi documentari e lungometraggi di fiction. Diversi membri dell'attuale personale dell'Afghan Films sono in servizio dagli anni settanta e hanno partecipato alla realizzazione di questi film come registi, cameramen o attori. Le nostre conversazioni con

Shaina Anand and Ashok Sukumaran are artists and co-initiators of CAMP and Pad.ma.
Faiza Ahmad Khan is a documentary film-maker based in Mumbai.
Mariam Ghani is an artist and writer based in New York, who has been working in Kabul since 2002.

loro, con ex membri del personale e con ex attori, si sono tradotte in un ricco insieme di annotazioni per il materiale digitalizzato.

Il workshop si è concluso con una proiezione di brani scelti dell'archivio all'aperto, nel Parco di Shar-e-Naw Park, a Kabul. A giugno, quando il database ancora in espansione è stato presentato al pubblico di Kassel e di Kabul, gran parte del materiale non era stato più visionato da decenni. Le voci della comunità cinematografica e le nostre voci di artisti, cineasti e appassionati di cinema di certo sapranno arricchirlo come una bella colonna sonora.

Shaina Anand e Ashok Sukumaran sono artisti e cofondatori di CAMP e Pad.ma.
Faiza Ahmad Khan è un autore di film documentari attivo a Mumbai.
Mariam Ghani è un'artista e scrittrice residente a New York che lavora a Kabul dal 2002.

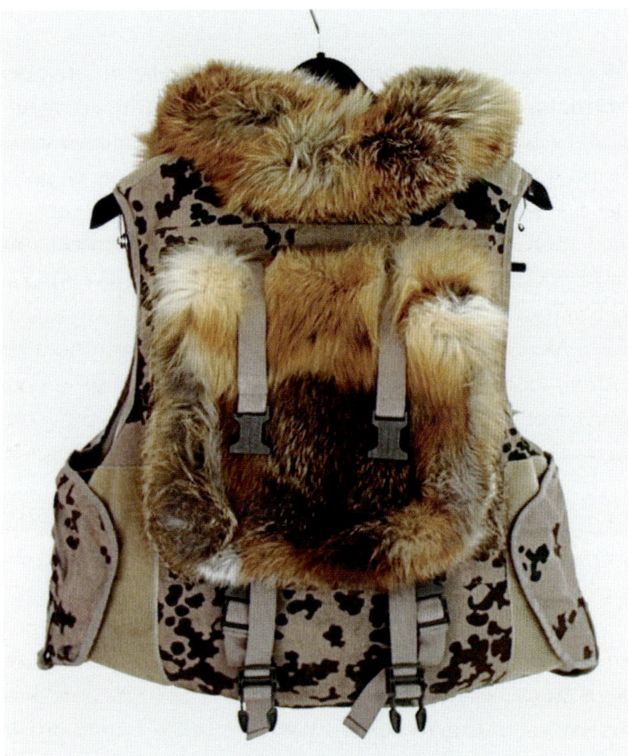

Amanullah Mojadidi, *Conflict Chic 1-Soldiers*, 2011

AMANULLAH MOJADIDI

I'd seen them come around before—curators, designers, and artists—"engaging" with what they referred to as Afghanistan's art "scene." And I've been conflicted by them. By what these "engagements" could possibly be and what they usually ended up being.

Was dOCUMENTA (13) going to be simply another way in which the conflict of a place and its people was going to be culturally commodified?

But we're talking about artistic expression and so for me the only problem is if there's an agenda; because here in Afghanistan whenever a project is done, particularly in the arts, there is usually an agenda; one that is embroiled in the geopolitics of foreign interests.

So did dOCUMENTA (13) have an agenda for including Afghanistan in its various projects?

Well it started with an idea, and a good one I think—to come to Afghanistan with no predetermined form. It seemed like a refreshing changein fact from the formulaic art projects often simply transplanted to new development soil or the arrogant, hierarchy of Western knowledge understood as a gift bestowed upon the noble savages.

But the problem wasthat when something "formless" is introduced into the social, political, and cultural fabric of a nation like Afghanistan, it will inevitably begin to take the form of whatever shape is already serving as the dominant blob within whichso much happens. And in Afghanistan today that blob, that form, is the largely Western-led, White Man's Burden of International Aid & Development.

So the approach still became problematic, and to some extent only furthered the West's romanticized, exaggerated glamorization of contemporary culture in the country in a way that ultimately creates, like cultural carnival mirrors, a distorted reflection of reality.

Li avevo già visti arrivare – curatori, designer e artisti – per "affrontare" quella che chiamavano "scena" artistica afgana. E mi avevano lasciato perplesso. Riguardo all'effettivo significato del loro "impegno" e a quello che nella maggior parte dei casi finivano per dimostrarsi.

dOCUMENTA (13) non sarebbe stata altro che una delle tante forme di mercificazione culturale di un conflitto che affligge un territorio e la sua popolazione?

Ma, dal momento che stiamo parlando di espressione artistica, per me il solo problema era che ci fosse un'agenda; qui in Afghanistan, infatti, ogni volta che si realizza un progetto, in particolar modo in campo artistico, c'è sempre un'agenda, che risponde alla geopolitica degli interessi stranieri.

E dunque dOCUMENTA (13) aveva un'agenda che prevedeva il coinvolgimento dell'Afghanistan nei suoi vari progetti?

Tutto aveva avuto inizio da un'idea, una buona idea ritengo– venire in Afghanistan senza una forma predeterminata. Era un cambiamento rigenerante, dopo tanti progetti artistici stereotipati, spesso semplicemente trapiantati in un nuovo terreno di sviluppo o all'arroganza supponente di una cultura occidentale intesa come un dono benevolmente dispensato al buon selvaggio.

Ma il problema era che quando qualcosa di "informe" viene introdotto nel tessuto politico, sociale e culturale di una nazione come l'Afghanistan, esso comincia inevitabilmente ad assumere la forma di qualsiasi cosa stia operando quale quel *blob* dominante all'interno di cui quasi tutto accade. E oggi in Afghanistan quel *blob*, quella forma, è rappresentata dall'Aiuto e dallo Sviluppo internazionali in larga parte gestiti dall'Occidente e che fanno parte del "fardello dell'uomo bianco".

Così l'approccio si fece di nuovo problematico e in una certa misura non ha fatto che favorire la glamorizzazione romantica, esagerata, della presenza della cultura contemporanea

But in the end we're still inevitably faced with the question in development jargon from fellow Afghans and artists alike: What long-term value or impact (i.e. sustainability) does the dOCUMENTA project have in Afghanistan?

Maybe the question simply shows our own inability to communicate what dOCUMENTA (13) was in Afghanistan, or at least was trying to be. But maybe it's also another sign of dOCUMENTA (13)'s formlessness being shaped by a pre-existing form, one that finds the extensive nine months of seminars and month-long exhibitions being referred to more often than not as simply "that German project."

Then again, as an artist I look at the complexities of a place like Afghanistan and its history as a cultural way-station along the Silk Road and therefore see dOCUMENTA (13) as a major happening, a creative and cultural moment in time and space that existed in Afghanistan in much the same way a Buddhist sand mandala exists in the breezy outdoors. Full of color, spilling over with emotion, bursting with life, and then slowly, grain by grain, disappearing to leave behind only the power of its myths and symbols in the collective memory of a people.

dOCUMENTA (13) in Afghanistan was a sand mandala...

nel paese, fino a creare, come in uno specchio culturale deformante, un'immagine distorta della realtà.

Ma alla fine si deve inevitabilmente fare i conti con una questione che i colleghi afghani e gli altri artisti formulano nei termini del gergo dello sviluppo: "Quale valore o impatto (cioè sostenibilità) potrà avere a lungo termine il progetto che dOCUMENTA intende realizzare in Afghanistan?".

Forse questa questione mostra semplicemente la nostra incapacità di comunicare ciò che dOCUMENTA (13) ha fatto in Afghanistan, o almeno ha provato a fare. Ma forse è un altro segno dell'informalità, plasmata da una forma preesistente, di dOCUMENTA(13), che vede i suoi nove mesi di seminari e un mese di mostre menzionati, più spesso che no, semplicemente come "quel progetto tedesco".

Così, ancora una volta, in quanto artista, mi trovo a guardare alle complessità e alla storia culturale di un paese come l'Afghanistan come a un luogo di sosta lungo la Via della Seta e quindi a vedere in dOCUMENTA (13) un grande evento, un momento culturale e creativo esistito nel tempo e nello spazio, proprio come un mandala di sabbia buddista esposto agli eventi atmosferici. Ricco di colori, traboccante di emozioni, pieno di vita e poi a poco a poco svanito nel nulla, lasciando impressa nella memoria collettiva di un popolo la potenza dei suoi miti e dei suoi simboli.

In Afghanistan dOCUMENTA (13) è stato un mandala di sabbia...

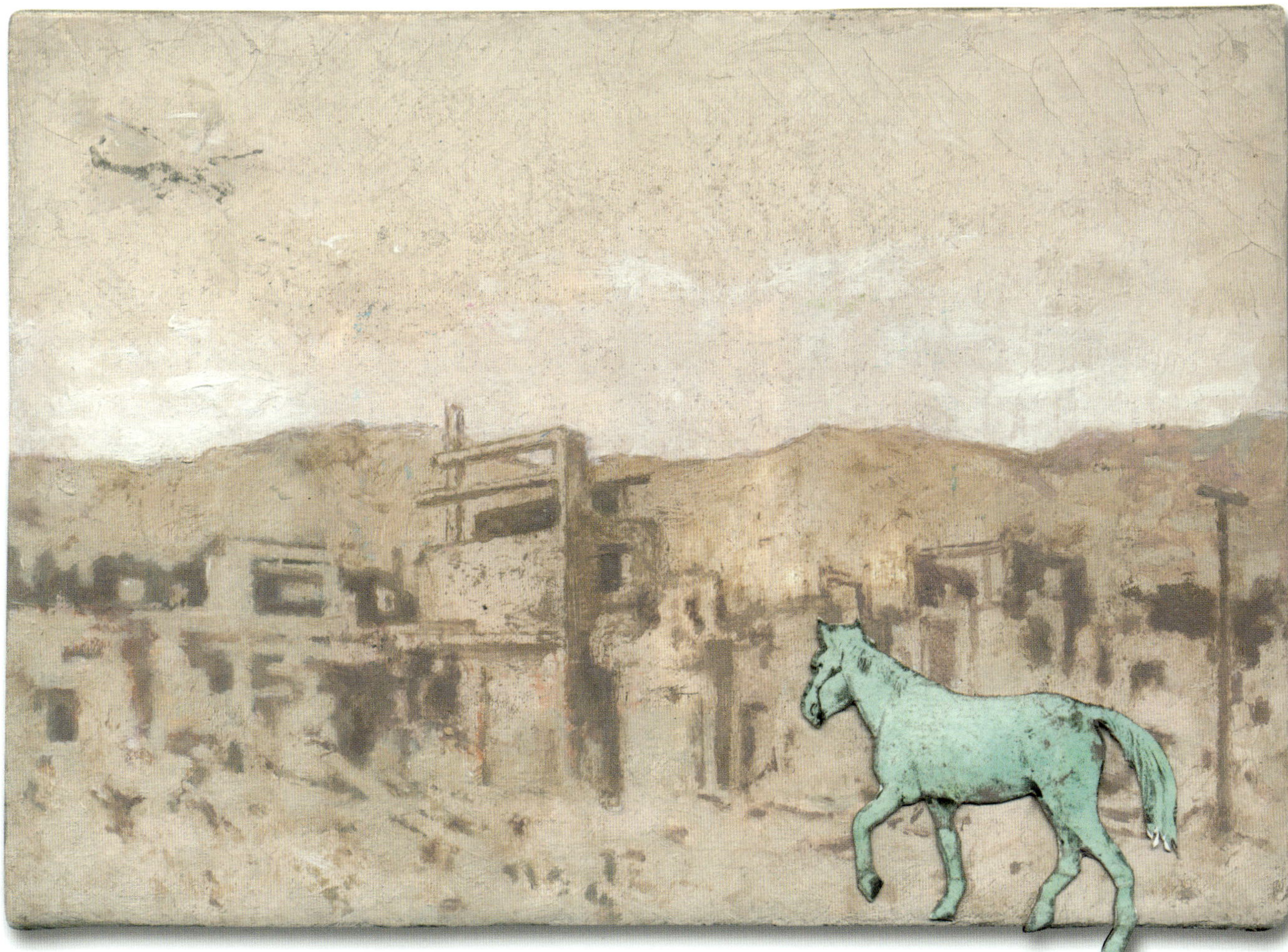

Untitled (Kabul), 2011, oil on canvas on wood / olio su tela su legno, 13 × 18.1 × 1.2 cm

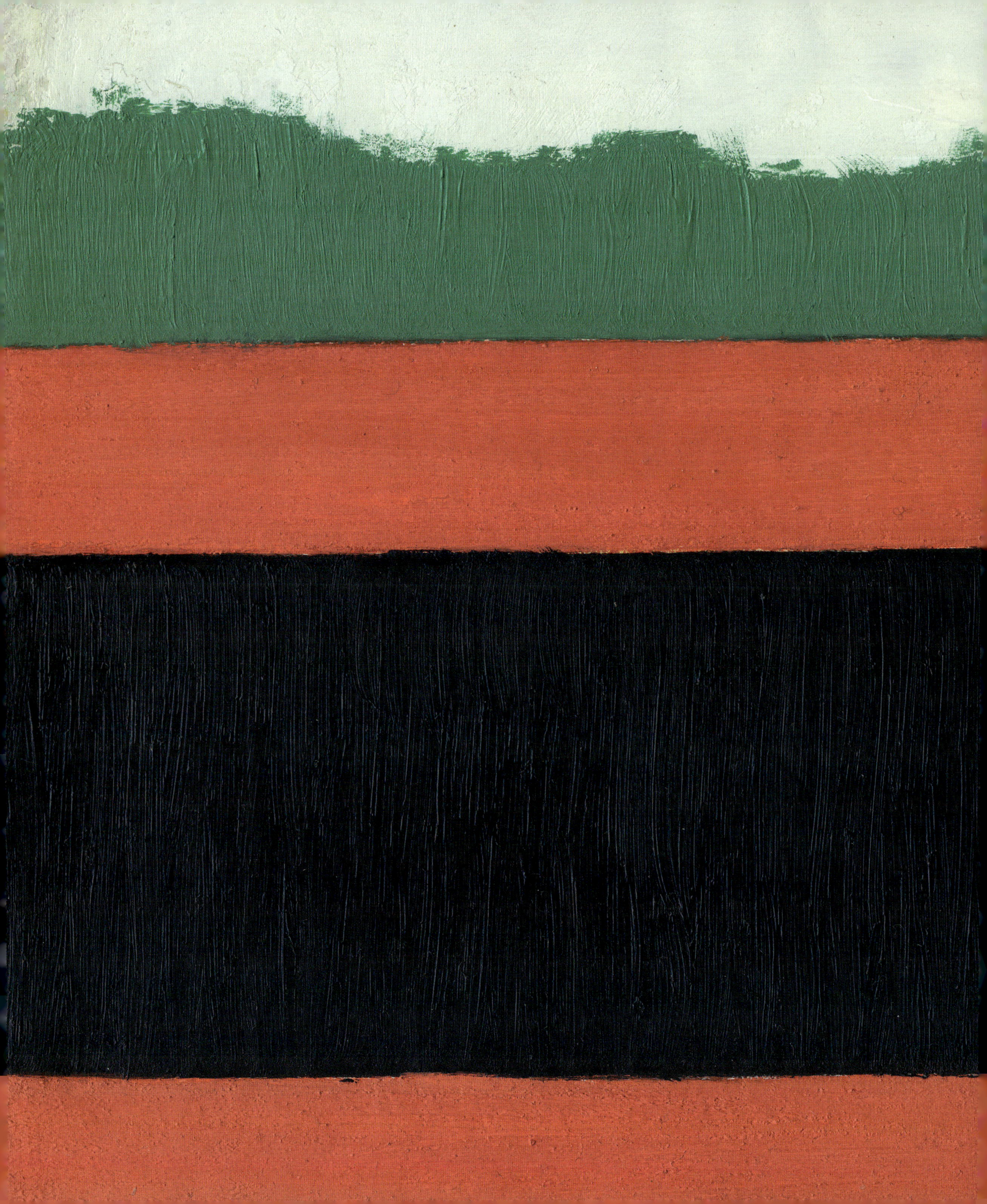

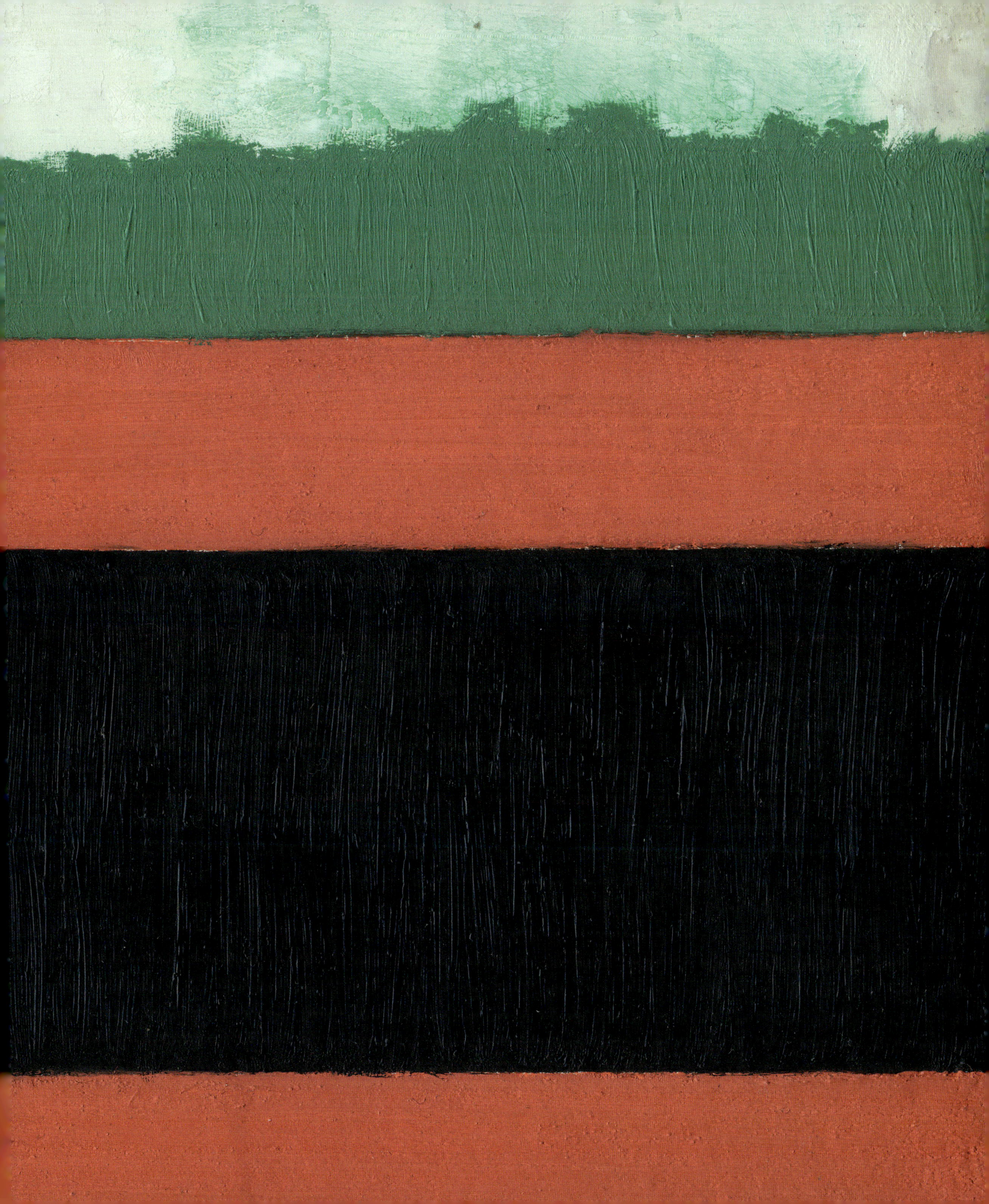

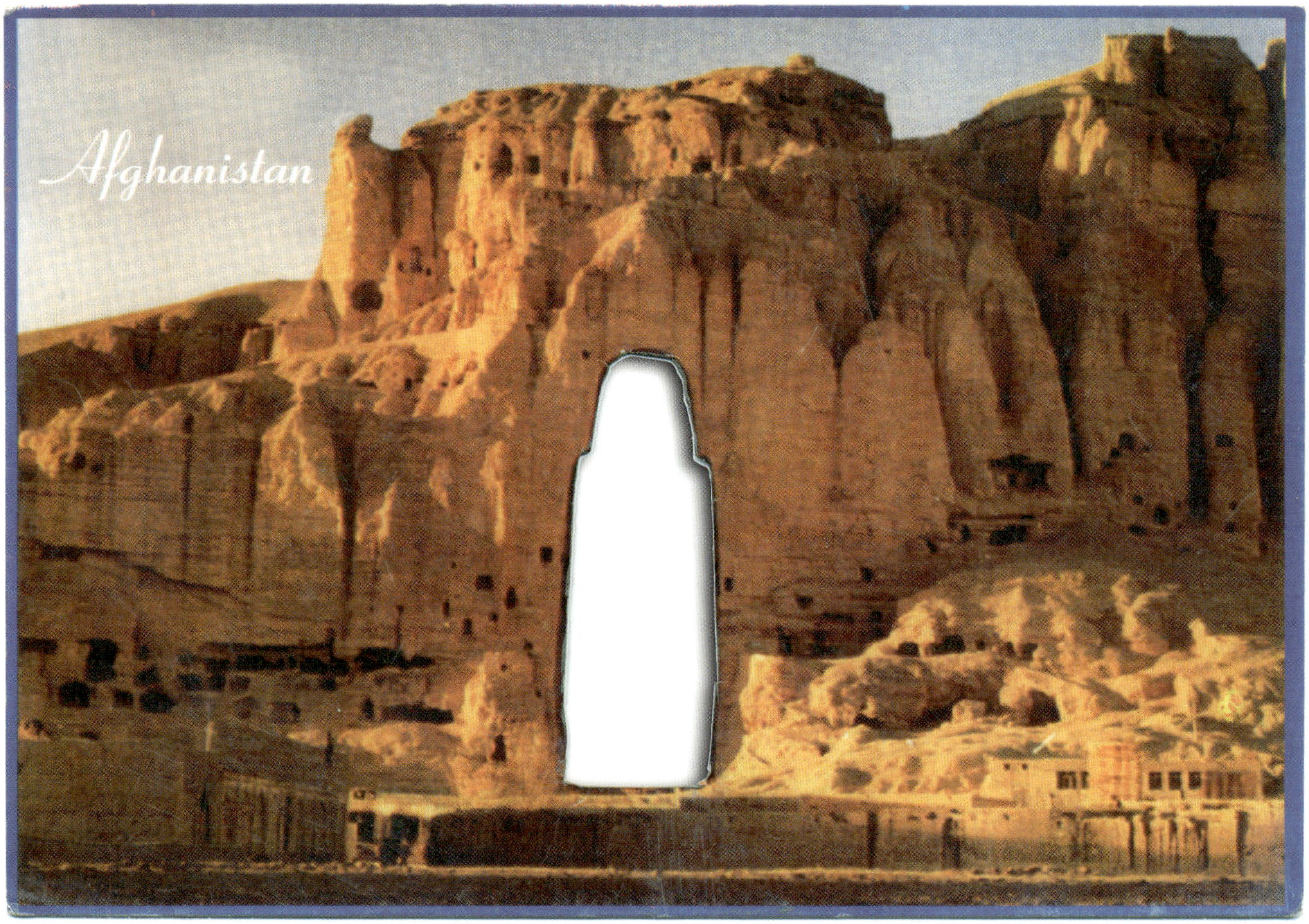

Postcard from Bamiyan / cartolina di Bamiyan, 2010, 13 × 18 cm

From: Francis Alÿs
Subject: doing/undoing
Date: Thu, 26 Jan 2012 22:35:58 - 0600
To: Ajmal Maiwandi

Dear Ajmal,

When I returned from Bamiyan to Kabul in June 2010, I took part in a panel discussion with different Afghan cultural personalities questioning the relevance of international contemporary art projects such as dOCUMENTA (13) in Afghanistan. The debate somehow evolved to the fate of Bamiyan's blown-up Buddhas: should they be re-assembled or should they be left as rubbles? (I remember that the phrase *should they be conserved?* was diplomatically used). At that time, my thoughts were bouncing back and forth as to getting involved in such ventures (a situation nicely summarized by Michael Taussig's words: "you do, you're wrong; you don't do, you're wrong".

or

To do or not to do?

We have:

- the construction/erosion/reconstruction cycle in the traditional earth architecture of Afghanistan;
- the massive destruction of Kabul's center during the 1990s siege followed by its looting from bricks to plumbing by the city's poorer neighborhoods and the recycling/reconstruction process with the stolen materials in the suburbs;
- the Afghan people's oscillation between collective memory and collective amnesia;
- the arming of the Afghan National Army in parallel to the disarming campaign of the Afghan civil population;
- the chaotic reconstruction of Kabul's center through US aid programs in parallel with the destruction of much of its Soviet remnants (such as the stunning site of the former Russian Cultural Center);

Da: Francis Alÿs
Oggetto: fare/disfare
Data: Mar, 26 gen 2012 22:35:58 -0600
A: Ajmal Maiwandi

Caro Ajmal,

Quando ritornai a Kabul da Bamiyan, nel giugno 2010, presi parte a una tavola rotonda con vari esponenti della cultura afgana, sull'importanza dei progetti internazionali di arte contemporanea come dOCUMENTA (13) in Afghanistan. Il dibattito si orientò in qualche modo sul destino dei Buddha di Bamiyan fatti saltare in aria dai talebani: bisognava ricomporli o lasciarli così com'erano? (Rammento che si fece diplomaticamente ricorso all'espressione *occorre conservarli?)*. A quel tempo cambiavo continuamente idea riguardo alla mia partecipazione a questo tipo di imprese (una situazione simpaticamente riassunta dalle parole di Michael Taussig: "se fai, sbagli; se non fai, sbagli".

ossia

Fare o non fare?

Abbiamo:

- il ciclo costruzione/erosione/ricostruzione che caratterizza l'architettura tradizionale afghana in terra;
- la distruzione di gran parte del centro di Kabul nel corso dell'assedio degli anni novanta, seguita dal saccheggio – che non ha risparmiato neppure i mattoni e le tubature – da parte degli abitanti dei quartieri più poveri della città e l'uso dei materiali trafugati nel processo di riciclo/ricostruzione delle periferie;
- l'oscillazione tra memoria collettiva e amnesia collettiva della popolazione afgana;
- l'armamento dell'esercito nazionale afgano, parallelamente alla campagna di disarmo della popolazione civile;
- la caotica ricostruzione del centro di Kabul finanziata dai programmi di aiuto americani, accompagnata dalla

- the relentless insurgency offensive in parallel with the equally relentless counter insurgency efforts by the International Security Assistant Force (ISAF);
- the present dismantling of ISAF bases / the making of an "autonomous nation"; etc…
The listing of these opposed forces led me to the following aphorism:

Sometimes doing is undoing
and
sometimes undoing is doing

To illustrate that axiom I would like to film on my upcoming visit the following scenes:

1- an American ISAF soldier assembling and disassembling his M-16 rifle (or his sa80, if he is an British ISAF soldier)[1]

2. a former Mujahideen or Talib fighter assembling and disassembling his AK-47[2]

For example, what was Humayun's role during the post-Soviet conflict? I overheard that he was fighting in the Old City of Kabul. I remember also that slim handsome man we saluted on our way to Khulm, didn't he say he had been fighting the Soviets along with Commander Massoud?

Looking forward to reading your thoughts,
as always
Francis

distruzione di gran parte delle vestigia sovietiche (compreso il formidabile complesso dell'ex Centro Culturale Russo);
- l'incessante offensiva dei ribelli accompagnata dall'altrettanto incessante controffensiva dell'International Security Assistant Force (ISAF);
- l'attuale smantellamento della basi ISAF / la costruzione di una "nazione autonoma"; etc.
Elencare queste forze contrastanti mi ha indotto a formulare il seguente aforisma:

Talvolta fare è disfare
e
talvolta disfare è fare

Per illustrare questo assioma, in occasione della mia prossima visita vorrei filmare le seguenti scene:

1- un soldato americano dell'ISAF che monta e smonta il suo fucile M-16
(o il suo sa80, se è un soldato inglese dell'ISAF)[1].

2 - un ex mujaheddin o un guerrigliero talebano che monta e smonta il suo AK-47[2].

Ad esempio, che ruolo ha avuto Humayun nel conflitto post-sovietico? Ho sentito dire che ha combattuto nella città vecchia di Kabul. Rammento anche un bell'uomo magro che abbiamo salutato sulla strada di Khulm, non disse di aver combattuto i sovietici al fianco del comandante Massoud?

In attesa di leggere i tuoi pensieri,
come sempre
Francis

---

1 Filmed with a UK soldier at FOB Shawqat during my embed in Helmand province in May 2013.

2 Filmed in the province of Herat in April 2013.

1 Filmato con un soldato inglese al FOB di Shawqat quando ero *embedded* nella provincia di Helmand nel maggio 2013.

2 Filmato nella provincia di Herat nell'aprile 2013.

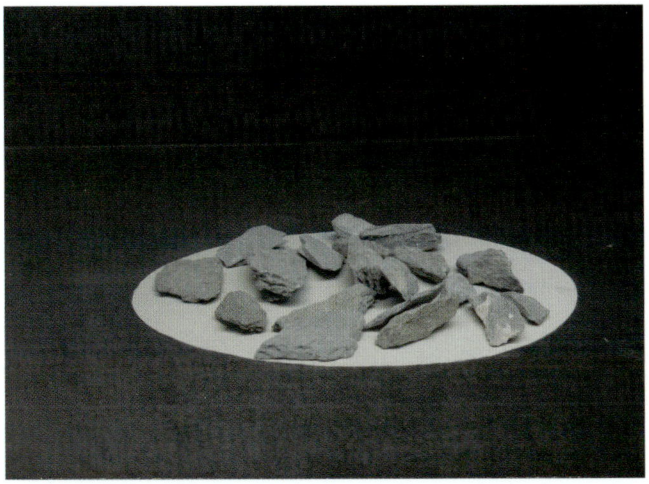

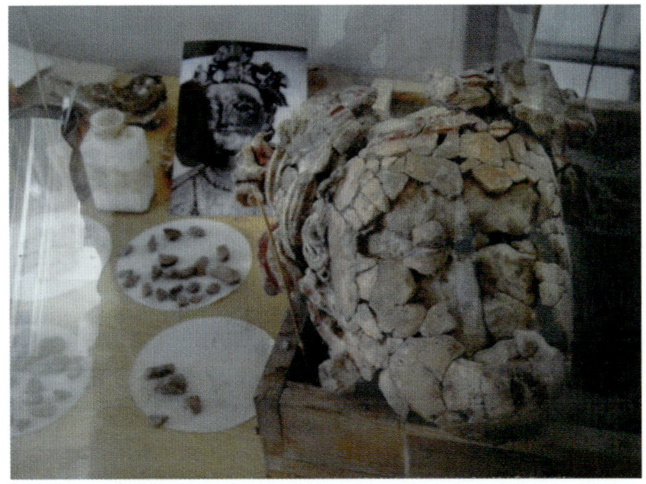

Kabul National Museum, Kabul, 2010. Photos / Foto Francis Alÿs

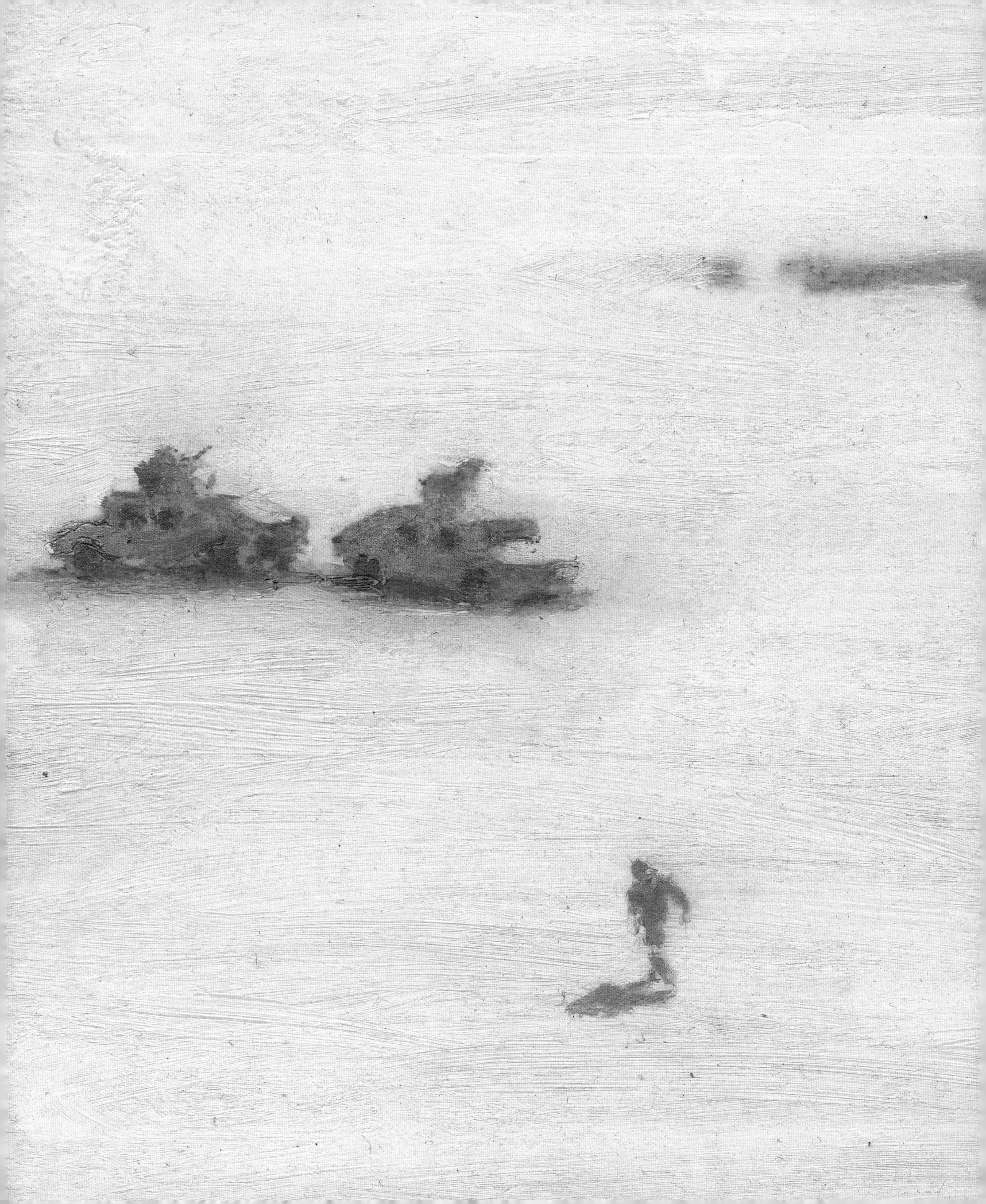

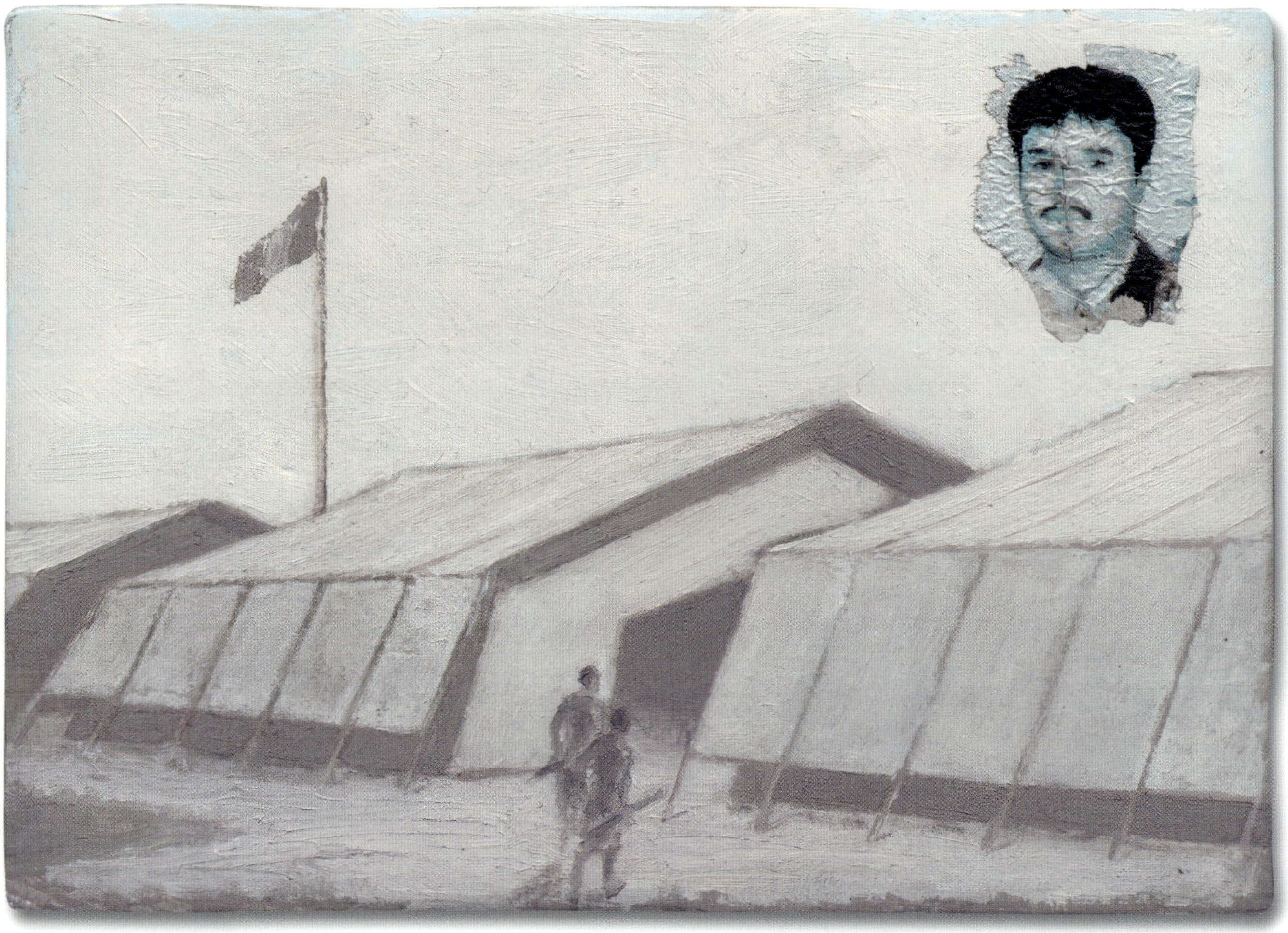

Untitled (F.O.B. Sparta), 2013, oil and collage on wood / olio e collage su tela su legno, 13 × 18.1 × 1.2 cm

AND SO, WHAT THE ARTIST DOES. WITH PENCILS

One day, some time in Summer 2013, Francis Alÿs forwarded me an email dated May 16, 2013. The subject line was "To whom it may concern" and the text in the body of the email read: "Please find attached the registration form for artist Francis De Smedt (working name Francis Alÿs). He has been commissioned to be an official HERRICK war artist with Task Force Helmand in Regional Command South West, date May 25 to June 7 2013." In an email a year later, I wrote back that I would write an essay for his catalogue, for this book you hold in your hands, and the text in the body of my email read: "I want to write about the doing/undoing film and the concept of time after time, messianic time and time of repetition and trauma and repetition. And war. And so. And it is always the others who die."

And so... there is a question of time, of time lapses, of duration,[1] of being in time, of its ebbs and flows and its overlaps, entanglements and rhythmic superimpositions,[2] of the periods we define in our minds and lives as if they were chapters in a novel, and of what we choose to do, or end up doing, in those passages, in those times. There is the question of the self, of its constitution and its relation to history, including its responsibility to others, as lives that are precious because they are "grievable."[3] There is the

[1] Henri Bergson, "Chapter I" in *Creative Evolution* (New York: Random House, 1944 [originally published in 1907]), 3-108.

[2] Gaston Bachelard, "Temporal Superimpositions" and "Rhythmanalysis" in *Dialectic of Duration* (Manchester: Clinamen Press, 2000 [originally published in 1950]), 101-120, 136-155.

[3] "The apprehension of grievability precedes and makes possible the apprehension of precarious life. Grievability precedes and makes possible the apprehension of the living being as living, exposed to non-life from the start." Judith Butler, "Precarious Life,

E COSÌ, QUELLO CHE L'ARTISTA FA. CON LE MATITE

Un giorno dell'estate 2013, Francis Alÿs mi inoltrò un'e-mail datata 16 maggio 2013. Sotto l'oggetto "a chiunque possa interessare", il corpo del testo recitava: "Inviamo in allegato il modulo di iscrizione dell'artista Francis De Smedt (nome d'arte Francis Alÿs), incaricato di assumere servizio come artista di guerra ufficiale HERRICK presso la Task Force di Helmand nel Comando regionale sud-occidentale dal 25 maggio al 7 giugno 2013". Con un'e-mail spedita un anno più tardi, gli risposi che avrei scritto un saggio per il suo catalogo, per il libro che ora tenete in mano, con le seguenti parole: "Voglio scrivere qualcosa sul film *doing/undoing* e sul concetto di tempo dopo il tempo, di tempo messianico e di tempo della ripetizione, trauma e ripetizione. E sulla guerra. E così. E sono sempre gli altri che muoiono".

E così... c'è una questione che riguarda il tempo, i lassi di tempo, la durata[1], l'essere nel tempo, i flussi e i riflussi del tempo, così come le sovrapposizioni, i grovigli e le sovrimposizioni ritmiche di tempo[2], i periodi che mentalmente e nella vita definiamo come fossero capitoli di un romanzo e ciò che scegliamo di fare o finiamo per fare in quei passaggi, in quei tempi. C'è la questione del sé, della sua costituzione e del suo rapporto con la storia, ivi compresa la sua responsabilità nei confronti degli altri, in quanto vite preziose perché "degne di lutto"[3]. C'è la questione di noi, e di chi quel "noi" potrebbe

[1] Henri Bergson, *I capitolo*, in *Evoluzione creatrice,* Cortina, Milano 2002 [I edizione originale 1907]), pp. 3-108.

[2] Gaston Bachelard, *Sovrapposizioni temporali e Ritmanalisi* in *Dialettica della durata*, Bompiani, Milano 2010 [I edizione originale 1950].

[3] "L'apprendere che la vita è degna di lutto precede e rende possibile l'apprendere che la vita è precaria. Il lutto precede e rende possibile l'apprendimento dell'essere vivente come vivente, sin dall'inizio esposto alla non vita". Judith Butler, *Precarious Life, Grievable Life,*

question of us, and who that "we" might be, how we can extend and contract, repeat and reverse the "we." And there is the question of irresponsibility, of rupture, of the gaps that we fill with singular gestures, thoughts, and—at times—pleasures.

There was a time before the Summer of 2012, before dOCUMENTA (13) opened in Kassel and Kabul, the time we spent in 2010-2011 learning, meeting, traveling with others, and looking for a solution to the question "what is to be done?" in a world of global financial capitalism and armies of mainly men with guns, a time of asking what is to be done as a woman and organizer of a worldly, international art event (myself), or what is to be done as an artist trapped in, and stepping out of, such events (Alÿs). That belonged to the order of chronological time, linear time.

Then there was the Summer of 2012 when Alÿs boldly chose to withdraw his main artwork, the film *REEL-UNREEL*, from regular viewing in Kassel, thus withdrawing it from the *unreal* gaze of people who "come and go talking of Michelangelo," as T.S. Eliot so appropriately put it at the time of the First World War a century ago.[4] Alÿs felt it was too close to the unrest in Kabul, too close for the screening not to turn into voyeurism, orientalism, and contemporary art cannibalism featuring the lives of others. In *The Time That Remains*,[5] Giorgio Agamben comments on Saint Paul's letter to the Romans, in which the Apostle refers to *messianic* time, the time after the coming of the Messiah and before the end of Time (judgment) as a "Time which remains." It is not chronological time exactly, in which we are here and now in a flow of instants, but a contracted time, an irreparable time (because it comes after the revelation

Grievable Life," "Survivability, Vulnerability, Affect," and "Non-Thinking in the Name of the Normative" in *Frames of War: When is Life Grievable?* (London: Verso, 2009), 1-62, 137-163.

[4] T.S. Eliot, "The Love Song of J. Alfred Prufrock," in *Prufrock and Other Observations* (New York: A.A. Knopf, 1920).

[5] Giorgio Agamben, *The Time That Remains: A Commentary on the Letter to the Romans* (Stanford: Stanford University Press, 2005).

essere, di come possiamo estendere e contrarre, ripetere e ribaltare il "noi". E c'è la questione dell'irresponsabilità, della rottura, delle lacune che colmiamo con singoli gesti, pensieri e – a volte – piaceri.

C'è stato un tempo, prima dell'estate 2012, prima dell'apertura di dOCUMENTA (13) a Kassel e a Kabul, il tempo passato tra il 2010 e il 2011 a imparare, a conoscersi, a viaggiare insieme e a cercare una soluzione alla questione di "che fare?" in un mondo di capitalismo finanziario globale e di eserciti composti prevalentemente di uomini armati, un tempo in cui chiedersi che cosa fare in quanto donna e organizzatrice di un evento artistico di portata internazionale, mondiale (me stessa), o come artista preso nella trappola di tutto ciò e che cerca di liberarsene (Alÿs). Tutto questo apparteneva all'ordine del tempo cronologico, del tempo lineare.

Poi c'è stata l'estate 2012, quando Alÿs ha coraggiosamente deciso di ritirare la sua opera principale, il film *REEL-UNREEL,* dalla programmazione ufficiale a Kassel, ritirandolo così dallo sguardo *irreale* di quelli che "vanno e vengono parlando di Michelangelo", come ha detto tanto bene T.S. Eliot un secolo fa, durante la Prima guerra mondiale[4]. Alÿs pensava che fosse troppo vicino al fermento di Kabul, troppo vicino perché la proiezione non si trasformasse in voyeurismo, in orientalismo, in cannibalismo artistico contemporaneo attraverso l'esibizione delle vite degli altri. Ne *Il tempo che resta*,[5] Giorgio Agamben commenta la *Lettera ai Romani* di san Paolo, in cui l'apostolo parla del tempo *messianico*, il tempo che segue la venuta del Messia e che precede la fine dei tempi (il Giudizio), come del "tempo che resta". Quest'ultimo non coincide esattamente col tempo cronologico, in cui si è qui ed ora in un flusso di istanti, ma

Survivability, Vulnerability, Affect e *Non-Thinking in the Name of the Normative* in *Frames of War: When is Life Grievable?*, Verso, Londra 2009, pp. 1-62, 137-163.

[4] T.S. Eliot, *Il canto d'amore di J. Alfred Prufrock*, in *Opere*, Bompiani, Milano 2002.

[5] Giorgio Agamben, *Il tempo che resta. Un commento alla Lettera ai Romani*, Bollati Boringhieri, Torino 2000.

and the coming of, and death of, the Messiah) which repeats the time before the revelation and yet is an operative time within which kairological time (from the Greek *kairos*, meaning destiny, indicating a passage in time that is neither linear nor chronological) occurs as well, in the form of the "event." With messianic time, all is repeated, yet there is the possibility for the eruption of the presence of time. It is a time which remains—a remnant—and yet within which hope is inscribed, a hope located within the irreparable.

Contemporaneously to its withdrawal from Kassel, except for one or two single screenings in a cinema during the opening week (in that kairological time made of instants perceived as marking the present moment, outside of duration), *REEL-UNREEL* was not withdrawn at all, but distributed broadly and freely, irrupting into the "real" quotidian experience offered by the Internet via YouTube (where you can still find it) as a singular event might irrupt and resonate throughout the web, mirrored from site to site. This "unreal" and utopian world of the Internet might slowly shift the other dominant and "unreal" image of a war-torn Afghanistan, according to which you cannot walk down the street. This media image is itself a construction by the news outlets, a construction able to curb people's will to act spontaneously by generating a sense of fear which encourages them to give up their fundamental civil liberties, and thus paradoxically erodes

è un tempo contratto, un tempo irreparabile (perché viene dopo la rivelazione, la venuta e la morte del Messia), che ripete il tempo che precede la rivelazione e tuttavia è un tempo operativo nel quale il tempo cairologico (dal greco *kairos*, "destino", che designa un passaggio nel tempo che non è né lineare né cronologico) può prodursi sotto la forma dell'"evento". Col tempo messianico tutto si ripete, eppure non è esclusa la possibilità dell'irruzione della presenza del tempo. È il tempo che resta – residuale – ma in cui è iscritta la speranza, una speranza situata nell'irreparabile.

Contemporaneamente al ritiro da Kassel, tranne una o due proiezioni in una sala cinematografica durante la settimana inaugurale (in quel tempo cairologico fatto di istanti percepiti come momenti puri, oltre la durata), *REEL-UNREEL*, lungi dall'esser ritirato, è stato distribuito ad ampio raggio e gratuitamente, irrompendo nell'esperienza quotidiana "reale" offerta da Internet attraverso YouTube (dove è ancora visibile) come un evento singolo può irrompere e acquistare risonanza attraverso il web, rimbalzando da un sito all'altro. Questo mondo "irreale" e utopistico di Internet potrebbe lentamente modificare l'immagine altrettanto "irreale" e dominante di un Afghanistan straziato dalla guerra, in cui non si potrebbe neppure camminare per la strada. Quest'immagine mediatica è a sua volta una costruzione dei mezzi di informazione, una costruzione in grado di piegare la volontà d'azione spontanea delle persone, generando un senso di apprensione che le spinge

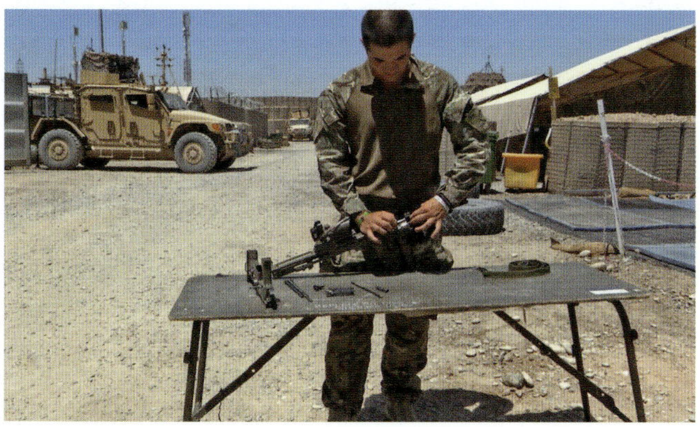

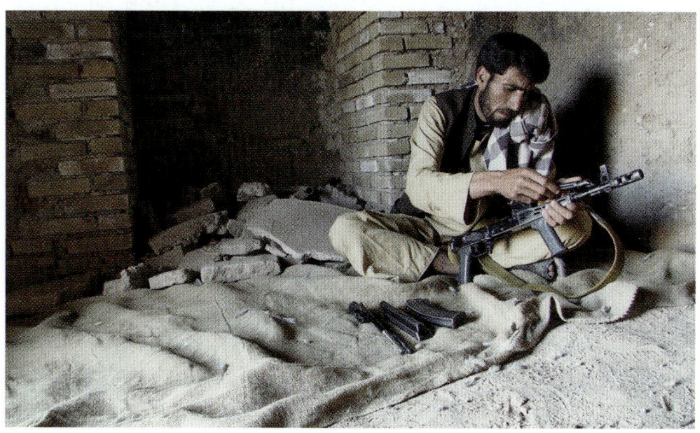

Sometimes doing is undoing and sometimes undoing is doing (AK47 - sa80), FOB Shawqat, Helmand Province/Herat Province / Provincia di Helmand/Provincia di Herat, Afghanistan, 2013

democracies around the world in the name of an unreal freedom. The opening of the exhibition in Kabul on June 19, 2012 saw three to four thousand people gathered for the first international contemporary art exhibition in the country, an exhibition which was ultimately visited by over 30 000 citizens over a period of one month. But the day following the opening, *The New York Times* only reported a Taliban attack on a hotel in an area outside Kabul, with no mention of this large public celebration in the name of art and culture. I wrote a letter to the newspaper but received no reply, as was to be expected. Alÿs's play on words in the title of the film, linguistically layering reel / unreel and real / unreal, continued to unravel and ravel into many different paradoxical artistic moments where the material residue of artistic practice, of *techne* as the Greeks called it, the so-called "artwork" as we call it, if well crafted, might perform a shamanistic shift from the technology of enchantment by the forces and powers that govern us, to the enchantment of technology[6] or its liberation, in a process of artistic activism which is an activism of artistic practice, not a giving up of that practice in favor of direct political activism. Or rather, where the politics of form and of art-making erupt into the folly and surreal reality of the lived world to reverse roles, and to point an artistic *j'accuse* to the world we "really" inhabit out there in the field, out there in the embodied world made of trash, arms, environmental and human catastrophes, each one too small to be noticed by the grand eyes of our satellites, or rather to be of importance for those who use the data from those global recording eyes in orbit.

This is the time of the artist as *witness*, and the possible transformation of that witness into a form of wit(h)

[6] Alfred Gell, "The Technology of Enchantment and the Enchantment of Technology" in Jeremy Coote and Anthony Shelton, eds., *Anthropology, Art, and Aesthetics* (Oxford: Clarendon Press, 1992), 40-66; Alfred Gell, *Art and Agency: An Anthropological Theory* (Oxford: Clarendon Press, 1998).

a rinunciare all'esercizio delle loro libertà civili fondamentali e quindi finisce paradossalmente per minare le democrazie di tutto il mondo in nome di una libertà irreale. Il 19 giugno 2012, data dell'apertura della mostra a Kabul, oltre tremila persone hanno partecipato all'inaugurazione della prima mostra internazionale d'arte contemporanea del paese, che alla sua chiusura, un mese più tardi, avrebbe registrato più di 30.000 visitatori. Eppure il giorno seguente il "New York Times" riportava solo la notizia di un assalto talebano a un hotel situato nei dintorni di Kabul, senza neppure menzionare il grande evento pubblico che aveva avuto luogo in nome dell'arte e della cultura. Ho scritto una lettera di protesta al giornale ma, come c'era da aspettarsi, non ho ricevuto risposta. Il gioco di parole del titolo del film di Alÿs, stratificazione linguistica di *reel/unreel* (avvolgere/svolgere, o arrotolare/srotolare) e *real/unreal* (reale/irreale), seguitava a dipanarsi e a imbrogliarsi in vari momenti artistici paradossali, in cui il residuo materiale della pratica artistica, della *techne* come la chiamavano i greci, la cosiddetta "opera d'arte" come la chiamiamo noi, se ben fatta, può operare un passaggio sciamanico dalla tecnologia dell'incanto esercitato dalle forze e dai poteri che ci governano, all'incanto della tecnologia[6] o alla sua liberazione, in un processo di attivismo artistico che è un attivismo della pratica artistica e non una rinuncia a questa pratica a vantaggio di un attivismo politico diretto. O piuttosto, in cui la politica della forma e del fare arte irrompe nella realtà folle e surreale del mondo vissuto per ribaltare i ruoli e lanciare un *j'accuse* artistico al mondo in cui "realmente" viviamo, sul campo, nel mondo concreto fatto di rifiuti, armi, catastrofi umane e ambientali, ciascuna delle quali troppo piccola per essere rilevata dai grandi occhi dei nostri satelliti, o piuttosto per avere una qualche importanza per coloro che usano i dati raccolti da questi occhi orbitanti di registrazione globale.

Questo è il tempo dell'artista come *testimone*, e della possibile trasformazione della sua testimonianza (*witness*) in

[6] Alfred Gell, *La tecnologia dell'incanto e l'incanto della tecnologia*, in *Antropologia, estetica e arte. Antologia di scritti,* a cura di Alberto Caoci, Franco Angeli, Milano 2008; Alfred Gell, *Art and Agency: An Anthropological Theory*, Clarendon Press, Oxford 1998.

ness,[7] of doing in order to *undo*, alluded to indirectly in the second film Alÿs made during the aftermath of the dOCUMENTA (13) experience in Afghanistan.

As Judith Butler writes in her recent publication *Frames of War*,

> The problem is not merely how to include more people within existing norms, but to consider how existing norms allocate recognition differentially. What new norms are possible, and how are they wrought? What might be done to allocate a more egalitarian set of conditions for recognizability? What might be done, in other words, to shift the very terms of recognizability in order to produce more radically democratic results?.... The frame that seeks to contain, convey and determine what is seen (and sometimes for a stretch succeeds in doing precisely that) depends upon the conditions of reproducibility in order to succeed. And yet, this very reproducibility entails a constant breaking from context, a constant delimitation of new context, which means that the 'frame' does not quite contain what it conveys, but breaks apart every time it seeks to give definitive organization to its content. In other words, the frame does not hold anything together in one place, but itself becomes a kind of perpetual breakage, subject to a temporal logic by which it moves from place to place....This leads us to a different way of understanding both the frame's efficacy and its vulnerability to reversal.[8]

Witnessing, therefore, becomes the breaking out of images from the frames over the events witnessed, when the image travels through time and place until it reaches,

[7] Bracha L. Ettinger, "Communicaring: Reflexion around *Hiroshima mon amour*" in Ayelet Zohar, ed., *PostGender: Gender, Sexuality and Performativity in Japanese Culture* (Newcastle upon Tyne: Cambridge Scholars Publishing, 2010), 251-275.

[8] Judith Butler, *Frames of War: When is Life Grievable?* (London: Verso, 2009), 6-10.

una forma di "essere con" (*wit(h)ness*),[7] di fare per *dis*fare, a cui si allude indirettamente nel secondo film che Alÿs ha realizzato subito dopo l'esperienza di dOCUMENTA (13) in Afghanistan.

Come scrive Judith Butler nel suo recente *Frames of War*,

> Il problema non è semplicemente come includere un maggior numero di persone nelle norme esistenti ma constatare come le norme esistenti ripartiscano il riconoscimento in modo differenziale. Quali nuove norme sono possibili e come elaborarle? Che cosa si può fare per creare condizioni più ugualitarie di riconoscibilità? Che si può fare, in altre parole, per modificare i termini stessi della riconoscibilità in modo da produrre risultati più radicalmente democratici?... Il successo della cornice che cerca di contenere, evidenziare e determinare quanto viene visto (a volte riuscendo a farlo alla perfezione, almeno per un po') dipende dalle condizioni di riproducibilità. E tuttavia, questa stessa riproducibilità comporta una costante frattura col contesto, una costante delimitazione di un nuovo contesto, il che significa che la "cornice" non contiene affatto ciò che suggerisce ma si scompone ogni volta che cerca di dare un'organizzazione definitiva al suo contenuto. In altre parole, la cornice non tiene tutto insieme in un luogo ma diventa a sua volta una sorta di frattura perpetua, soggetta a una logica temporale attraverso la quale si sposta di luogo in luogo... Ciò ci porta a un modo diverso di intendere sia l'efficacia della cornice sia la sua vulnerabilità al ribaltamento[8].

[7] Bracha L. Ettinger, *Communicaring: Reflexion around Hiroshima mon amour*, in *PostGender: Gender, Sexuality and Performativity in Japanese Culture*, a cura di Ayelet Zohar, Cambridge Scholars Publishing, Newcastle upon Tyne 2010, pp. 251-275.

[8] Judith Butler, *Frames of War: When is Life Grievable?*, Verso, Londra 2009, pp. 6-10.

for example, this book, outside of the frames imposed by the general media coverage of Afghanistan. While the soldiers and photojournalists have video cameras, Alÿs has a sketchbook and makes sketches of the war, as if note-taking. Painting and drawing arguably come closer to "witnessing" than the cold, mechanical eye of the technological recording device.

Originally titled *Sometimes doing is undoing and sometimes undoing is doing*, this film was made in 2014 and juxtaposes two adjacent yet parallel scenes filmed in 2013 at the Forward Operating Base Shawqat, Helmand province, where Alÿs was officially "embedded" with the UK military in Spring 2013 and in Herat in Western Afghanistan, where he was unofficially "embedded" with Taliban that same year. The films are played on a split screen and show two soldiers—one a member of the Western forces still occupying the country on the side of the official government and the other a Taliban anti-government fighter—as they take apart and reassemble their weapons, each in their own separate world. While the British soldier is filmed standing up at a table outdoors in a military camp with trucks moving in the background, suggesting a complex and institutionalized world in which his actions are inscribed, the Taliban soldier sits on a rug dressed in traditional Pashtu attire. His gestures are smoother than his British counterpart's, and there is a tighter mind/body alliance. In the second parallel sequence we see the two men performing the same action of taking apart and putting together their guns, but the locations have changed: the British soldier is seated at a table inside a tent, while the Taliban fighter is sitting atop a roof in Herat with the city and its mosques in the background. The looped actions of putting their guns together and then taking them apart, over and over, suggest the existential unending loop within which our existences are paradoxically trapped, as well as the apparent randomness with which we end up on one side or the other of the political divide, perhaps by chance as we traverse our lives.

Both *REEL-UNREEL* and *Doing/Undoing* mobilize the prefix "un," which strangely intimates the UN signs one encounters in such military conundrums, when it is war and also when it is not war, or supposedly "after" a war, yet still

La testimonianza, quindi, diviene liberazione delle immagini dalle cornici sovrapposte agli eventi testimoniati, quando l'immagine viaggia attraverso il tempo e i luoghi fino a raggiungere, ad esempio, il presente libro, oltre le cornici imposte dalla consueta copertura mediatica dell'Afghanistan. Se i militari e i fotoreporter hanno videocamere, Alÿs ha un taccuino ed esegue schizzi di guerra per prender nota di ciò che vede. La pittura e il disegno molto probabilmente si avvicinano al concetto di "testimoniare" più dell'occhio meccanico, freddo, dei dispositivi tecnologici di registrazione.

In origine intitolato *Sometimes doing is undoing and sometimes undoing is doing*, questo film è stato realizzato nel 2014 e giustappone due scene adiacenti ma parallele, filmate nel 2013, presso la Forward Operating Base di Shawqat, nella provincia di Helmand, dove nella primavera di quell'anno Alÿs è stato ufficialmente "embedded" nell'esercito britannico, e ad Herat, nell'Afghanistan occidentale, dove è stato informalmente "embedded" tra i talebani. I film in questione sono proiettati su uno schermo bipartito e mostrano due soldati – un membro delle forze armate occidentali, che ancora occupano il paese a sostegno del governo ufficiale, e un combattente antigovernativo talebano – mentre smontano e rimontano le loro armi, ciascuno nel suo mondo separato. Se il soldato inglese è ripreso in piedi, all'esterno, davanti al tavolo di un campo militare e sullo sfondo di autocarri in movimento, suggerendo un mondo istituzionalizzato e complesso quale contesto delle sue azioni, il combattente talebano siede su un tappeto, vestito al modo tradizionale dei pashtun. I suoi gesti sono più armoniosi di quelli della sua controparte inglese e si nota una maggiore unione corpo/anima. Nella seconda sequenza parallela si vedono i due uomini che compiono la stessa azione di smontaggio e rimontaggio dei loro fucili ma le location sono cambiate: il soldato britannico siede davanti a un tavolo all'interno di una tenda, mentre il combattente talebano è seduto su un tetto di Herat, sullo sfondo della città e delle sue moschee. L'azione di montare e smontare il fucile, ripetuta all'infinito, suggerisce il circuito chiuso esistenziale nel quale le nostre esistenze sono paradossalmente intrappolate, così come l'evidente accidentalità del nostro finire da una parte o dall'altra di un fronte politico, forse guidati dal caso mentre attraversiamo le nostre vite.

in a conflict: this is a condition as paradoxical as what we find in Afghanistan today, but also within our lives in general, where we are at once ourselves and our-others, free and *un*free at once. Such conundrums and slippages between war zones in the postwar era can be seen in the militarization of civilian life, for example in a recent incident where local police in one American state employed SWAT teams and tanks, recycled from war zones around the world, to raid barber shops. Yet little attention is paid to this gradual militarization of civil societies within the overall decline of democracies today. The time of doing/undoing, of repetition and difference, is also of the order of messianic time, or "time after time" to use that terminology once more, for the purpose of simplicity. However, the men are perhaps also living in the time that artist Marcel Duchamp referred to with the text he chose for his gravestone, "*D'ailleurs, c'est toujours les autres qui meurent*" ("Besides, it's always the others who die"). Duchamp envisioned that visitors to his grave would invariably adopt the same condition of sentimental and intellectual immortality that he himself was feeling while writing the epitaph and that state of mind is perhaps necessary in order to go on with the business of living. In French, the term "d'ailleurs" ("besides") can mean both "after all" and "from elsewhere" so that the epitaph layers the spatial/geographical distance (from elsewhere) with the temporal distance (after all has occurred), which in the English translation lends itself to a further double meaning, referring also to a stutter, a gap in speech, an interval of reflection and a call to logic ("after all I have said, it is evident that..."). This interruption of the train of speech by a summarizing moment of singular thought again constitutes a moment of dilated time, of presentness, of what Heidegger would call *Dasein* or presence to oneself and awareness of being in time: "The primordial ontological basis for Dasein's existentiality," as he wrote, "is *temporality*....Everydayness reveals itself as a mode of temporality...by casting light on the source of the 'time' 'in which' entities within-the-world are encountered—time as 'within-timeness'....Within the horizon of time the projection of a meaning of Being in general can be accomplished." And he concluded, "Does *time* itself manifest itself as the horizon

Sia *REEL-UNREEL* sia *Doing/Undoing* fanno ricorso al prefisso "un", che stranamente rinvia alle insegne UN che si incontrano in questi rompicapo militari, quando c'è una guerra ma anche quando non c'è o – così si presume – "dopo" una guerra ma ancora in una situazione di conflitto: una condizione paradossale come quella che oggi troviamo non solo in Afghanistan ma anche nelle nostre vite, dove siamo allo stesso tempo noi stessi e altri da noi, liberi e *non* liberi. Questi rompicapo e questi slittamenti tra zone di guerra nell'era postbellica sono visibili nella militarizzazione della vita civile, come dimostra, ad esempio, un recente incidente in cui la polizia locale di uno stato americano ha impiegato squadre e blindati SWAT riciclati dalle zone di guerra di tutto il mondo per dare l'assalto a botteghe di barbiere abusive. Eppure questa graduale militarizzazione delle società civili nel più vasto quadro del declino delle attuali democrazie non attrae più di tanto l'attenzione. Anche il tempo del fare/disfare, della ripetizione e della differenza, appartiene all'ordine del tempo messianico o del "tempo dopo il tempo", per usare ancora una volta questa terminologia per ragioni di semplicità. Tuttavia, forse oggi gli uomini vivono anche nel tempo a cui l'artista Marcel Duchamp ha fatto riferimento nel testo scelto per la sua iscrizione tombale: *D'ailleurs, c'est toujours les autres qui meurent* ("D'altronde, sono sempre gli altri che muoiono"). Duchamp sapeva che i visitatori della sua sepoltura avrebbero immancabilmente fatto propria la stessa condizione di immortalità intellettuale e sentimentale che lui stesso sentiva scrivendo il suo epitaffio e che questa disposizione d'animo forse è necessaria per seguitare a vivere. In francese, del resto, il termine *d'ailleurs* ("d'altronde") può significare sia "dopotutto" sia "da un altro luogo" cosicché l'epitaffio sovrappone la distanza spaziale/geografica (da un altro luogo) alla distanza temporale (dopotutto è accaduto), che nella traduzione inglese si presta a un'ulteriore doppia interpretazione, indicando anche un salto, una sospensione nel discorso, un intervallo di riflessione e un richiamo alla logica (*after all I have said, it is evident that* ..., "dopo tutto ciò che ho detto, è evidente che ..."). Questa interruzione dello svolgimento del discorso attraverso un momento di ricapitolazione di un singolo pensiero costituisce a sua volta un momento di tempo dilatato, di presenza, di quello che

of Being?"[9] Alÿs's works are also ruptures in the flow of time and expansions of duration in a "24/7" world[10] where power is defined by having control over people's time, and further amounts to owning speed and the fastest software. In this sense, Alÿs's first small color bar paintings and collages, exhibited airily in a former bakery in Kassel in 2012, are inscribed in a political discussion about time because they celebrate the apparently obsolete intervals introduced by television stations in between programs and at night. Those pauses were eliminated by our 24/7 digital world (and in this sense, the paintings are not abstract but concrete figurative representation of those color bar codes). Just as importantly, however, these paintings—as well as the later ones made throughout 2013 and 2014 that refer not only to color bar codes of television screens but also to recognition symbols on military uniforms—can be read within the history of radical concrete abstract painting in Europe in the twentieth century. They evoke the minimalist work of André Cadere, an artist who spent much of his time in Belgium, Alÿs's country of origin (and thus presumably well-known to him), but also Gerhard Richter's color charts and the many articulations of abstract painting that developed in Latin America (where Alÿs currently lives) and which were particularly significant within countries where figurative painting was dangerous to pursue due to censorship laws—think for example of Brazilian and Argentinian modernist, radical, abstract painters such as Carlos Cruz-Diez and Hélio Oiticica.

If doing can be undoing and undoing can be doing, as Alÿs suggests, then being embedded with the military

[9] Martin Heidegger, *Being and Time* (Oxford: Blackwell, 2005 [originally published in 1927]), 235, 488.

[10] See Alexei Penzin, *Rex Exsomnis: Sleep and Subjectivity in Capitalist Modernity*, number 097 in Carolyn Christov-Bakargiev and Chús Martinez, *One Hundred Notes One Hundred Thoughts*, dOCUMENTA (13) Notebook Series (series editor Bettina Funcke) (Ostfildern: Hatje Cantz Verlag, 2012) and Jonathan Crary, *24/7: Late Capitalism and the Ends of Sleep* (London: Verso, 2013).

Heidegger avrebbe chiamato *Dasein* o presenza a se stessi e coscienza di essere nel tempo: "Il fondamento ontologico originario dell'esistenzialità dell'Esserci è la *temporalità*... La quotidianità si svela allora come un modo della temporalità... Il chiarimento dell'origine del "tempo in cui" si incontra l'ente intramondano, cioè del tempo come intratemporalità, manifesta una possibilità essenziale della temporizzazione della temporalità... Il progetto di un senso dell'essere in generale può essere posto in atto solo nell'orizzonte del tempo"; domandandosi in conclusione: "Il *tempo* si rivela forse come orizzonte dell'Essere?"[9]. Le opere di Alÿs sono anche fratture nel flusso del tempo ed espansioni di durata in un mondo "24/7"[10] dove il potere si definisce come controllo del tempo delle persone e coincide con la velocità e il possesso di software sempre più rapidi. In questo senso i primi piccoli collage e dipinti di barre colorate di Alÿs, esposti spensieratamente in un ex panificio di Kassel nel 2012, sono iscritti in una discussione politica sul tempo poiché celebrano gli intervalli apparentemente obsoleti inseriti dalle stazioni televisive tra un programma e l'altro e durante la notte. Quelle pause sono state soppresse dall'attuale mondo digitale 24/7 (e in questo senso, i dipinti non sono astratti ma rappresentazioni figurative concrete di quei codici di barre colorate). È altrettanto importante notare, tuttavia, che questi dipinti – così come quelli eseguiti più tardi, nel 2013 e nel 2014, e che rinviano non solo ai codici a barre colorate della televisione ma anche ai simboli di riconoscimento delle uniformi militari – possono essere letti nella storia della pittura astratta radicale e concreta europea del XX secolo. Questi lavori evocano l'opera minimalista di André Cadere, un artista che ha

[9] Martin Heidegger, *Essere e tempo*, Longanesi, Milano 1976, pp. 287-288 e 520 [I edizione originale 1927].

[10] Si veda Alexei Penzin, *Rex Exsomnis: Sleep and Subjectivity in Capitalist Modernity*, in Carolyn Christov-Bakargiev e Chús Martinez, *One Hundred Notes One Hundred Thoughts*, n. 097, Serie di notebook di dOCUMENTA(13) (curatore della serie Bettina Funcke), Hatje Cantz Verlag, Ostfildern 2012 e Jonathan Crary, *24/7: Late Capitalism and the Ends of Sleep*, Verso, Londra 2013.

can be a form of co-option of art, of its political subordination to celebrating and illustrating power, just as much as it can be the opposite—an undermining of one's military hosts (who surely did not know Alÿs also filmed and drew the Taliban, crossing the boundaries between them as only an artist (or a mad person) might be able to envision). Furthermore, the artist's apparently innocuous gesture of pulling out his paper and colored pencils and drawing within the military compound surely created a context within which to strike up a conversation with the soldiers—a "lighter" and more amiable way to eavesdrop on the everyday life of individuals in extraordinary historical situations. Exposing the banality of their daily lives there might even undo the logic of war by inserting a virus of something as apparently innocuous as drawing and coloring. It also reminds us of Hannah Arendt's disquieting yet pointy analysis of the banality of evil, of evil as a consequence of thoughtlessness and stupidity rather than a product of a clever and evil mastermind, which she wrote after witnessing the banality of Adolf Eichmann's statements during his trial in 1961. Furthermore, it occurs to me, from a feminine perspective, that there is a delicacy and lightness in Alÿs's small drawings and paintings made while embedded in Afghanistan or shortly before and after—a shifting of the logic of "boys with toys" by playing and un-playing, or rather by deploying and un-*ploying* weapons that once transformed into pencils and paintbrushes cause signs to circulate and to transform themselves. This creates a space within which a weapon's use is redirected to another form of purposelessness (to evoke Kant's definition of art as an intentional creation of a purposeless imitation of something naturally beautiful and purposeful) that magically might perform a re-enchantment of its technology (Alfred Gell's anthropological definition of art-making as enchanted technology), transforming its body into a disarticulated and rearticulated body that shoots/unshoots itself and its multifarious signifiers. Alÿs's colored pencils, in the military camp, represent a bold act of ignoring the logic of war; they are thin, long, and colored and suggest a world of personal pleasures, or grand tours with one's sketchbook at hand, and they exist in the condition of

vissuto a lungo in Belgio, il paese d'origine di Alÿs (e quindi presumibilmente a lui ben noto) ma anche i grafici colorati di Gerhard Richter e le varie correnti di pittura astratta sviluppatesi in America latina (dove attualmente Alÿs vive) che hanno svolto un ruolo particolarmente importante nei paesi in cui le leggi sulla censura rendevano pericolosa la pratica della pittura figurativa – si pensi, ad esempio, a esponenti argentini e brasiliani della pittura astratta, radicale e modernista come Carlos Cruz-Diez ed Hélio Oiticica.

Se il fare può essere disfare e il disfare può essere fare, come suggerisce Alÿs, allora essere "embedded" in un esercito può essere una forma di pervertimento dell'arte, di subordinazione politica volta alla celebrazione e all'illustrazione del potere, così come il suo contrario – un tentativo di insidiare i militari che lo ospitavano (e che sicuramente non sapevano che Alÿs avrebbe filmato e ritratto anche i talebani, attraversando la linea di confine tra i due schieramenti con il coraggio di cui può dar prova solo un artista, o un pazzo). Inoltre, il gesto apparentemente innocuo di tirar fuori carta e matite colorate per mettersi a disegnare all'interno del *compound* militare ha certamente creato un'atmosfera propizia alla conversazione – un modo "più leggero" e gradevole di carpire i dettagli della vita quotidiana di individui che si trovano a vivere in situazioni storiche straordinarie. Il semplice fatto di mostrare la banalità di queste vite quotidiane potrebbe perfino disfare la logica della guerra, inoculando il virus di un'azione apparentemente innocua come quella di disegnare e colorare. Ciò ci riporta anche all'analisi inquietante ma acuta della banalità del male, del male come conseguenza della sconsideratezza e della stupidità più che come prodotto di una mente lucida e malvagia che Hannah Arendt scrisse dopo aver ascoltato le banalità proferite da Adolf Eichmann durante il processo che lo vedeva imputato nel 1961. Inoltre, posso dire che, da una prospettiva femminile, nei piccoli disegni e dipinti eseguiti da Alÿs durante il soggiorno tra i militari in Afghanistan o poco dopo, ci sono una leggerezza e una delicatezza – una discontinuità con la logica dei "giocattoli da maschi" ottenuta mediante il giocare e il non-giocare con, o piuttosto schierando e riponendo armi che, una volta trasformate in matite e pennelli, permettono ai segni di circolare e di trasformarsi. Ciò crea uno spazio in cui l'uso di un'arma è dirottato verso un'altra forma di inutilità (per

what in Greek is referred to as *hōs–mē*,[11] meaning "as if it were not"—to make possible one's own impossibility. The ambition of the project thus seems indirectly to have been to find a space *in-between* where art can suspend conflict by changing the context itself of the conflict and ignoring the conflict, subtracting oneself from it as if there was no war, no conflict. The challenge seems to have been both embodied and embedded, but also withdrawn, in order to act upon it, and, possibly, even to *de*-potentiate it. The artistic act that withdraws from conflict acts like a potential joke or play on words, a collective form of therapy, both on an individual level and on the level of collective healing.

[11] In "Letter of Paul to the Romans," Paul speaks of the vocation of those who are called into the messianic community, as a condition where first of all their differences are nullified, such as the difference between a slave and a free man, a circumcised and a non-circumcised. Then, those who are "called," are called to continue with their lives as normal, but with a form of vocation that is at the same time also a revocation of their normal daily lives ("...time contracted itself, the rest is, that even those having wives may be as not [*hōs mē*] having, and those weeping as not weeping, and those rejoicing as not rejoicing, and those buying as not possessing, and those using the world as not using it up. For passing away is the figure of this world. But I wish you to be without care." [Saint Paul, *First Epistle to the Corinthians 7:29-32*, cited in Agamben, *Ibid.*, 23.). According to Agamben, this messianic time, a revoked time, is a time after time, a time that remains.

evocare la definizione dell'arte come creazione intenzionale di un'inutile imitazione di qualcosa naturalmente bello e utile enunciata da Kant) che magicamente può restituire incanto alla sua tecnologia (la definizione antropologica del fare arte come tecnologia incantata di Alfred Gell), trasformando il suo corpo in un corpo disarticolato e riarticolato che spara e non spara se stesso e i suoi molteplici significanti. Nel campo militare, le matite colorate di Alÿs costituiscono un'audace atto di non riconoscimento della logica della guerra; sottili, lunghe e colorate, le matite suggeriscono un mondo fatto di piaceri personali o Grand Tour intrapresi con un taccuino in mano ed esistono in quella condizione che in greco si designava con l'espressione *hōs mē*,[11] ossia "come se non" – per rendere possibile la propria impossibilità. Sembra così che l'aspirazione che ha guidato il progetto sia stata quella di scoprire indirettamente uno spazio *intermedio* dove l'arte può sospendere il conflitto, modificando il contesto stesso del conflitto e ignorando il conflitto, sottraendosene come se non ci fosse nessuna guerra, nessun conflitto. La sfida sembra esser stata incarnata e integrata ma anche ritirata, per agire su di essa, e forse anche per *de*potenziarla. L'atto artistico che si ritrae dal conflitto opera come una potenziale burla o gioco di parole, una forma di terapia collettiva, sia a livello individuale sia a livello di ripresa collettiva.

[11] Nella *Lettera ai Romani* l'apostolo parla della vocazione di coloro che sono chiamati a entrare a far parte della comunità messianica, come di una condizione in cui innanzi tutto le loro differenze sono annullate , come, ad esempio, quella tra uomini liberi e schiavi, tra circoncisi e non circoncisi. Così, quelli che sono "chiamati", sono chiamati a portare avanti normalmente le loro vite ma secondo una forma di vocazione che è allo stesso tempo una revoca della loro vita quotidiana ("...il tempo ormai si è fatto breve, d'ora innanzi quelli che hanno moglie vivano come se [*hōs mē*] non l'avessero; coloro che piangono, come se non piangessero e quelli che godono, come se non godessero; quelli che comprano, come se non possedessero; quelli che usano del mondo, come se non ne usassero a pieno: perché passa la scena di questo mondo! Io vorrei vedervi senza preoccupazioni [...]", *Prima Lettera ai Corinzi* 7: 29-32, citato in Agamben, *op. cit.*, p. 23. Secondo Agamben, questo tempo messianico, un tempo revocato, è il tempo dopo il tempo, il tempo che resta.

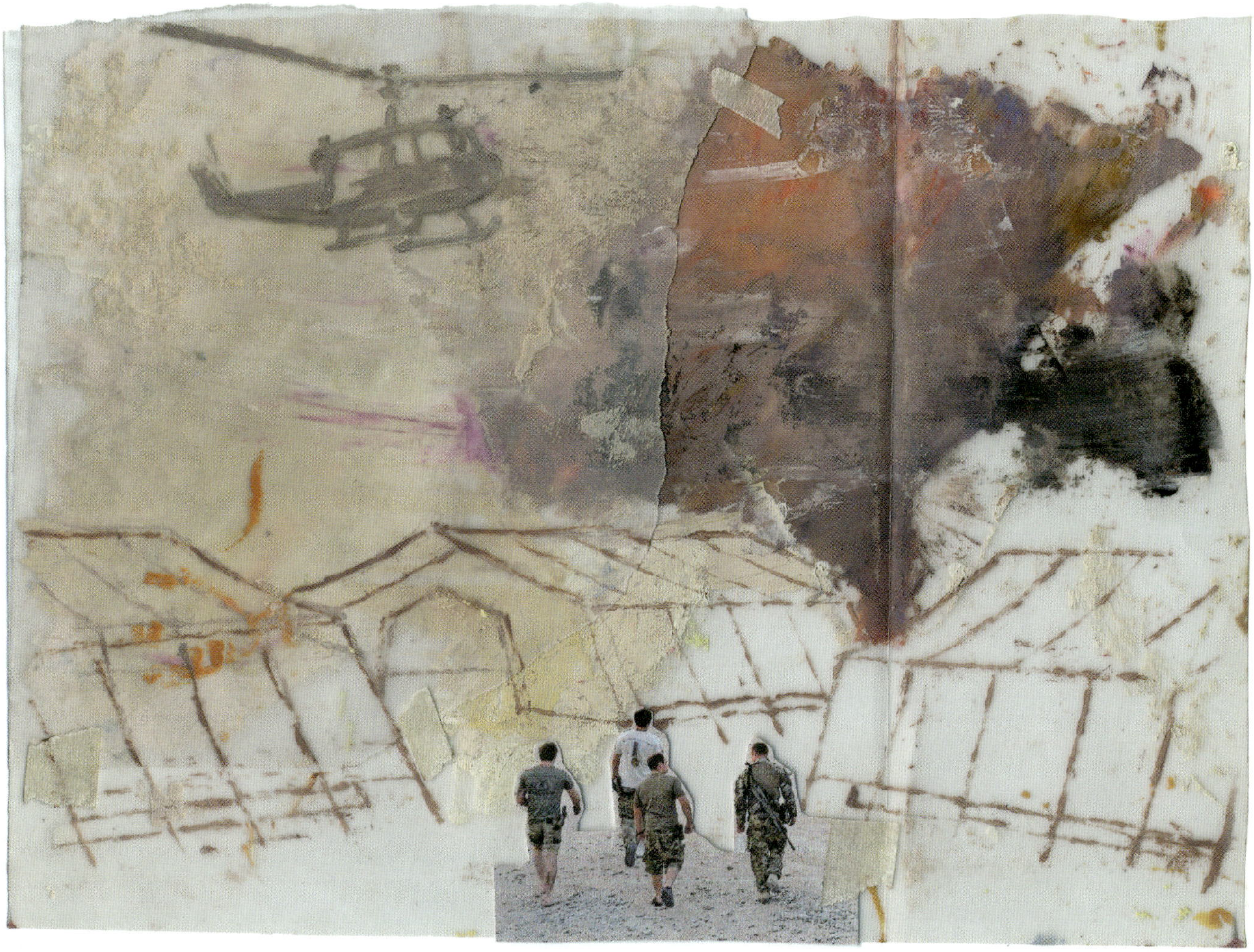

Untitled (F.O.B. Sparta - Mercenaries), 2013, oil, collage, and masking tape on tracing paper / olio, collage e nastro adesivo su carta da lucido, 16.5 × 28 cm

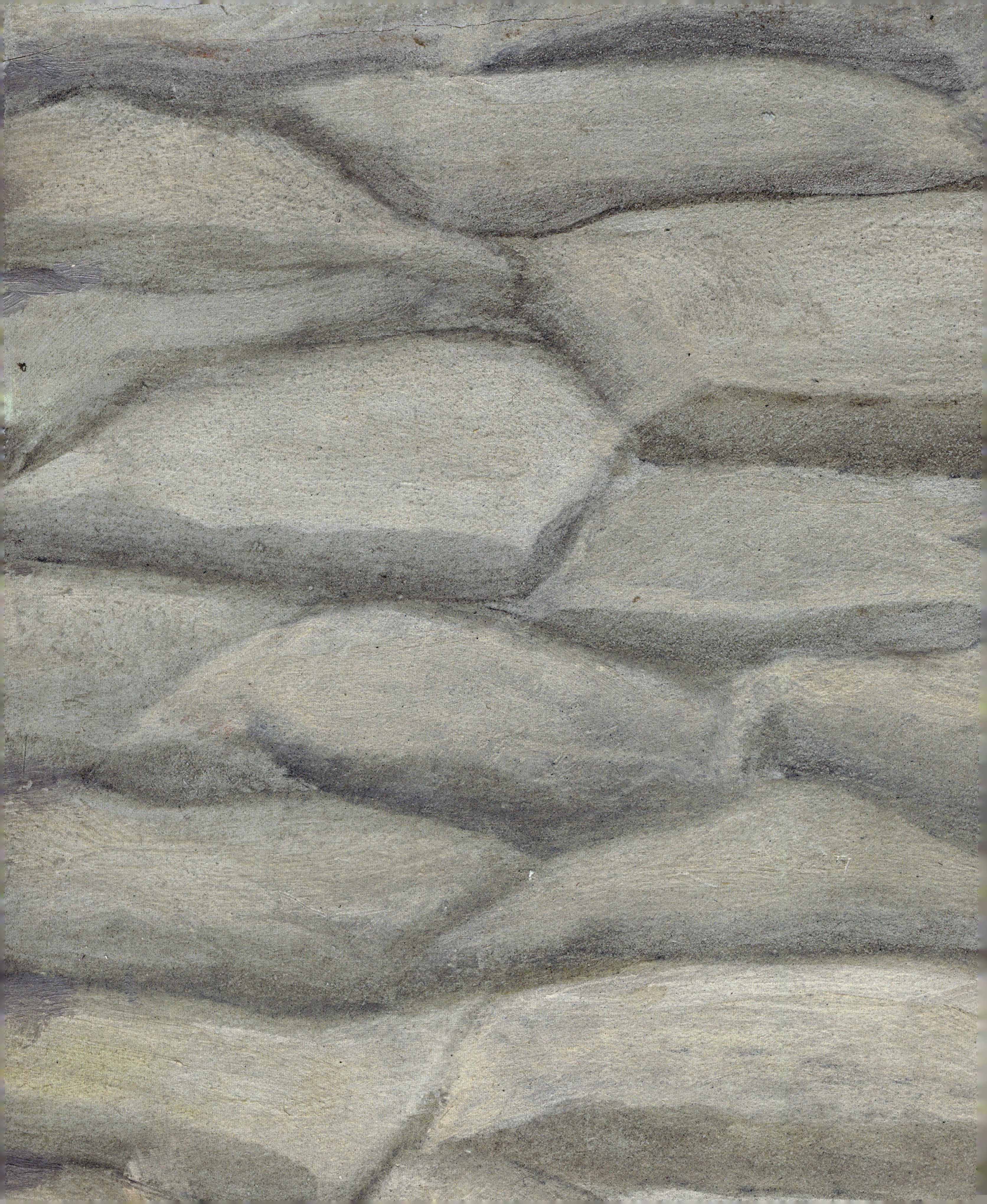

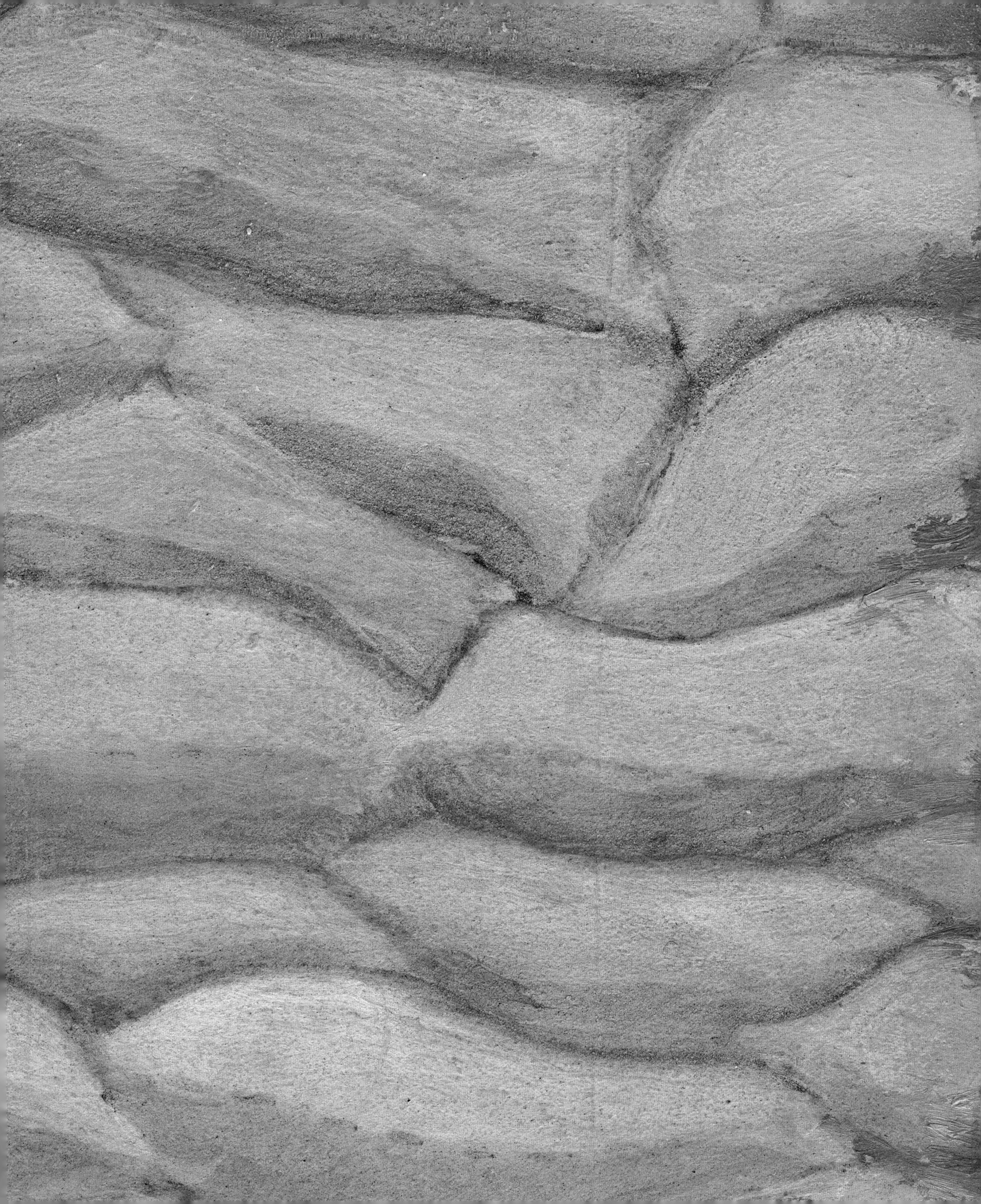

ADRENALINOTOURISM

Helmand Province, Afghanistan
May 25 - June 3, 2013

Adrenaline is arguably the oldest psychedelic drug known to mankind.

During the Spring of 2013 I was embedded in Afghanistan as war artist with UK Task Force Helmand. By intentionally engaging in a hazardous situation I wanted to investigate if exposure to danger would alter my senses and produce a different response in the field of representation.

ADRENALINOTOURISM

Provincia di Helmand, Afghanistan
25 maggio - 3 giugno 2013

L'adrenalina è probabilmente la più antica sostanza allucinogena che l'umanità conosca.

Nella primavera del 2013 ho trascorso un periodo in Afghanistan come artista di guerra con l'unità delle forze armate britanniche Helmand. Mettendomi volutamente in condizioni di pericolo, volevo verificare se l'esposizione al rischio avrebbe alterato le mie percezioni e ingenerato risposte diverse nel campo della rappresentazione.

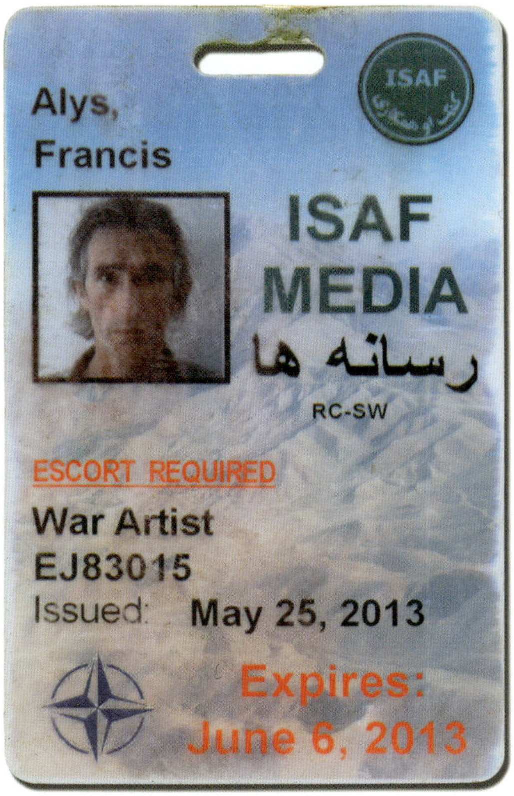

ISAF
Alys,
Francis
ISAF
MEDIA
رسانه ها
RC-SW
ESCORT REQUIRED
War Artist
EJ83015
Issued: May 25, 2013
Expires:
June 6, 2013

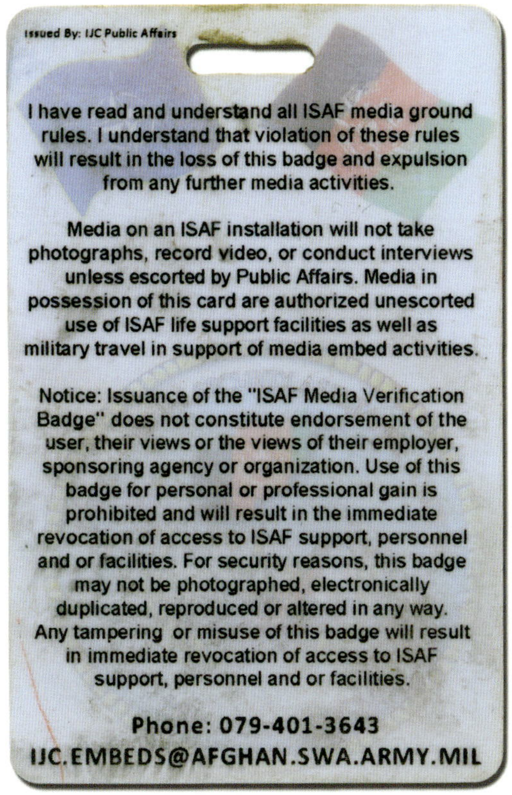

Issued By: IJC Public Affairs
I have read and understand all ISAF media ground rules. I understand that violation of these rules will result in the loss of this badge and expulsion from any further media activities.
Media on an ISAF installation will not take photographs, record video, or conduct interviews unless escorted by Public Affairs. Media in possession of this card are authorized unescorted use of ISAF life support facilities as well as military travel in support of media embed activities.
Notice: Issuance of the "ISAF Media Verification Badge" does not constitute endorsement of the user, their views or the views of their employer, sponsoring agency or organization. Use of this badge for personal or professional gain is prohibited and will result in the immediate revocation of access to ISAF support, personnel and or facilities. For security reasons, this badge may not be photographed, electronically duplicated, reproduced or altered in any way. Any tampering or misuse of this badge will result in immediate revocation of access to ISAF support, personnel and or facilities.
Phone: 079-401-3643
IJC.EMBEDS@AFGHAN.SWA.ARMY.MIL

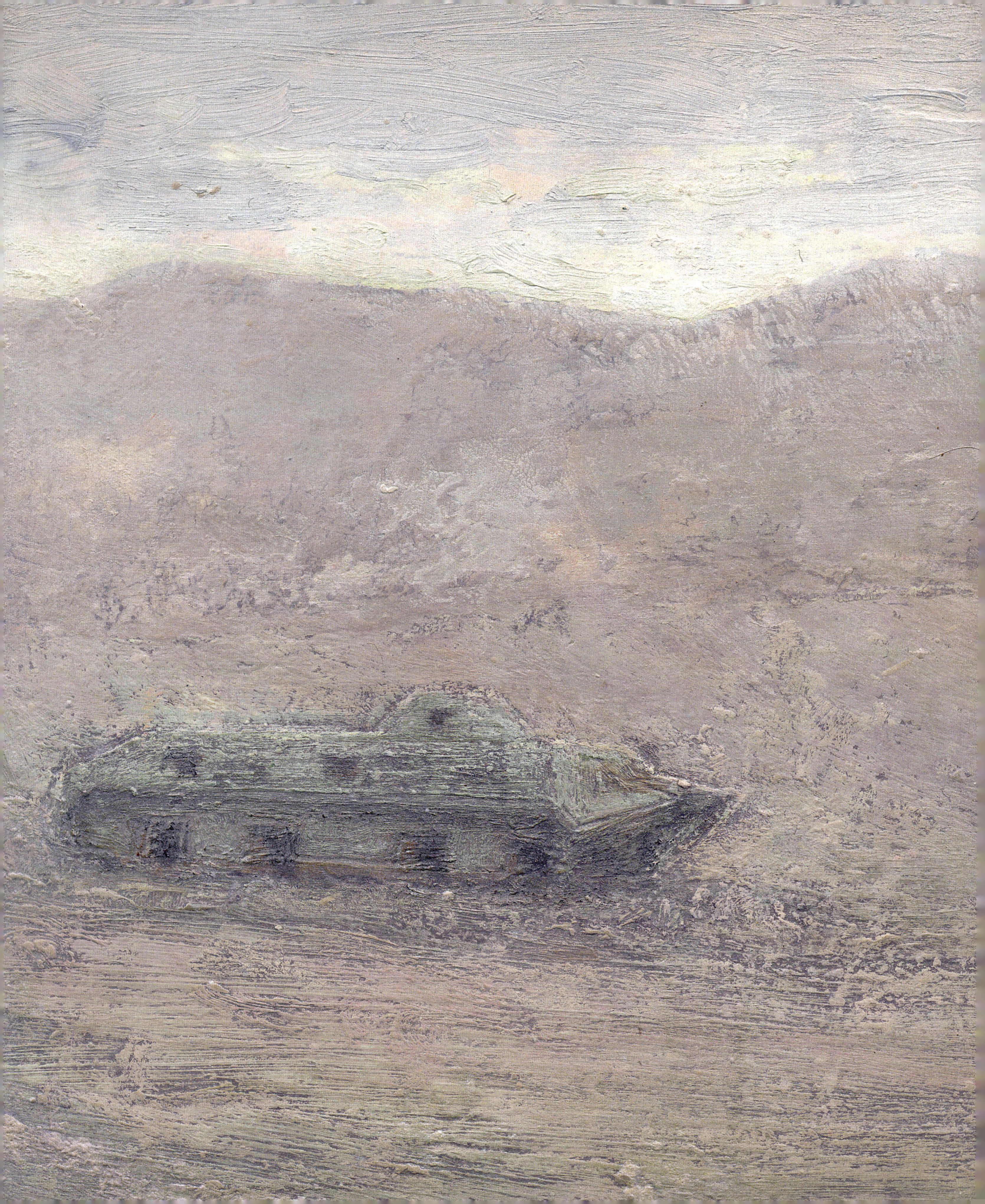

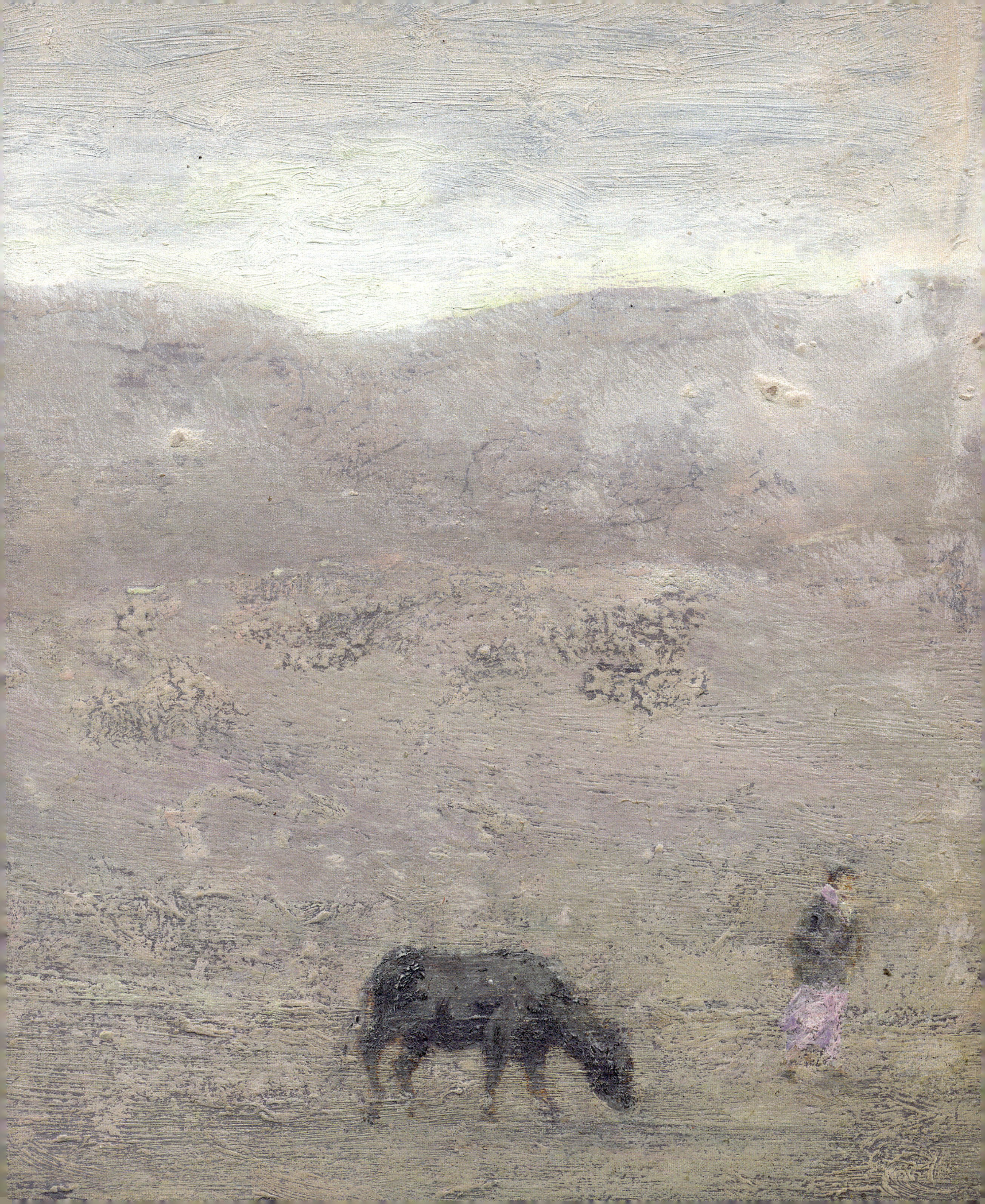

SELECTION OF AFGHAN PAINTINGS 2010-2014 / SELEZIONE DI DIPINTI AFGHANI 2010-2014

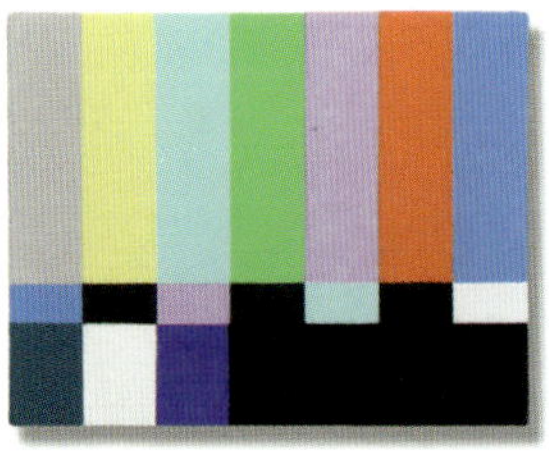

Untitled, 2011-2012
Oil on canvas on wood / Olio su tela su legno
27.9 × 34.9 × 1.6 cm

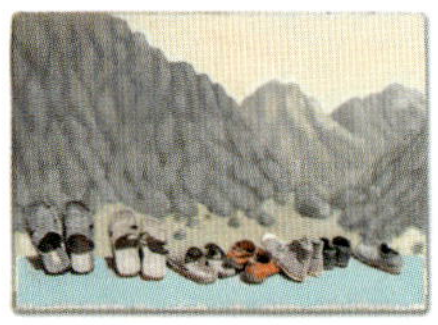

Untitled, 2012
Oil and collage on canvas on wood / Olio e collage su tela su legno
12.7 × 17.8 × 1.3 cm

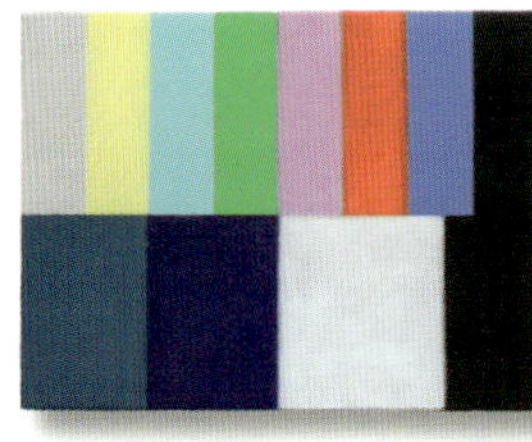

Untitled, 2011-2012
Oil on canvas on wood / Olio su tela su legno
22.2 × 28.4 × 1.9 cm

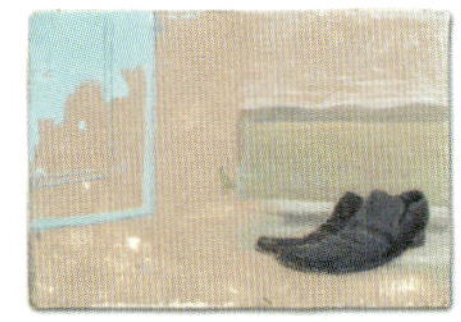

Untitled, 2011
Oil on canvas on wood / Olio su tela su legno
12.7 × 17.8 × 1.3 cm

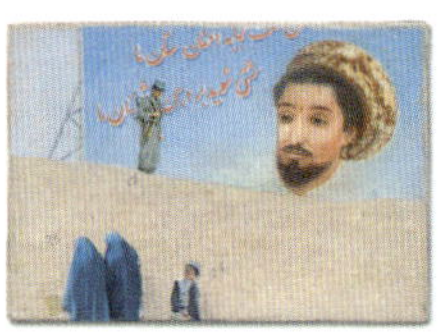

Untitled (Commander Massoud), 2010
Oil and collage on canvas on wood / Olio e collage su tela su legno
13 × 18.1 × 1.2 cm

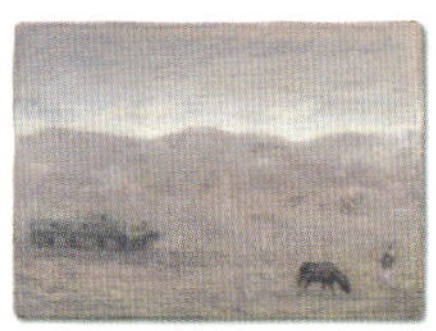

Untitled (Baghlan), 2011
Oil on canvas on wood / Olio su tela su legno
13 × 18.1 × 1.2 cm

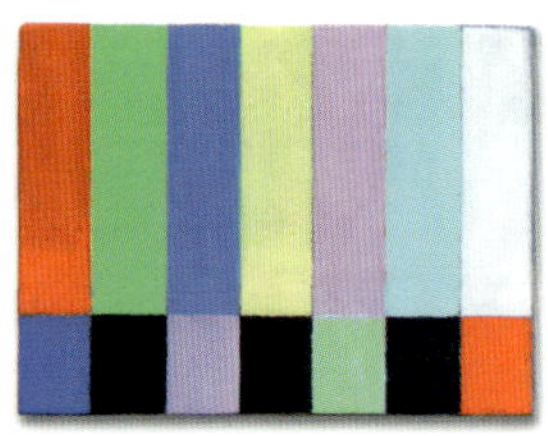

Untitled, 2011-2012
Oil on canvas on wood / Olio su tela su legno
23.8 × 30.8 × 1.6 cm

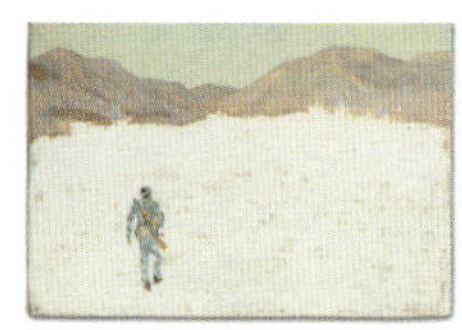

Untitled (Balkh), 2011
Oil on canvas on wood / Olio su tela su legno
12.7 × 17.8 × 1.3 cm

Untitled, 2011-2012
Oil on canvas on wood / Olio su tela su legno
27.3 × 34.6 × 1.6 cm

Untitled, 2011-2012
Oil on canvas on wood / Olio su tela su legno
12.9 × 17.9 × 1 cm

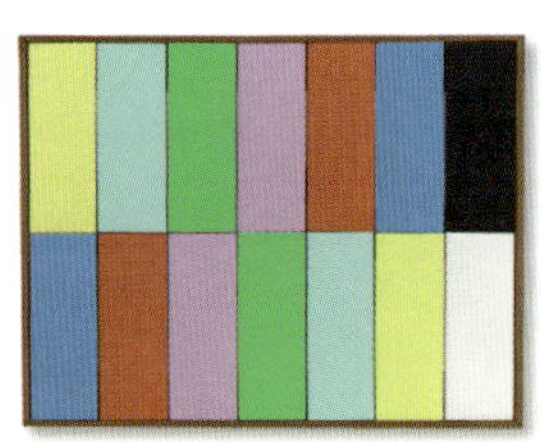

Untitled, 2011-2012
Encaustic and pigments on wooden panels / Encausto e pigmenti su pannelli in legno
22.5 × 28.9 × 1.9 cm

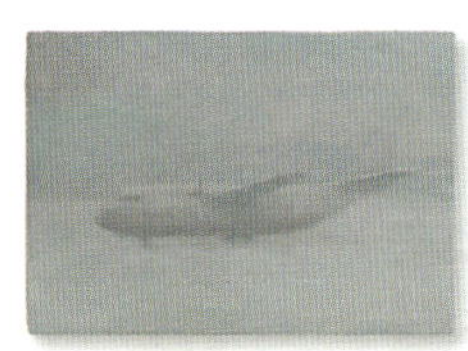

Untitled, 2011-2012
Oil on canvas on wood / Olio su tela su legno
12.7 × 17.8 × 1.3 cm

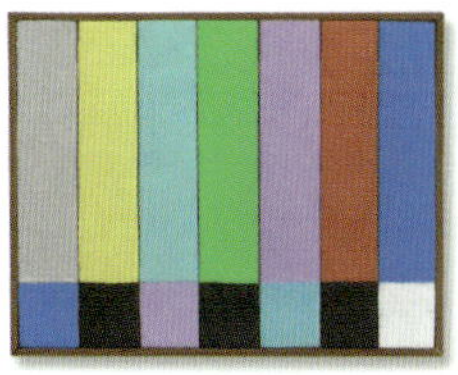

Untitled, 2011-2012
Encaustic and pigments on wooden panels / Encausto e pigmenti su pannelli in legno
12.7 × 17.8 × 1.3 cm

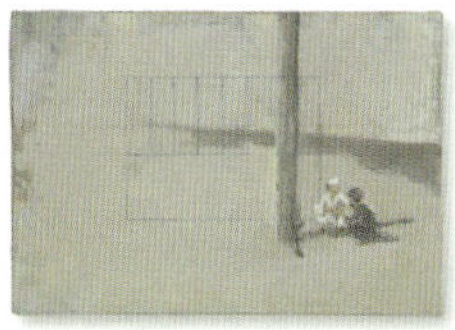

Untitled, 2011-2012
Oil on wood / Olio su legno
12.7 × 17.8 × 1.3 cm

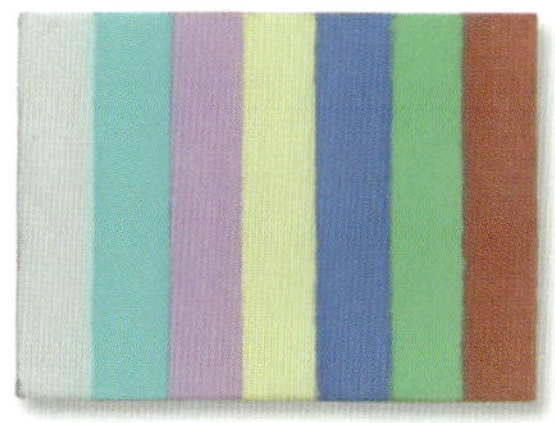

Untitled, 2012
Oil, encaustic, and pigments on canvas on wood / Olio, encausto e pigmenti su tela su legno
14.9 × 22.5 × 2.5 cm

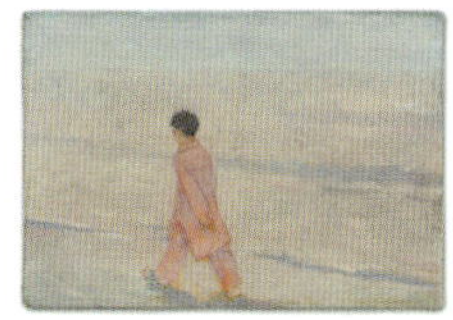

Untitled, 2012
Oil on canvas on wood / Olio su tela su legno
12.7 × 17.8 × 1.1 cm

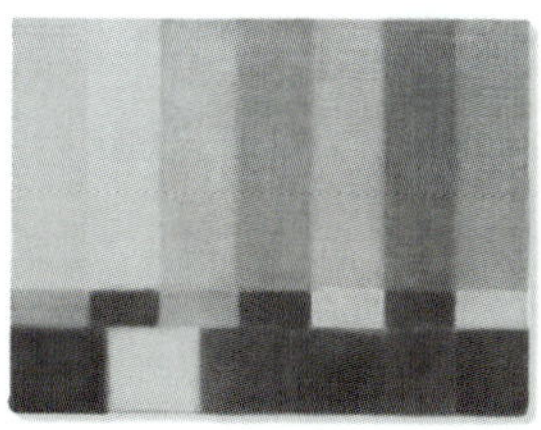

Untitled, 2011-2012
Oil on canvas on wood / Olio su tela su legno
15.9 × 20.6 × 1.9 cm

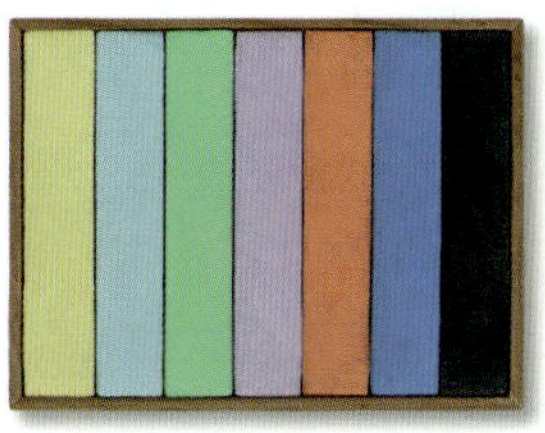

Untitled, 2011-2012
Encaustic and pigments on wooden panels / Encausto e pigmenti su pannelli in legno
16.2 × 21 × 2 cm

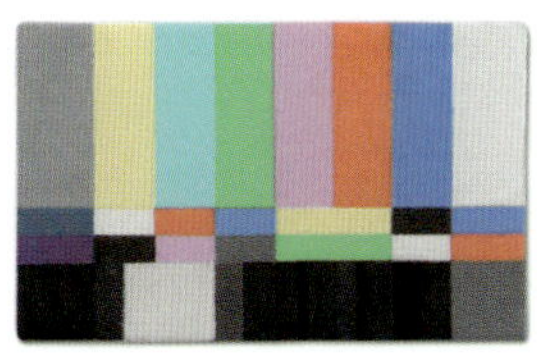

Untitled, 2012
Oil on canvas on wood / Olio su tela su legno
15.9 × 25.2 × 1.6 cm

Untitled, 2011-2012
Oil on canvas on wood / Olio su tela su legno
12.7 × 17.8 × 1.3 cm

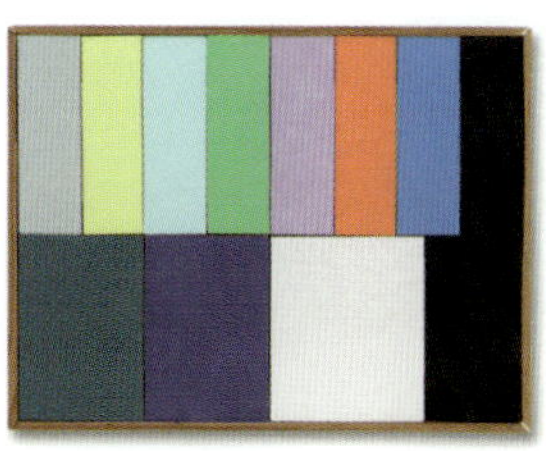

Untitled, 2011-2012
Encaustic and pigments on wooden panels / Encausto e pigmenti su pannelli in legno
22.5 × 28.6 × 2.1 cm

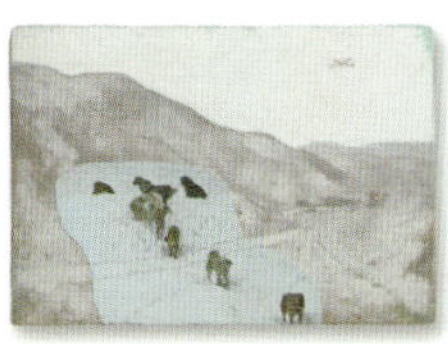

Untitled, 2011-2012
Oil and collage on canvas on wood / Olio e collage su tela su legno
12.7 × 17.8 × 1.3 cm

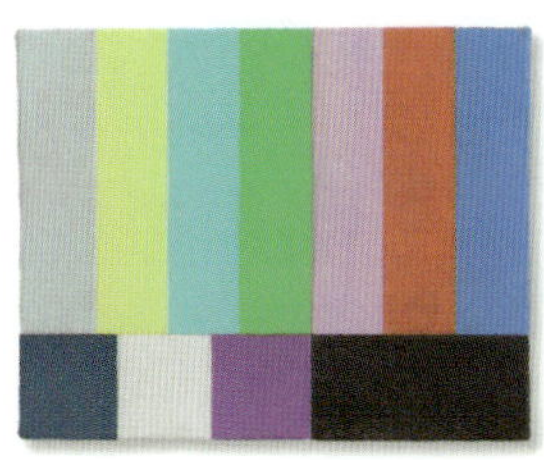

Untitled, 2011-2012
Oil on canvas on wood / Olio su tela su legno
23.8 × 30.5 × 2.9 cm

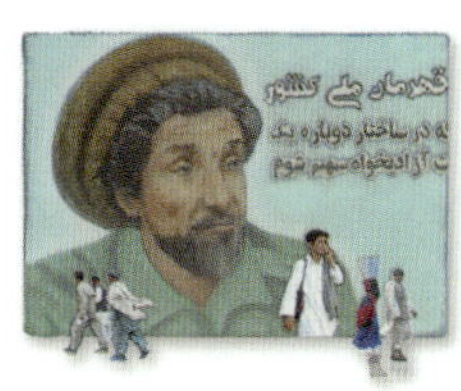

Untitled, 2011-2012
Oil and collage on canvas on wood / Olio e collage su tela su legno
14.6 × 18.1 × 1.3 cm

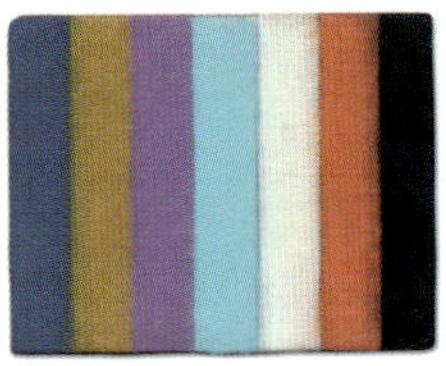

Untitled, 2011
Encaustic on canvas on wood / Encausto su tela applicata su legno
15.5 × 11,5 × 1.5 cm

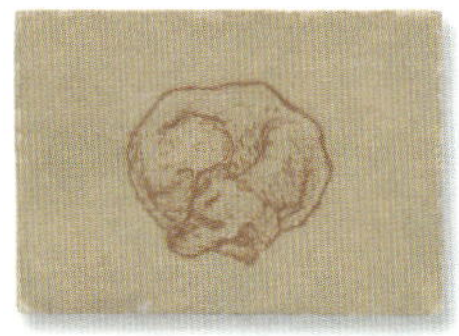

Untitled, 2011-2012
Oil on canvas on wood / Olio su tela su legno
12.7 × 17.8 × 1.3 cm

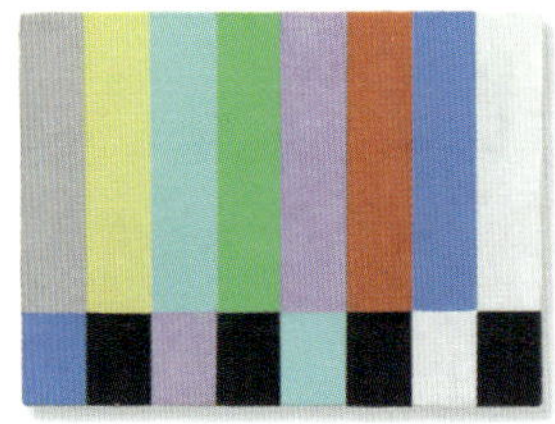

Untitled, 2011-2012
Oil, encaustic, and pigments on canvas on wood / Olio, encausto e pigmenti su tela su legno
26.7 × 34.9 × 1.6 cm

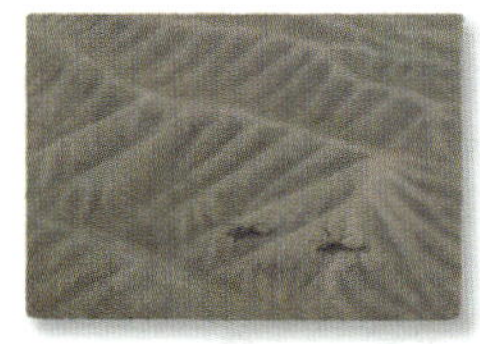

Untitled, 2011-2012
Oil on canvas on wood / Olio su tela su legno
12.7 × 17.8 × 1.3 cm

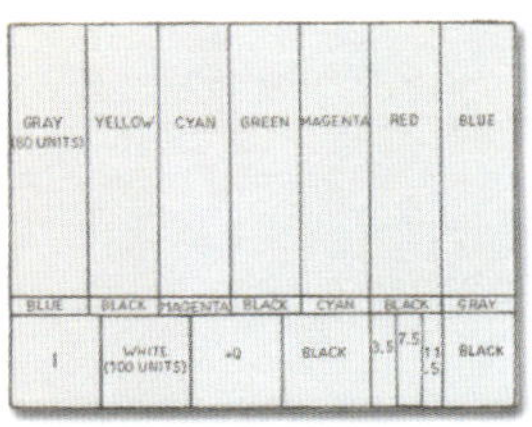

Untitled, 2011-2012
Oil on canvas on wood / Olio su tela su legno
21.6 × 28.6 × 1.9 cm

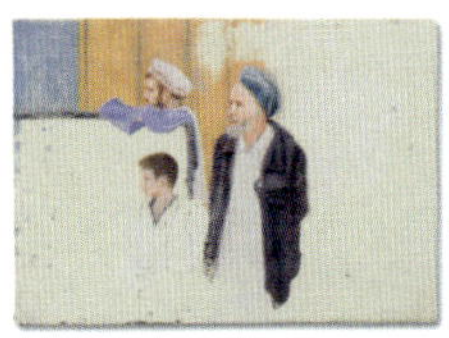

Untitled (Yamgun), 2011
Oil on canvas on wood / Olio su tela su legno
12.7 × 17.8 × 1 cm

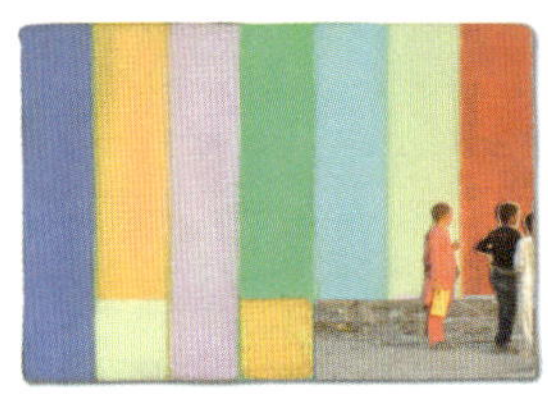

Untitled, 2011-2012
Oil, encaustic, pigments, and collage on canvas on wood / Olio, encausto, pigmenti e collage su tela su legno
16.8 × 24.1 × 1.6

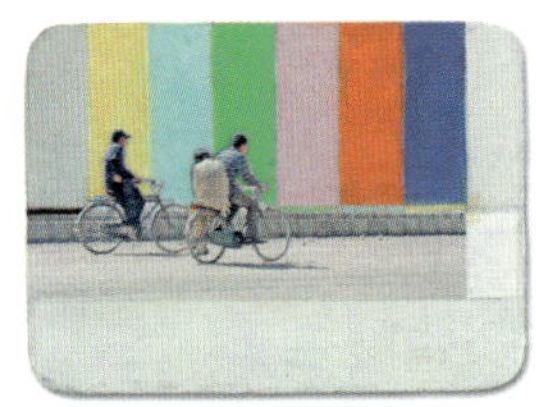

Untitled, 2011-2012
Oil and collage on canvas on wood / Olio e collage su tela su legno
14.6 × 19.1 × 1.6 cm

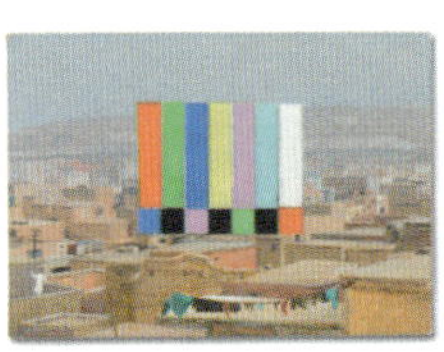

Untitled (Herat), 2012
Oil on canvas on wood / Olio su tela su legno
12.7 × 17.8 × 1 cm

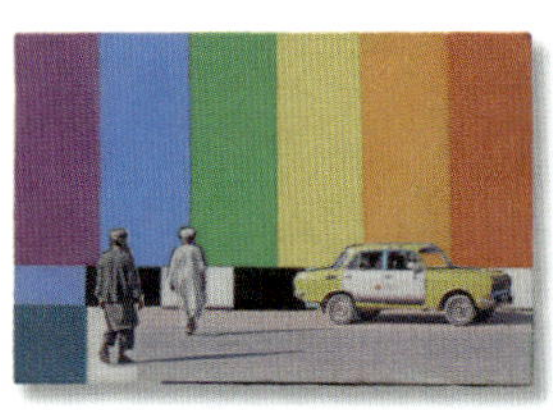

Untitled, 2011-2012
Oil and collage on canvas on wood / Olio e collage su tela su legno
15.8 × 23.5 × 2 cm

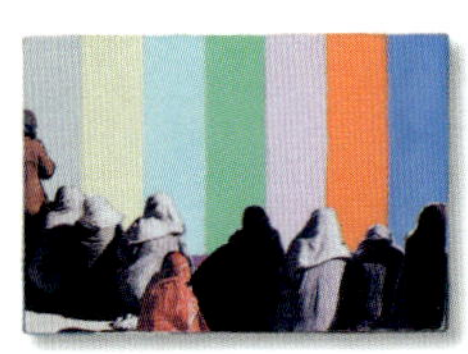

Untitled, 2011-2012
Oil and collage on canvas on wood / Olio e collage su tela su legno
12.4 × 17.5 × 1.3 cm

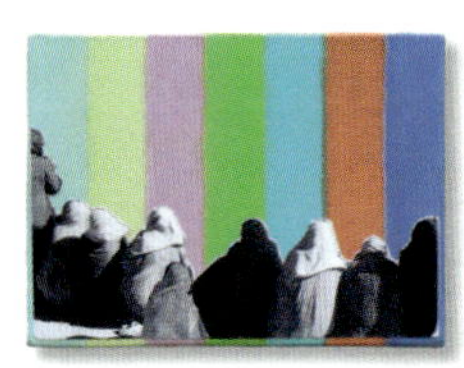

Untitled, 2011-2012
Oil and collage on canvas on wood / Olio e collage su tela su legno
13.5 × 17.7 × 1.5 cm

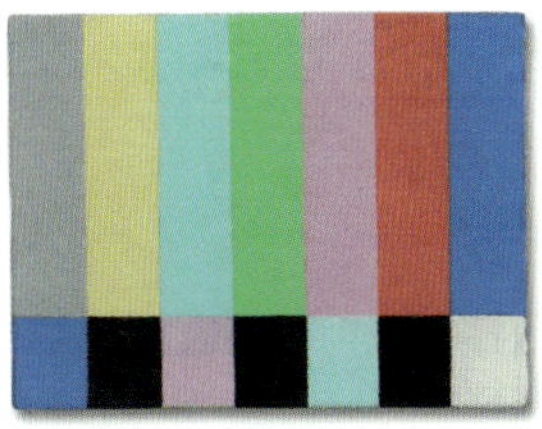

Untitled, 2011
Oil on canvas on wood / Olio su tela su legno
21.9 × 28.1 × 1.9 cm

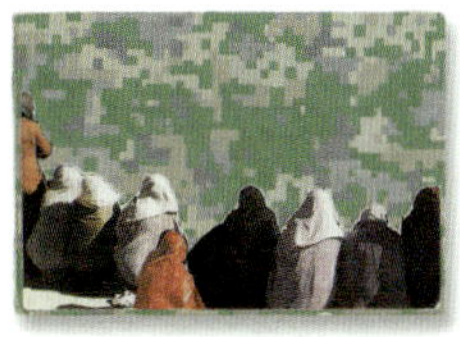

Untitled, 2011-2012
Oil and collage on canvas on wood / Olio e collage su tela su legno
12.7 × 17.8 × 1.3 cm

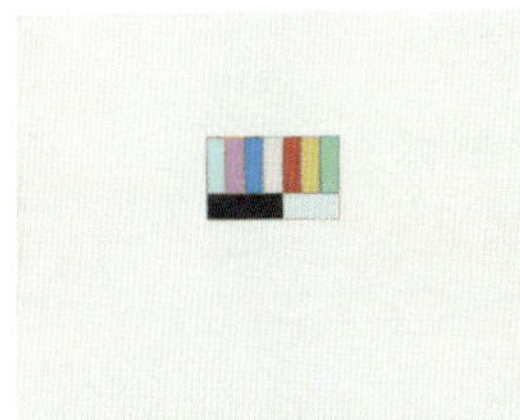

Untitled, 2012
Oil and collage on canvas on wood / Olio e collage su tela su legno
28.9 × 35.6 × 1.7 cm

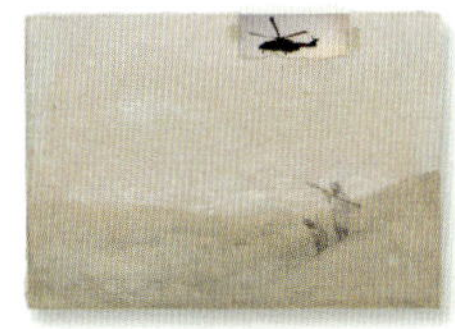

Untitled, 2012
Oil and collage on canvas on wood / Olio e collage su tela su legno
13.7 × 17.8 × 1.3 cm

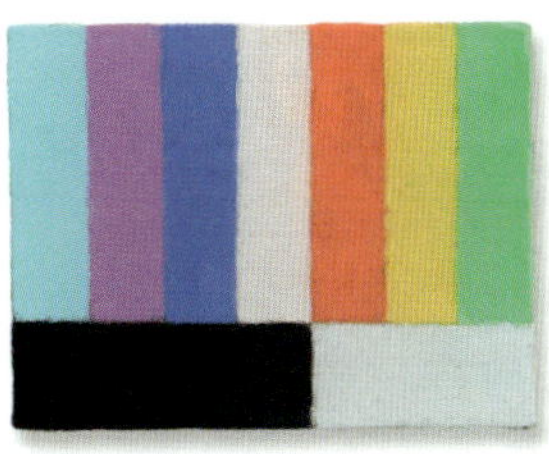

Untitled, 2011-2012
Oil, encaustic, and pigments on canvas on wood / Olio, encausto e pigmenti su tela su legno
18.7 × 23.8 × 2.2 cm

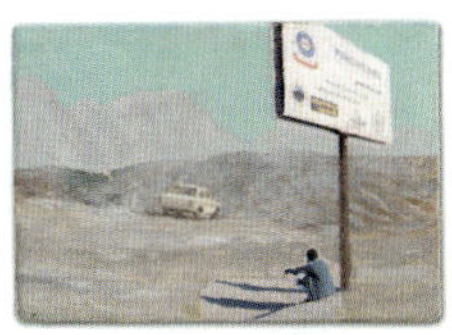

Untitled, 2011-2012
Oil and collage on canvas on wood / Olio e collage su tela su legno
12.7 × 17.5 × 1 cm

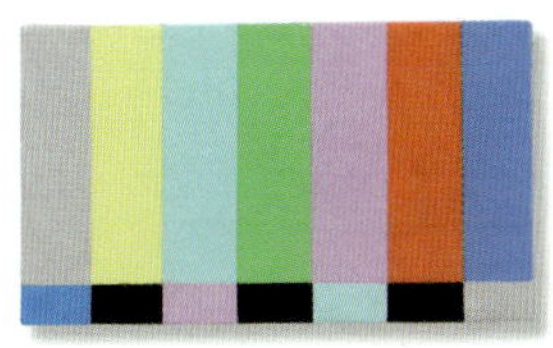

Untitled, 2012
Oil, encaustic, and pigments on canvas on wood / Olio, encausto e pigmenti su tela su legno
20.3 × 34.3 × 1.9 cm

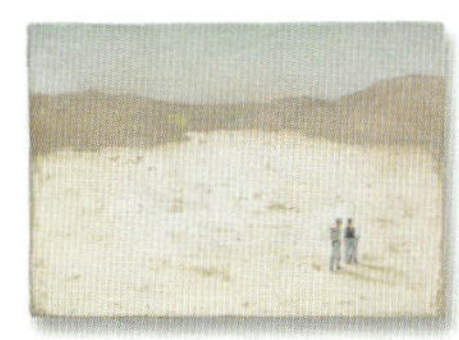

Untitled, 2012
Oil on canvas on wood / Olio su tela su legno
12.5 × 17.6 × 1.3 cm

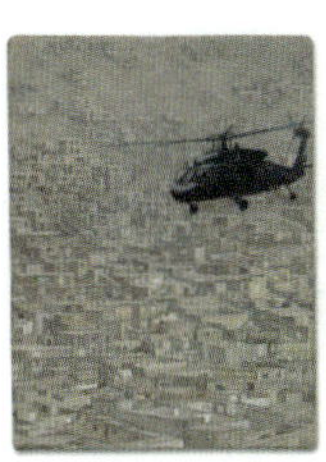

Untitled (Bagh-e Babur), 2011
Oil and encaustic on wood / Olio ed encausto su legno
18.1 × 13 × 1.2 cm

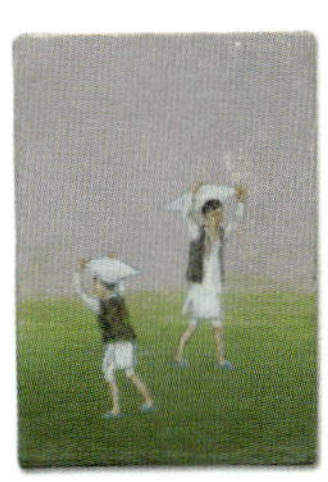

Untitled, 2010
Oil and encaustic on wood / Olio ed encausto su legno
18.1 × 13 × 1.2 cm

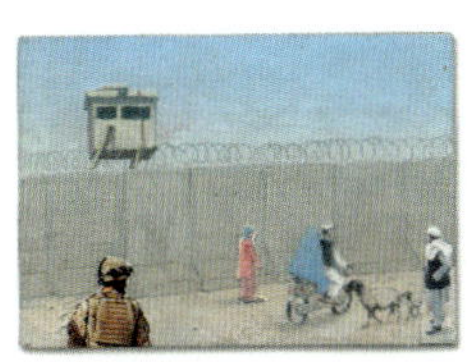

Untitled (Kabul), 2011
Oil and collage on canvas on wood / Olio e collage su tela su legno
13 × 18.1 × 1.2 cm

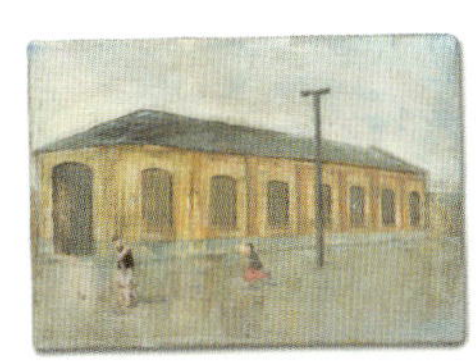

Untitled (Kabul), 2011
Oil on wood / Olio su legno
13 × 18.1 × 1.2 cm

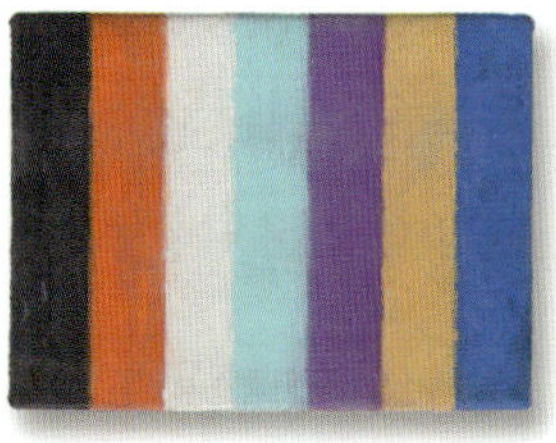

Untitled, 2011-2012
Encaustic and pigments on canvas on wood / Encausto e pigmenti su tela su legno
16.2 × 21 × 1.9 cm

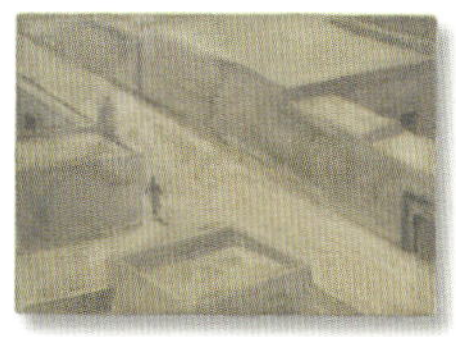

Untitled, 2011-2012
Oil on canvas on wood / Olio su tela su legno
12.7 × 17.8 × 1.1 cm

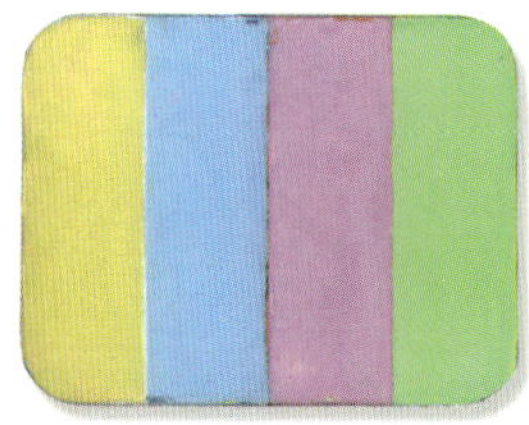

Untitled, 2012
Encaustic and oil on canvas on wood / Encausto e olio su tela su legno
15.3 × 19.3 × 2.5 cm

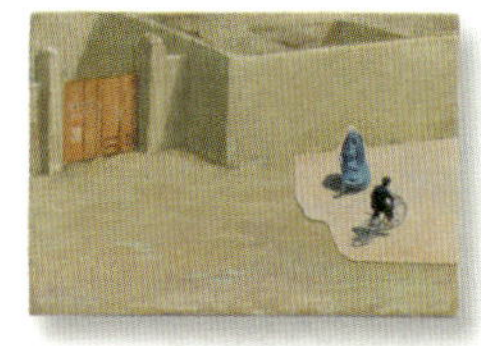

Untitled (Herat), 2011-2012
Oil and collage on canvas on wood / Olio e collage su tela su legno
12.7 × 17.8 × 1.1 cm

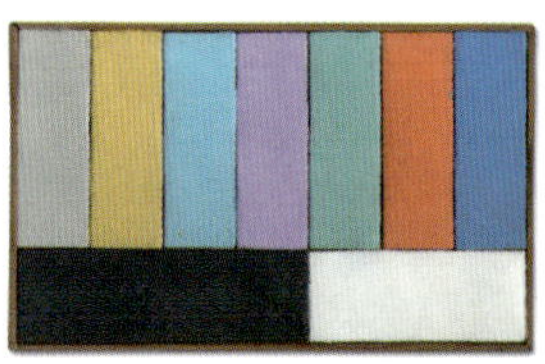

Untitled, 2012
Encaustic on wooden panels / Encausto su pannelli in legno
15.2 × 24.1 × 1.9 cm

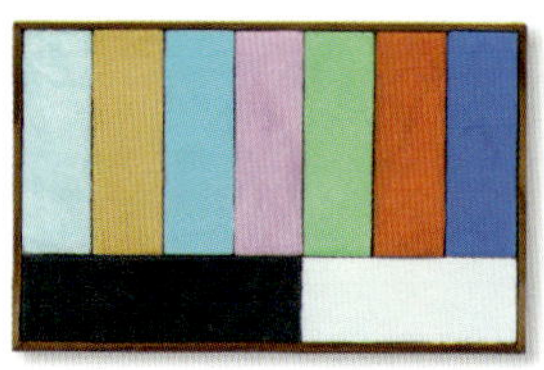

Untitled, 2011-2012
Encaustic and pigments on wooden panels / Encausto e pigmenti su pannelli in legno
15.2 × 23.2 × 2.1cm

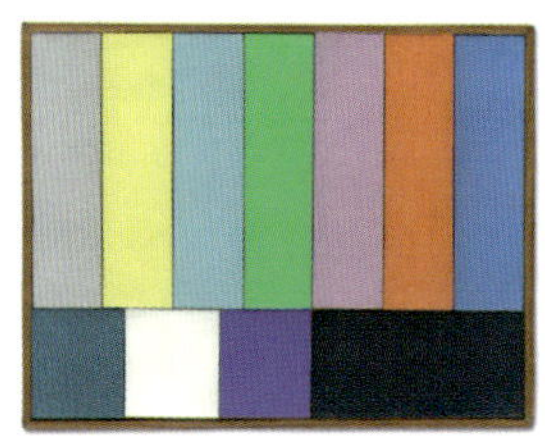

Untitled, 2013
Encaustic on wooden panels / Encausto su pannelli in legno
22.4 × 28.3 × 2.1 cm

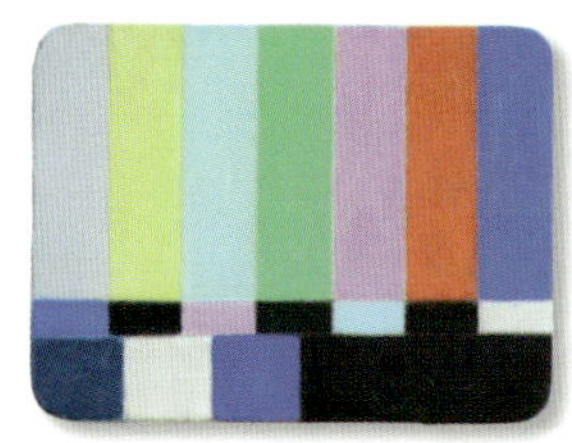

Untitled, 2011-2012
Oil on canvas on wood / Olio su tela su legno
15.7 × 20.2 × 2 cm

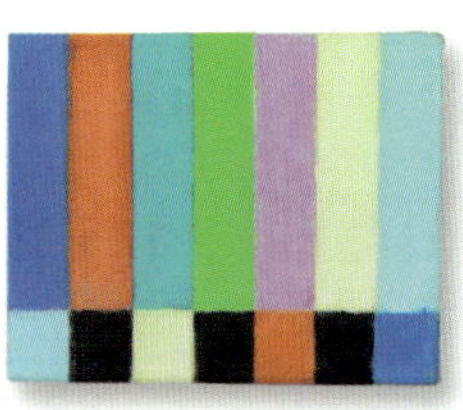

Untitled, 2011-2012
Oil, encaustic, and pigments on canvas on wood / Olio, encausto e pigmenti su tela su legno
14.6 × 17.8 × 1.9 cm

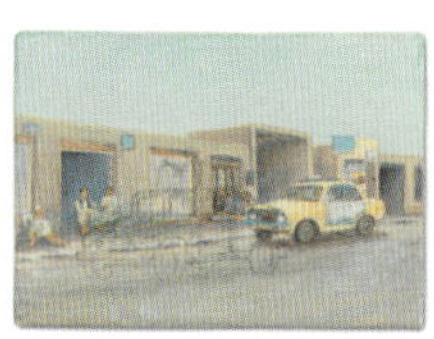

Untitled (Qholm), 2011
Oil on canvas on wood / Olio su tela su legno
12.7 × 17.8 × 1.3 cm

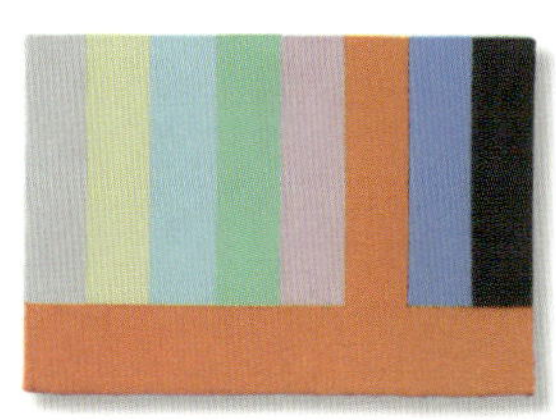

Untitled, 2012
Oil on canvas on wood / Olio su tela su legno
17.1 × 24.1 × 1.9 cm

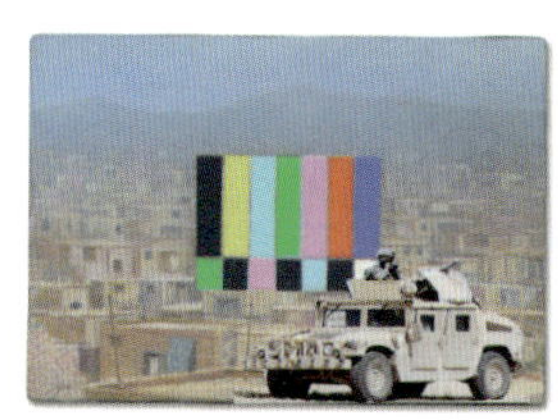

Untitled (Herat), 2012
Oil on canvas on wood / Olio su tela su legno
13 × 18.1 × 1.2 cm

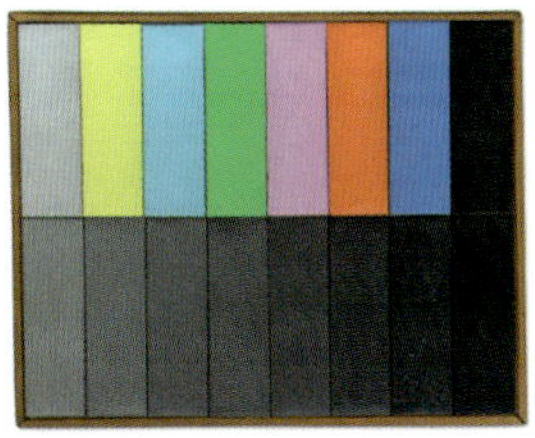

Untitled, 2013
Encaustic on wooden panels / Encausto su pannelli in legno
23.5 × 29. 3 × 2.4 cm

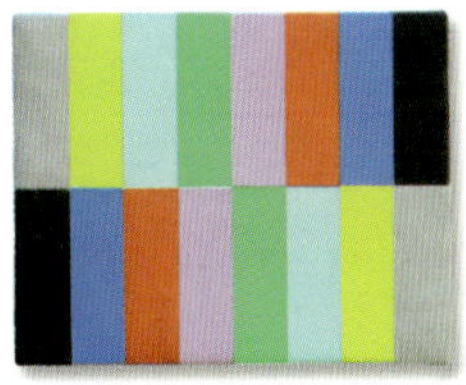

Untitled, 2011-2012
Oil, encaustic, and pigments on canvas on wood / Olio, encausto e pigmenti su tela su legno
17.8 × 21.8 × 2 cm

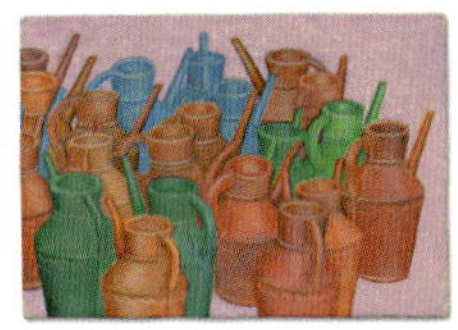

Untitled (Jars), 2013
Oil on canvas on wood / Olio su tela su legno
13 × 18.1 × 1.2 cm

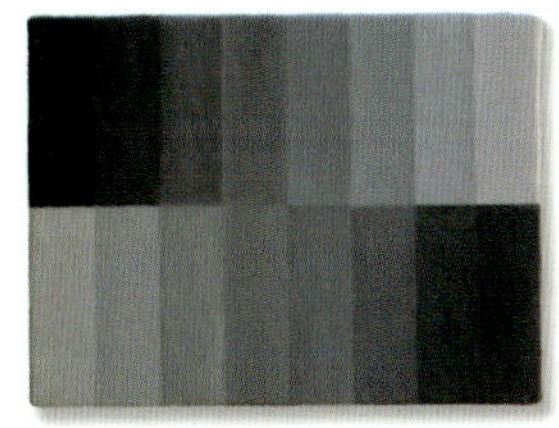

Untitled, 2011-2012
Oil, encaustic, and pigments on canvas on wood / Olio, encausto e pigmenti su tela su legno
22.3 × 29.3 × 1.8 cm

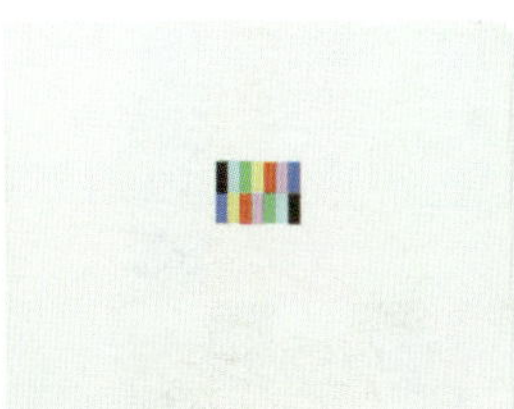

Untitled, 2011-2012
Oil and acrylic on canvas on wood / Olio e acrilico su tela su legno
28.9 × 35.6 × 1.6 cm

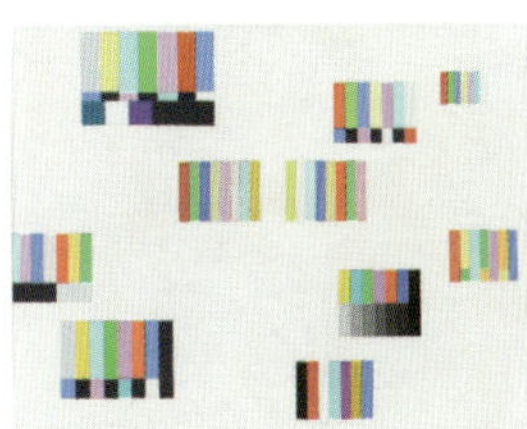

Untitled, 2012
Oil and acrylic on canvas on wood / Olio e acrilico su tela su legno
29.2 × 35.9 × 1.6 cm

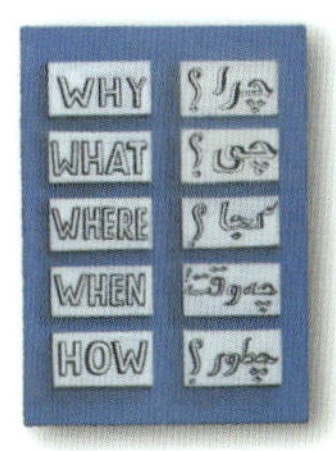

Untitled, 2011
Oil on canvas on wood / Olio su tela su legno
19 × 15.5 × 1.5 cm

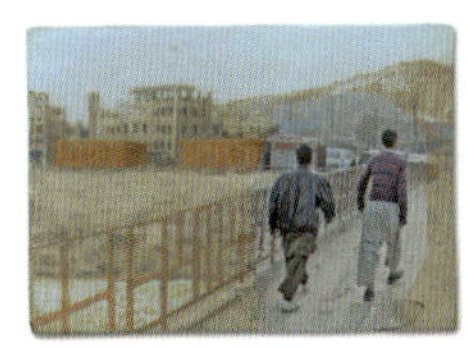

Untitled (Kabul bridge), 2011
Oil and collage on canvas on wood / Olio e collage su tela su legno
13 × 18.1 × 1.2 cm

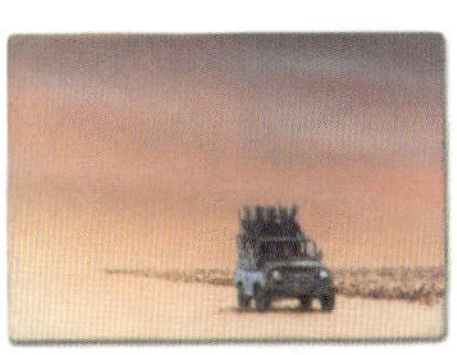

Untitled (Badakhshan), 2011
Oil on canvas on wood / Olio su tela su legno
13 × 18.1 × 1.2 cm

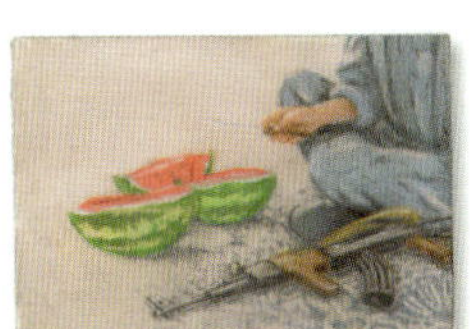

Untitled (Watermelon and AK47), 2011
Oil on canvas on wood / Olio su tela su legno
13 × 18.1 × 1.2 cm

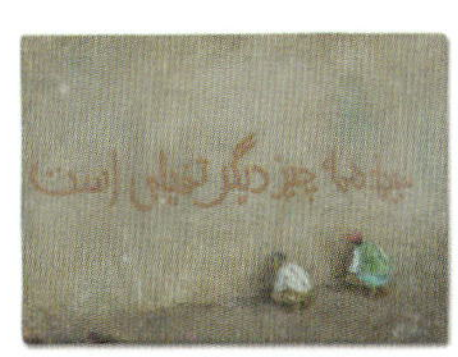

Untitled (Qholm), 2011
Oil on canvas on wood / Olio su tela su legno
13 × 18.1 × 1.2 cm

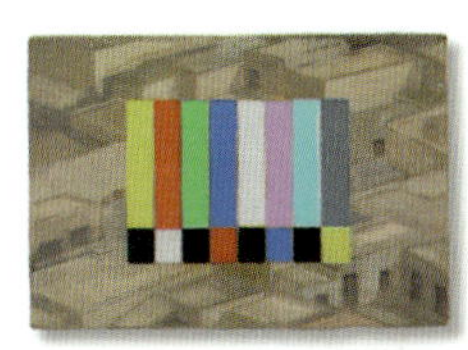

Untitled, 2011-2012
Oil on canvas on wood / Olio su tela su legno
12.7 × 17.8 × 1 cm

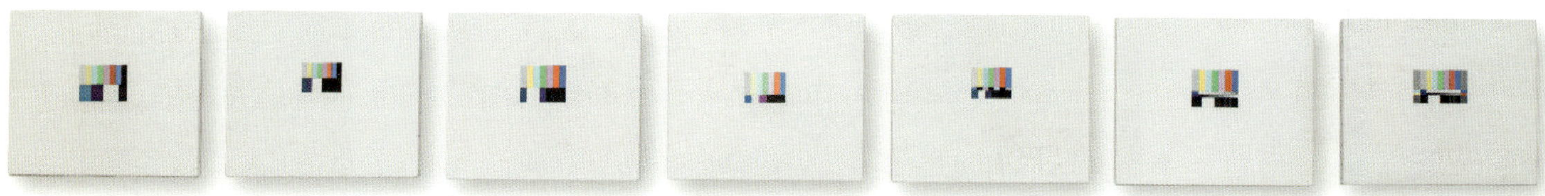

Untitled, 2011-2012
Oil and acrylic on canvas on wood / Olio e acrilico su tela su legno
7 paintings / dipinti
Each / Ognuno: 28.9 × 35.6 × 1.6 cm

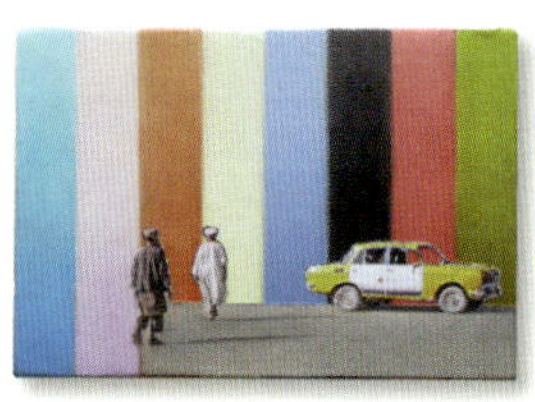

Untitled, 2011
Oil and collage on canvas on wood / Olio e collage su tela su legno
14.5 × 21 × 2 cm

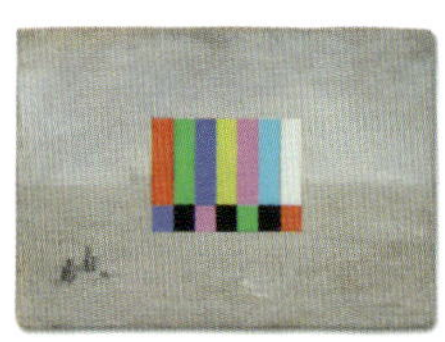

Untitled (Bagram), 2011
Oil on canvas on wood / Olio su tela su legno
13 × 18.1 × 1.2 cm

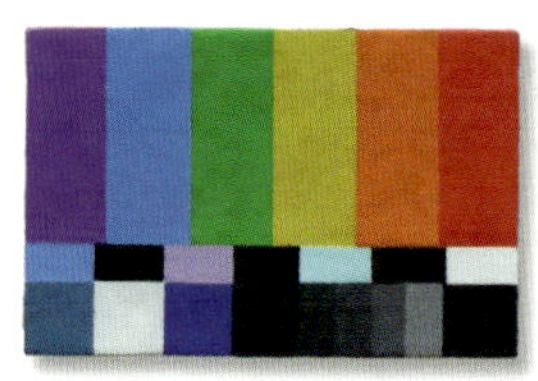

Untitled, 2011-2012
Oil, encaustic, and pigments on canvas on wood / Olio, encausto e pigmenti su tela su legno
13 × 19.3 × 1.5 cm

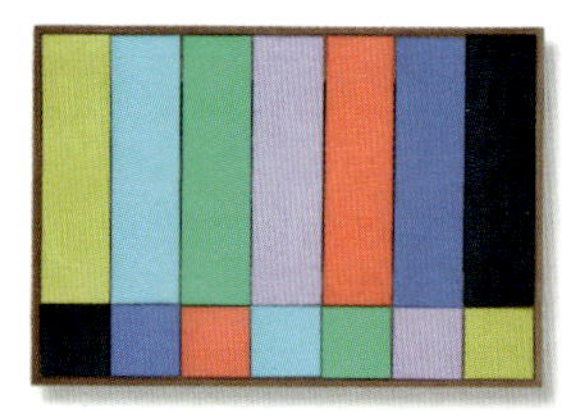

Untitled, 2012
Encaustic and pigments on wooden panels / Encausto e pigmenti su pannelli in legno
19.8 × 27.5 × 2.5 cm

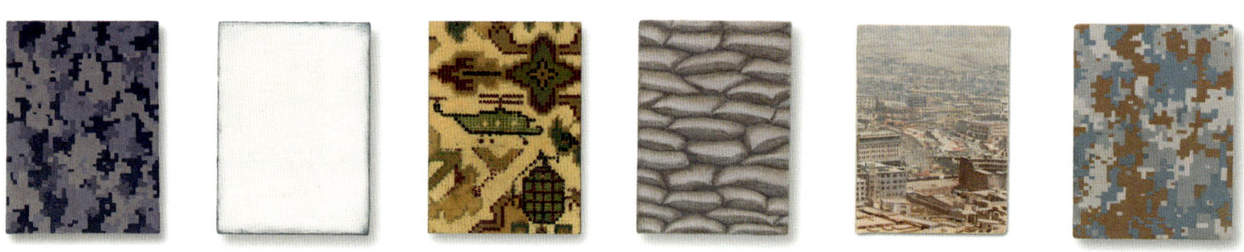

Untitled, 2011-2012
6 paintings / dipinti
Paintings / Dipinti 1, 2, 4, 5, and 6: Oil on canvas on wood / Olio su tela su legno
Painting / Dipinto 3: Oil on wood / Olio su legno
Each / Ognuno: 17.8 × 12.7 × 1.3 cm

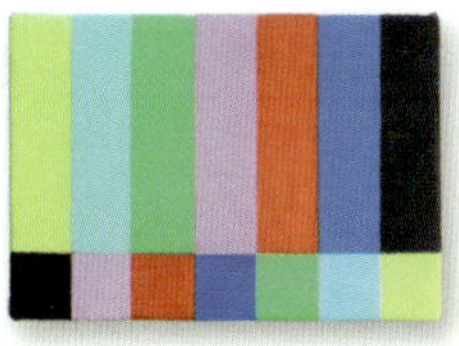

Untitled, 2011-2012
Oil, encaustic, and pigments on canvas on wood / Olio, encausto e pigmenti su tela su legno
12.7 × 17.9 × 1.7 cm

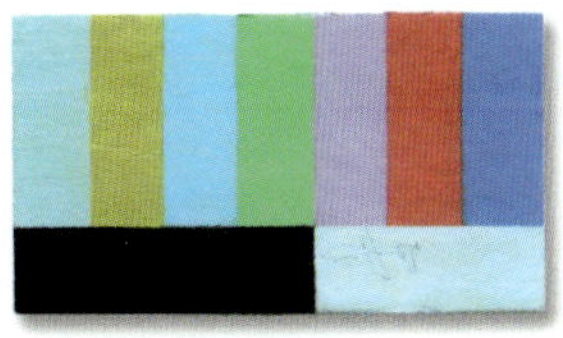

Untitled, 2011-2012
Oil, encaustic, and pigments on canvas on wood / Olio, encausto e pigmenti su tela su legno
13 × 22.8 × 1.3 cm

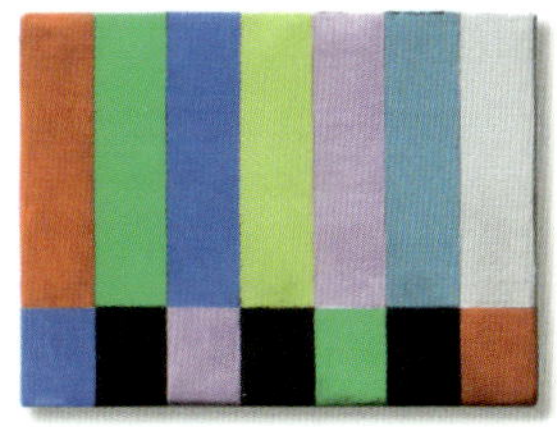

Untitled, 2011-2012
Oil, encaustic, and pigments on canvas on wood / Olio, encausto e pigmenti su tela su legno
21 × 26.1 × 2.7 cm

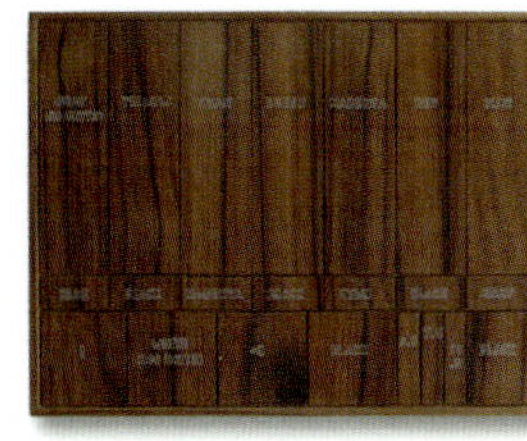

Untitled, 2012
Oil on wooden panels / Olio su pannelli in legno
20.5 × 26.5 × 1.5 cm

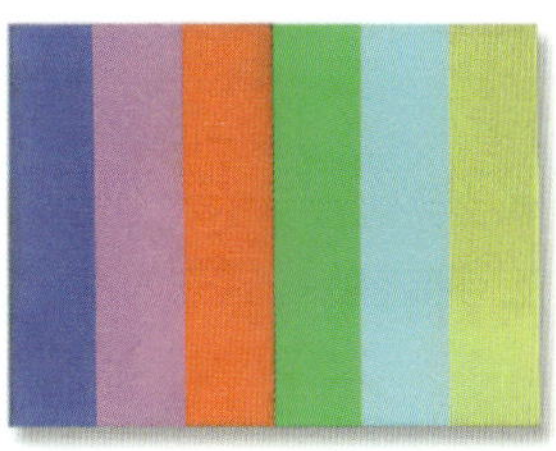

Untitled, 2011-2012
Oil on canvas on wood / Olio su tela su legno
16.5 × 21.7 × 2 cm

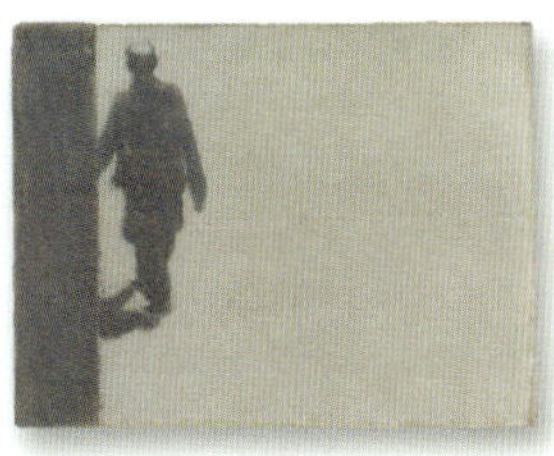

Untitled, 2011-2012
Oil on canvas on wood / Olio su tela su legno
16.5 × 21.7 × 2 cm

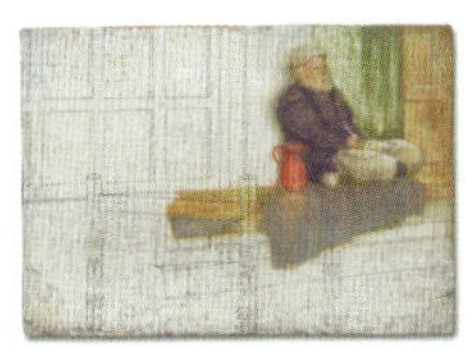

Untitled (Buina Qara), 2012
Oil on canvas on wood / Olio su tela su legno
13 × 18.1 × 1.2 cm

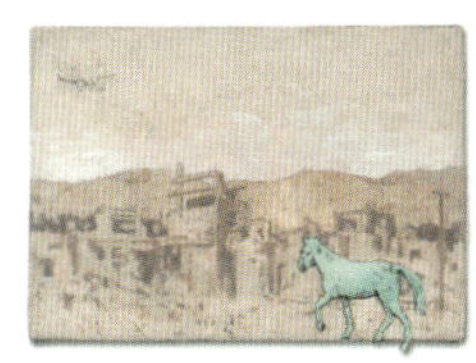

Untitled (Kabul), 2011
Oil on canvas on wood / Olio su tela su legno
13 × 18.1 × 1.2 cm

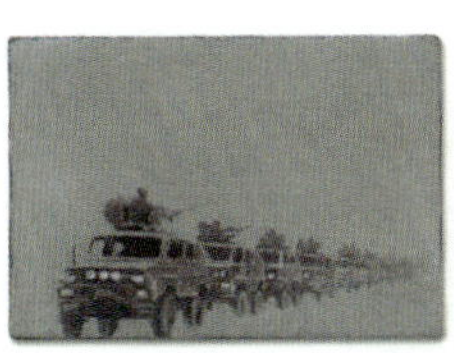

Untitled (Convoy), 2011
Oil on canvas on wood / Olio su tela su legno
13 × 18.1 × 1.2 cm

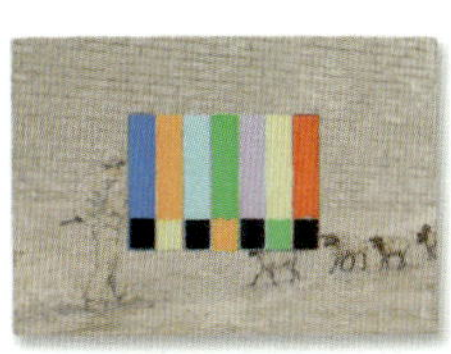

Untitled, 2011-2012
Oil on canvas on wood / Olio su tela su legno
12.7 × 17.8 × 1 cm

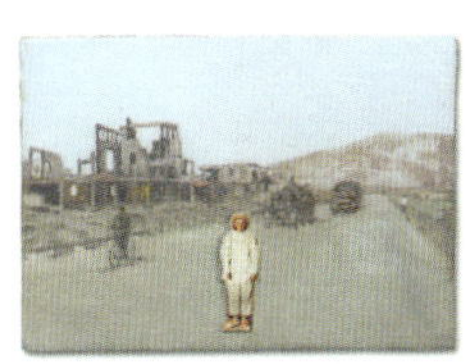

Untitled, 2010
Oil and collage on canvas on wood / Olio e collage su tela su legno
13 × 18.1 × 1.2 cm

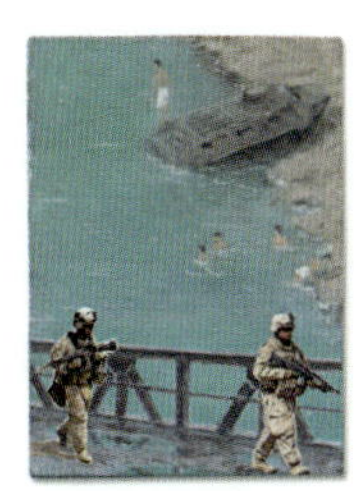

Untitled (Badakhshan), 2011
Oil and collage on canvas on wood / Olio e collage su tela su legno
17.8 × 13 × 1 cm

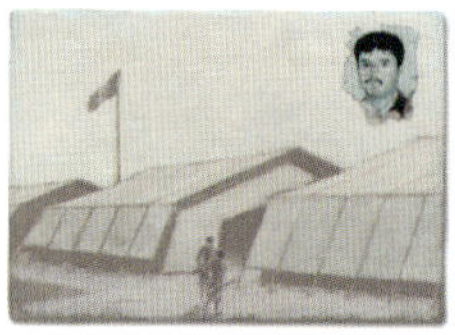

Untitled (F.O.B. Sparta), 2013
Oil on canvas on wood / Olio su tela su legno
13 × 18.1 × 1.2 cm

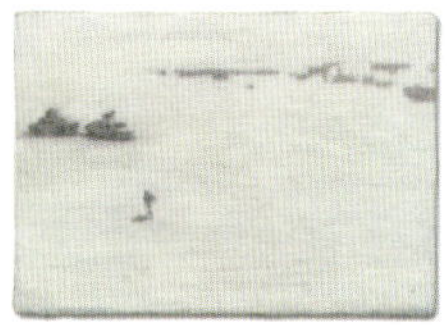

Untitled (F.O.B. Shawqat), 2013
Oil on canvas on wood / Olio su tela su legno
13 × 18.1 × 1.2 cm

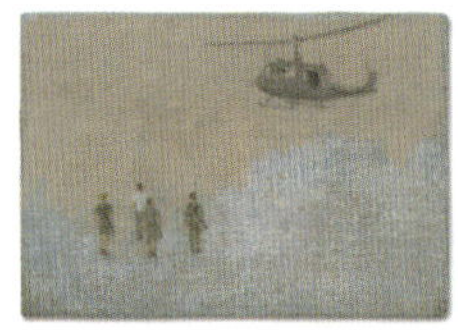

Untitled (F.O.B. Sparta - Mercenaries), 2013
Oil on canvas on wood / Olio su tela su legno
13 × 18.1 × 1.2 cm
Embed-related work: Courtesy of Her Majesty The Queen

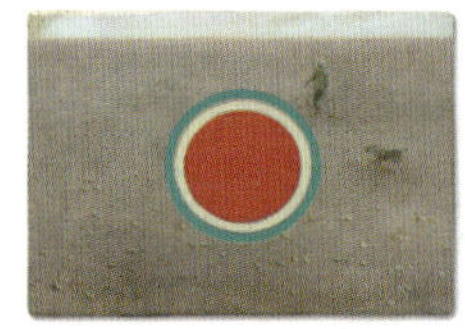

Untitled, 2013
Oil on canvas on wood / Olio su tela su legno
13 × 18.1 × 1.2 cm
Embed-related work: Courtesy of Her Majesty The Queen

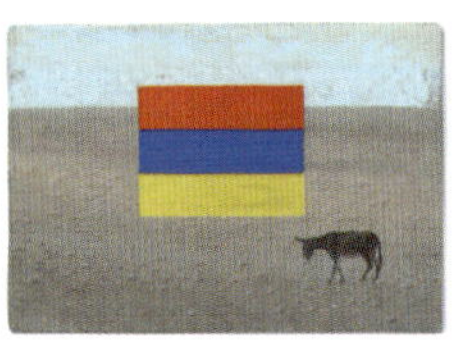

Untitled (16 Close Support Medical Regiment), 2013
Oil on canvas on wood / Olio su tela su legno
13 × 18.1 × 1.2 cm
Embed-related work: Courtesy of Her Majesty The Queen

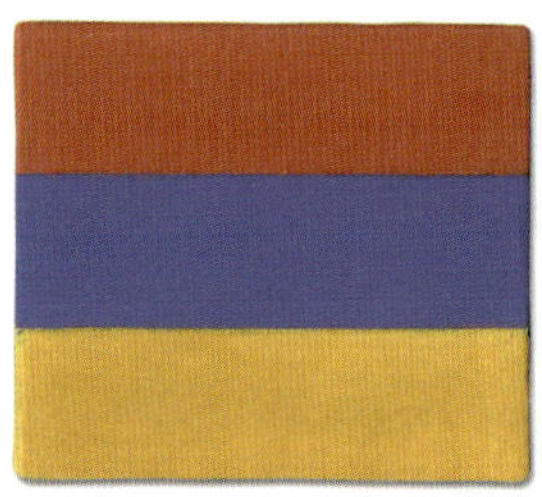

Untitled (16 Close Support Medical Regiment), 2014
Encaustic and oil on canvas on wood / Encausto e olio su tela su legno
20 × 22.5 × 1.8 cm
Embed-related work: Courtesy of Her Majesty The Queen

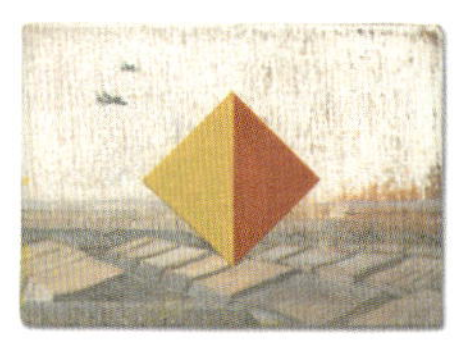

Untitled (Royal Regiment of Fusiliers), 2013
Oil on wood / Olio su legno
13 × 18.1 × 1.2 cm
Embed-related work: Courtesy of Her Majesty The Queen

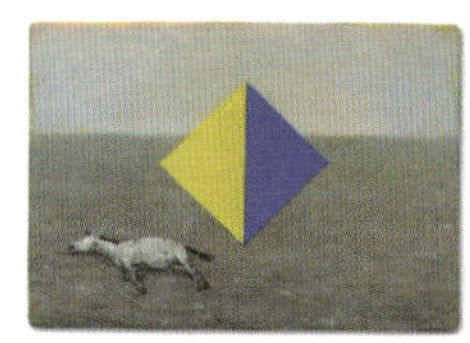

Untitled (Royal Logistic Corps), 2013
Oil on canvas on wood / Olio su tela su legno
13 × 18.1 × 1.2 cm
Embed-related work: Courtesy of Her Majesty The Queen

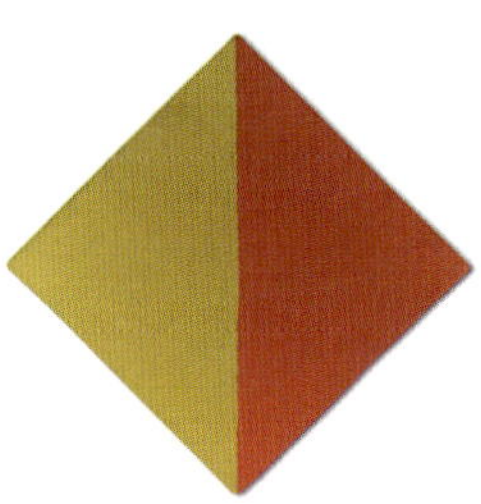

Untitled (1st Battalion Mercian Regiment), 2014
Encaustic and oil on canvas on wood / Encausto e olio su tela su legno
22.5 × 22.5 × 1.8 cm
Embed-related work: Courtesy of Her Majesty The Queen

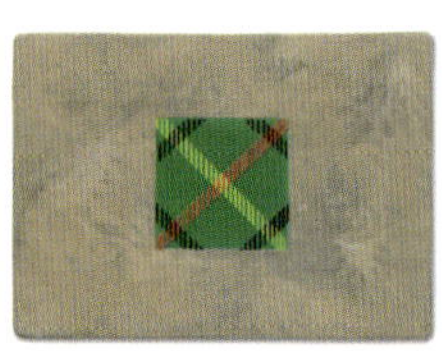

Untitled (Royal Scots), 2013
Oil on canvas on wood / Olio su tela su legno
13 × 18.1 × 1.2 cm
Embed-related work: Courtesy of Her Majesty The Queen

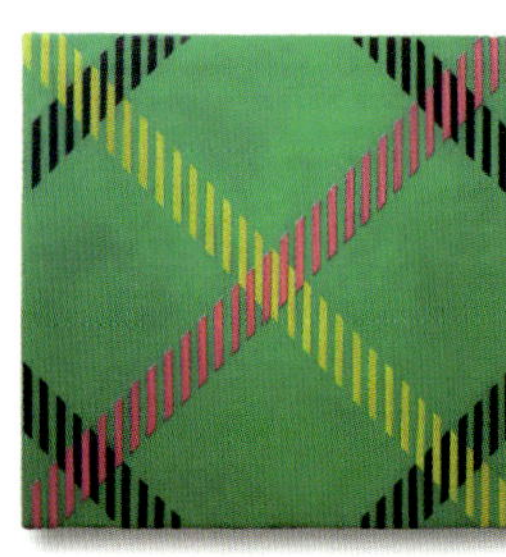

Untitled (Royal Scots), 2014
Encaustic and oil on canvas on wood / Encausto e olio su tela su legno
22.5 × 22.5 × 1.8 cm
Embed-related work: Courtesy of Her Majesty The Queen

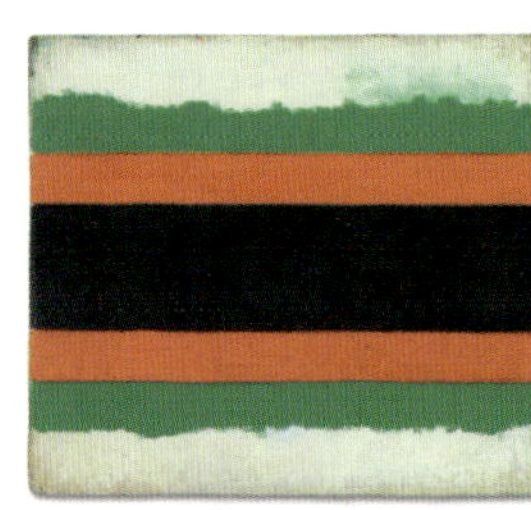

Untitled (The Rifles), 2014
Encaustic and oil on canvas on wood / Encausto e olio su tela su legno
20 × 22.5 × 1.8 cm
Embed-related work: Courtesy of Her Majesty The Queen

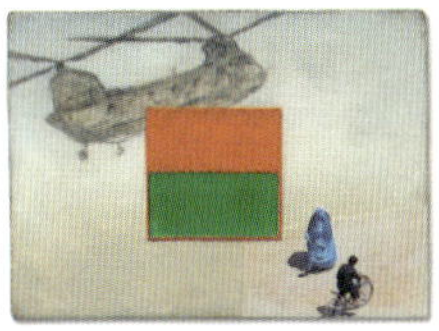

Untitled (4th Regiment Army Air Corps), 2013
Oil on canvas on wood / Olio su tela su legno
13 × 18.1 × 1.2 cm
Embed-related work: Courtesy of Her Majesty The Queen

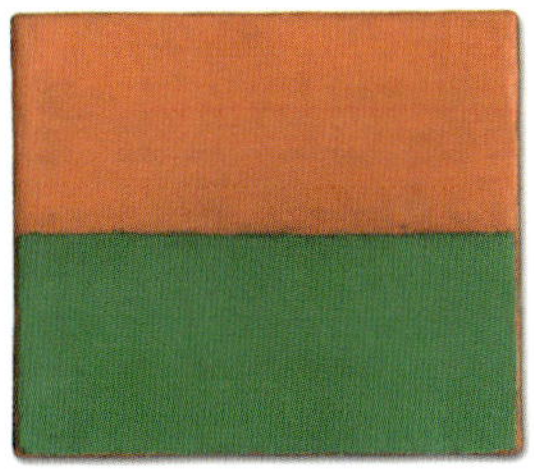

Untitled (4th Regiment Army Air Corps), 2014
Encaustic and oil on canvas on wood / Encausto e olio su tela su legno
20 × 22.5 × 1.8 cm
Embed-related work: Courtesy of Her Majesty The Queen

Untitled (23 Engineer Regiment), 2014
Encaustic and oil on canvas on wood / Encausto e olio su tela su legno
20 × 22.5 × 1.8 cm
Embed-related work: Courtesy of Her Majesty The Queen

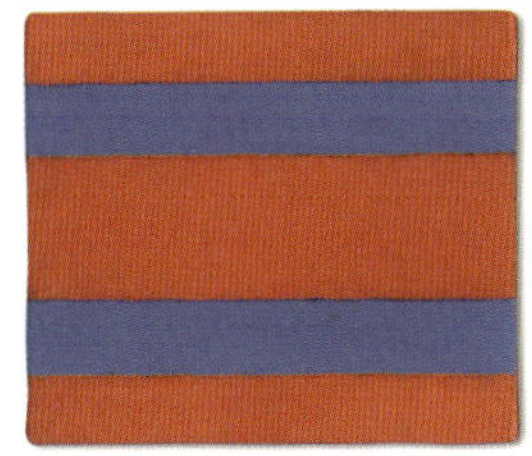

Untitled (Royal Engineers), 2014
Encaustic and oil on canvas on wood / Encausto e olio su tela su legno
20 × 22.5 × 1.8 cm
Embed-related work: Courtesy of Her Majesty The Queen

Untitled (33 Engineer Regiment), 2014
Encaustic and oil on canvas on wood / Encausto e olio su tela su legno
22.5 × 22.5 × 1.8 cm
Embed-related work: Courtesy of Her Majesty The Queen

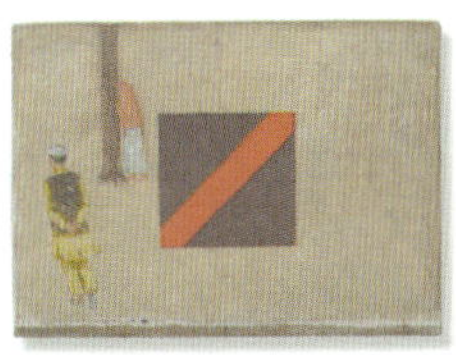

Untitled (33 Engineer Regiment), 2014
Encaustic and oil on canvas on wood / Encausto e olio su tela su legno
13 × 18.1 × 1.2 cm
Embed-related work: Courtesy of Her Majesty The Queen

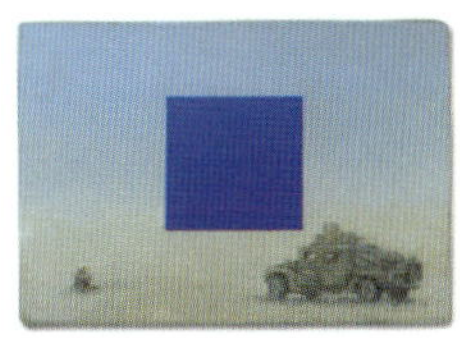

Untitled (2nd Battalion Parachute Regiment), 2013
Oil on canvas on wood / Olio su tela su legno
13 × 18.1 × 1.2 cm
Embed-related work: Courtesy of Her Majesty The Queen

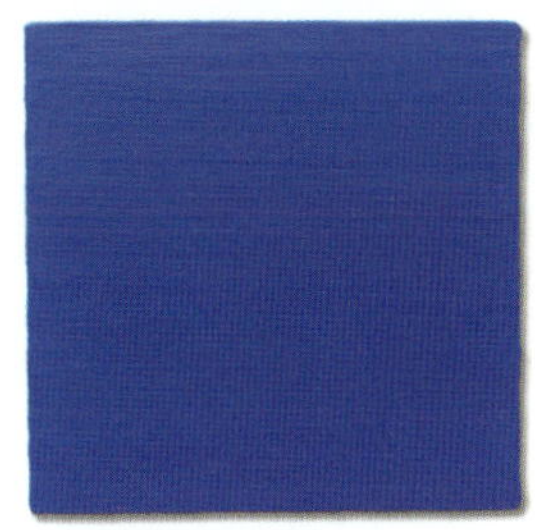

Untitled (2nd Battalion Parachute Regiment), 2014
Encaustic and oil on canvas on wood / Encausto e olio su tela su legno
22.5 × 22.5 × 1.8 cm
Embed-related work: Courtesy of Her Majesty The Queen

Untitled (9th Regiment AAC LZ Flash), 2014
Encaustic and oil on canvas on wood / Encausto e olio su tela su legno
22.5 × 22.5 × 1.8 cm
Embed-related work: Courtesy of Her Majesty The Queen

Untitled (7th Battalion REME), 2014
Encaustic and oil on canvas on wood / Encausto e olio su tela su legno
22.5 × 22.5 × 1.8 cm
Embed-related work: Courtesy of Her Majesty The Queen

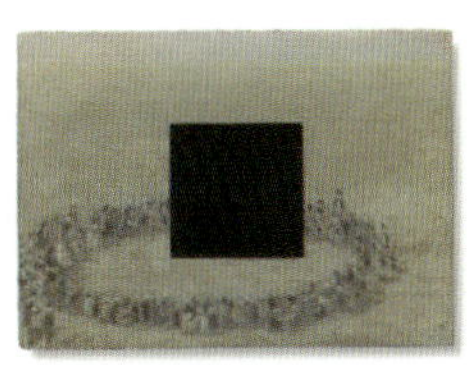

Untitled (Jirga, Panjshir, 2012), 2013
Oil on canvas on wood / Olio su tela su legno
13 × 18.1 × 1.2 cm
Embed-related work: Courtesy of Her Majesty The Queen

Untitled (4th Battalion Parachute Regiment), 2014
Encaustic and oil on canvas on wood / Encausto e olio su tela su legno
22.5 × 22.5 × 1.8 cm
Embed-related work: Courtesy of Her Majesty The Queen

ACKNOWLEDGMENTS / RINGRAZIAMENTI

Thanks to / Grazie a:

Obaid, Nazir, Zubair, Nawid, and all the kids of Kabul / e tutti i ragazzi e le ragazze di Kabul

Carolyn Christov-Bakargiev
Mario Garcia Torres
Mariam Ghani
Ewa Gorządek
Ajmal Maiwandi
Amanullah Mojadidi
Robert Slifkin
Michael Taussig
Andrea Viliani

dOCUMENTA (13)
Goethe Institut of Afghanistan
AKTC-Aga Khan Trust for Culture, Kabul

Phoebe Greenwood
Christoph Platz
Louise Sørensen

Akhtar
Khadim Ali
Major Matt Allen
Felix Blume
Arash Boostani
Todd Bradway
Angela Choon
Julien Devaux
Anne Eberhard
Tom Francis
Howard Halle
Nabila Horakhsh
Major Ben Horne
Ibrahim Hotak
Bellatrix Hubert
Suzy Jagger
Julia Joern
Gareth Jones
Fazel Karim
Catherine Lampert
Christine Litz
Katrin Lotz
Hosham Maroofi
Chus Martínez
Captain Tom McShane
Nazima Naween
Abassin Nessar
Haji Nessar
Simon Norfolk
Raul Ortega
Cristina Paoli
Jorge Quintero
Emilio Rivera
Daud Sadiq
Frozan Siddiqi
Mirwaiss Siddiqi
Daniel Toxqui
Rodolphe von Hofmannsthal
Arzoo Waseeq

madre

museo d'arte contemporanea donnaregina

Via Settembrini 79
80139 Napoli, Italia
Tel: +39.081.193.13.016

Fondazione Donnaregina per le Arti Contemporanee
Pierpaolo Forte, President / Presidente
Laura Cherubini, Vice President / Vice Presidente
Antonio Blandini, Counselor / Consigliere

Scientific Committee of / Comitato scientifico della Fondazione Donnaregina per le Arti Contemporanee
Andrea Bellini
Johanna Burton
Bice Curiger
Gianfranco Maraniello
Chus Martínez

Museo d'Arte Contemporanea Donnaregina-Madre Napoli
Andrea Viliani, Director / Direttore
Gianni Limone, Financial Director / Direttore amministrativo
Silvia Salvati, Exhibition Manager / Coordinamento attività espositive
with / con Juliana Fisichella

Reserch Department / Dipartimento di ricerca
Vincenzo Trione, Head of Department / Coordinatore generale
Olga Scotto di Vettimo, Researcher / Ricercatrice
Alessandra Troncone, Researcher / Ricercatrice
Alessandro Rabottini, Curator at Large
Eugenio Viola, Curator at Large

Organization and Management / Operazione e gestione (Scabec S.p.a.)
Maurizio Di Stefano, President / Presidente
Franco Tumino, CEO / Amministratore delegato
Rosanna Cappelli, Counselor / Consigliere
Massimo Lo Cicero, Counselor / Consigliere
Ciro Russo, Counselor / Consigliere
Francesca Maciocia, Director / Direttore

General Coordination / Coordinamento generale
Maurizio D'Amico
Luigi Panaro

Exhibition Coordination by / Organizzazione mostre a cura di Electa
Carlotta Branzanti
Anna Civale
Tiziana Rocco
with / con Francesca Buonomo
Annalisa Virgili

Communication and Press Office by / Comunicazione e Ufficio Stampa a cura di Electa
Monica Brognoli
Anna Salvioli
with / con Luisa Maradei
Valeria Vacca, web-social network

Publications by / Editoria a cura di Electa
Valérie Béliard
Silvia Cassani

Museum and Educational Services by / Servizi museali ed educativi a cura di Coopculture
Bruno D'Antonio
Valeria Pitterà
with / con Marina Vinto
Daniela Bruscino

Marketing by / a cura di Coopculture
Giuseppe Codispoti
with / con Laura Aversa
Annamaria Caffarelli

Surveillance, Maintenance and Cleaning / Sorveglianza, manutenzione e pulizia
Civin Vigilanza Srl
Pacifico Costruzioni Spa
Gamba Service Spa

Internship / Stage
Alessandra Addante

Unione Europea · Repubblica Italiana · Regione Campania · scabec società campana beni culturali

Centre
for Contemporary
Art
Ujazdowski
Castle

Centre for Contemporary Art Ujazdowski Castle, Warsaw
Jazdów 2 Street
00-467 Warsaw
www.csw.art.pl

CCA Zamek Ujazdowski Advisory Board / Comunicato consultivo CCA Zamek Ujazdowski
Marc Auge, Zygmunt Bauman, Franco Berardi, Manuel Castells, Jerzy Hausner, Jerzy Karyłowski, Grzegorz Kowalski, Ewa Rewers, Pierluigi Sacco, Edmund Wnuk – Lipiński, Anna Zeidler – Janiszewska

Centre for Contemporary Art Ujazdowski Castle, Warsaw
Fabio Cavallucci, Director / Direttore
Joanna Szwajcowska, Deputy Director / Vice Direttore
Adam Wróblewski, Deputy Director / Vice Direttore

Curatorial Team / Team curatoriale
Ewa Gorządek, Chief Curator for the Programme / Capo Curatore per il programma
Stach Szabłowski
Janusz Marek
Andrzej Załęski
Justyna Rekść Raubo
Kaja Pawełek
Michał Matuszewski

Coordinators / Coordinatori
Katarzyna Tomczak Wysocka, Head / Responsabile
Paulina Kowalczyk
Romuald Demidenko

Education Department / Dipartimento educazione
Joanna Rentowska, Head of Department / Responsabile del dipartimento
Marek Goździewski, Curator / Curatore

LET (Laboratory of Creative Education) / LET (Laboratorio di educazione creativa)
Janusz Byszewski, Head / Responsabile
Maria Parczewska, Curator / Curatore
Zbyszek Gozdecki

Documentation and Archive Department / Dipartimento documentazione e archivi
Małgorzata Czyżewska, Head of Department / Responsabile del dipartimento
Marlena Sent
Małgorzata Matuszewska
Monika Marchewka
Mariusz Michalski

Promotion Department / Dipartimento promozione
Agnieszka Dąbrowska, Head of Department / Responsabile del dipartimento
Justyna Bartosiewicz
Justyna Gill
Agnieszka Dudek Mioduszewska
Joanna Tabaka

Communication and Press Office / Comunicazione e Ufficio stampa
Zofia Chojnacka, Head of Department / Responsabile del dipartimento
Aleksandra Berłożecka
Piotr Woźniakiewicz
Agnieszka Sulich
Alicja Latkowska

PR Specialist / Specialista PR
Justyna Wesołowska

Fundraising Department / Dipartimento fundraising
Dorota Chruślińska
Agnieszka Komorowska

Exhibition Production / Produzione mostre
Henryk Gac, Head of Department / Responsabile del dipartimento
Anna Dąbrowa
Marta Krężel
Adam Bubel
Paweł Słowik
Stanisław Wieczorek
Grzegorz Gajewski

A-I-R Laboratory / Laboratorio A-I-R
Ika Sienkiewicz – Nowacka, Head / Responsabile
Marianna Dobkowska, Curator / Curatore
Anna Ptak , Curator / Curatore
Agnieszka Sosnowska, Curator / Curatore
Ola Gajda

Publications and *Obieg* Magazine /
Pubblicazioni e magazine *Obieg*
Grzegorz Borkowski, Head / Responsabile
Marcin Krasny
Jan Koźbiel
Sabina Winkler-Sokołowska

Audio-video Department / Dipartimento audio-video
Beata Murawska, Head of Department / Responsabile del dipartimento
Krzysztof Klósek
Arkadiusz Suchecki

Registrar of Collections and Exhibitions /
Registrar collezioni e mostre
Barbara Sokołowska
with / z Marek Grygiel, Curator / Curatore

Francis Alÿs
REEL-UNREEL (Afghan Projects, 2010-14)
June 14-September 22, 2014
14 giugno-22 settembre 2014

Curated by / A cura di
Andrea Viliani, Eugenio Viola

Coordination / Coordinamento
Silvia Salvati

Technical Coordination, Works Supervisor / Coordinamento tecnico e direzione lavori
Dolores Lettieri

Safety Manager / Responsabile della sicurezza
Ferdinando Bertoni

Shipping / Trasporti
Crown Fine Art, Roma

Insurance / Assicurazione
Rodinò & Partners, Napoli

Installation and Graphics / Realizzazione allestimento e grafica
Articolarte srl, Roma
Operaprima srl, Roma

Audio-video Equipment / Impianti audio-video
Isi Congress, Napoli

Electrical Equipment and Lighting / Impiantistica elettrica e illuminazione
S.M.I.E. di Ferdinando Antinori, Napoli

Conservators / Conservatori
Klanis, società cooperativa, Napoli

Francis Alÿs
REEL-UNREEL (Afghan Projects, 2010-14)
October 10, 2014-January 11, 2015
10 ottobre 2014- 11 gennaio 2015

Curated by / A cura di
Ewa Gorządek

Curator's Assistants / Assistenti del curatore
Katja Krupennikova
Patrycja Rómmel

Exhibition Production / Produzione della mostra
Henryk Gac

Audio-video Department / Dipartimento audio-video
Beata Murawska

Registrar of Collections and Exhibitions / Registrar collezioni e mostre
Barbara Sokołowska

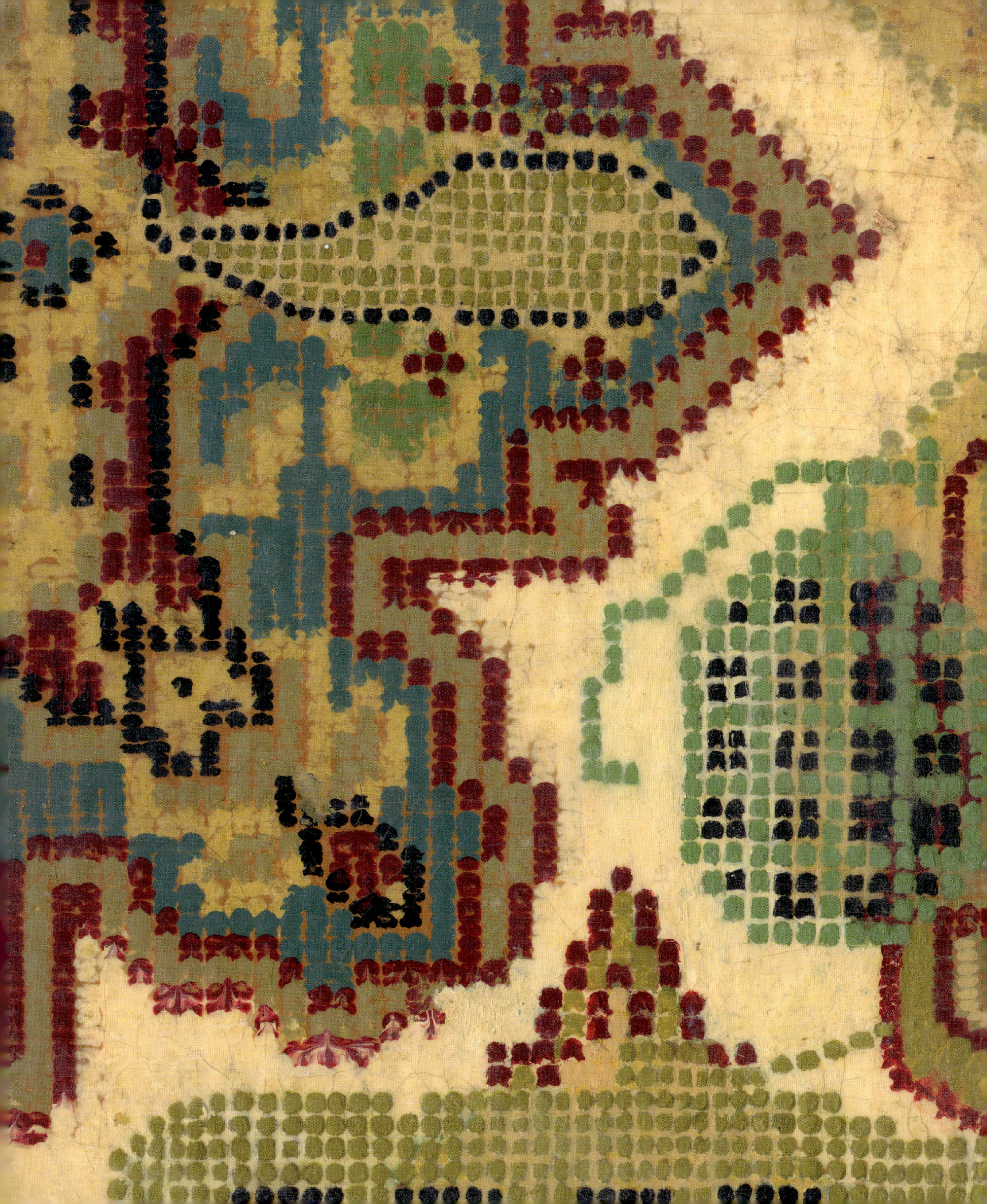

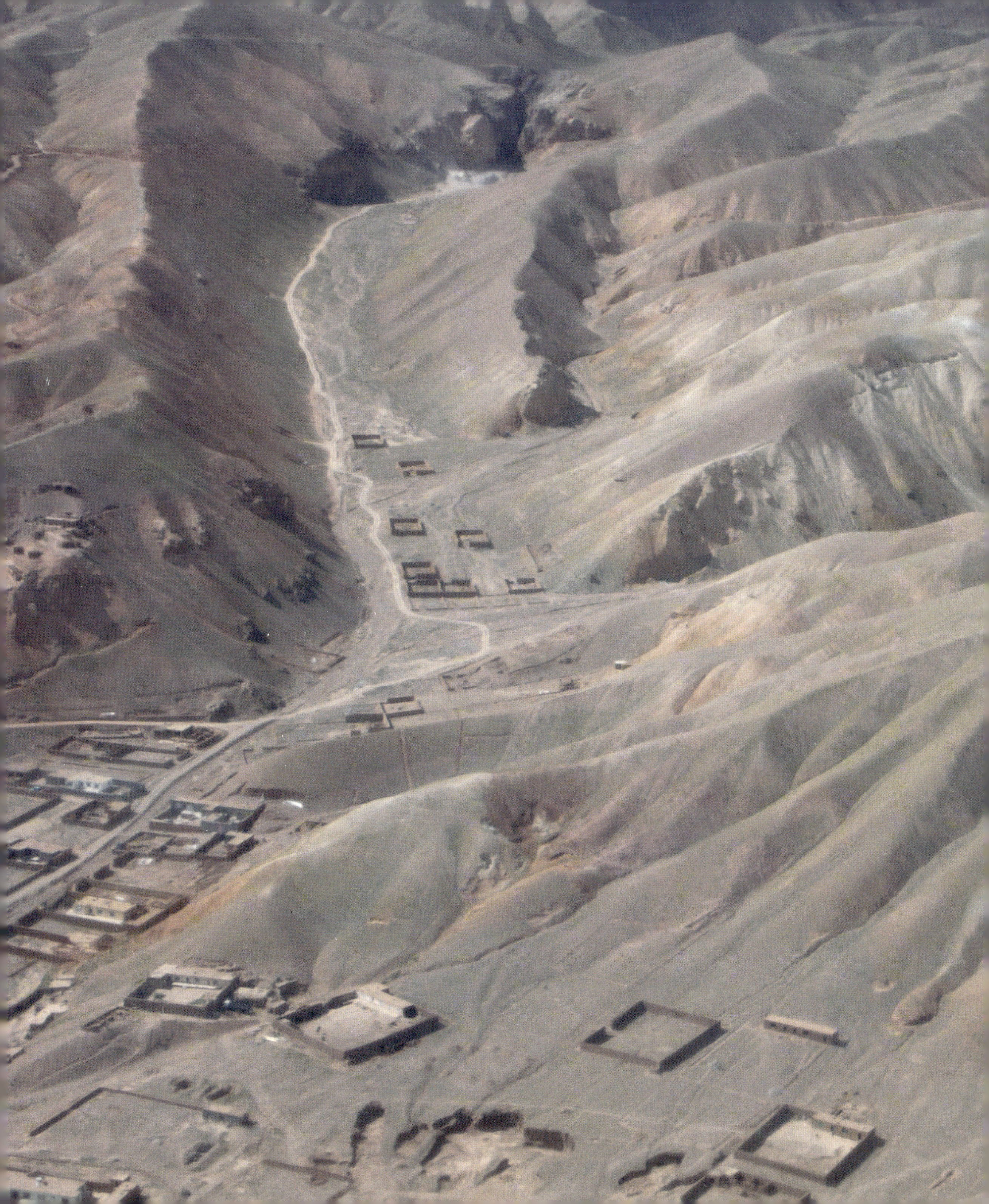